貧富・公正貿易・NGO

WTOに挑む国際NGOオックスファムの戦略

オックスファム・インターナショナル
渡辺龍也訳

新評論

本書はオックスファム・インターナショナルが当初イギリスで出版した
***Rigged Rules and Double Standards*の原文**
およびその後更新・追加された部分を翻訳したものである。

This book is a translation of *Rigged Rules and Double Standards* originally published in English in 2002 by Oxfam International,
266 Banbury Road, Oxford, OX2 7DL, UK, with additional materials provided in 2005 by Oxfam International for this edition. The Japanese translation was undertaken by Professor Tatsuya Watanabe of the Tokyo University of Economics. This Japanese edition is published by Sin'hyoron under an agreement between Oxfam International and Sin'hyoron. Oxfam International cannot be held responsible for views or opinions expressed that are beyond a direct translation of the original English texts provided to the translator.
本書は、もともとオックスファム・インターナショナル(所在地:Suite 20, 266 Banbury Road, Oxford, OX2 7DL, United Kingdom)が2002年に英語で出版した*Rigged Rules and Double Standards*と、日本語版出版のためにオックスファム・インターナショナルが著述した追補部分を翻訳したものである。日本語訳は東京経済大学の渡辺龍也助教授によって行なわれ、日本語版の出版はオックスファム・インターナショナルと新評論との間の合意に基づいて新評論によって行なわれた。オックスファム・インターナショナルは、翻訳者に提供した英語の原文の直訳部分以外に本書で表明された意見や見解に対して責任を負うことはできない。

訳者はしがき

本書は、イギリスに本拠を置く国際NGO（非政府組織）「オックスファム・インターナショナル」が、地球上からの貧困の撲滅に貿易の力を活用しようと、二〇〇二年春に出版した渾身のレポートの和訳である。原書の題名は*Rigged Rules and Double Standards: Trade, Globalisation, and the Fight against Poverty*（歪んだルールと二重基準――貿易・グローバリゼーション・貧困との闘い）で、先進国・超国籍企業（TNC）寄りの不公正な貿易ルールと、途上国に貿易自由化を迫りながら自国の産業は保護しようとする先進国の二重基準とが、貧困国と貧困層を苦しめている実態を報告しようとするものである。同レポートは一四カ国語に翻訳され、市民の立場に立った公正貿易論の教科書的存在となっている。

援助はいらない　一九六八年の第一回国連貿易開発会議（UNCTAD）で、独立間もない途上国グループが掲げたスローガンは、「援助ではなく、貿易を（Trade, not Aid）」だった。援助がなくとも、自分たちの生産物を公正な価格で先進国に買ってもらい、稼いだ外貨で工業化していけば、自立的発展ができるという主張だ。そして、公正な貿易を実現するために彼らが要求したのが、国際商品協定の締結と国際貿易機関の創設だった。それに対して先進国側は、影響の少ない分野で譲歩し、アメ（援助）を与えることで要求をかわそうとした。戦前は植民地支配を通して、戦後は貿易を通して富を蓄積するという、先進国優位の構図を変えたくないからである。ありていに言えば、途上国に（貿易を通して）自立的発展をしてもらっては都合が悪いのだ。先進国側のかたくなな姿勢の前に、自立心旺盛だった途上国側は、「貿易も援助も」、そして「貿易がダメなら援助を」と援助依存を強めていった。

日本の経験　貿易が経済発展に貢献し、貧困削減にも大きく寄与できることは日本自身の経験が示している。帝国建設の野望を捨てて貿易立国を目指した日本は、戦後の焼け跡からいち早く立ち直り、飢餓と貧困を克服していった。それにあずかって力あったのがアメリカという市場の存在である。超大国アメリカは、発展途上にあった日本が国内産業を守るのを許す一方で、自国の市場を日本製品に開放した。いま途上国が自立のために追い求めているのは、まさに日本が発展してきた道筋——自国産業が発展するまでの間の保護・猶予と先進国市場の開放——なのである。それを、先進国、中でも日本がどうして否定できるだろうか。

ラオスでの経験　私は一九九六年から三年半、NGOのスタッフとしてラオスで開発援助活動に従事した。村人の自立的発展を第一に考え、様々な工夫を試みた。しかし、援助への依存心を村人から消し去ることは遂にできなかったように思う。他のNGOの活動も数多く見てきたが、人々の生活に踏み込む援助が真の自立につながるのか、確信はいまだに持てない。ラオスではまた、「自給自足」が最善と信じてやまない援助関係者に遭遇した。現金経済の波が打ち寄せ始めたラオスで村人が「豊かに」生きるには、現金経済に毒されることなく自然と共生していくのが一番だと言うのである。十年近い記者経験で先入観の怖さを知る私は、村人の本心を探ることに力を注いだ。そこで知ったのは、生活を良くするために何とか現金収入を得たい、増やしたいという願望が最も強いということだった。生産物を売って、得たお金で欲しいものを買う。これは立派な交易であり、国家間で行なわれれば貿易である。交易を通して豊かになりたいという願望を否定し、「物質文明に染まってはいけない」、「自給自足が一番だ」などと迫る権利が私たちのどこにあるだろうか（そもそも私たちの中で交易・貿易の恩恵をまったく受けずに自給自足で暮らす者など何人いるだろう）。それだけではない。援助者は未来永劫その土地に暮らすわけではない。援助者が去ったあと、交易に関わったことのない「純粋培養」の村人が、本心の赴くままに交易を始めれば、いいカモにされてしまうのは目に見えている。村人をそうした無防備な状態に置こうとするのは無責任としか私には思えない。要は、生活を豊かにする力を持つ交易や市場とどううまく付き合っていくかを村人が学ぶことではないだろうか。

●**オックスファム・インターナショナル（Oxfam International）**：1942年、ドイツ軍に包囲されて飢餓に苦しむギリシアの人々を支援しようと、イギリス政府の反対を押し切ってオックスフォードの市民が組織したNGOが母体（オックスフォードのオックスとfamine＝飢餓の語頭ファムの合成語）。飢餓救済から長期的な開発支援へと活動を拡大し、現在は政策提言や啓発活動など先進国内での働きかけにも力を入れている。世界12カ国・地域に独自に組織されたオックスファムが、オックスファム・インターナショナルという連合体を形成して共同キャンペーンを実施するほか、100以上の途上国でパートナー団体を支援している。日本でも2003年にオックスファム・ジャパンが設立された。国際NGOとしての知名度は高く、2005年にはノーベル平和賞にノミネートされた（各オックスファム事務所の所在地・連絡先は本書412頁の「オックスファムのネットワーク」を参照）。

授産施設での経験　私は十数年前、知的障がい者の授産施設でボランティアをしたことがある。十数人の障がい者の人たちがコツコツと菓子箱や造花を作る作業に精を出していた。彼らにとってモノを生産して賃金を得ることは、経済的な自立を意味するだけではない。社会から有用な存在として認知されること、つまり人間としての尊厳を得ることを意味していた。しかし、彼らが丹精こめた作業への報酬は、時給にしてたったの五〇円だった。しかも企業からの発注は減る一方で、週のうち半分仕事があれば良い方だった。スピードと効率重視の世の中で、「遅くて効率の悪い」授産施設は切り捨てられていったのである。それは、公的扶助を受けることを潔しとせず、一生懸命働いて自立したいと願う人たちへの冒瀆ではないのか。人間らしく生きていくに足る仕事量と公正な対価をなぜ企業が、社会が保証できないのか。強い憤りを覚えずにはいられなかった。

先進国とＷＴＯ　本書が言うように、貿易は恩恵をもたらすとは限らない。貧困と格差を拡大することもある。というか、そういうケースがあまりに多すぎる。貿易が不公正な結果をもたらすのは、先進国の政策や**世界貿易機関**（ＷＴＯ）の仕組み・ルールに負うところが大きい。日本をはじめとする先進国は、自国製品を売り込もうと途上国に市場開放を要求しておきながら、競争力を失った国内産業を保護しようと関税その他の手段を使って途上国製品を締め出している。これが本書で言う二重

●世界貿易機関（WTO）：関税と貿易に関する一般協定（GATT）を発展的に解消して1995年に設立された国際機関。関税その他の貿易障壁をなくし、一定のルールのもとに自由な貿易を実現することを目的としている。GATTではモノの貿易を阻害する関税の引き下げに主眼が置かれていたが、WTOでは関税以外の貿易障壁の撤廃のほか、農産物貿易、モノ以外の貿易＝サービス貿易、知的所有権、投資などに対象を拡大している。また、強制力を持った紛争処理制度を備えている。全加盟国による閣僚会議が最高意思決定機関で、２年に１度の閣僚会議が開かれていない間は一般理事会（全加盟国参加）が任務を代行し、必要な決定を行なう。2005年末現在149の国と地域が加盟している。

新たな多角的貿易交渉（ラウンド）を開始するため1999年末アメリカのシアトルで開かれた第３回閣僚会議は、自由化によって不利益をこうむっているとする途上国の反発や、弱者や環境、健康を犠牲にし、大企業の利益を優先した自由貿易に反対するNGOの大規模抗議デモなどにあって交渉の枠組みを合意できず、失敗に終わった。

2001年にカタールのドーハで開かれた次の閣僚会議では、新ラウンドを途上国の開発ニーズに配慮した「開発アジェンダ」とすることを決めるとともに、繊維市場の一層の開放や知的所有権の弾力的運用など、途上国やNGOの主張を取り入れた特別宣言を採択して、ようやく７分野（農業、サービス貿易、非農産品市場アクセス、諸ルール、知的所有権、貿易と環境、紛争解決了解の改正）での交渉開始に漕ぎつけた。当初は2005年１月の一括妥結を目指していたが、農業や非農産品市場アクセスをめぐる対立が解けず、妥結できないまま今日に至っている。

基準である。ＷＴＯも先進国の道具になってしまっている。先進国は、自国に本拠を置く超国籍企業（ＴＮＣ）の都合の良いようにＷＴＯを利用し、「自由貿易」を押し付けようとしているのだ。そこで言う「自由」は強者の自由であり、待ち受けるのは弱肉強食である。先進国とＴＮＣはまた、ＷＴＯを利用して、公共財である行政サービスや遺伝子情報まで売買の対象にしようとしている。では、ＷＴＯを解体さえすれば事は済むのだろうか。いや、むしろくびきを解き放たれ、血ならぬ金に飢えた巨人が世界を食い荒らす公算の方がずっと高い。要は、先進国の政・財・官エリートに乗っ取られ、貧困と格差を拡大再生産するＷＴＯをどうやって良識ある市民のものとし、巨人をコントロールするかである。

公正な貿易　貿易ないし交易は、言ってみれば刃物のようなものだ。使い方次第で私たちの生活を便利で豊かなものにもできるし、人を傷つけることもできる。しかし、危なっかしいからといって刃物をなくしてしまえなどと言う人はいるだろうか。貿易・交易のない生活など、とても味気なく、貧しいものに違いない。要は、どうやって貿易・交易から危うい部分を摘み取り、貧困や格差をなくして人々を豊かにすることに活用していくかである。そのためには、何と言っても、一次産品の生産者／生産国に対して持続的に生活の質を上げられるような対価を支払うことである。そして、先進国が保護主義措置を撤廃して途上国製品に市場を開放することである。そうやって途上国が豊かになっていけば、先進国にとっても豊かな市場が広がるだろう。つまり公正貿易は、長い目で見れば先進国にとっても自己利益になるのだ。

国内改革　先進国の政策やＷＴＯのルールが公正なものになりさえすれば貧困層が潤う、という保証はない。途上国内の制度や政策が貧困層にとって有利、ないし少なくとも敵対的でなくする必要がある。生産資源（土地、水、インフラ、資金、技術、市場など）や公共サービス（教育、保健医療など）へのアクセスを保証する必要がある。また、貧困層が利益を享受できるような「裾野の広い」経済発展を進める必要がある。そうした環境整備のためにこそ援助は使われるべきだ。そうでない援助――不公正や格差を助長し、先進国が直接・間接に与えた傷にバンドエイドを貼るような免罪符的な援助――は「いらない」のである。

「自由」な貿易・交易によって各国・各人の比較優位が活かされ、すべての国と人が豊かになる、という単純でバラ色の未来を描く一種のネオリベラリズム（新自由主義）が世界を闊歩、いや跋扈している。その実、格差が猛烈な勢いで拡大している。私が暮らしたラオスの町もこの十年足らずで大きな変貌を遂げた。ＡＳＥＡＮ《アセアン》（東南アジア諸国連合）に加盟して自由貿易体制に組み込まれて以来、目を疑うような白亜の御殿がいくつも姿を現す一方で、一般の家庭は卵や小魚すら満足に食べられなくなった。政府は環境資源（水や森林）を切り売りして何とか貿易赤字を埋め合わせようとしている。そのしわよせを受ける、つまり水や森が枯渇して苦しむのは、水と森に支えられてきた村人たちである。格差を拡大再生産する弱肉強食の貿易ではなく、村人が望む「生活を良くし、豊かにする」交易・貿易の実現が切に求められている。

九・一一以降、アメリカをはじめとする先進国は、テロの温床となる貧困をなくすために援助を増額している。しかし、「バンドエイド」的性格から脱皮できなければ、どれだけ援助を増やしたところで問題の解決には程遠いだろう。「援助ではなく、貿易を」という言葉を思い起こしたい。本当に、持続的に貧困をなくそうとするならば、そしてテロの脅威から逃れたいのであれば、「公正貿易」の追求と実現がその大きな鍵を握っているのではないのだろうか。ここでも公正貿易は、長期的には先進国の自己利益になるはずだ。

私がそもそも開発協力をライフワークにしようと思ったのはアメリカの大学院で学んだのがきっかけだったが、そこで最初のレポートのテーマに選んだのが国際商品協定だった。途上国の一次産品を公正な価格で取引する画期的な仕組みとして期待を集めながら、なぜ協定は次々と瓦解していったのか。その理由が知りたかった。その後、草の根レベルでの開発協力に魅せられ足を踏み入れたのだが、公正貿易への関心は私の中でくすぶり続けていた。そうした私にとって、本書との出会いはまさに「初恋の人」との再会のように心躍るものだった。しかも本書は、机上の議論だけでなく、オックスファムの世界ネットワークを駆使して自由貿易の功罪を事実をもって照らし出している。事実に裏づけられた提言は重い。また、貿易やＷＴＯを頭から否定しない是々非々の議論にも説得力がある。

私たちが貿易に大きく依存し、身の回りに外国製品があふれていながら、貿易によって途上国で何が起きているのか、別の言い方をすれば、日々の私たちの購買行動が途上国の特に貧しい人たちにどのような影響を与えているのか、私たちはあまりに知らなすぎる。ＷＴＯについての報道と言えば、それによって日本にどんな影響があるかといった「被害者」的発想の報道ばかりが目立つ。片方では立派な「加害者」であるにもかかわらず。私たちを代表する日本政府も、自国の利益に拘泥しすぎて世界から相手にされなくなっている。まさに、このはしがきを書いているさなかに、WTO交渉で日本は「四極」の座から滑り落ち、主導権を失っているという記事が掲載された（二〇〇五年一〇月）。内向き志向を強め、自分の生活のことしか考えられない日本人、自国の産業のことしか考えられない日本政府。いい加減に目を覚まして外に目を向けて欲しいというのが本書を翻訳出版しようと思った最大の動機である。

貿易という大きなテーマ、WTOという巨大な組織を前にすると、私たちに一体何ができるのだろうかという無力感、何もできそうにないという諦観に囚われてしまいがちだ。しかし、私たち市民には、拷問禁止条約を実現させ（一九八四年）、対人地雷全面禁止条約を勝ち取り（一九九七年）、先進国や世界銀行／国際通貨基金（IMF）を最貧国に対する債権放棄に追い込んだ「実績」があるのだ。そして今、オックスファムをはじめとする世界各国のNGOによる共同キャンペーンによって、先進国とWTOは、途上国の利益や公衆衛生、環境に配慮した貿易政策／ルールへと少しずつ舵を切りつつある。しかし、巨大タンカーの進路を一八〇度変えるのは容易ではない。もっと大きく舵を切らせて「公正貿易」の航路にしっかり就かせることができるかどうか。それは、私たち市民の力にかかっている。「邪悪な人々の悪行よりも、善良な人々のあきれるばかりの沈黙が嘆かわしい」とは、公民権運動を闘ったキング牧師の言葉である。

本書に対しては、貿易そのものやWTOに対する見方が甘すぎるといった批判や、現実主義に過ぎるといった批判があることは承知している。それらの批判にも一理ある。シアトルで開催されたWTO閣僚会議（一九九九年）での反WTO、反グローバリズムデモのように、問題を浮き彫りにし、人々の目を覚まして行動へといざない、駆り立てる運動にも大きな価値がある。しかし、「抵抗」や「破壊」だけでは貧困や不公正はなくならない。「創造」的努力が欠かせないし、とりわけ「現実に根ざした創造」が必要だ。少なくとも私はそう信じている。本書の発行によって貿易やWTOに関する議論が活性化し、日本が歩むべき道、日本の市民として取るべき行動が明らかになることを願ってやまない。さらには、長期的視点に立って、途上国の利益にも先進国の利益にもなるような貿易のグランドデザインを、日本から世界に向けて発信する一助となることができれば、望外の喜びである。

渡辺龍也

増刷に寄せて　WTO交渉の挫折と進むブロック経済化――「公正」の観点からの交渉再構築を

WTO交渉「マヒ状態」に　本書の原著が出版されて一〇年。この間に世界貿易交渉は様変わりした。原著の分析・批判・提言の主なターゲットであったWTO（世界貿易機関）を舞台とした貿易交渉は、南北（途上国と先進国）間の利害の対立で停滞に停滞を重ね、二〇一一年の末にはとうとう暗礁に乗り上げ、「マヒ状態」に陥ってしまった。

それを尻目に、二国間の自由貿易協定（FTA）や、より広範な経済連携協定（EPA）、それに地域貿易協定（RTA）が次々と締結され、その数は五一一に上っている（二〇一二年一月現在）。参加国だけに適用されるこれらの協定は、あくまで世界統一のルール作りを目指すWTO体制においては「例外」として認められているに過ぎない。にもかかわらず、WTO交渉が行き詰まり、二〇〇八年秋以降のリーマンショックで経済が停滞し後退する中、打開策として各国が競うようにFTA／EPA／RTA締結に走っている。

日本がらみのRTAとして現在最も論議を呼んでいるのが環太平洋経済連携協定（TPP）である。アメリカなど九カ国が推し進めるTPPに対して日本政府は、二〇一一年一一月交渉への参加を表明した。突然の表明に国内では、「TPPは農業や医療など様々な分野に深刻な影響を与え、国を滅ぼす」といった反対論と、「TPP抜きに日本は貿易戦争に勝てない」といった擁護論とが巻きおこり、国を二分する激論が戦わされている。

TPP等の危うさ　WTOの舞台の外で加速する二国間／地域貿易協定締結の動きの中で懸念されるのは、本書でいう「WTOプラス」、つまり途上国が数的優位にあるWTO交渉では断念せざるを得ないような、先進国有利の規定が数多く盛り込まれていることである。例えばTPPは、「高い水準」という美名のもと、物品の市場アクセスや知的財産権、植物検疫、貿易の技術的障害について、WTO交渉での取り決めを超えた自由化や先進国企業の権益保護を狙っている。中でも警戒すべきなのが「投資家対国家間の紛争解決条項」、いわゆるISD条項で、これは海外の投資家と投資受け入れ側の政府との間で紛争が起きたとき、投資家が相手国政府を提訴するのを可能にする。ISD条項は北米自由貿易協定（NAFTA）にも盛り込まれていて、それを盾に多くの米国企業がカナダ、メキシコの政府や自治体を訴え、巨額の賠償金を手にすることに成功してきた（仲裁機関は新自由主義に染まる世界銀行グループに属する）。

そこでの問題は、賠償額の多寡よりも、（有害）廃棄物や農薬など、自然環境や人の健康に関わる規制に企業が攻撃の矛先を向けていることにある。有毒物質ＭＭＴ（モンモリロナイト）のガソリンへの添加を規制していたカナダ政府は、米国企業に訴えられたことで規制の撤廃を余儀なくされた。このようにＩＳＤ条項は、ある国の政府や自治体が市民の健康や安全、環境を「高い水準」で守ろうとする努力を踏みにじる超国家的な力を外国企業に与えるのだ。

しかも、ＭＭＴの件でカナダ政府が仲裁を待たずに規制の撤廃に踏み切ったのは、争いに負けた場合のコストが巨額になるのを恐れたためと言われている。ＩＳＤ条項は、一国の政府をひるませるだけの巨大な抑止力を企業に付与しうるのである。それを超国籍企業が「活用」すれば、環境や労働、健康、安全などについて他国より「高い水準」を設けた国を狙い撃ちにして緩和させたり、一国の基準を下げさせて他国をそれに従わせたりすることが可能になる。つまり、社会・環境基準をグローバルに切り下げる「底辺への競争」を仕掛けるのを可能にするのだ。

ＴＰＰはまた、一般市民・消費者の支持を得ようと狙ってか、随所に「消費者の利益」をうたうが、「生産者の利益」にはまったく言及しない。代わりに強調するのは、生産・供給網の開発および中小企業の世界貿易への参加とそのための支援である。つまり、先進国の企業・消費者の利益を何よりも優先し、中小企業をグローバルな生産・供給網に都合よく組み込むことを企図しているのだ。このようにＴＰＰは、弱い立場に置かれた中小・零細企業や生産者への配慮に欠けた歪《いびつ》な協定なのである。

「自由」貿易協定の陥穽　ＷＴＯ交渉は、衆知の通り、環境や幼稚産業、雇用、生活等の破壊を招くとして、「弱肉強食」の貿易自由化に反対する市民団体や途上国の強い抵抗にあったことから、二〇一一年に「ドーハ開発ラウンド」として再出発した。「開発」の名が冠されたのは、「自由」なだけでなく、弱い立場にある途上国の開発／発展に配慮した「公正」な貿易の実現が必要であるという認識を世界が共有したからだった。

しかし、開発ラウンドが行き詰まる中で、主要国は自国の経済利益を拡大すべく、都合の良い相手を選んで二国間／地域貿易交渉へと突き進んでいる。その中で、資源や市場の面で魅力の乏しい後発途上国が交渉相手に選ばれることは皆無に近く、運よく仲間入りができても大国に刃向うことは不可能に近い。こうして後発途上国は取り残され、外堀を埋められていく。ＴＰＰの大枠合意書は、「画期的・野心的な協定」だけでなく、世界貿易の新たな基準の確立を謳っている。つまり、ＴＰＰを足掛かりに「新自由主義」を根幹とするアメリカンスタンダードをグローバル化することが企図されているのである。

このように、「自由」貿易協定が二国間や各地域に網の目のように張り巡らされ、「高い水準」が標準化・既成事実化（デファクト・スタンダード化）していけばいくほど、途上国、中でも後発途上国は、先進国に有利な画期的・野心的「ＷＴＯプラス」を問答無用で飲まされるハメに陥ること必定である。

他方でＦＴＡやＲＴＡは、大国が自国の利益を優先し「近隣窮乏化」を図る「ブロック経済化」戦略と紙一重である。リーマンショックは一九二〇年代末の「大恐慌」の再来とも言われた。「大恐慌」のあと世界の主要国が歩んだのが「ブロック経済化」の道で、その行く果ては第二次世界大戦だった。その轍を今また踏もうとしているのだろうか。

新自由主義の呪縛を解くために

思えば二〇世紀の初め、世界から搾取をなくし平等な社会を実現するという理想を掲げた共産主義がソビエト連邦という形で具象化し、以来世界規模での社会実験が始まった。しかし、共産主義ないし社会主義はその理想を実現できず、七〇年余にわたる実験は筆舌に尽くしがたい多大な苦痛と犠牲をもたらして失敗に終わった。

「大きな政府」の非効率性が顕著になった一九七〇年代末、自由な市場での競争こそが富をもたらし、すべての人を豊かにするという理想を掲げた新自由主義がサッチャー政権とともに姿を現し、以来グローバリゼーションの進展とともに世界を席巻するに至った。しかし、現実社会において新自由主義はその理想を実現できず、三〇年余が経ったいま貧富の格差や社会不安を南北の別なく生み出し、反格差のデモや座り込みを世界各地で頻発させている。新自由主義という社会実験も明らかに失敗に終わりつつある。

　結局のところ、共産主義は「人」を粗末に扱ったことによって自壊した。それと同じくらい「人」を粗末に扱う新自由主義が自壊の道を歩むのは世の理《ことわり》と言える。教科書的には正しくても現実から遊離した理想を、無理強いしてでもこの世に、しかもグローバルに実現しようとする教条主義においても両者は共通している。

今アメリカをはじめとする「自由」貿易主義者たちが狙っているのは、失敗が明らかになりつつある新自由主義のシステムを不可逆的に固定化し、今世紀の世界の経済関係全般を縛る「不磨の大典」として打ち立てることにあると言って良いだろう。それに成功すれば、「九九％の窮乏化」は単なるレトリックを超えて、世界を覆う現実となっていくことだろう。一体どれだけの格差や窮乏を生み出して初めて私たちは目を覚まし、新自由主義と決別することができるのだろうか。

　現代の企業は、利潤の追求だけでなく、環境や社会に配慮した「トリプル・ボトムライン」の経営を求められている。であれば、企業活動の集合である貿易や経済活動全般もまた、経済合理性の追求だけでなく、環境と社会への配慮を行うのが当然である。それは、ひとり経済的自由だけでなく、環境や社会に関わる基準にも等しく「高い水準」が求められることを意味している。つまり、企業活動や経済活動は、どれだけリストラしコストを削減したかだけでなく、どれだけ環境の保全や改善に寄与し、どれだけ生産者や労働者の生活や安全を増進したかで評価されるべきなのである。

　訳者は利潤の追求や国益の追求を否定するものではない。環境コストと社会コストを十全に織り込んだ上であれば、企業が自由に競争し、利益を追求しても構わないし、環境面および社会面において十全に「高い水準」を遵守した上であれば、世界貿易における自由競争や国益追求にも反対はしない。訳者が研究し普及に努めているフェアトレードが目指すのは、搾取や弱肉強食の争いを放任し助長する自由貿易・新自由主義経済でないのはもちろんのこと、革新性、創造性や起業家精神を失わせる管理貿易・計画経済でもない。南北を問わず人間が人間らしく生きられ、かつ自然と共生できるような倫理的規範の上に立った自由な貿易であり経済である。

自由貿易の旗手であるWTOも、元はといえば生活水準の向上と完全雇用の達成を主目的の一つとする組織で、そのことは設立協定に明記されている。ところがWTOが現実にもたらしているのは、生活水準の切り下げであり、失業の増大であり、雇用の不安定化・非正規化であり、世界規模の格差の拡大である。いまWTOはそうした現実を直視し、設立の原点に立ち返る必要がある。とはいえ、WTO自体に独自の意思があるわけではない。WTOは単なる機構であって、それに魂を吹き込む、つまり方向性を授けるのは加盟国、中でも力を持った先進国である。

しかしその先進国政府はいまだ三〇年来の新自由主義の黒魔術に囚われている。その呪縛を解くのは容易ではない。それを唯一可能にするのは、社会的にも環境的にも公正な経済秩序の実現を希求し、それにコミットした市民運動である。かつて世紀の変わり目前後に反WTOの市民運動が燃え盛った時期があったが、今は見る影もない。先進国政府がWTOを「見放し」つつあるせいかもしれないが、市民運動自身がWTOを見限って良いものだろうか。途上国、中でも後発途上国が先進国の圧力に抗して「公正」な貿易を実現する場は、思想の別や好き嫌いを措けば今のところWTOをおいて外にない。だとすれば、WTOが「マヒ状態」から「心肺停止状態」へと進行する恐れすらある今日、「公正」の観点からWTO交渉を再構築し、再活性化する必要がある。

「底辺への競争」に拍車をかけ、九九％の人々を犠牲にして強欲な一％を潤すような貿易協定のデファクト・スタンダード化を座して待つのか、それとも社会的にも環境的にも「高い水準」を設けて真に公正かつ持続的な貿易と経済の新秩序をWTOを舞台に築こうとするのか。各国の市民運動とそのグローバルな連帯の真価が今ほど問われている時期はない。その中で、「WTO交渉の刷新」を志した本書の意義と役割は、今なおきわめて大きなものであると確信している。

二〇一二年 秋

訳 者

貧富・公正貿易・NGO／目次

■本文中、原注は行間に†で示し、注の内容は巻末にまとめた。訳者による補足・注記は〔 〕で示した。
■本文中の写真はすべて、日本語版のためにオックスファムが提供したものである。

する途上国

ゴシックの国名：後発開発途上国（LDC）＊2005年2月末現在50カ国
太ゴシックの国名：重債務貧困国（HIPC）＊2005年9月現在38カ国
（いずれも本書に登場しない国を含む）

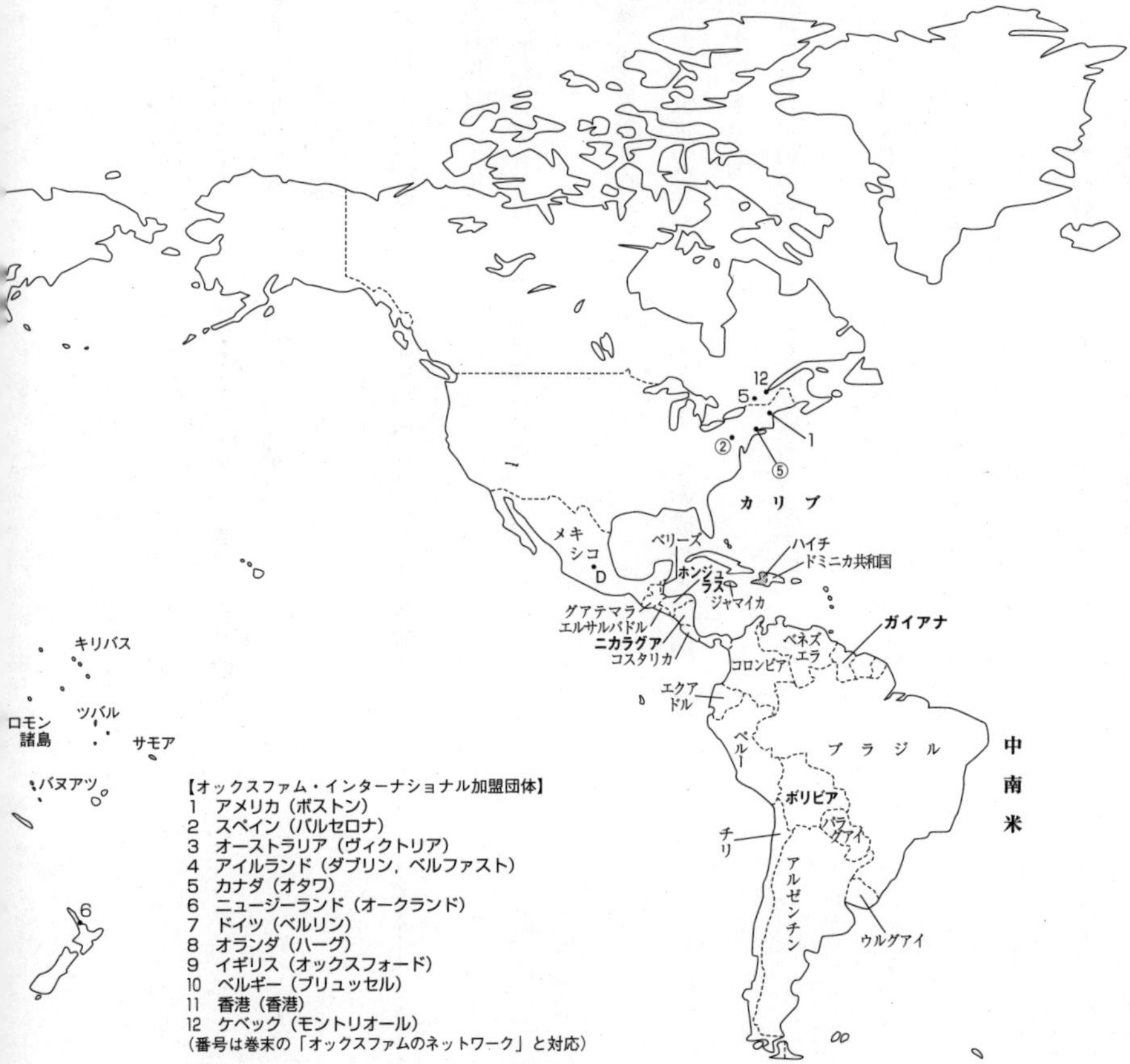

【オックスファム・インターナショナル加盟団体】
1　アメリカ（ボストン）
2　スペイン（バルセロナ）
3　オーストラリア（ヴィクトリア）
4　アイルランド（ダブリン，ベルファスト）
5　カナダ（オタワ）
6　ニュージーランド（オークランド）
7　ドイツ（ベルリン）
8　オランダ（ハーグ）
9　イギリス（オックスフォード）
10　ベルギー（ブリュッセル）
11　香港（香港）
12　ケベック（モントリオール）
（番号は巻末の「オックスファムのネットワーク」と対応）

【関連団体】
A　オックスファム・ジャパン
B　オックスファム・トラスト・イン・インディア
【オブザーバー団体】
C　アジル・イシ
D　ロストロス・イ・ボセス財団

本 書 に 登 場

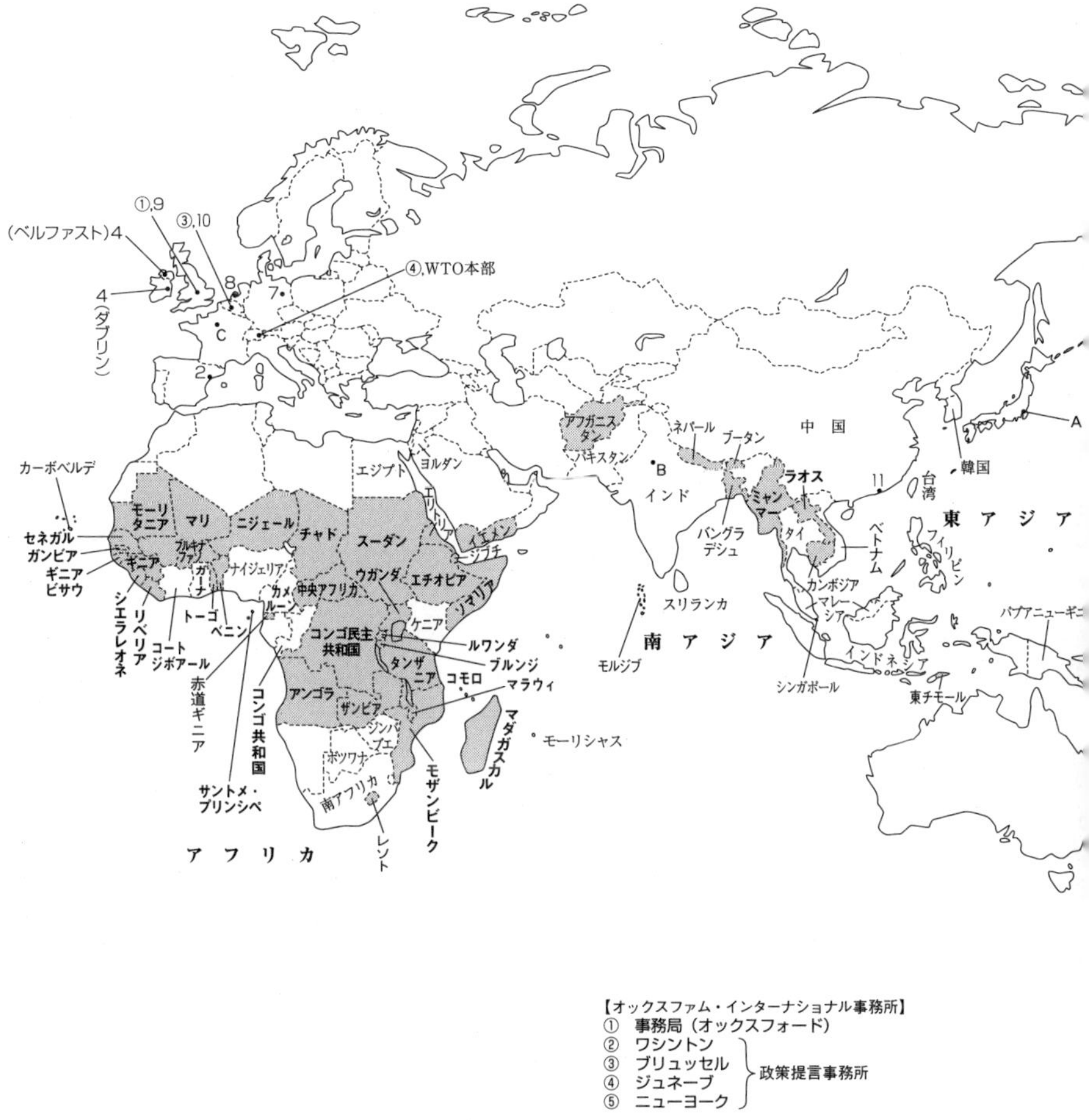

①,9
③,10
(ベルファスト)4
④,WTO本部
4(ダブリン)
8
7
C
2
A
B
11
カーボベルデ
セネガル
ガンビア
ギニアビサウ
ギニア
シエラレオネ
リベリア
コートジボアール
モーリタニア
マリ
ブルキナファソ
ガーナ
トーゴ
ベニン
ニジェール
ナイジェリア
チャド
スーダン
エジプト
ヨルダン
エリトリア
イエメン
ジブチ
エチオピア
ソマリア
中央アフリカ
カメルーン
赤道ギニア
サントメ・プリンシペ
コンゴ共和国
コンゴ民主共和国
ウガンダ
ケニア
ルワンダ
ブルンジ
タンザニア
コモロ
マラウィ
アンゴラ
ザンビア
ジンバブエ
ボツワナ
南アフリカ
レソト
モザンビーク
マダガスカル
モーリシャス
アフリカ
アフガニスタン
パキスタン
ネパール
ブータン
インド
バングラデシュ
スリランカ
モルジブ
南アジア
中国
ミャンマー
ラオス
タイ
ベトナム
カンボジア
マレーシア
シンガポール
インドネシア
東チモール
フィリピン
台湾
韓国
東アジア
パプアニューギニ
【オックスファム・インターナショナル事務所】
① 事務局(オックスフォード)
② ワシントン
③ ブリュッセル
④ ジュネーブ
⑤ ニューヨーク
政策提言事務所

謝辞

本書は、オックスファムおよびそのパートナー団体が共同で発表・刊行した報告書である。報告書のもととなる調査研究はケヴィン・ワトキンス、ペニー・ファウラー、セリーヌ・シャルヴェリア、ゴンザロ・ファンジュルの四人が実施し、そのうちケヴィン・ワトキンスが本書の第4章を除く全文を、そしてペニー・ファウラーが第4章を執筆した。

各章の執筆に特に貢献した人々は次の通りである――ジェフ・アトキンソン、オリ・ブラウン、セリーヌ・シャルヴェリア、スミ・ダナラジャン、ゴンザロ・ファンジュル、ペニー・ファウラー、チャリス・グレッサー、アントニオ・ヒル、ルース・メイン、ロビン・パーマー、ソフィア・ティッケル。また、サリー・バーデンとタリア・キッダーがジェンダーの視点から報告書全体に大きな貢献をしてくれた。

テーマ別の問題について背景調査や文書、文章を提供してくれた人々や団体は次の通りである――アリソン・アルドレッド、フランシスコ・アマドール、カルロス・アンコーナ、ジェフ・アトキンソン、ネスター・アヴェンダーニョ、ロザンナ・バルベーロ、ミッシェル・ベヴェリッジ、フランス・ビークマン、マイク・バード、フィオナ・ブラック、ジョン・ドボーア、クリス・ファンデアボーグ、デーヴィッド・ボイヤー、メガン・ブラッドレー、オリ・ブラウン、トニー・バードン、ジョン・バースタイン、CEDLA〔労働・農業開発研究センター。ボリビアのNGO〕、エディス・セルヴァンテス、セリーヌ・シャルヴェリア、ジャン・マリー・ロバート・シェリー、ハディ・コルデーラ、ジョン・クラッブトリー、アナン・キショア・ダス、シッダルタ・デヴァ、スミ・ダナラジャン、ピーター・ドラホス、ドミニク・イーグルトン、ゴンザロ・ファンジュル、トリシア・フィーニー、マーク・フリード、カルロス・ガリアン、ベアトリス・ゴンザレス・マンチョン、ポール・グッディソン、エンマ・ガフ、チャリス・グレッサー、ヨハネス・ハブトゥ・アツベハ、バレンド・ヘーゼルガー、ジョン・ヘリン、ソフィー・ヒグマン、ホアン・シュアン・タン、IIEP〔国際教育計画研究所。ユネスコの下部機関〕、INESA〔ハイチの研究機関〕、タリア・キッダー、マルガリータ・マッフィー、マリカ・マッコーリー、ルース・メイン、ハノイ・オックスファム・チーム、フランシス・ペレス、ヴィクター・ペレス・グロヴァス、ジャクリーン・M・ピナット、ジョナサン・ピッツ、J・マリオ・ポンセ、マリオ・ポサス、アンジャリ・ラジ、ホセ・フアン・ロメロ、アレン・ローゼンフィールド、ナタリー・ロウ、ジャン・ルイッセナース、ロバート・スコット、ジュングイ・スル、ウィドノ・スジプト、セザール・アレン・ヴェラ、マルー・ヴェラ、バユー・ウィカクソノ、ディニ・ウィディアストゥティ。また第5章については、カテリーナ・ルッゲリ・ラデルチが技術的なサポートを提供し、ジュングイ・スルが調査アシスタントを務めた。背景調査の情報源の全リストは本書の最後に「基礎調査資料」として添付した。その中にはオックスファム公正貿易キャンペーンのウェブサイト（http://www.maketradefair.com）でアクセスできるものもある。

報告書の草稿段階で有用なコメントや提案をしてくれた世界各地のオックスファム事務所の同僚は次の通りである――サリー・バーデン、バート・ビークマン、ケリー・ブルックス、セリーヌ・シャルヴェリア、ペギー・コノリー、スミ・ダナラジャン、アシュヴィン・ダヤル、ゴンザロ・ファンジュル、マルリエス・フィルブリ、ライアン・フォッカー、ジャスティン・フォーサイス、マーク・フリード、ヘザー・グレイディー、アラート・ヴァンデンハム、ジナ・ホッキング、タリア・キッダー、ジョイス・コークランド、グリージェ・ルッビ、フランシス・ペレス、アレックス・レントン、クリス・ロシュ、ケン・スミス、セヴェリーナ・リヴェラ、ジャスミン・ウィットブレッド。

報告書全体の編集・助言グループの構成は、ペギー・コノリー、ゴンザロ・ファンジュル、ジャスティン・フォーサイス、ペニー・ファウラー、フィル・トワイフォードの五人である。また、報告書の出版に関する協議にはイジー・バーチが、本文の校正にはキャサリン・ロビンソン、デザインにはポール・ギャラガーがそれぞれ当たった。

序文

アマルティア・セン

世界の経済発展の基礎を形作ってきたのは、外界との隔絶ではなく、グローバルなやりとりだった。移民、通信、科学・技術情報の普及と相まって、貿易は、世界を彩ってきた「ひどく、野蛮な、短い」人生と貧困の蔓延を打ち砕くのに寄与してきた。しかし、進歩や前進はありながらも、世界の大部分の人々にとって人生は、今なおとても「ひどく、野蛮な、短い」人生であり続けている。グローバル化した貿易の偉大な果実を手にできているのは一部の者だけなのである。

今必要とされているのは、貿易がもたらす膨大な果実をより完全に、より公正に分配できる条件を創り出すことである。それは、グローバルな市場経済を損わずに実現できることであろうか。答えは確固とした「イエス」である。市場経済を活用することは、さまざまな資源の分配や、経済活動のルール（例えば特許法、反トラスト法など）、市場経済参加を可能にする条件（例えば初等教育や基礎保健医療）などと相反するわけではない。それらの諸要件次第で、市場経済は異なった価格や貿易条件、所得分配、その他多様な諸結果を生み出すのだ。仕組みと政策を改革することによって、グローバル経済を損なうことなく、現在蔓延している不平等や貧困を大幅に解消することができるのである。

そうした取り組みに正面から挑んでいるのが本書である。本書は、貿易の成果をより公正に分配するのを妨げている構造的な問題を分析している。改革を必要としている仕組みには、例えば、最も重要な薬を最も必要としている人々が手に入れるのを妨げている現行の特許法がある。特許法は、予防ワクチンなど、製薬会社にとっての魅力には欠けるかもしれないが、とりわけ重要性が高い医薬品へと開発を向かわせる誘因をほとんど提供していない。

私はここで本書の要約をしようとは思わない。極めて有用な要約はすでに用意されており〔次頁〜の概要」「本書参照〕、優れているあまり読者が本書全体に目を通さなくなるのではと心配するほどである。本書の執筆者たちは、真剣な検討に値する改革のための提言を具体的に行なっている。本書のより大きな目的は、貧しく、剥奪された人々の利益に最も即した仕組みのあり方について議論を喚起することである。狙いの核心は、グローバリゼーションの擁護者たちが強調する貿易の偉大な果実と、反グローバリゼーションの立場に立つ人々の大半が求める公正・平等とを結びつけることにある。双方の関心事を踏まえた上で建設的な提案を行なっているところに本書の価値があると言える。

二〇〇二年三月

*アマルティア・センは当時、オックスファム名誉総裁〔現在の名誉総裁はM・ロビンソン〕。一九九八年ノーベル経済学賞受賞。

本書の概要

　世界貿易には大きな矛盾が潜んでいる。グローバル化した二一世紀の世界において、貿易は地球上に住む私たちの生活を取り結ぶものとして最強の力を発揮している。それは、これまで類を見ない富の源泉となっているが、その一方で、おびただしい数の最貧困層の人々が貿易から取り残されている。繁栄と貧困が隣りあわせで進行し、破廉恥なレベルにまで達した貧富の格差は拡大する一方である。世界貿易は、経済発展だけでなく貧困削減も強力に促進する潜在力を秘めているにもかかわらず、その潜在力は活かされていない。世界貿易は、本来的に貧困層のニーズや関心事と対立するものではなく、富裕層に有利なようにそのルールがねじ曲げられているところに問題がある。

　不公正な貿易が人類に与える負の影響は極めて大きい。もし、アフリカ、東アジア、南アジア、中南米の各地域が世界の輸出シェアをそれぞれ一％ポイント増やせたなら、合わせて一億二八〇〇万人もの人々が所得を増やし、貧困から脱却することができるだろう。貧困から抜け出すことで、子どもたちの教育や健康状態なども改善できるだろう。

　先進国は、貧困削減に真剣に取り組んでいると常々表明してきた。が、そうした言葉とは裏腹に、先進国政府は世界の貧困層から富を奪うに等しい貿易政策を採っている。途上国が先進国に輸出する時、そこには高い関税障壁が待ち受けている。その高さは途上国側が設ける障壁の四倍にも達しており、そのために途上国は毎年一〇〇〇億ドルもの損失をこうむっている。損失額は、途上国が援助として先進国から受け取る額の二倍にも上るのだ。

　先進国政府の取り組みを美化する言葉は枚挙にいとまがない。しかし、そうした美辞麗句の裏に隠された政策が世界の貧困層に甚大な被害を与えていることは、厳然たる事実なのである。貧困層を市場から締め出すことによって、貧困から抜け出す道を閉ざしてしまっているのだ。

　先進国市場からの締め出しは、不公正な貿易ルール、ないし先進国の二重基準の一端に過ぎない。先進国の市場を閉じる一方、途上国の市場は世界銀行や国際通貨基金（IMF）の圧力によってこじ開けられ、貧困層は痛打されている。一次産品の価格が低レベルかつ不安定で、何百万、何千万もの人々を貧困に閉じ込めている問題についても、国際社会は真剣に取り組んでこなかった。かたや、力を持った超国籍企業（TNC）は、途上国で自由に投資し、雇用することが許されてきた。そのために人々は貧しく不安定な生活を余儀なくされているのだが、TNCの行動を規制するものと言えば、TNC自身が作った緩やかな行動基準しかない。世界貿易機関（WTO）も問題である。知的財産や投資、サービスに関するWTOのルールの多くは、途上国を犠牲にして先進国やTNCを利するようにできている。そうした先進国／TNC優先の姿勢ゆえに、WTOの正当性が問われているのだ。

世界貿易のあり方を正すことは、グローバリゼーションが生み出す社会的不公正をなくすのに必要な行動の一つに過ぎない。貧困層に機会を提供し、教育、健康、所得分配といった面での格差をなくすことも等しく重要だ。とは言え、世界の貧困問題のカギを握っているのは何と言っても世界貿易のルールであって、その抜本的改革が求められているのである。

オックスファムの貿易キャンペーン

本書は、世界貿易のルールをオックスファムなりに分析し、ルールを変革することによって貿易が持つ潜在力を貧困削減のためにフルに活かそうというキャンペーンの礎《いしずえ》となるものである。二重基準に終止符を打ち、公正な貿易を実現する時が来たという信念が、このキャンペーンの原動力となっている。キャンペーンが目指すところは次の通りである。

■貧困国が市場に容易にアクセスできるようにし、先進国が行なっている補助金による農産物の過剰生産とダンピング輸出をやめさせる。

■貧困層への影響を考慮せずに貧困国に市場開放を迫る世界銀行／IMF（以下「世銀／IMF」と表記）の条件つき融資をやめさせる。

■一次産品に関する国際的な仕組みを新たに創ることで、生産の多様化と供給過剰の防止を図り、生産者がまともな生活を送れるレベルにまで価格を引き上げるとともに、企業が公正な価格で生産物を買い取るようにする。

■知的財産に関する新たなルールを作って、貧困国が新しい技術や必須医薬品を手に入れたり、農家が種子を保存・交換・販売できるようにする。
■貧困削減にとって死活的に重要な公共サービスの自由化／民営化を途上国政府に迫るWTOのルールを撤廃する。
■企業の投資および雇用に関する基準を強化する。
■WTOを民主化して貧困国の発言力を強化する。
■教育、保健医療、ガバナンスに関する貧困国の政策を向上させて、貧困層が自らの能力を伸ばし、潜在的な可能性を開花させ、より対等な立場で市場に参加できるようにする。

読者には、なぜ貿易に関するキャンペーンを繰り広げるのか、なぜ今なのか、という疑問が湧くかもしれない。それに対しては次のように答えたい。

まず第一に、現存する貿易システムは弁護の余地がない。いやしくも文明社会であるならば、現在の貿易システムがもたらす極度の繁栄と極度の貧困を容認することは到底できない。そして、力の乱用、不正義、およびそれらを助長する無関心を、私たちは誰一人として受け入れることはできない。

第二に、「啓発された自己利益」を挙げたい。いま起きていることは弁護の余地がないだけでなく、持続不可能である。発展途上世界の大部分は絶望のふきだまりとなり、ますます片隅に追いやられ、貿易がもたらす富から隔絶されている。そうした現実の上に末永い繁栄を築くことなどできない。グローバル化を突き進めてやまない経済の力と同様に、富と機会の不平等が生み出す怒り、絶望、社会的緊張は国境を乗り越えていく。そうして広がる社会不安は、世界中の私たちすべてを恐怖に陥れるだろう。グローバル化された今日の世界において、私たちの生活はいまだかつてないほど密接不可分に結びつき合っており、繁栄もまたしかりなのである。私たちは一つの地球社会として、ともに繁栄するか、ともに没落するしかないのだ。どれだけ豊かであろうと、力が強かろうと、一つの国が絶海の孤島であることはできない。

第三に、このキャンペーンは「現状を変えることは可能だ」という信念に基づいている。世界の貿易システムは、抗すことのできない自然の力とは違う。それは、私たちが政治的に選択したルールと組織によって運営されるシステムなのだ。政治的な選択は、力を持った豊かな者たちの利益を優先することもできるし、力のない貧しい者たちの利益を優先することもできる。貿易によって世界の貧困と不平等とが悪化しているのは、そうした結果を生むよう貿易システムが運営されているからにほかならない。貿易のルールが力を持った者たちに左右されているからにほかならない。であるならば、世論を喚起し、動かすことによって、貿易のルール、システムを変えることは可能なはずだ。国際的なキャンペーン〔一九九六年から二〇〇〇年にかけて繰り広げられたNGOの世界キャンペーン「ジュビリー二〇〇〇」など〕によって貧困国の対外債務帳消しを実現できたように、世界の人々が行動することによって貧困層の利益を国際的な議論の中心に据えることは可能だ。そうすることによってこそ、真の人間開発〔人が、経済的な豊かさだけでなく、知的かつ健康で、安全、自由な生活を営めるよう、人生の選択肢や機会を増やせることを指す〕を実現することができるのだ。

要は選択の問題である。現在の不公正な貿易ルールを変えることなく人々に貧困と苦悩を与え続け、それが最後の最後に招致する結末を待つという選択もできるし、そのようなルールを変えるという選択もできる。グローバリゼーションが一握りの人々を潤し続けるのを座視することもできるし、社会正義という理念と原則に立って、あまたの人々を内包するグローバリゼーションの新モデルを創り出すこともできる。そのどちらを選ぶかは私たち次第である。そして、今がその選択の時なのである。

1　二一世紀の貿易とグローバリゼーション〔以下、見出しの番号は章に該当〕

適正に管理された世界貿易は、人々を貧困から救う可能性を秘めている。しかし、貿易の拡大は無条件に貧困の削減を約束するわけではない。これまでの途上国の経験は、貿易が多大な利益をもたらす可能性を秘める一方、貿易を通した世界的統合が不本意な結末を生み出しうることを示している。

貿易をめぐる現在の議論は、「親グローバル派」と「反グローバル派」の間の紋切り型の論争に終始している。親グローバル派は、貿易のグローバル化は貧困層に恩恵をもたらしており、必要なのはもっとグローバル化を進めることだと説く。反グローバル派はそのまったく逆を主張する。つまり、貿易とは貧困層にとって本来的にマイナスなものでしかなく、貿易に参加することで不可避的にますます貧困と不平等の深みにはまっていくと言うのだ。したがって、貿易は少なければ少ないほど良いということになる。

反グローバル派の運動は評価に値する。彼らは、社会正義という極めて重要な視点を提起し、グローバリゼーションがはらむ問題点を政治的論争の主要議題に押し上げた。しかし、国際会議のたびに貿易楽観論者と貿易悲観論者の間で繰り広げられる議論の応酬は、生産的とは言えない。

両派の主張とも現実に即しておらず、両者とも希望の持てる未来像が提示できずにいるからだ。世界貿易が革命的な変貌を遂げる中で、貿易をめぐる両者間の上すべりな論争は、人々の注意をそらすものとなっている。世界貿易の変貌はすべての国に広く、深く影響を及ぼすもので、変化の方向性次第で貧困撲滅が成就するかどうかが決まってくるだろう。

世界貿易の変化には、量的な変化と質的な変化がある。世界貿易は世界のGDP（国内総生産）よりもずっと速いペースで拡大していて、GDPに占める貿易の割合はかつてないほど大きくなっている。その結果、貿易パターンの変化は所得分配のパターン、そして貧困削減の行方をますます左右するようになるだろう。中でも途上国では、GDPに占める輸出の割合が増大している。その割合は途上国全体で四分の一以上に達し、先進国よりも大きいのだ。

質的な変化も起きている。途上国の輸出品の構成が変わってきているのだ。途上国の多くはなお一次産品の輸出に依存しているが、工業製品の比重が高まってきている。この一〇年間にハイテク製品の輸出が急増し、中国やインド、メキシコなどは、労働集約的な製品だけでなく、先端技術製品の主要な供給国として台頭している。

世界的な分業における途上国の役割の変化は、グローバリゼーションを突き動かす技術の力によるところが大きい。コンピュータ技術が長距離通信（ないしデジタル化）と出会うことで、世界の経済関係に革命的な変化が起きている。それは、TNCが世界規模の生産システムを作り上げることを可能にした。世界貿易の拡大に大きく寄与したのは企業内貿易である。TNC上位一〇〇社の社外への輸出額は世界貿易の四分の一に過ぎず、世界貿易のおよそ三分の二は今や企業内で行なわれているのである。

TNCの生産、投資、マーケティング活動によって、途上国の生産者と先進国の消費者は今までになく密接な関係を取り結ぶようになっている。今やグローバリゼーションは、バングラデシュの縫製工場の女性労働者から、中国の経済特区の労働者、中米の自由貿易地域の労働者、さらには途上国各地の小規模農家や農業労働者に至るまで、大きな機会を提供するとともに、大きな脅威にもなっているのだ。

2　貧困削減に寄与する貿易とは

貿易は貧困層のためにならない、という主張は歴史に笑われてしまう。数多くの貧困削減の成功例を見ると、世界貿易への参加が大きな要因となっているからだ。しかも、貧困層に利益をもたらす潜在的可能性は、援助よりも貿易の方がはるかに大きい。

もし途上国全体で世界貿易に占めるシェアを五%ポイントでも増やすことができれば、三五〇〇億ドルもの収入増となる。それは現在途上国が得ている援助額の七倍にもなる。アフリカ諸国が貿易のシェアを一%ポイント増やして七〇億ドル獲得できれば、それは現在アフリカ諸国に供与されている援助と債務救済を合わせた額の五倍にもなるのだ。

輸出の拡大は外貨の獲得に貢献するだけでなく、援助よりももっと効率的に貧困削減に寄与することができる。輸出向けの生産によって貧困層は収入をじかに手にすることができ、新たな雇用と投資の機会も生まれる。しかし、「援助」対「貿易」という二分法は単純化しすぎとも言える。貧困層が貿易から裨益する上で、援助は（保健医療や教育、経済インフラなどへの投資を促すことによって）非常に重要な役割を果たしうるからだ。

輸出の振興が貧困削減にどれだけ大きな役割を果たしうるかは、本書の中で行なったシミュレーションが示している。それは、途上国が世界貿易に占めるシェアを増やすと貧困にどのようなインパクトを与えるかを測ろうとしたものだが、それだけでは不十分かもしれない。貿易が生み出す利益は動的かつ累積的なもので、静的な分析では捉えきれない面があるからだ。とは言え、結果は驚くべきものだった。発展途上世界が世界の輸出に占めるシェアを一%ポイント増やすだけで、世界の貧困は一二%も削減されうるのだ。しかも削減割合は、世界で最も貧困が集中しているサハラ以南のアフリカと南アジアで最大となることを示している。

このシミュレーションで想定した輸出シェアの変化は、人口分布と輸出シェアの間の不均衡に照らせば微々たるものだ。低所得国〔二〇〇一年の一人あたりの国民総所得が七四五ドル以下の国。本書では貧困国と同義に使われている〕は、人口では世界の四〇%を占めているにもかかわらず、世界貿易では三%未満のシェアでしかない。先進国のモノとサービスの輸出額が一人あたり六〇〇〇ドルに達するのに対して、途上国では三三〇ドルに過ぎず、低所得国では一〇〇ドルにも満たないのだ。

東アジア〔本書では東南アジアを含む〕の経験は、広い裾野を持った形で輸出を拡大すれば、どのような成果が得られるかを示している。東アジアでは、一九七〇年代半ば以降の急速な輸出の拡大が裾野の広い経済成長をもたらし、四億人もの人々が貧困から抜け出すことができた。ベトナムやウガンダでは、輸出向けの生産が農村地域の貧困を大きく減らすことに貢献した。バングラデシュのように、輸出の拡大が労働集約型の製造業に根ざしていれば、女性の所得向上に大きく貢献することもできる。

が、そうした成功例を鵜呑みにすることは危険だ。東アジアでは、格差も同時に拡大して貧困削減のペースが落ち、女性をはじめとする労働者を輸出産業がひどく搾取しているという現実がある。しかし、そうした結末は不可避的なものではない。政府が貧困層の利益を守る政策を採ってこなかったためにそうなったに過ぎない。

貿易は自動的に良い結果をもたらすわけではない。急速な輸出拡大が貧困削減を加速するという保証もない。要は、貿易を公正な経済成長に結びつけることである。そうすれば、貿易は人間開発を達成するための強力なエンジンとなりうる。貿易を通して大きな市場と新しい技術にアクセスできれば、投資も呼び込めるし、経済と雇用も拡大できる。もし途上国が、東アジア諸国のように、より付加価値の高い貿易ができるようになれば、輸出の拡大は生活水準の急速な改善に寄与できるだろう。

3　世界貿易システムから取り残された者——貧困層と貧困国

顕著な成功例がある一方で、グローバリゼーションに伴う世界貿易の拡大は、残念ながら貧困削減という成果を上げられずにいる。貿易拡大という大きな波は、あらゆる船を高みに押し上げると期待されたが、高みに上ることができた船は一部で、深みに落ちていく船もあった。

グローバリゼーションの際立った特徴は、絶えざる貧困と拡大する格差である。貿易が富を生み出すかたわらで、一日一ドル未満の生活を強いられている人々〔貧困層の一般的な定義〕が世界に一一億人おり、その数は一九八〇年代半ばから変わっていない。貧富の格差は国と国の間だけでなく、同じ国の中でも拡大している。人口では世界の一四%を占めるだけの高所得国〔二〇〇一年の一人あたり国民総所得が九二〇六ドル以上の国。先進国とほぼ同義〕が、GDPでは世界の七五%を占め、そのシェアは一九九〇年からほとんど変わっていない。

貿易の不均衡は貧富の格差を一層拡大している。世界貿易によって一ドルの富が生み出される時、そのうち低所得国が得るのはわずか三セントに過ぎない。途上国の輸出の伸び率は先進国より高いにもかかわらず、スタート時点の格差があまりに大きいため、途上国と先進国の間の絶対的なギャップは拡大している。高所得国は一九九〇年代に一人あたりの貿易額を一九三八ドル増やしたのに対して、中所得国は九八ドル、低所得国に至っては五一ドルしか増やせていない。

途上国世界の中でも輸出の伸びは地域的に大きなかたよりがある。東アジアは工業製品輸出の四分の三以上を占め、ハイテク製品ではそれ以上のシェアを誇っている。それに対して、南アジアとサハラ以南のアフリカのシェアは合わせても二％未満で、中南米もメキシコを除いてはシェアを落としている。

貿易を通して世界経済にうまく参加しているように見える国でも、付加価値の低い分野に押し込められ、輸出を増やしても国内の貧困問題をほとんど解決できていない国がある。例えば、メキシコはハイテク分野のモノとサービスの主要輸出国として台頭しているが、輸出が生み出す価値のうち国内に落ちるのは二％に満たない。バングラデシュやホンジュラスをはじめ、縫製品の輸出を大幅に増やしている国でも事情は同じだ。ＴＮＣが他国から輸入した原材料を製品に仕立てて再輸出するだけで、生産現場の大部分は単純労働で、国内への技術移転もほとんどない。

その他の国々も、一次産品価格の低落という、長年囚われてきたくびきから逃れられずにいる。一次産品の生産国は世界貿易に占めるシェアをじりじり落としているのだ。サハラ以南のアフリカがその最大の被害者で、一九七〇年代末から続く交易条件の悪化によって、先進国から受け取った援助額の半分を失った勘定になる。

経済理論は、貿易を通して世界経済に参加すれば、途上国の貧困層も利益を享受できると教える。しかし、現実は教えに反している。中南米諸国は急速に輸出を伸ばしたものの、失業率は上昇し、所得も低迷している。一九九〇年代の初めと終わりでは、実質最低賃金はむしろ低下してしまった。特に農村部の貧困層にそのしわよせが行っていることを本書の調査は物語っている。

貿易にまつわる問題は所得だけでは測れない。多くの国で、輸出の拡大は労働者に対するひどい搾取の上に成り立っている。中国の経済特区で雇用される女性労働者は、劣悪な環境の中で一日一二時間もの労働を強いられている。バングラデシュの縫製工場の労働者は、労働組合への加入を認められていない。長時間・低賃金労働は、時間や体力の面で女性に犠牲を強いている。途上国政府は「柔軟な」労働政策を標榜するが、それは労働者の基本的な権利をないがしろにすることを美化する言い回しに過ぎない。

4　市場へのアクセスと農産物貿易──先進国の二重基準

貧困国が先進国の市場にアクセスできなければ、貧困削減に寄与する貿易の力も引き出せない。しかし、北の先進国が世界の最貧層に対して最も高い貿易障壁を築いているのが現実の姿だ。

現在の世界貿易における競争は、一風変わったハードル競争にたとえられる。つまり、最も力の弱い走者に対して最も高いハードルが用意されているのだ。最も貧しい農民や縫製工場の女性労働者が世界市場に参加しようとする時、彼らを待ち構えているのは、先進国の農民・労働者に対して設けられた障壁よりも四倍も高い貿易障壁なのである。先進国が築いた貿易障壁によって途上国は毎年一〇〇〇億ドルも失っており、それは先進国から受け取る援助の二倍にあたる。世界で最も貧しいサハラ以南のアフリカ諸国の損失は二〇億ドル、インドや中国の損失も三〇億ドル以上に達している。

しかもそれは直接的な損失に過ぎず、間接的な損失（投資や経済活性化の機会逸失）はもっと大きい。先進国の貿易障壁は労働集約的な農産物と工業製品に対して設けられているため、貧困層へのダメージがとりわけ大きい。特に女性は、労働集約型の輸出向け産業の主要な担い手となっていることから、先進国の保護主義がもたらす低賃金や雇用機会の喪失といった損失のしわよせをより多く受けることになる。

貿易障壁によって途上国の利益を最も損ねている先進国はどこだろうか。それを知ろうと、オックスファムは二重基準指標（ＤＳＩ）を考案した。この指標は、平均関税率や繊維・農業分野の関税率、後発開発途上国（ＬＤＣ）〔九六頁参照。以下本書では後発途上国と略記〕に対する貿易制限など、先進国の貿易政策のうち主要な一〇の要素をもとにはじきだしたものである。それを「二重基準指標」と名づけたのは、それが先進国が吹聴する自由貿易の原則と彼らの保護主義的な行動との落差を明示するからである。先進各国について指標を計算したところ、ほめられた国は一つもなかったが、中でも欧州連合（ＥＵ）が世界一の「二枚舌」で、僅差でアメリカが二位だった。

先進国の二重基準が最も顕著に現れているのが農業分野である。先進国が国内の農家に出す農業補助金は一日一〇億ドルにも上る。補助金で潤っているのは国内農家の中でも最も豊かな農家で、その結果、過剰生産と大規模な環境破壊が起きている。国内で消費しきれない余剰農産物には、さらに輸出補助金を出して世界市場にダンピング輸出している。そうした補助金のツケを払わされているのは、ほかでもない先進国の納税者と消費者である。

オックスファムは、EUとアメリカが行なっているダンピング輸出の規模を計ってみた。その結果、両者とも生産コストを三分の一も下回る価格で農産物を輸出していることが分かった。補助金に支えられたダンピング輸出は、市場価格を押し下げることで途上国の零細農家に壊滅的な打撃を与えている。ハイチやメキシコ、ジャマイカでは、補助金の助けを借りて先進国から輸出されてきた安い食糧が国内市場を破壊している。世界の最貧層の農家は、先進国のふんだんな補助金との競争を強いられているのだ。

先進国は、自国の市場に貧困国がアクセスできるよう改善すると約束しては、その約束を破ってきた。農業補助金を削減するどころか増やしてきたのである。また、繊維縫製品の輸入を規制する「多国間繊維取極《とりきめ》（MFA）」を順次撤廃すると約束したものの、実際に自由化したのは約束した製品の四分の一以下に過ぎない〔二〇〇四年末にようやく撤廃された〕。

市場アクセスの改善は、途上国の貧困削減の強力な推進役となりうる。それが、貧困層への機会提供や女性の市場アクセスの改善といった途上国自身の政策とリンクすればなおさらだ。市場アクセスを改善するための重要な方策としては次のようなものがある。

- ■低所得国に対するすべての関税と輸入割当を撤廃する。
- ■高率関税（tariff peak）を引き下げ、途上国に対する関税を五％未満とする。
- ■途上国の主要輸出品である繊維縫製品の市場アクセス改善のために、MFAを早期に撤廃する。
- ■社会や環境への負荷を減らすために輸出補助金を全廃し、農業補助金のあり方を見直す。
- ■途上国が自国の食糧安全保障のために農業を保護する権利を認める。

以上のような改革を行なうことによって、貧困国および貧困層に新たな機会を提供し、貧困削減のための環境を整えることができる。とは言え、市場アクセスの改善は、貿易を貧困削減に結びつける方法の一つに過ぎない。多くの貧困国では、市場機会を活かすだけのインフラが整っていない。また、土地や融資といった生産資源や、保健医療、教育、インフラなどに貧困層がアクセスできていないのだ。

5　貿易自由化と貧困層

先進国の貿易障壁をなくすことは貧困国にとって明らかにプラスとなるだろう。また、途上国の市場を慎重かつ順序良く自由化することも貧困層にとってプラスとなるだろう。貿易障壁の縮小を、一貫性のある貧困削減戦略に組み込むことができればとりわけ効果的だろう。が、これまでは、途上国市場を急激に自由化することで、貧困と不平等を悪化させてきた。世銀／ＩＭＦが〔一九八〇年代以降の構造調整で〕融資にあたってつけた条件（コンディショナリティー）がその最たるものである。

世銀／ＩＭＦ、それに先進国の政府は、貿易の自由化を声高に主張してきた。世銀／ＩＭＦは自由化を主張するだけでなく、輸入障壁の削減を途上国への融資条件にすることによって自由化を実現させてきた。その圧力の前に、途上国は先進国をはるかに上回るスピードで経済開放を行なってきた。サハラ以南のアフリカと南アジアは平均関税率を半減させ、中南米と東アジアは三分の一にまで引き下げた。

国際開発金融機関〔主として世銀／ＩＭＦ〕と先進国政府は、性急な輸入自由化を正当化するにあたって、貿易自由化は経済成長をもたらし、貧困層は対等な立場で経済成長の恩恵にあずかることができる、とする世銀の調査報告書を引き合いに出す。が、私たちは世銀の調査に異議を唱えたい。本書で私たちは、世銀が行なった調査には大きな欠陥があり、欠陥に基づく誤った政策助言が行なわれていることを明らかにする。

問題の一つは、「開放度」の捉え方に起因する。世銀は貿易の対ＧＤＰ比率という数字を、貿易自由化の成果を間接的に示す指標として使う。それに対して私たちは、輸入自由化のスピードと規模に基づいた指標を使って「開放度」を測ることで、世界市場への統合を最もうまく果たしたとされる国の多く（中国、タイ、ベトナムなど）が、実は急速な輸入自由化を行なったのではないこと、そして世銀／ＩＭＦの政策助言に忠実に従って急速に自由化した国々は、むしろ貧困削減の実績に乏しいことを明らかにする。

急速な自由化は多くの国で格差を拡大させた。ペルーでは、高地の零細農家が金儲け志向の農家よりも不利な立場に立たされていることを示す証拠がある。メキシコでは、北部の裕福な地域に比べ、南部の「貧困ベルト」地帯は貧しさを増している。インドでは、輸入自由化によって都市部と農村部の格差だけでなく、農村地域内の貧富の格差も激しくなっている。こうした格差の拡大はゆゆしき事態である。なぜなら、それは経済成長によって貧困削減を図るのを難しくするからだ。

世銀／ＩＭＦが「貧困削減戦略文書（ＰＲＳＰ）」の作成を義務づけたことで、途上国政府と貧困問題について話し合う際に貿易を中心課題として取り上げる機会が生まれた。しかし、その機会は活かされていない。一二カ国のＰＲＳＰを私たちが吟味したところ、貿易政策の変更が貧困層に及ぼしうる影響について触れていたのは四カ国だけで、マイナスの影響を受ける人々への対策まで考慮していたのは二カ国だけだった。世銀／ＩＭＦは、カンボジアに対して農産物の輸入関税を大幅に引き下げる戦略を提案した。それは何百万という貧しい米作農家を隣国タイとの競争の渦に放り込むことになろうが、そうした影響はまったく検討されていない。

本書は、次のように提言する。

■世銀／ＩＭＦは、融資にあたってこれ以上貿易自由化を条件にすべきではない。

■先進国は、世銀／ＩＭＦの融資条件に従って途上国が実施してきた自由化措置に見合うだけの輸入障壁削減措置を取るべきである。

■すべてのＰＲＳＰは、貿易自由化が所得分配と貧困削減に及ぼしうる影響を詳細に分析すべきである。

6　長期低落する一次産品貿易

「適正な価格というものは、ギリギリ最低限のレベルで決定されるのではなく、生産者に対して適正な栄養その他の水準を保証するレベルで決定されるべきものである」（Ｊ・Ｍ・ケインズ、一九四四年）(Keynes 1980)

かのケインズが、一次産品の生産者が直面する問題を解決するための国際的な体制作りを提唱してから半世紀以上が経つ。にもかかわらず、いまだに一次産品の価格は低レベルかつ不安定な状態にあり、貿易が貧困層を潤すことのできない一大要因となっている。

世界の最貧国の多くは、今も一次産品に大きく依存している。輸出額の半分以上を一～三種類の一次産品にのみ依存している国は五〇カ国以上を数える。一次産品価格の長期低落は、そうした国々の国家経済と貧困層の家計に大変な打撃を与えている。

中でもコーヒーは、価格が最も下落した産品の一つである。一九九七年以来コーヒー価格は七〇％も下落し、コーヒーを輸出する途上国は八〇億ドルもの損失をこうむった。援助と債務救済を合わせた額よりも損失の方が大きい国すらある。貧しいコーヒー農家が受けた打撃は並大抵のものではなかった。私たちがタンザニアやメキシコ南部、ハイチのコーヒー農家を対象に行なった調査では、消費を切り詰めるだけでなく、子どもたちを学校に通わせられなくなったり、医療費が払えなくなったり、といった農家の実態が明らかになった。女は農作業以外の仕事にも精を出し、男は出稼ぎに出ざるを得ず、家庭や共同体生活にもひずみが生まれている。

　一次産品をめぐる危機は産品によって由来に違いがある。しかし、共通するのは供給の過剰である。どの産品を取っても、常に供給が需要をオーバーしていて、その結果、産品のだぶつきと価格破壊が起こっているのだ。

　貿易品が何であれ、価格の変化は勝者と敗者を生む。一次産品もその例外ではない。一次産品の場合、敗者は何百万、何千万という世界中の零細農家であり、勝者は世界の市場を支配するTNC（コーヒーで言えばネスレ）である。TNCは、生産者の生活を破壊するほどの低価格を押しつけることで莫大な利益を上げているのだ。

　長期低落する一次産品価格は、人間性を持ったグローバリゼーションを実現する上で解決しなければならない根本的な問題である。しかし、問題は複雑で、これまでのツギハギ的なアプローチでは打開できない。本書は、次のような解決策を提言する。

■**世界の一次産品市場を管理する新たな機構と、一次産品に関する新たな取り決め**　これは、価格の乱高下を抑えることを目的としている。過去の失敗を教訓に、新たな機構は、需要とのバランスが取れるレベルに供給を抑え、適正な価格を実現するための資金メカニズムを備える。また、低所得国の産品に付加価値をつけたり、多様化したりするのを支援する。

■**TNCによる社会的責任を持った買い入れの励行**　TNCは、長期契約を結んで一次産品を買い入れるほか、市場価格が下落した時も、生産者に十分な生活水準を保証するような公正な価格で買い入れる。

7　超国籍企業（TNC）——投資、雇用、マーケティング

グローバリゼーションを可能にしたのは技術革新だった。そして、グローバリゼーションを実現したのはTNCだった。TNCは、投資、雇用、マーケティングを通して、世界中の経済と人々の間の距離をぐっと縮めた。TNCは、もっと多くの国や人々がグローバリゼーションの成果を享受できるようにもっていく潜在力を持ちながら、そうしてこなかった。

　途上国政府の多くは、外国からの投資に対して開放的な

政策を採ってきた。北の先進国や国際金融機関の勧めに従って、ＴＮＣを誘致することで急速な輸出拡大を図ってきたのである。しかし、この戦略には欠陥があった。

海外直接投資（ＦＤＩ）には多くの潜在的メリットがある。それは、新たな資金源や技術、市場へのアクセスを提供しうる。しかし、実際のメリットはそれほどのものではなかった。利益のかなりの部分をＴＮＣ本国に持っていかれたり、課税逃れがあったり、誘致するために途上国が多額の奨励金を用意したりで、途上国が得られる利益はずっと少なくなってしまうのだ。例えば、ＴＮＣが一ドル投資しても、そのうち三〇セントは利潤移転操作によってＴＮＣ本国に還流しているのだ。

すべての投資が良い投資とは限らない。長期的な発展の観点から見た良い投資とは、途上国に技術や技能を移転し、途上国企業を活性化するような投資であるが、ＦＤＩのほとんどはそれに該当しない。中南米では、ＦＤＩの増加によってむしろ国内企業の研究開発能力が低下し、海外からの輸入技術への依存が強まった。自由貿易地域は最も質の悪いＦＤＩを呼び込んでしまったように見える。バングラデシュやメキシコをはじめ、国内経済からほぼ完全に切り離された孤島のような自由貿易地域が多数見られる。鉱物資源採掘のためのＦＤＩはとりわけ悪名高い。環境を破壊し、地域住民に移転を強い、地域紛争を激化させてきた。

ＴＮＣは、直接の雇用だけでなく、下請け契約を通して途上国の労働条件に大きな影響を及ぼしてきた。ＴＮＣのほとんどは雇用に関する行動基準を持っているが、限られた効果しか発揮していない。その任意性ゆえに、行動基準が労働者の権利の弱体化や男女の極端な不平等待遇の問題に正面から向きあうことはなかった。

行動基準の順守状況が十分にチェックされてこなかったことも大きな問題だが、たとえ最善を尽くしたとしても根本的な問題の解決にはつながらないだろう。途上国の中でも輸出が盛んな国では、ＴＮＣからの働きかけもあって、ＦＤＩを呼び込もうと政府が労働者保護政策を後退させてきた。本書は、ＴＮＣ自体は立派な行動基準を作りながらも、その下請けに入った企業が労働者の基本的な権利を広範に侵害している実態を明らかにする。それだけでなく、ＴＮＣが納入業者に値引きを強要したり、厳しい納期を課したりすることが雇用条件の改善を難しくしてきたのだ。

輸出産業で働く労働者の中でも女性は最も弱い立場に置かれており、深刻な問題が起きている。社会保障は不十分で、時間外労働を強要され、危険な労働環境で働かされ、はした金程度の賃金しかもらえないのはザラで、輸出産業の成功が女性の搾取の上に成り立っている途上国が数多くある。

ＴＮＣのマーケティングはまた、途上国の公衆衛生に重大な脅威を与えている。中でもタバコと粉ミルクの売り込みが深刻な被害を及ぼしている。

本書は、次のことを提言する。

■途上国政府は、国際労働機関（ＩＬＯ）が定める基準に合致した国内労働法を制定し、執行すべきである。

■ＷＴＯの貿易政策レビュー〔ＷＴＯが定期的に行なう、加盟国のルール順守状況の評価〕は、貿易に関連した労働基準もモニタリングすべきである。

■輸出加工区における労働者の権利、特に女性の権利を強化すべきである。

■ＩＬＯは、主だった労働基準をモニタリングし、基準を守らせるための能力を強化すべきである。

■先進国政府は、経済協力開発機構（ＯＥＣＤ、先進国クラブとも通称される）の「多国籍企業ガイドライン」に沿って、ＴＮＣに対して途上国内での活動について責任を取らせるべく、ＴＮＣ活動を調査、監視、報告するメカニズムを確立すべきである。

■各国政府は、現在国連で草案段階にある「人権に関する超国籍企業およびその他の企業の責任に関する規範」に基づいて、生産、貿易、紛争地域の資源利用に関する法的拘束力を持った議定書を締結すべきである。

8　途上国の発展を阻害する世界貿易ルール

世界貿易のルールは、良いものであれば貧困削減に向けて良い環境を作り出すことができる。悪いルールはその逆の効果を持ち、貧困層のために貿易を活かそうとする政府の試みを阻害する。ＷＴＯの取り決めの多くは、その悪いルールに該当する。

知的財産権の貿易関連側面に関する協定（ＴＲＩＰｓ）がその典型である。かつてアダム・スミスは、政府は業者の本能を警戒すべきだとして次のように警告した。「同業者というものは、親睦や気晴らしのためであれ、一堂に会することなど滅多にない。しかし、仲間内で話し合って価格を吊り上げたり、公益に反する謀議をめぐらしたりする」と言うのである。彼のこの警告はまるでＴＲＩＰｓに向けられていたかのようだ。特許権の強化は技術移転のコストを引き上げ、途上国は年に四〇〇億ドルもの特許使用料をＴＮＣに払わねばならなくなる。そのうち半分はアメリカ企業が獲得する計算だ。知的財産権に関する合意は、

WTOの庇護のもとで画策される国際的な詐欺のようなものだ。

TRIPsの医薬品への適用は、公衆衛生にとって重大な結果をもたらすだろう。途上国の医薬品の価格を二倍に上昇させることになると思われるからだ。貧困家庭の保健医療関係の支出の中で最も多額なのが薬代という現状からすると、早死にや病気の増加など深刻な影響が現れる事態は避けようがない。中でも、男よりも病気にかかりやすい状況に置かれ、家族の面倒を見る立場にある女性は、最も大きな影響を受けることになるだろう。

現在のTRIPsのアプローチそのものが零細農家の利益を脅かしている。自国企業が途上国から持ち帰った遺伝子情報に先進国政府が特許を認めることは、生物《バイオ》学的な海賊行為《パイラシー》にお墨つきを与えるに等しい。遺伝子情報に二%の特許料を課すと、五〇億ドルもの利益を生み出すことになる。さらに、傷口に塩を擦り込むがごとく、種子の保存や売買、交換といった、零細農家がこれまで当たり前にしてきたことをできなくさせるのだ。

サービス貿易に関する一般協定（GATS）では、先進国がTNCのために新しい市場を開拓しようとしている。サービス貿易の中に水道事業のような基本的な公共サービスまで含めようとする一方で、労働力の供給といった途上国の利益になる分野は後回しにしている。GATSは、公共サービスの分野に自由市場の原則を持ち込むことで、貧困層の利益を害する民営化を推進しようとしているのだ。

世界市場へうまく参加できるよう東アジア諸国が採ってきた産業政策の多くは、今はWTOのルールによって禁止ないし規制されている。例えば、TNCに自国市場からの調達（ローカル・コンテンツ）を義務づけたり、外国からの投資を制限したりする政策がそうである。経済発展のレベルが異なっていようとも画一的にルールを当てはめようとするWTOの考え方は、貧困国が直面する様々な課題を無視したものと言える。本書は、次のことを提言する。

■知的財産権に関するWTOの取り決めは、一律に適用するのではなく、途上国に対してはより柔軟な知的財産権保護システムを維持する権利を認めるべきである。
■WTOのドーハ閣僚会議〔二〇〇一年一一月〕で先進国が行なった譲歩をさらに一歩進め、特許権よりも公衆衛生を優先する姿勢を明確にすべきである。
■食糧と農業に関わる遺伝子情報に特許を認めるのを禁止するとともに、貧困国がより適切に生物多様性を保護する権利、および農家が種子を保存・販売・交換する権利を強化すべきである。

■サービス貿易に関する合意を見直して途上国の開発目標を優先するとともに、公共サービスの民営化を交渉から除外し、途上国の主権を強化すべきである。

■途上国に対する「特別かつ差異のある待遇」を認めたＷＴＯの規定を強化し、途上国政府が外国からの投資を規制したり、「幼稚産業」〔まだ未発達で競争力の弱い産業〕を保護したりする権利を認めるべきである。

9　貧困層が裨益できる貿易への転換

貿易が生み出す利益を貧困層に対してより手厚いものとするよう先進国と途上国がともに行動することによって、はじめて貿易はその潜在可能性を発揮することができる。国レベルの行動だけでなく、新しい形の国際協力と、ＷＴＯの新しいガバナンス（統治ないし協治）の仕組み作りが必要である。

　国レベルで貧困層の機会を拡大するには、貿易政策という狭い枠の中に閉じこもっていてはならない。教育・保健医療や生産財所有の面での格差は、貿易を貧困層のためのものとする上で大きな障害となっている。農地や資金、マーケティング手段へのアクセスが限られている貧困層は、自由化がもたらす機会を活かす力が最も弱く、輸入品と競争する力も最も弱い。多くの途上国では、蔓延する汚職と極度の官僚主義が貿易を阻害しており、貧困層がその最大の被害者となっている。

　国際協力は様々な分野で強化する必要がある。途上国が世界市場により有利な形で参入し、貧困層に機会を提供できるようになるには、援助が必要である。にもかかわらず、先進国は一九九二年から二〇〇〇年の間に援助額を一三〇億ドルも減らした。しかも、最も援助を減らされた国の中に貧困国が入っていたり、削減幅の大きい分野に農業が入っていたりする（貧困国や農業は、適切な援助を行なえば貧困削減に大きく寄与できる地域・分野であるにもかかわらず）。低所得国の累積債務の問題や民間資本市場の問題に、実効性のある解決策が取られていないのも大きな課題だ。持続不可能なレベルに達した累積債務のせいで、多くの途上国はせっかく輸出で稼いだ富を先進国の債権者に手渡さざるを得ないでいる。

　ＷＴＯは、国際機関としてはまだ若いにもかかわらず、時代遅れの機関になってしまっている。全加盟国による統治という建て前とは裏腹に、先進国独裁のガバナンスシステムがまかり通っている。それは代表制民主主義の欠陥でもある。一国一票という平等な仕組みでありながら、一一の後発途上国がWTO本部があるジュネーブに代表を常駐させられずにいる。表に出てこない力関係が交渉力に格差を生み、増幅させている。貿易政策の方向性の決定にあたっては、力を持ったTNCがWTOの頭越しに過分な影響力を行使している。

貧困層を潤す貿易へと転換するためには、貿易をめぐるガバナンスの構造を変革する必要がある。本書は次のことを提言する。

■**各国の貧困削減戦略に合致した分配構造への変革**　農地の再分配（農地改革）、優先的歳出分野の変更、インフラ整備、国内市場への女性の参入を阻害する障壁の撤廃、など。

■**汚職・腐敗の根絶**　国レベルでは、議会直属の組織による厳格な監視、OECDの反汚職ガイドライン／取り決めの順守、など。

■**貿易に関する能力強化のための基金創設による貧困国への技術支援**　WTOにおける途上国の交渉力強化を目的とした、年間予算二億五〇〇〇万ドルの基金創設、など。

■**途上国における透明性とアカウンタビリティ（応責性）の向上**　途上国政府は、WTOの場における自らの行動に関する報告書を議会に提出する。また、WTOの貿易政策レビューには、貿易政策改革をめぐる政府－市民社会組織間の対話の評価を含める。

■**非公式な働きかけに関する透明性の向上**　貿易政策に影響力を行使しようとする組織・団体が政府に対して行なった接触や提案を、政府が公表するよう義務づける。

■**世界規模の独占禁止メカニズムの確立**　一握りの企業の手に世界の経済力が集中していることに鑑み、国内の独占禁止規定を世界レベルに拡大適用する。

世界規模での経済の統合は、国内経済の場合と同様に、共存共栄と貧困削減を推進する力にもなりうるし、格差と疎外を拡大再生産する力にもなりうる。世界貿易システムは、うまく管理運営できれば多くの人々を貧困から救うことができる。逆に、管理運営がまずければ貧困国を丸ごと世界の片隅に追いやることもできる。国レベルでも同じことが言える。良い政治は貿易を貧困層のためのものとすることができるし、悪い政治は貿易を貧困層の利益に反するものにしかねない。

今日の貿易は、世界レベルでの管理運営がまずく、国レベルでも管理運営のまずい国が多くある。今の道をこのまま歩んでいくことは私たちが取るべき選択肢ではない。かといって、孤立主義に逃げ込むことも貿易がもたらす機会を貧困層から奪い、貧困削減に向けた努力に掉さすことになる。私たちが必要としているのは、権利と義務に関する新しいアプローチに根ざし、グローバリゼーションを貧困層のためのものとすることにコミットした、新しい世界貿易秩序なのである。

はじめに

私の村はみな貧乏です。いい生活を追い求めてここまで来ました。今はお金があります。ここで働けることで子どもは学校に行かせられるし、ひもじい思いをすることもありません。子どもたちにはもっといい生活がさせられるでしょう。でも、工場での仕事は大変です。扱いもひどいし。病気をしても誰も診てくれません。私たちが作ったシャツを買う時、私たちがどんなところで働いているか、皆さんは考えたりすることはありますか。（バングラデシュの首都ダッカにあるガナクバリ輸出加工区でミシンを踏むナワズ・ハザリさん）

コーヒーの値段が安すぎてこの村は散々だ。値段が高かった数年前は子どもを学校にやることもできたし、十分に食わせることもできた。だけど今じゃ食べ物すら十分買えないし、どうやって子どもを学校に行かせたらいいんだ。コーヒーの安さが我々の生活を破壊しているんだ。（タンザニアのキリマンジェロ州でコーヒーを栽培するタトゥ・ムセイニさん）

私たちの暮らしは親の代とは大違いだ。親の代にはなかったような機会にも恵まれているし、いろいろ良くなっている。だけど生活は楽じゃない。まだまだ安心して暮らせないし。でも前ほどの貧しさはなくなったね。（ベトナムのメコンデル

オックスファムをはじめとするNGOが呼びかけた公正貿易キャンペーンに参加する人々（インドネシアの首都ジャカルタで／撮影：Pariphan Uawithya/Oxfam）

タで稲作をするラム・ヴァンさん）

仕事がなくなるんじゃないかとビクビクしてます。もう閉めちゃった工場もあるし。何でもアメリカのコンピュータ市場が冷え込んで、ここの生産を減らすという話なんです。今の仕事がなくなったら生活はもう大変。養わなきゃならない両親と子どもがいるし、家族にとってもおおごとです。（フィリピンの首都マニラの南方にある電気工場で働くジョセフィーヌ・ラランジャさん）

アメリカの農家が何であんなに安くトウモロコシを売れるのか分からないね。聞けばアメリカ政府が農家にカネを出してるというじゃないか。そんな農家とはとても競争なんてできやしない。輸入物がこの国の市場と私らの生活を滅茶苦茶にしているんだ。（メキシコ・チアパス州の零細農家ヘクトール・チャヴェスさん）

ここに紹介した五カ国の五人には二つの共通点がある。貧困と世界貿易への依存である。皆が世界貿易を通じて先進国の消費者や生産者とつながっている。そして世界貿易で起きたことが皆の生活に多大な影響を及ぼしている。世界貿易というと、大企業や経済大国間の競争、世界貿易機関（ＷＴＯ）を舞台に繰り広げられる秘密交渉などを連想させる。しかし、貿易には生身の人間が関わっているのだ。欧米のチェーン店で売っているシャツを作る南アジアの女性労働者。アフリカでコーヒーを栽培する農家。最先端のコンピュータ用の基盤を組み立てる東アジアの女性。アメリカからの輸入農産物との競争にさらされる中南米の零細農家。貿易はこうした普通の人々を先進国の企業や消費者と結びつけているのだ。

オックスファムが活動している多くの地域で、世界貿易は人々の貧困や脆弱性といった重要な問題を提起している。世界市場にどのような形で関われるかで、人々が十分に食べられるかどうかや、子どもたちが学校に行けるかどうか、労働者の基本的な権利が守られるかどうか、そして究極的には貧困から脱出できるかどうかが決まってくるのだ。ほとんどの場合、生身の人間が貿易に関わっていることが忘れられている。特にＷＴＯでの交渉や先進国での議論ではまったく忘れ去られていると言ってよい。グローバリゼーションの中心議題は貿易であるが、その議論の中で貧しい人々は傍観者の役割しか与えられていない。

グローバル化した二一世紀の今、先進国の人々と貧困国の人々は密接に結びついており、貿易が強力な接着剤の役割を果たしている。欧米に住む人が紅茶やコーヒーを飲んだり、シャツを着たり、コンピュータや携帯電話を使ったりする時、それらは途上国の人々が作ったものである可能性が高い。消費者は世界貿易を通して目に見えない相手と結びついているわけだが、相手の人々〔生産者〕は世界貿易を律するルールによって生活を大きく左右されているのだ。ルールは貧しい人々を豊かにもできれば、一層貧しくもできる。貿易が生み出す利益は広く共有することもできれば、弱い人々を片隅に追いやって豊かな者をさらに富ますこともできる。貿易は人と人の間の関係の問題であり、人類共通の未来と責任に関わる問題だけに、そのあり方を規定するルールは重要な意味を持っている。

相互依存の深まりは、先進国にも貧困国にも影響を及ぼす。歴史を振り返ると、貿易はほとんどの場合、搾取を意味してきた。先進国は、あからさまな略奪であれ、不平等な交換であれ、貿易を通して貧しい国々の富を奪ってきたのだ。そうした貿易の拡大によって、途上国では貧困が蔓延していった。しかし、相互依存が深まった今日の世界では、少数の富者のかたわらで貧困が蔓延するといった状況を持続させることは不可能だ。一国の盛衰は地球全体の盛衰にかかっている。ともに栄えるか、ともに滅ぶかしかないのだ。

本書は人々の生活に焦点を当てる。八〇以上の途上国〔現在は一〇〇カ国以上〕で地域社会やパートナー団体を支援するオックスファムの経験をもとに、世界貿易の急拡大が貧しい人々の生活にどのような影響を及ぼしているのかを本書は検証した。その結果分かったことは、グローバリゼーションのもとで貿易が拡大し、巨大な富が生み出されはしたものの、それが貧困の削減を伴っていないこと、ないし人間開発の前進に結びついていないことである。ノーベル経済学賞を受賞したアマルティア・セン〔一九三三―〕は、グローバリゼーションが持つはなはだしい二面性を次のように言い表している。

「私たちは類を見ない豊かな世界に生きている。と同時に、驚くべき剥奪、貧困、抑圧に満ちた世界にも生きている。新しい問題も数多く生まれているが、絶えざる貧困や満たされざる基本的ニーズなど、古くからの問題も数多く残されている。」(Sen 1999)

世界貿易をめぐる問題の一つに、それがもたらした他に例を見ない豊かさが公正に共有されていないことがある。豊かさが途上国にしたたり落ちていくスピードはあまりに遅く、すでに破廉恥なレベルにある先進国と貧困国との間の所得格差はさらに拡大し、貧困削減の可能性をむしばんでいる。問題はそれだけではない。発展とは経済成長や所得向上を意味するだけでなく、選択の幅を広げ、生活の質を向上させるもの――センが言うところの「人々が享受できる真の自由を拡大するプロセス」――である(Sen 1999)。が、世界貿易から得られたものが抑圧と不正義であることがあまりに多い。富と性別とに根ざした昔からの格差が、新たな不平等によって拡大している。輸出産業で働く何百万、何千万人もの女性労働者は、雇用者に富をもたらす一方、搾取的な雇用によって労働者としての基本的人権を否定され、脆弱性を増している。多くの途上国では、貿易によって一部の人間の手に富が集中する一方、貧困層の生活は危うさを増している。そして、将来世代の生活を脅かす環境破壊の問題も無視されている。

問題のすべてが世界貿易や先進国政府に原因があるわけではない。途上国の責任も大きい。途上国政府が、先進国のせいで貿易がもたらす機会にありつけないと非難し、富と機会の再分配を要求するのは正しい。しかし、国内で同様の再分配を実行することに、ほとんどの途上国政府が難色を示している。不平等と不正義を永続化する国内政策に貿易が輪をかけているのだ。

現状は不可避なものではない。世界貿易システムは、人間のコントロールが及ばない自然の力に支配されているわけではない。世界貿易システムがどのように機能し、どのように費用と便益と機会を分配するかは、政治的選択にかかっているのだ。政治的選択は貿易のルール、政策、仕組みに反映され、それが世界規模の経済統合の方向性を決定づける。経済成長、人間開発、共存共栄の推進という、貿易に秘められた大きな潜在力が活かされないままに終わっている。貿易はもともと貧困層の利益に反する性質を持ったものではなく、富の寡占と自由の否定という方向に仕向けられているだけなのである。

親グローバル派と反グローバル派

貿易をめぐる議論は今、「親グローバル派」と「反グローバル派」という二大原理主義の衝突で彩られている。ここ数年、世界経済に関する大きな会議があるたびに両派は衝突を繰り返し、マスコミもその両極端の議論を大げさに取り上げてきた。グローバリゼーションが貧困層にとって本来的に良いものなのか悪いものなのかという果てしない論争は、これだけ重大な問題を議論するための有益な土台にはならない。

反グローバル派と反グローバリゼーション運動の主流派との間にも意見の相違がある。反グローバリゼーション運動の主流派は、貧困国が妥当な形で世界貿易に参加できないようにしている政策や体制を議論の中心に据えようとしている（Khor 2000；World Development Movement 2001 a；Porto Alegre 2002）。つまり、現在の貿易システムやルールに異を唱えてはいるものの、貿易そのものを否定しているわけではない。それに対して反グローバル派は、貿易そのものを極めて悲観的に見ている。貿易は不可避的に貧困を悪化させ、社会を深く分断し、先進国と超国籍企業（ＴＮＣ）による貧困国と貧困層の搾取をもたらし、環境破壊を招く、と言うのである（Goldsmith 2001）。

貿易がそうした結末を招くという証拠を探し出すことは難しくない。しかし、反グローバル派の主張は史実に反している。貿易がダイナミックな経済成長に貢献した東アジアでは、一九七〇年代半ばから九〇年代半ばまでの間に三億人以上が貧困から抜け出せた。他の途上国でも、人々が貿易への参加を通して、参加せずには得られなかった機会を得ることができた。輸出の拡大が問題を引き起こすことはあるとしても、輸出の縮小はおびただしい数の女性労働者や零細農家の生計を痛打することになるだろう。また、貿易は必ず環境破壊を招くというわけでもない。確かに、悪い貿易が地域環境のみならず地球環境をも破壊することは疑う余地がないが、それは、環境の持続性を考慮に入れない生産活動すべて――それが地域市場向けであれ世界市場向けであれ――に当てはまることである。

反グローバル派が究極的な悲観論者であるとすれば、親グローバル派は原理主義的な楽観論者と言える。世界銀行や国際通貨基金（ＩＭＦ）、ＷＴＯ、それに先進国政府の中に数多くいる親グローバル派は、輸出の拡大、輸入の自由化、世界経済への急速な統合に何の疑いも持っていない。彼らによれば、貿易はどんな貿易であってもすべて良く、貿易障壁はどんな障壁であってもすべて悪いのだ（Legrain 2000）。親グローバル派内では、グローバリゼーションは貧困削減を推進してきたという見方が支配的である（World Bank 2001 a）。中には、グローバリゼーションは「人類が知る最も有効な貧困削減手段」であるとの見方すらある（*Economist* 2001 a）。彼らは、貿易の拡大が貧困削減に必要な雇用と経済成長をもたらし、先進国と貧困層の間の所得格差を縮小させると主張する。貿易が勝者と敗者を生み出すことは認めても、経済理論に従えば長期的には全員が勝者になると言うのである。

しかし、経済理論は世界貿易の現実から遊離している。グローバル化が加速するにつれ世界は二極分化している。富裕層と貧困層の間の大きなギャップ——それは国と国の間にも、一国の中にもある——は日々拡大している。絶対的な貧困問題もそのままである。二〇年にわたる輸出の急拡大にもかかわらず、今なお世界人口の五分の一にあたる一〇億人以上の人々が一日一ドル未満の生活を強いられている。その数は一九八〇年代半ばからほとんど変わっていない。途上国側からすれば、自由貿易によって長期的には貧困層も潤うという親グローバル派の主張には説得力がない。その代わりに途上国が思い起こすのは、「長期的には我々は皆死ぬ」というケインズの言葉である。

世界貿易は世界に貧困や格差を生み出す主犯というわけではないが、貧困層を裏切っていることは事実だ。世界の輸出市場の大部分は先進国に握られ、途上国は束になってもかなわない。世界貿易への統合によって途上国内の格差が広がることも多々ある。インドでは、国内の「シリコン・バレー」からのハイテク製品の輸出急増が繁栄をもたらす一方で、農村部の貧困削減は遅々として進んでいない。輸出の拡大はまた、中国でも沿岸部と内陸部の格差を、メキシコでも北部と南部の格差を、タイでも都市部と農村部の格差を拡大させている。家庭や社会での男女の力関係は男に有利にできており、そのため男女の格差も拡大している。

現在のグローバリゼーションを擁護する人々は、グローバリゼーションが多くの雇用を生み出していると主張するが、それが搾取の上に成り立っていることには目をつぶっている。バングラデシュやカンボジアでは、わずかな賃金で一日一四時間も働かされる女性たちをオックスファムのパートナーNGOが支援している。中国からホンジュラスに至るまで、輸出加工区で働く女性労働者は、出産休暇や社会保障、労働組合への加入といった労働者としての基本的な権利が認められていない。そうした劣悪な労働条件のせいで、おびただしい数の人々が、輸出が生み出す富の正当な分け前にあずかれず、貧しさと脆弱性の深みへと落ちていっているのだ。

そうしたことは不可避なものではない。世界貿易は、良い方向にも悪い方向にも作用しうるのだ。貿易のルールは、貧困層を不利な状況にとどめ置いて富裕層の手に富が集中するように定めることもできるし、貧困国が他国に追いつく環境を醸成するように定めることもできる。貿易は雇用を創出することもできるし、破壊することもできる。国内の階層・性別・地域に根ざした格差を縮小することもできるし、拡大することもできる。貧困層の生計を向上させることもできるし、貧困層の生活環境を悪化させることもできる。貧困国が新しい技術を獲得するのに必要な外貨を提供することもできるし、兵器を輸入し、腐敗した政治家たちを富ませる手段を提供することもできる。貿易がどのような結果をもたらすかを前もって断言することはできない。世界貿易がどのように管理運営されるのか、どのような国内政策が採られるのかによって、結果は異なってくるのだ。

最大の課題は、貿易のルールと体制を変革し、貧困層を疎外している国内政策を改革することによって、貿易を貧困削減に資するよう仕向けることである。親グローバル派は、そうした課題に応えることに失敗した。彼らの取り組みは、一層のグローバル化と世界経済へのより速い統合という処方箋に終始している。彼らのモデルが失敗してきたことを考えれば、同じ処方を続けることにはまったく正当性がない。

反グローバル派は、親グローバル派とは根本的に違った処方をする。彼らは「国家主権」の旗を押し立て、世界貿易からの退出と「自立」を呼びかける。グローバリゼーションが先進国の人々を不安に陥れる中で、彼らの主張に共鳴する人々が途上国内よりも先進国内に多く見られることは驚くにあたらない。移民への敵対心や国際協力への懐疑心、それに貿易への疑念が、超愛国主義者や急進的な右翼団体、その他の反グローバル主義者たちの結束を強め、危険性をはらんだ政治的連帯へと向かわせている。そうした心理的情景は、ロシアの極右民族主義的政治家ウラジミール・ジリノフスキーが放った「なぜ自分たちの首を絞めるようなことをしなくちゃならないんだ。なぜほかのやつらの首を絞めるようなことをしないんだ」という言葉に端的に表されている（Freeland 1993）。

貿易を敵視するそうした言動は途上国にとって脅威である。確かに資本市場の開放をはじめ、グローバリゼーションには数多くの問題がある。一九二〇年代のように、世界の資本市場に自国経済を開放したことで、貿易から得られるべき利益が得られなかった国が数多くある。しかし、貿易を通じた統合は、資本市場を通じた統合とは別物である。世界貿易から撤退したり、先進国市場から排除されたりすることは、途上国の人々が世界的繁栄の恩恵に浴する機会を失い、貧困層が今まで以上に孤立し路頭に迷うことを意味している。貧困削減に向けた総合的な戦略を持たないまま「国家主権」にしがみつくことは、みじめな自給自足生活への一本道を突き進むことでしかない。

かと言って、グローバリゼーションが途上国に呼び起こす恐れや怒りはいわれのないものだ、と言おうとしているわけでもない。途上国でオックスファムが支援する団体や地域社会の目には、世界貿易とは、逆立ちしても勝てないようなルールに満ちたゲームと映るのだ。彼らの目に狂いはない。貿易のルールを変えない限り、そして貿易への参加が貧困と格差の再生産を招かないようにしない限り、世界貿易の正当性は失われたままとなるだろう。

二重基準を振り回す

貿易を敵視する見方はグローバリゼーションが顕在化した最近になって出てきたわけではない。世界貿易は歴史を通じて激しい論争の的となってきた。ギリシャの哲学者アリストテレスは、貿易はやめるわけにいかないものと渋々認めつつ、共同体生活を破壊するものと見なしていた（Aristotle　1967：51）。一九世紀に至るまで大多数のヨーロッパ諸国は、貿易を宣戦布告なき戦争のごとく見なしていた。貿易によって自らの利益の最大化と他国の利益の最小化を目指し、そのために輸入障壁を最大の武器として使ってきた。貿易が互いの利益になるものとして政治的支持を得るようになったのは、一八一七年にリカードが比較優位の理論を打ち立ててからである。今日では、自由貿易主義が世界に君臨している。自由貿易への信仰は世界を席巻し、それを信奉する者の信念は絶対的で、自由貿易はあたかもグローバリゼーションを神とあがめる宗教と化している。が、それは一風変わった宗教だ。選択的にしか自由貿易を実践してこなかったからである。

自由貿易を初めて世界に伝道したのはイギリスだった。高い貿易障壁を設けて自国の産業を育成したイギリスは、二〇世紀前半に自由貿易主義に半分改宗した。国内から強力な利害関係者の圧力があったため、自国の貿易障壁にはあまり手をつけず、他国の貿易障壁に対して自由貿易を振りかざした。往時のイギリスの政治指導者にとって「世界に文明を広める」というイギリスの使命は、できれば説得によって、必要とあらば武力によってあらゆる貿易障壁をなくすことにあった。中国が英国東インド会社によるアヘン貿易を公衆衛生を理由に禁止した時、往時のイギリスの首相パーマストンは、自由貿易主義を貫徹するため海軍飛行隊を派遣して広州などの港を爆撃した。世にいうアヘン戦争の末一八四二年に結ばれた南京条約で、中国は自由貿易地域を設けること〔五港開港〕を義務づけられた。この条約は世界初の自由貿易条約と言える。

砲艦外交は終わっても本質は変わらなかった。その後、世界の先進各国が力任せの政治と二重基準の貿易を巧みに融合し駆使していく姿を見たなら、あのパーマストンもさぞかし舌を巻いたことだろう。また、今のWTO交渉で彼が欧州連合（EU）やアメリカの代表を任されたとしても、そう場違いではないだろう。

パーマストンが貫徹した原則は、今日、市場アクセスの分野に顕著に見られる。先進国は途上国に対して自由化を強く迫る一方、途上国からの輸入品に対しては高い貿易障壁を維持しようとしているからだ。世界貿易における競争は、一風変わったハードル競争にたとえられる。最も力の弱い走者に対して最も高いハードルが用意されているからだ。しかも先進国は、農産物や繊維縫製品といった途上国が最も比較優位を誇る分野に対して高い障壁を設けているのである。そのことが、貧困と格差をなくす貿易システムを打ち立てる上で大きな障害となっている。

強圧的な貿易外交時代のごとく、先進国はいま国内産業の保護と外国市場の開放を押し通そうとしている。強力な国内企業の利益がかかっている場合はなおさらである。EUとアメリカは、WTOの場を使って、TNCの投資の権利の擁護、知的財産権の保護、主要市場の開放を迫っている。二一世紀の巨大企業は、強力な政府を後ろ盾にして利権の網を世界中に広げることができるという点で、一九世紀の東インド会社と少しも変わるところがない。

今日の世界貿易ルールに散見される二重基準の中には、過去にも類似したものがいくつかあった。先進国の産業がまだ発展途上にあった時、先進国は関税でもって幼稚産業を守り育成する権利を主張した。アメリカやドイツは、経済大国としての足場を固めるまでは断固として自由貿易を拒否した。が、それらを昔話として片付けることはできない。今も先進国は、自国の市場を固く閉ざす一方で、ＷＴＯや世界銀行、ＩＭＦなどへの影響力を行使して途上国の市場をこじ開けようとしているからだ。先進国が途上国に対して発しているメッセージは、簡単に言えば「我々の言う通りにせよ。が、我々のすることは真似するな」ということである。バランスを欠いた自由貿易主義によって、世界貿易の果実の大半は先進国へと流れているのだ（Khor 2001）。

正当性の危機

世界貿易をめぐる大きな矛盾は、先進国の二重基準と偽善によって説明がつく。富の創出という基準で計れば、世界貿易の力は今までにない高みに達しているのに対して、世界貿易をつかさどるルールと体制の正当性は今までになく危機に瀕しているという矛盾である。工業化された先進国が世界経済を支配し、最貧国や最貧層を犠牲にして富裕層の特権の維持を図っている、という見方が広まっているのももっともなことである。

そうした見方、ないし思いは、オックスファムが支援する途上国の人々を対象に行なった調査にはっきり現れている。タイのある若い学生は、多くの人が実感していることを次のように表現した。

「世界貿易は大きな魚が小さな魚を飲み込むようなものだ。大きな国がルールを決め、それを盾に小さな国を押さえ込んでいる。弱い国はもっと力を持たねばダメだ。そうでないと、我々が何を試みようと、大きな国が割り込んできて、あらいざらい持っていってしまうのだ。」

ＷＴＯの官僚や先進国政府の広報官は、現在の貿易のルールや体制に懸念を抱いているのは先進国の一部の人間に過ぎないと見なしている（Legrain 2000）。が、それは間違いだ。オックスファムが行なった調査は、世界貿易に対する無力感と怒りがないまぜになった気持ちを、途上国の人々が広く共有していることを示している。先述したタイの学生のように、世界の最貧国の何百万、何千万という人々が、世界貿易は不平等・不公正の源であると身をもって感じているのである。

途上国の生産者への聞き取りでもそうした訴えが繰り返し聞かれる。メキシコの零細農家は、彼らの生計を破壊しているのは「自由」市場ではなく、欧米の補助金であり、不公正な貿易であると分かっている。そのうちの一人は、「なぜアメリカの農家に太刀打ちできないのか。それは、不公正な市場のせいだ。我々は貧しく彼らは豊かだ。なのに彼らは補助金をもらい、我々には何の助けもない」と訴えている。バングラデシュやメキシコ、ホンジュラスの自由貿易地域で働く女性たちは、先進国の消費者も不可分に関わっている雇用形態に恨みすら抱いている。バングラデシュの女性労働者の一人は、「尊厳も権利もなしに働かねばならないというのはおかしい。私たちが作ったシャツを着る先進国の人たちは、私たちがどんな条件のもとで働いているのか知ってますか。知ろうとしてますか」と問いかける。タンザニアでコーヒーを栽培する零細農家やガーナの零細ココア農家は、彼らの作物に公正な価格がつけられていないことを知っている。タンザニアの農民の一人は、「我々が作ったコーヒーで儲けている人間がいるに違いない。我々に残されたものはといえば貧困しかない」と語っている。

右に引用した言葉の数々は、言い方は違っていても、貧困国と貧困層を繁栄の恩恵にあずかれないようにすることで、世界貿易が正当性の危機に立っていることを示している。世界貿易の参加者の中で最も弱い立場にある途上国は、ルールに基づく貿易を先進国以上に必要としている。報復力を持たない途上国を経済力の悪用から守れるのはルールだけだからだ。とは言え、現在のルールと体制は先進国を利するようにできているとしか途上国には見えない。経済力を持った者が突出しないよう制御する役割を果たすどころか、強者の立場を強化し、弱者の立場を弱めていると。

変革が求められているのは世界貿易のルールだけではない。インドやブラジル、メキシコなどがＷＴＯの会議の席で、貿易の成果を貧困国に再分配するよう要求するのは正しい。他の途上国も、先進国は貧困国の利益を最優先すべきだと合唱する。しかし、途上国自身の貧困削減の軌跡を振り返ると、嘆かわしい実績しか残していない国が多い。WTOの場で公正・平等を主張しておきながら、国内では公正・平等を実現しようとしていないのだ。

貿易がもたらす機会を貧しい人々が活かせるようにするには、農地や流通インフラ、教育などへのアクセスが必要だが、途上国内の不平等な分配システムや不公正な歳出が障害になっている。男女間に横たわる根深い不平等の問題への取り組みも遅れている。そして、貿易自由化に伴うコストは零細農家や低賃金労働者といった最も弱い社会層に押しつけられ、貿易の果実は富裕層の手に渡っている。要するに、途上国政府のほとんどは、先進国が途上国に不平等を押しつけていると非難しておきながら、国内では貧困層に不平等を押しつけているのである。

機能しない体制

本書で言おうとしていることは、貿易の拡大が自動的に貧困削減につながるわけではないこと、そして貿易をうまく管理運営できれば、多くの人が経済成長の過程に参加する機会を得て、貧困から脱却できるということである。逆に、現在のように管理運営がまずければ、世界の最貧層をさらに社会の片隅へと追いやってしまうこと、そして貧困、不平等、反感が引き起こす社会不安から逃れられる国は一つもないということである。

先進国がそうした結末を避けるよう努めることは、道義的責任であるだけでなく、自己利益でもある。道義的責任を負うのは、豊かさの中の貧困と、貧困がもたらす人間の可能性の莫大な喪失は許されざることだからである。自己利益になるのは、貿易がもたらす繁栄はどの国も享受できるから、というだけではない。グローバル化した世界では、社会的、経済的問題が国境などお構いなしに拡散するからである。貧困から抜け出す機会を奪われた途上国世界が、みじめなスラム街として隔離されたままでいることはないだろう。貧困が生みだす紛争、難民、そして病気などは世界各地に輸出されていくだろう。

歴史からも重要な教訓を学ぶことができる。一九世紀に始まったグローバリゼーションは、第一次世界大戦後に崩壊し、一九二〇年代に大恐慌と民族主義的対立を巻き起こして第二次世界大戦を招致した。大恐慌に至るまでの七五年間、加速度的に統合を続けてきた世界経済は、トランプの山が崩れるようにあっさり崩壊した。不安定な金融市場、世界貿易の瓦解、一次産品価格の低落の悪循環に陥った（James 2001）。市場の破壊的な力を押しとどめ、破局に至るのを避けるべくグローバル化の果実を広く分配するには、国際協力体制があまりにも弱かった。

一九二〇年代と現代との共通性は、誇張しすぎだとしても、無視すべきではない。昔も今も世界には、金融危機を防ぎ、それが貿易システムに波及しないようにする体制が備わっていないだけでなく、世界貿易を国家の繁栄への脅威と見なす人々が数多く存在し、長引く一次産品市場の危機を救う体制も仕組みも欠けているからだ。それにもまして、公共の利益を守るための世界的な体制が機能していないことへの反感が途上国、先進国を問わず蔓延している現状は、一九二〇年代の時代風景を想起させるとともに、多国間主義に大きな課題を突きつけている。

過去から学ぶ

第二次世界大戦後の世界の指導者たちにとって、二つの大戦間の出来事から学ぶべき教訓は明白だった。世界の繁栄と安全とが相互依存関係にあることを知った彼らは、世界の一部にではなく全体にあまねく機会を広げていくような世界秩序と体制を模索した。アメリカのF・ローズヴェルト大統領は四度目の就任演説で次のように述べた。「我々は単独では平和に生きられないことを学んだ。そして我々の暮らしが遠く離れた他国の暮らしぶりに左右されることを学び、…我々は世界という社会の市民、人類共同体の一員であることを学んだのだ。」（Roosevelt 1945）

二一世紀に入った人類社会は、共通の利益のために市場を律する体制を早急に必要としている。投資家でフィランソロピスト〔慈善事業家〕のジョージ・ソロスは、世界市場がますます狭小な価値観のもとに動き、政治が市場を制するのではなく市場が政治を制している、と述べるとともに、国および国際レベルでの政治的失敗が世界の安定にとって最大の脅威となっている、と指摘している（Soros 1998）。アメリカ連邦準備制度理事会のポール・ボルカー元議長もまた、国家間の関係を調整する国際的な体制が、公正という基本的価値基準を満たす形では機能していないことを指して、次のように述べている。

「貧しく力の弱い国とＩＭＦが協議する時、折れるのは弱小国だ。しかし、力の強い大きな国が協議する時、折れるのはＩＭＦだ。大きな国同士が争う時、ＩＭＦは敵前逃亡してしまう。」(Volcker & Gyohten 1992)

世界貿易における多国間主義の正当性を危機的状況に陥らせた元凶は、政治と体制の二つの機能不全だ。ＷＴＯは、ある時は途上国の市場をこじ開けてＴＮＣの利益拡大に貢献し、ある時は欧米の要求の前に農産物への補助金や繊維製品への関税を認めることで、二重基準を正当化する役割を果たしている。それは、ルールに基づいてシステムを機能させていくのに死活的に重要な、公正と均衡の原則にのっとった振る舞いとはとても言えない。

ＷＴＯに残された時間は刻一刻となくなっている。一九九九年末にシアトルで開かれた〔第三回〕ＷＴＯ閣僚会議は、途上国の関心事を反映しない交渉への参加を途上国側が一致団結して拒否したことで失敗に終わった。マスコミは会議場の外で繰り広げられた反対行動を大きく取り上げたが、会議が失敗した原因は、先進国が途上国の関心事に配慮しようという政治的決断に踏み切れなかったことにこそあった。先進国がかつて約束した、農産物や繊維製品への貿易障壁の撤廃加速を実行に移せ、という途上国の求めすら聞き入れられなかった。

それから二年、アメリカで起きた同時多発テロ事件の直後に〔カタールの〕ドーハで開かれた〔第四回〕閣僚会議でも、過去の過ちから学ぶ姿勢が先進国側にないことが明らかになった。当初、開発に力点を置いた新しい貿易交渉（いわゆる開発ラウンド）を始めると公約したにもかかわらず、従来通りの姿勢に終始したのである。「市場アクセスの改善」というあいまいな約束も、真の変化を導く熟慮された戦略として結実することはなかった。すでに失われ始めていた多国間システムへの信頼は失墜の瀬戸際に立っている。新しいルールを作り、これまでの不正義に終止符を打てなければ、ＷＴＯの存続だけでなく、世界貿易システムの安定そのものが危機的状況を迎えるだろう。

同時多発テロ事件以降、先進国政府の多くは、貧困と格差が安全保障を脅かすという認識を深めた。イギリスのブラウン蔵相は改革に向けた大胆な提言を行なった。第二次世界大戦が終結する間際に開かれたブレトンウッズ会議の〔世界貿易の均衡ある発展と生活水準の向上という〕精神を呼び起こし、寛容な（inclusive）グローバリゼーションを呼びかけたのだ（Brown 2001）。それは実現可能な目標である。必要なのは実現のためのビジョン、政策、体制なのだ。

第1章　二一世紀の貿易とグローバリゼーション

輸出向けに金鉱山で進む大規模な露天掘り（ガーナのオブアシで／撮影：Penny Tweedie/Oxfam）

グローバリゼーションを新しい事象と見なした二〇世紀の思想は思い上がりだ。世界経済への途上国の統合は、五世紀以上前の「新大陸の発見」以来ずっと続いているからだ。過去と現在の間には、先進国が自らの利益拡大のために世界市場を利用するといった共通点がいくつかある。しかし、二一世紀初頭のグローバリゼーションは、諸国間の経済関係に革命的な変化をもたらしており、その変化が今後どのような方向性を取るかが貧困削減に多大な影響を及ぼすだろう。

今日の世界経済が深い相互依存の関係にあるということは、各国の栄枯盛衰が今までになく密接に結びついていることを意味している。一国の繁栄はますます他国の繁栄に左右されるようになっている。「ともに浮くか、ともに沈むか」ということわざは、国際経済関係において新しい意味を持つようになった。しかし、グローバリゼーションという言葉は、抽象的な諸国間の経済関係を表す言葉にとどまらない。世界の経済パワーの相克の陰で、途上国の普通の人々の生活を揺るがす事態が起きているのである。

グローバリゼーションは一風変わった形で姿を現す。バングラデシュ南東部の村に住むシャワズ・ベグムさんは、五年前仕事を探しに首都ダッカに出てきた。彼女は今、ダッカの北に広がるアシュリアというスラムに住んでいる。苛酷な貧困が蔓延し、特に雨季は飲み水と衛生問題に悩まされるそのスラムで、シャワズさんは土壁とプラスチックの屋根でできた一部屋だけの掘っ立て小屋に住んでいる。そして、スラムに住む多くの女性と同様、週に六日、輸出加工区という別世界に通っている。韓国の会社が所有する縫製工場で織工として働いているのだ。その工場は、ピエール・カルダンやアディダスといったブランドシャツを生産している。シャツは「バングラデシュ製」と銘打っているが、糸はインドから、布は台湾と韓国から、裏地と包装材は中国から、ボタンはインドネシアからの輸入品である。一日一〇時間の労働でシャワズさんが手にするのは一ドル五〇セントに過ぎない。

途上国の貧困と先進国の繁栄との結びつきは何も目新しいものではないが、グローバリゼーションはその結びつきを一層強固かつ頻繁なものにしている。それには目を疑うものがある。世界で最も高価なシャツがシャワズさんのような世界の最も貧しい女性によって織られている。マイクロソフト、ＩＢＭ、インテルに代表されるコンピュータ産業は、貧困と非識字に満ちたインドでソフトの開発を行なっている（Nicholson & Taylor 1997）。最高級のコンピュータ製品が、中国やフィリピン、メキシコの農村部から出てきた女性労働者によって組み立てられている（Bank 1996）。世界で最も進んだ自動車工場が途上国に建てられ、そこから完成品が欧米に輸出されている。

グローバリゼーションを最も広く捉えるならば、世界の国々の相互依存性が増すことである。相互依存を強化する原動力となっているのが世界貿易であり、資本投資であり、超国籍企業（ＴＮＣ）であり、技術革新である。そうした抽象的な描写の陰で、グローバリゼーションは一般の人々の生活や諸国間の経済関係を大きく変えている。

この章では、世界貿易が諸国間の貿易関係をどう形作っているのかを分析する。まず最初に、グローバル化を駆る原動力としての世界貿易について考え、貿易のパターンがどう変化しているかを明らかにする。次いで、今のグローバリゼーションを規定している技術的な力について述べるとともに、ＴＮＣの役割に光を当てる。そして最後に、二一世紀初頭のグローバリゼーションと以前のグローバリゼーションとの間の共通点（連続性）と相違点を考察する。

一　世界貿易とグローバリゼーション

一六世紀末のイギリスは、スペイン、ポルトガルと交戦状態にあった。それがグローバル化時代初の戦いであり、それには大きな戦果がかかっていた。スペインとポルトガルは、東インド諸島や新世界の門をこじ開け、欧州市場で高値のつく産品や貴金属を手に入れて莫大な富を得ていた。富の略奪によってボロ儲けの貿易ができた。その分け前を狙ってイギリスのエリザベス一世〔在位一五五八〜一六〇三〕は、海賊行為にお墨つきを与えた。イギリスの艦隊は、メキシコやペルーから略奪してきた財宝を積んだスペインの船を拿捕《だほ》しようと、大西洋のアゾレス諸島沖で待ち受けた。一五九二年、東インド諸島から帰る途中のポルトガル船「マドレ・デ・デウス号」がその網にかかった。マドレ・デ・デウス号はコショウ四二五トン、チョウジ四五トン、ニクズク三トン、ナツメグ三トン、そのほか大量の金貨、銀貨、布、宝石を積んでいた。イギリスの戦果は、当時同国の国庫に蓄えられていた資金の半分に上ったという。

途上国からすれば、略奪と強奪は貿易史上何度となく繰り返されてきたことだ。経済学者にグローバリゼーションの歴史を語らせると、一九世紀末に世界市場の統合が始まり、第一次と第二次の世界大戦で後退を余儀なくされたものの、一九八〇年代に入って再び加速し始めたと言う（O'Rourke & Williamson 2000, World Bank 2001 b 等を参照）。それ以前の時代――今日の先進工業国が世界経済に覇権を打ち立てた五世紀――は彼らの歴史から消え去っている。その五世紀の間、途上国世界は先進国世界を利するよう設計された世界貿易システムに統合されていった。貿易は貧しい国から豊かな国へと富と力を移転する手段だった。新世界から貴金属を奪い去ったのは、初期のグローバリゼーションの一例である。一七世紀にオランダの植民者が東インドで始めた香辛料の強制栽培システムは、香辛料貿易を通じた巨大な富の移転の礎石となった。真にグローバルな市場の形成に決定的な役割を果たしたのは、富の集中を図るために実行された奴隷制と植民地建設だった。貿易がもたらす富の分配を決定づけたのは経済の力だけでなく政治の力だった。政治の力が大きく関わるという点で、かつてのグローバリゼーションと今日のグローバリゼーションとの間には強い連続性がある。

●歴史的に見たグローバリゼーションと貿易

一九世紀末には、世界はモノや資本、人の動きを通して高度に統合されていた。蒸気船や鉄道が国々を結び、市場が開放されていった。電報の発達は国際資本市場の出現を促した。一九一四年までの三〇年間、世界の国内総生産（GDP）の総和に占める貿易の比率は倍増した（Hirst & Thompson 1995）。その後一九七〇年代に至るまで、先進工業国の中でGDPに占める輸出の割合が一九一四年以前のレベルに達した国はほとんどなかった。また、国家経済に占める資本の輸出入の割合も、今より二〇世紀初頭の方が高かった。それにもまして、多くの人々が他国へ渡っていった。一八七一年から一九一五年にかけて、農村部の貧しい人々を中心に三五〇〇万人もの人々がヨーロッパを去り、新大陸などに移っていったのである（Faini et al. 1999）。

二〇世紀初めのグローバリゼーションは世界の所得分配に大きな影響を与えた。資本の移動によって労働集約的な農産物の輸出が活発となり、農産物は工業製品と交換された。平均所得は伸び、格差も縮まって、不平等が縮小していった。一九世紀の最後の四半世紀には、富の格差が三分の一ほど縮小したという（O'Rourke & Williamson 2000）。資本移動と貿易によって、新大陸では輸出と労働力需要が増大し、ヨーロッパからの移民を労働力として吸収しただけでなく、彼らの賃金水準も向上した。一九世紀後半の所得格差の縮小は、三分の二が移民（労働力の移動）によって、三分の一が貿易によってもたらされたものだった（Lindert & Williamson 2001）。

二〇世紀の二つの大戦間に、地球規模の統合は大きく後退した。資本市場の危機が駆けめぐり、大恐慌が世界に拡散していった。銀行は融資を引き上げ、政府は需要の抑制に走り、新事態に対応するコストを他国に転嫁しようと競った。各国とも、輸出の激減による国際収支の悪化を競争相手国からの輸入制限によって食い止めようとしたため、縮小均衡の悪循環に陥ってしまった（James 2001）。血で血を洗う保護主義競争が始まり、一九二九年にアメリカが高率関税を導入したのをきっかけに、各国が関税の壁をめぐらせていった。そのため、資本の流れも貿易もやせ細り、世界経済はそれまでの三分の二の規模へと縮小した。大規模な失業が発生して貧困が増大するとともに、諸国間の格差も拡大していった（Maddison 2001）。

こうした一九三〇年代の経験から今日の先進世界が学ぶべきことは多い。それは、相互に結びついた国々が相手国の利益を損なう政策を追求すると、どういう事態が起きるかをはっきり示している。アメリカは、自らの市場を閉鎖したために（アメリカに輸出していた）他国の購買力が下落し、（アメリカからモノが買えなくなって）輸出を崩壊させてしまった。イギリスの銀行は、融資を引き上げたことで輸出加工業者を再起不能にしてしまった。相互依存は恩恵をもたらすが、一歩間違えると甚大な社会的・経済的損害をもたらす可能性を秘めているのだ。

●貿易と相互依存――グローバル化した経済の中の途上国

二〇世紀初めの世界経済統合の姿と今の世界を覆う状況との間には見かけ以上の類似性があるが、今日のグローバリゼーションにはどのような違いがあるのだろう。それは、先進国と途上国の関係をどう形作っているのだろう。

まず量的な面から見ていこう。経済統合は劇的な速さで進んでおり、その主要な推進役は世界貿易である。過去二〇年間、世界のＧＤＰは年三％の割合で成長したのに対して、世界貿易の成長率は年六％に上った。その結果、世界のＧＤＰは倍増しただけなのに、世界貿易は三倍にも増大したのである。今では世界のＧＤＰに占める貿易のシェアは二〇％近くに達している。それは、貿易を通して世界の国々がこれまでなかったほど密接に結びつき合い、相互依存の上に繁栄が成り立っていることを示している（図１・１）。

途上国も例外ではない。ほとんどの地域で輸出の拡大がＧＤＰのそれを上回り、一部の国では大きく上回ってきた。その結果、途上国の経済成長は先進国以上に輸出に依存するようになった。この一〇年間、途上国のＧＤＰに占める貿易のシェアは七ポイント増加し、低所得国では一〇ポイント増に達している。その結果、途上国ではＧＤＰに占める貿易の割合は今や二五％以上にもなっている。輸出への依存は東アジアと南アジアで特に加速している（図１・２）。サハラ以南のアフリカも、依存率の上昇はずっと緩やかだが、それでもＧＤＰに占める貿易の割合はアメリカの二倍に上っている。輸出への依存を高めることの持つ意味は大きい。世界市場の変化から影響を受ける度合いが危険なほど高まるのは言うまでもない。と同時に、富を輸出から得る度合いが大きくなる分、所得に与える世界貿易の影響力も大きくなることを意味している。

グローバリゼーションは貿易の量と額を増大させているだけではない。貿易のパターンも変化している。世界貿易はますます知識集約的になっている。工業製品の占める割合は一次産品よりも高くなっており、中でもハイテク製品のシェア上昇率が最大となっている（Lall 2001 a）。一九八〇年代半ば以降、工業製品の伸び率は一次産品の伸び率の三倍を記録し、世界貿易の五分の四を工業製品が占めるまでになっている（図1・3）。

図1.1　輸出とGDPの年平均成長率（1990～99年）

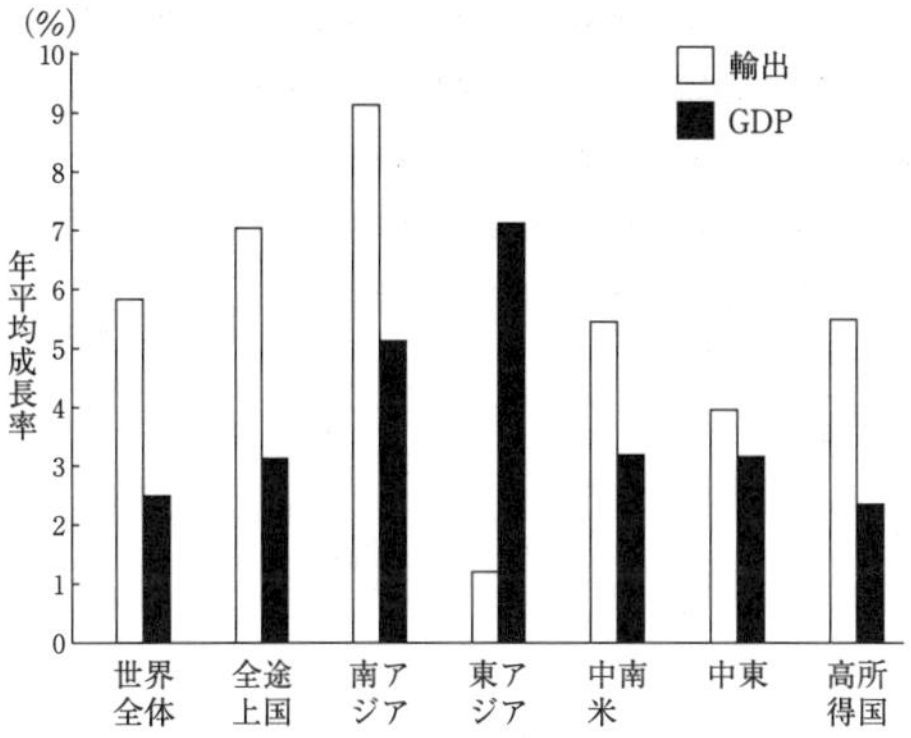

出典：World Bank（2001d）；IMF（2001a）

図1.2　GDPに占める貿易の割合

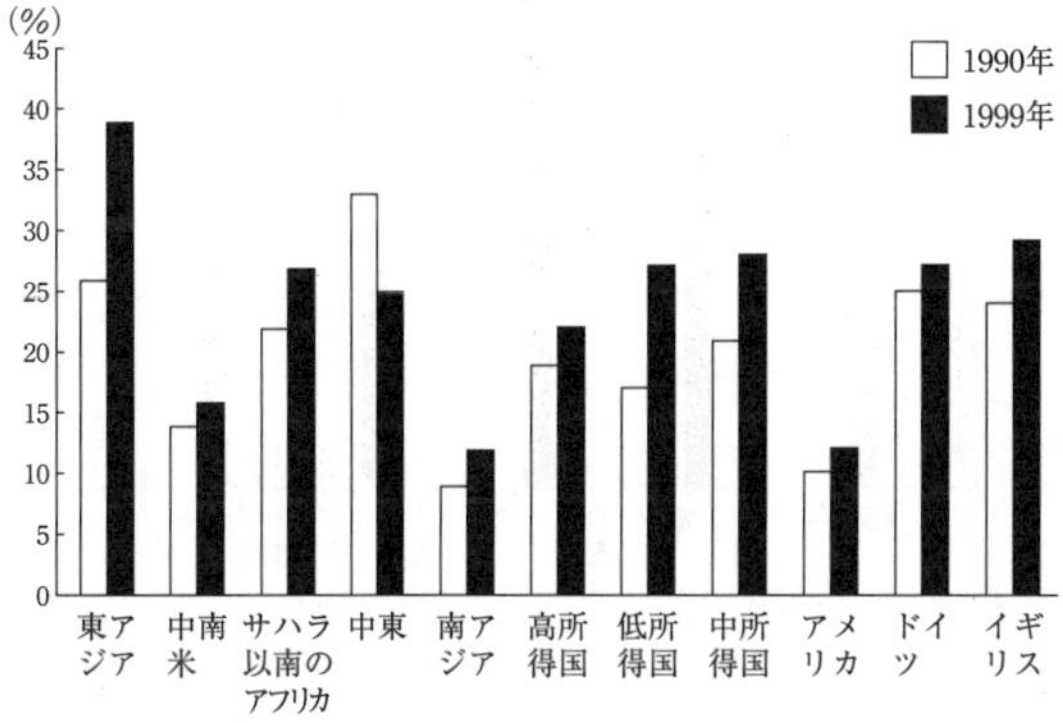

出典：World Bank（2001b）

いま世界貿易では、研究開発への莫大な投資と高度なインフラを必要とするハイテク分野が電子製品分野の急成長に伴って最大の成長分野となっている。ハイテク分野のシェアは過去一五年間に三倍増となり世界貿易の四分の一以上を占めるまでになった。その間、自動車部品や工学技術製品など中程度の技術を必要とする製品〔中テク製品〕もシェアを倍増させた。それに対して一次産品市場は底割れし、

図1.3　品目別の年平均輸出増加率（1985～98年）

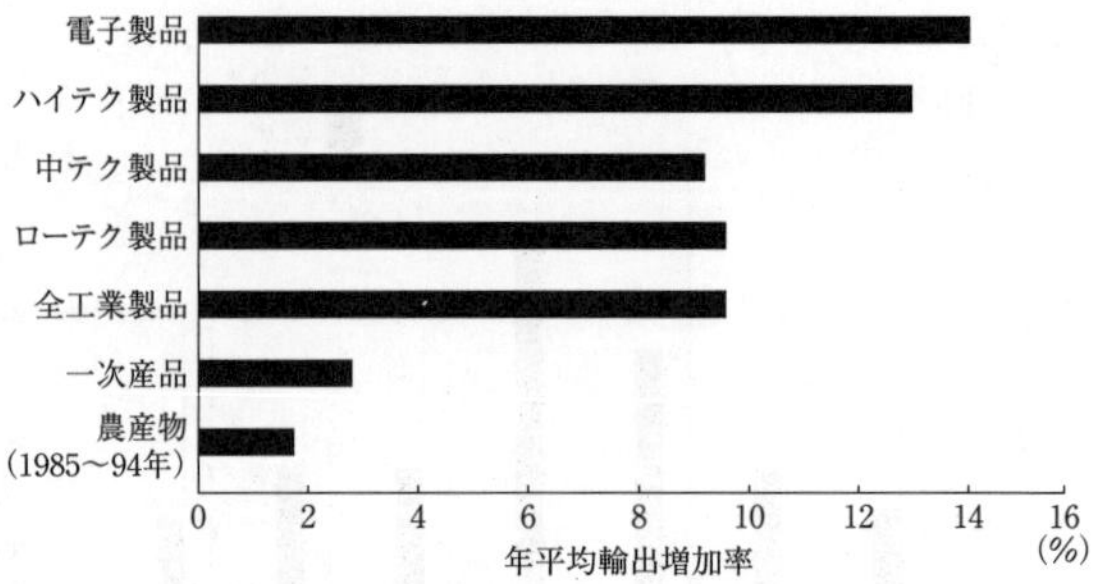

出典：UNCTAD（1999）；OECD（2001a）

図1.4　各品目が世界貿易に占める割合

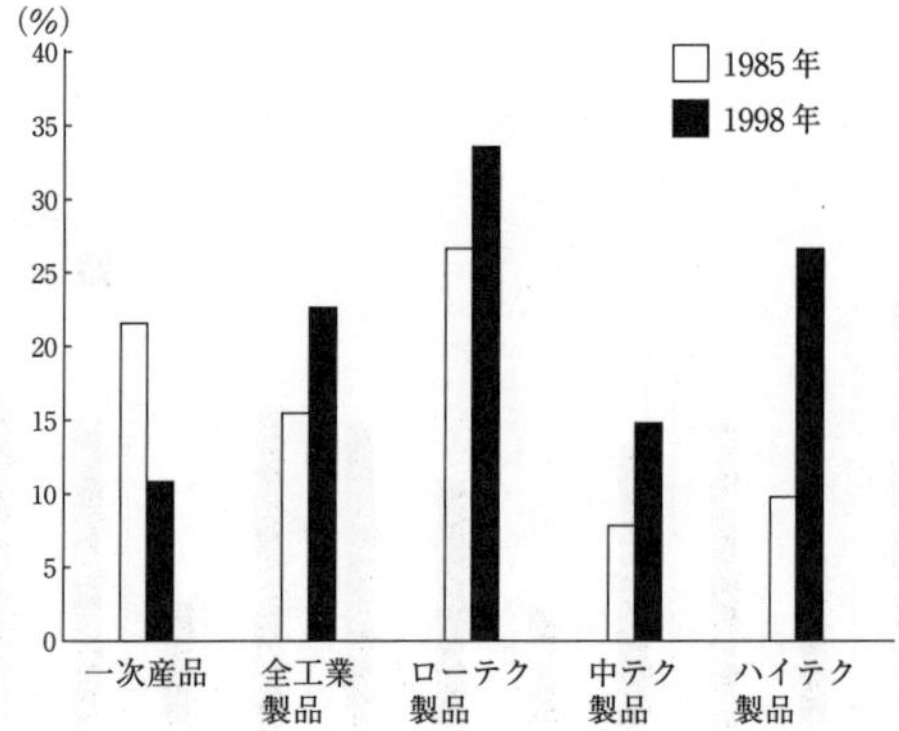

出典：Lall（2001a）

世界貿易に占めるシェアは一九八〇年代半ばの半分にまで落ち込むなど、下降線をたどっている（図１・４）。

　グローバル化に伴う世界貿易の構造変化には途上国も寄与している。世界貿易に広く関わるようになっただけでなく、ハイテク製品輸出国の一角をも占めるようになったのだ。途上国の輸出の伸び率は先進国を上回っているため、この一〇年間で世界貿易に占める途上国のシェアは五分の一から四分の一へと拡大した。量的拡大だけでなく輸出の構成も変わってきている。工業製品の割合が、一九八〇年代初めの四分の一から現在は五分の四以上にまで増えているのだ。工業製品の輸出の伸び率は先進国を追い越し、特にハイテク分野で顕著な伸びを示している。過去一五年間の工業製品全体の伸び率が年一二%だったのに対して、ハイテク製品は二〇%以上を記録し、先進国より二倍も速く拡大しているのだ。その結果、世界のハイテク製品貿易に占める途上国のシェアも大きくなっている（図１・５）。

　世界貿易の拡大は、一世紀前のグローバリゼーションの時と同様、資本移動と密接に結びついている。先進国のＴＮＣが途上国に資本を投下し、生産施設を移したことが、途上国の輸出拡大に大きな役割を果たしているのだ。

海外直接投資（ＦＤＩ）が果たした役割の大きさは、開発援助と比べると明らかだ。一九九〇年代初め頃、ＦＤＩと開発援助はほぼ同規模だったが、その後ＦＤＩは拡大を続け、二〇〇〇年には開発援助の五六〇億ドルに対して、ＦＤＩは二四〇〇億ドルに達した（World Bank 2001 a）。確かに途上国のＧＤＰに占めるＦＤＩのシェアはまだ小さく、国内貯蓄が投資の主役を務めているが、ＦＤＩの重要性は増している。

　ＦＤＩは世界的な金融統合の一部に過ぎない。民間資本の流れのうち最も増加しているのは、国債や社債に対する資産運用投資である。グローバルな資本市場の発達は、先進国の機関投資家が途上国の株式や国債、社債に投資することを可能にした。年金基金やオープン型投資信託、ヘッジファンド〔投機的な投資信託〕などが途上国に対する大規模な投資を行なっており、その額は一九九七年には一〇〇〇億ドルを超えた（Schmukler & Lobaton 2001）。

　途上国はまた、最近のグローバリゼーションの特徴である通貨市場と貿易市場の分化の洗礼も受けている。新しい電子技術は、世界の通貨を投機の対象とすることを可能にした。世界の外国為替市場の一日の取引高は、一九九八年には一兆五〇〇〇万ドルに達した。それは、世界の一日の貿易額の実に七八倍にもあたる（Bird & Rajan 2001）。

図1.5　途上国の輸出産品が世界貿易に占める割合

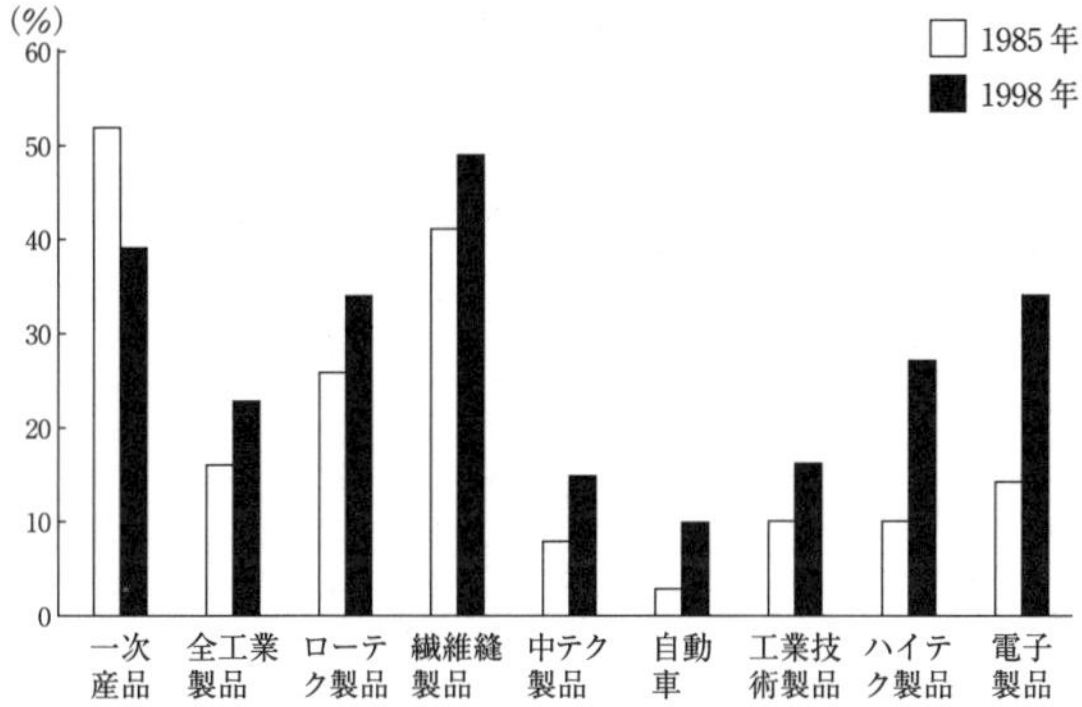

出典：Lall（2001a）

二　技術革新と生産のグローバル化

　様々な経済指標は、諸国間の経済関係に大きな変化が起きていることを示している。が、そうした数字に示される変化の裏で、より深遠な質的変化が起きているのだ。質的変化は、技術革新、世界規模の生産システム、ＴＮＣの活動という、相互に影響を及ぼし合う三つの要因から生じている。

●革命的な技術革新

今日のグローバリゼーションと一世紀前のそれとが決定的に違うのはどこかと言えば、技術革新だろう。計算能力や遠距離通信の飛躍的進歩は、貿易を今までになく拡大させる機会を提供した。技術革新は、途上国と先進国の間の電子的な結びつきと生産的な結びつきの両方において、これまでになく濃密な関係を作り出した。一八世紀の第一次産業革命は、蒸気機関と織物生産によってもたらされた。一九世紀に入って産業革命は鉄道の発達によってさらに進化し、電気の発明と科学に立脚した産業によって新たな力を得た。今日のグローバリゼーションは、新たな技術革新によって可能となった。情報技術〔IT〕革命は材料科学を躍進させ、新しい技術の普及拡散を可能にした。情報技術革命が与える影響の大きさは、以前の技術革新と比べものにならない。

この革命の核心をなすのが半導体である。計算能力の向上には目を見張るものがある。この一〇年間に半導体の性能は一年半から二年ごとに倍加し、コンピュータの処理能力は一〇〇倍にも高まった（IMF 2001 a）。コンピュータ、通信網、情報記憶／検索システム能力の発展は、歴史上の他のどんな技術よりも速かったに違いない（Castels 2000）。能力が向上する一方でコストは下がった。インテルは二〇〇一年夏にペンティアム4を市場に出したが、その価格は前世代の半分だった。処理速度と価格は反比例してきたのだ（Abrams & Harney 2001）。

コンピュータ技術と遠距離通信の融合、いわゆるデジタル化は、今日のグローバリゼーションを特徴づけている（Schiller 2000）。それは、巨大な情報ネットワークに基づく新たな生産システムの構築を可能にした。そのネットワーク上では数多くの利用者がわずかな費用で情報を共有でき、ネットワークを越えた情報の伝達コストも劇的に下がった（Wristin 1997）。例えば、一〇年前だったらニューヨークからマニラに一五分電話するのに、現在の料金体系でも四〇ドルかかったのに対し、今なら五〇ページの文書をEメールで送るのに一〇セントもかからないのだ。インターネットの利用も爆発的に増大した。ワールド・ワイド・ウェブ（ｗｗｗ）が一九八九年にお目見えしてから わずか三年の間に、利用者数は世界全体で五〇〇〇万人にも達した。インターネットへのアクセス数は一〇〇日ごとに倍々となっていて（Yusuf 2000）、二〇〇五年までには一〇億人がアクセスするようになると見られている。

技術を信奉する人たちには、コンピュータが世界を変える力を誇張しがちなところがある。彼らは、世界の半分の人々がインターネットにアクセスしたことがないどころか、電話すらかけたことがないことを忘れている（UNDP 2001 a）。技術革新が及ぶ範囲には限界がある。とは言え、技術革新が貿易に革命を起こしていることは確かだ。

情報技術革命の大きな特徴は、容易に技術が移転できるところにある。初期の産業革命では、鉄道や発電所などの新しい技術が世界に移転していくスピードは遅く、特に途上国への移転は遅かった。が、デジタル技術は違う。価格に比べて重量がずっと小さいことがデジタル技術の移転性を格段に高め、その結果、この新技術を使った製品がより速く世界に広まっているのだ（IMF 2001 a : 105）。

以上のことが、世界貿易の方向性に大きな影響を及ぼしている。従来の比較優位のモデルに従えば、産業の立地は自然資源の賦与と資本・労働力の豊富さという二つの要因によって決まってくる。イギリスが最初の産業革命を興すことができたのは、工場を作る資本があり、工場の操業に必要な水と石炭があったからだ。ピッツバーグがアメリカの鉄の都となりえたのは、鉄鉱石、石炭、川、湖という地の利があったからだ。比較優位モデルは、安い労働力と土地に恵まれた途上国は安い縫製品や農産物を作って輸出する一方、先進国は高度な教育と技能に恵まれ、その技術も容易に伝播しえないため、より高度な製品を生産することになる、と教える。

グローバリゼーションと情報技術革命は、比較優位モデルをまったく無効にしてしまったわけではない。教育水準やインフラの質など、技術移転の阻害要因はほかにもある。が、従来の比較優位とそれに基づく分業の理論の有効性は大幅に失われており、途上国がハイテク製品の輸出を大きく増やしていることがそのことを如実に物語っている。新しい秩序のもとで、国境を越えて生産性の高い技術と低賃金労働とを結びつけることが可能になったのだ。

●グローバル化した生産システム

技術革新と急速な自由化は、ＴＮＣがどこでどのような生産をするかという選択肢を拡げることを可能にした。世界のあちこちで生産や組み立てができるようになったことで、グローバルな生産システムはますます入り組んだものとなっている。一世紀前のグローバリゼーションは、一国から他国へカネとモノが移転するという単純な形で進んだが、今は複数の国家、しかも先進国と途上国をまたいで生産システムを構築するという形で進んでいる。

企業は、労働力やインフラがそろっていれば、世界のどこでも海外投資や下請け契約を通じて付加価値をつける活動を展開できるのだ。この一〇年、世界貿易が発達してきた背景には、グローバル化した生産システムの発展がある。このシステムの大きな特徴は特定分野への特化である。二〇年前であれば一つの国の中で生産されていたであろう製品が、今は最終組み立て工程は別としても、部品の生産が一〇数カ国で行なわれることもあるのだ。

こうした動向を、経済学者は「生産の垂直分解」とか「製品内貿易」〔ある製品の部品を複数国で生産して輸出入すること〕といった婉曲な表現で呼んでいる（Arndt 1998）。単刀直入に言えば、それは製品を部品や部品の構成要素へと分割し、世界のどこへでも生産工程や組み立て工程を分散できることを意味している。一つの製品の部品を輸出入する「製品内貿易」は、今や世界貿易全体の三分の一近くを占めるまでになっている。

製品内貿易は、途上国がハイテク関係の輸出を大きく増やすのを可能にした。TNCは海外投資を通じて巨大なネットワークとサプライチェーン〔供給連鎖＝原材料の調達から製造、流通、販売までの連鎖的なつながり〕を構築してきたが、その重要性は世界貿易のデータには現れてこない。例えば、東アジア地域内の貿易が増大した背景には、企業の生産システム内の貿易の急増がある。日本のコンピュータ会社である富士通は、一九九〇年にタイのバンコク郊外の工業団地に新たな工場を建設し、現在は月に一〇〇万個以上のディスクドライブを生産しているが、この工場は大きなシステムの一部に過ぎない。つまり、中国、マレーシア、フィリピン、ベトナムにある富士通の工場や、部品を供給する何十という下請け・孫請け企業と、輸出入というきずなを通じて結ばれているのだ（Arnold 2001）。

グローバリゼーションの真髄を体現している都市と言えば、中国の東莞をおいてほかにない。取るに足らない町だったこの東莞を知るTNCの経営者は二〇年前には皆無に近かっただろう。その町が世界最大の輸出加工区の一つにまで成長したのだ。今はコンピュータ／IT関連企業が三〇〇〇社近く進出し、ディスクドライブから電子回路基盤、スキャナ、キーボード、磁気ヘッドまで、ありとあらゆる製品を生産し、組み立てている。IBMやヒューレット・パッカード、富士通、デルをはじめとするＩＴ界の巨人もここに拠点を置いている。売り上げはＩＴ分野だけで年一〇〇億ドルに達しており、その多くが香港、深圳、広州を結ぶ経済回廊からの売り上げである。その中心地東莞に立地する工場は、この回廊に点在する工場との間で部品の買い付けや製品の供給を行なっており、それら工場群もまた東アジアやそれを越えた地域に広がる工場ネットワークと結びついている。東莞が果たす中心的な役割は、「もし東莞と香港の間で交通渋滞が起きたら、世界のコンピュータ市場の七〇％に影響が出る」というＩＢＭアジア地域担当副部長の言葉によく表されている（Dongguan Information Centre 2001）。こうした「東莞現象」は、新技術の移転可能性を雄弁に物語っている。一九九七年にアメリカの半導体業界が一五億ドル以上を投じて建設した一四の巨大プラントのうち、四つが東アジアに立地していた。

そうした地殻変動は電子産業に限らない。自動車産業界の大規模な貿易拡大もまた、地球規模の企業再編の産物である。ヨーロッパのベストセラー車の一つ、フォルクスワーゲンの「ニュー・ビートル」は、最新鋭のロボット技術を採用した最新式の工場で生産されているが、工場があるのはドイツではない。メキシコシティの南東一四五キロにあるプエブラである。同社が世界にニュー・ビートルを供給する唯一の基地としてプエブラを選んだのは一九九五年だった。一〇億ドルを投じて建設したこの新工場では一万四千人が働いているが、彼らは同社の世界供給ネットワークを通じて世界各地の何千、何万という労働者とつながっているのだ（Harrison 1998）。

グローバリゼーションは先進国と途上国の間の垣根を取り払い、「国民車」という言葉を過去のものにしてしまった。一九世紀末にヘンリー・フォードが「モデルＴ」をデトロイトの工場で生産した時、タイヤのゴム以外の部品はほぼすべてアメリカで生産されたものだった。名実ともに「アメリカ製」だったわけだが、今日のモデルは「世界製」だ。一九九〇年代半ばにフィアットが「パリオ」を市場に投入した時、初の「世界車（world car）」と呼んで宣伝した。そう呼んだのは、パリオを発展途上世界各地で生産する計画があったからで、実際に同社はその後、中国、インド、エジプト、トルコ、ベネズエラでパリオの生産に乗り出した。しかし、パリオを真に世界車たらしめたのはその成り立ちにあった。各地の工場は、同社の「世界情報フロー」という名のコンピュータネットワークを通じて、他のフィアットの工場だけでなく、数十カ国にある数百もの納入業者とつながっているからだ（Camuffo and Volpato 2000）。

自動車産業における先進国と途上国の結びつきは、技術革新、自由貿易、海外投資によって強化されている。ゼネラル・モーターズの場合、生産能力で見た海外生産の割合は、一九九〇年には五分の一に過ぎなかったが、二〇〇五年には二分の一に達する見込みである（Hanson 2001）。単純かつ柔軟な生産工場、グローバルな調達、地域内での販売という同社の世界生産戦略の見本がブラジルである。ブラジルでの生産はこの一〇年で三倍増にもなった。部品製造会社も自動車メーカーの後を追っている。フランスの自動車部品会社大手のヴァレオは、一九八〇年代半ば当時は全三三工場のうち七工場しか途上国に置いていなかったが、今や四三の工場を途上国に展開し、そのうち二一工場は中南米にある（Humphreys 1999）。

労働集約型の製造業は、輸出の伸び率では遅れをとっているが、革命的な技術革新や資本移動の影響を免れてはいない。そこでは相互に強め合う二つの事態が進行している。一つは、これまで連綿と続いてきた流れの加速である。自由貿易、技術革新、資本移動は、より安い労働力が得られる地へと工場を移転するのを容易にした。アメリカ・インディアナ州のブルーミングトンは、五年前までは「世界のカラーテレビの首都」を自称していた。と言うのも、トムソン・コンシューマー・エレクトリックス社が世界最大のテレビ工場をこの地に置いて操業していたからだ。しかし、もはやブルーミングトンに工場はなく、メキシコ北部にある自由貿易地域のファレス市に移転してしまった（Abrams & Harney 2001）。メキシコ北部は今や経済協力開発機構（ＯＥＣＤ）諸国にカラーテレビを輸出する最大の基地となり、アメリカの輸入量の三分の二近くがこの地域発となっている。

もう一つの事態は最近顕著になってきた。シンガー社〔アメリカのミシン会社〕は一九六〇年代に欧米から東アジアに工場を移し、さらに南アジアへ移したが、それでも生産は自己完結的だった。今や事態は一変している。生産が容易なために途上国の主要輸出品となっている繊維縫製品ですら、世界各地で作られた素材を使っていることが多い。安い労働力は海外の投資家を引きつける磁石の役目を今も果たしているが、途上国の工場は今や非常に入り組んだ世界システムの一部に組み込まれ、先進国の小売店チェーンを通じて消費者とも結ばれているのだ。

ファシュン・ウエアーズ社を例に取ってみよう。同社はインド・デリー市の北郊にあるオクラ工業団地に中規模の工場を持つ伸び盛りの縫製会社である。同社は二〇〇一年初め、先進国のチェーンストアの一つ「GAP《ギャップ》」に、コールテン製の子供服を一着二ドル五〇セントで二万着製造・供給する契約を結んだ。それは、ギャップの世界的な供給網に属する何十という企業との競争の末に勝ち取ったものだった。それでも同社は、ギャップのネットワークの一つの歯車として生産するに過ぎない。と言うのも、化繊の裏地とボタンは指定された中国の企業から、ファスナーは韓国から、リンネルの襟はインドの会社から調達するよう義務づけられているからだ。こうして同社の労働者は、ギャップの世界調達システムを通じて世界規模のネットワークに組み込まれているのである。

新しい通信技術は、地理的に拡散したサプライチェーン（供給連鎖）を管理・統制することを容易にした。デジタル化された情報の移転は「無重量」なので、供給網内の情報の流れを維持するコストはゼロ同然となった。評論家の中には経済活動における「距離要因の死滅」を予測する者もいる。そうした予測を内陸国や小さな島嶼国にまで当てはめるのは早計かもしれない。それでも、コンテナ輸送や航空輸送のコスト低下も相まって、新通信技術は距離という障害を克服しつつある。

グローバリゼーションが農産物貿易に与える影響は工業製品ほど目立たないが、過小評価すべきではない。大きな変化が起きているからだ。先進工業国内では異国の果物や季節はずれの野菜に対するニーズが大きく伸びている。技術革新と輸送コストの低下は、先進国のスーパーと貧困国の農民との間の距離を縮めている。アメリカにとってメキシコはアボカドとトマトの最大の輸出元となっている。ヨーロッパのスーパーでは、アフリカ産のさやえんどうといんげんが、一〇年前には希少だった数多くの果物とともに今やありきたりの商品となっている。途上国からの果物、野菜、その他の農産物の輸出が大きく伸びていることは、女性に雇用の機会をもたらすのと同時に、新たな問題も生み出している（Barrientos 2001）〔第3章参照〕。

進行中のグローバリゼーションが持つ新たな力を体現しているのが小売店チェーンのグローバルな展開である。

ＴＮＣが途上国の市場へのアクセスを得ようと投資するのは何も目新しいことではない。途上国が高い貿易障壁を設けて市場を保護していることが、大規模小売業が市場にアクセスすべく途上国内に進出する誘因となっている。ユニリーバ〔イギリス／オランダに本拠を置く食品・衛生品企業〕はインドの洗剤市場に、ゼネラル・モーターズはブラジルの自動車市場に大きな投資をしているが、それはそれらの国の市場が巨大だからだ。変化したのはＴＮＣの事業形態の方なのである。

アメリカで最も人気のあるスーパーのウォルマートは、グローバルに展開する新しい小売業の精神と活動を最もよく現している。同社は、今ではメキシコの小売業界も支配しており、在メキシコ五二〇店舗の年間売り上げ高は九〇億ドルにも達し、同社が海外で上げる利益一一億ドルの三分の一を稼ぎ出している（Luhnow 2001）。メキシコに進出した小売業者は、輸入税が課されていた時代は地元の業者から商品を調達することを余儀なくされていた。関税と非関税障壁〔一三七頁参照〕が地元の生産者を有利にしていたのである。しかし、一九九四年の貿易自由化以来、状況は一変した。世界有数のトウモロコシ産地であるメキシコでは、南部の「貧困ベルト」地帯に住む一〇〇万人近いトウモロコシ生産農家が危機的状況を迎えているにもかかわらず、ウォルマートはメキシコ産のトウモロコシを仕入れていない。同社で一番良く売れている「アクトⅡ」というポップコーンは、同社と世界的な供給契約を結んでいるアメリカのコンアグラ社から輸入したものだ。アクトⅡにとどまらず、メキシコのウォルマートの棚に並ぶ商品のほとんどは、輸入品か自由貿易地域で外資工場が生産した商品である。他の世界各地のウォルマート店と同様、世界規模の巨大な調達システムによって品揃えがなされているのだ。集中化と標準化に力を入れるウォルマートは、新たな世界秩序の精神を体現している（Zeller et al. 1997）。

●ＴＮＣの役割

グローバリゼーションを可能にしたのが技術革新ならば、それを実現したのはＴＮＣだった。ＴＮＣは、調達、生産、投資活動を通じてグローバルな市場を形成し、相互依存を加速させた。

ＴＮＣは世界という舞台での新顔では決してない。一八世紀から一九世紀の東インド会社の時代から、先進工業世界の消費者と発展途上世界の生産者を結びつけてきたのは、主に民間企業だった。植民地時代もその後も、発展途上世界で生産された紅茶、コーヒー、砂糖や諸原材料を先進工業世界の消費者に届けてきたのはＴＮＣだった。今も一握りのＴＮＣが世界の商品市場を支配し、時に独占的な力を振るっている。昔と違うのは、世界貿易システムの中でＴＮＣの役割が増大し、重要性を増していることである。グローバリゼーションの他の諸側面と同様に、変化は量的でもあり、質的でもある。グローバル化時代の経済は、規模がすべてではないにしても重要な意味を持っており、ＴＮＣはまさに規模を武器に富を蓄積してきた。

二カ国以上で活動する企業の生産高を全部合わせると、世界全体の約四分の一を占め、他のどんな経済指標よりもずっと大きな成長率を示している。世界規模の経済統合は、その大部分が企業の生産システム統合の結果と言ってよい。ＴＮＣトップ一〇〇社の海外売り上げは、合わせて年二兆一〇〇〇億ドルに達する（United Nations 2000）。それは、世界のＧＤＰの約七％、世界貿易の二五％以上にあたり、世界の人口の三分の一が住む南アジアとサハラ以南のアフリカ諸国のＧＤＰの総計を上回っている。

そうした比較にはあまり意味がないという見方もある。ＴＮＣの規模と国家経済の規模を比べても意味ある結論は引き出せないからだ。企業の資産と国家の資産は同一ではないし、企業の売り上げと国民所得も同一ではない。ＧＤＰは国民の経済活動によって生み出された付加価値を計るものであるのに対して、企業の売り上げは付加価値額と投入コストの和である。したがって、そのまま比較することは技術的・分析的な妥当性に欠けるとしても、企業が持つ力の大きさを表す指標にはなる。企業の売り上げとＧＤＰを同列に扱い、多い順に並べると、世界の経済主体トップ一〇〇のうち、半分は国ではなく企業となる（ここでのデータはUnited Nations 2000より）。

■ウォルマート、ゼネラル・モーターズ、フォードの売り上げは、全アフリカ諸国のＧＤＰの総和より多い。

■三菱とトヨタの売り上げは、ギリシャやポルトガルのＧＤＰに匹敵する。

■ウォルマート、ＩＢＭ、ネスレの売り上げの総和は、メキシコやインドのＧＤＰに等しい。

北に拠点を置くＴＮＣは、かつては基本的に以下の三つのいずれかの理由で途上国に投資してきた。①安い労働力へのアクセス、②原材料・商品へのアクセス、③地元市場へのアクセス。そして、TNCの活動のほとんどは、モノの移動や地元市場向け生産のための工場建設といった二国間の活動に限られていた。以上三要素は、グローバル化時代に入って何も変わらなかったとも言えるし、すべてが変わったとも言える。

安い労働力、原材料、地元市場は、今も投資を引きつける磁石の役割を果たしている。しかし、国と国を媒介するTNCの役割は、かつての面影がないほど変わってしまった。TNCは今日、世界経済にうまく参加するのに不可欠な市場、投資、そして技術という三要素を仕切っているのだ。

①企業内の市場　貿易とは国と国の間でモノを取り引きすることだ、という考えはもう古い。企業内のものになりつつあるからだ。「製品内貿易」の拡大に伴って、今やTNC間の貿易が世界貿易の約三分の二を占めるようになった（Bird & Rajan 2001 : 3）。したがって、世界の市場に参加するということは、企業内の市場、特に超小型電子機器（マイクロエレクトロニクス）や自動車のようなハイテク分野の企業内市場への参加を意味するようになっている。グローバリゼーションに伴う南南貿易（途上国間の貿易）の急速な拡大は、企業内貿易の増大に符合している。そしてTNCは、市場の情報やブランド名を握ることによって、繊維縫製といった分野の市場へのアクセスも仕切っている。

②企業の海外投資　企業内貿易の飽くなき拡大は、海外直接投資（FDI）がその推進役となっている。FDIの担い手には大きなかたよりがあって、世界のTNC上位五〇〇社が全体の八〇%を占めており、そのシェアは時を追って高まっている（United Nations 1999 : Ch 3）。投資と輸出の密接な結びつきは、ますます多くの途上国で見られるようになっている。急速なグローバル化を遂げているメキシコや中国、マレーシアでは、輸出の三分の一以上がTNCによるもので、バングラデシュやホンジュラスでは、工業製品輸出の実に八〇%以上をTNCが担っている（United Nations 1999 : 245）。

③技術革新　技術革新が席巻するグローバルな市場では、技術へのアクセスが市場参入の必須要件となっている。フィリピンで超小型電子機器を生産したり、メキシコで自動車部品を生産したり、バングラデシュで縫製品を

生産したりするのに必要な技術は、みな輸入されたものである。が、技術の移転は単なる取引とは違う。地球規模の市場で渡りあうのに必要な新技術は、ＴＮＣによる研究開発のたまものである。例えば、世界の研究開発に占めるアメリカのシェアは四〇％に上るが、同国の研究開発全体の三分の二を、わずか一〇〇社のＴＮＣが占めているのだ（United Nations 1999：199）。最先端技術はたいてい特許が設定されており、技術の取引条件の決定権を握っているのは特許の占有者である。知的財産権をめぐってＷＴＯで延々と続く争いの核心は、誰が技術を支配し、技術が知識集約型経済にもたらす利益を誰が支配するか、である。

三　古くからの対立と新しい展開

グローバリゼーションを新しい現象と捉えるのは二〇世紀末の視点だが、貿易や金融をめぐる今日の議論は一九三〇年代の人々にとっては何ら目新しいものではないだろう。議論の中に昔ながらのものが含まれているからだが、一方では大きな違いもある。

一九二〇～三〇年代と酷似しているのは、資本市場の不安定さである。当時進行していたグローバリゼーションを瓦解させたのは金融の内部崩壊で、それが世界貿易を揺るがしたのだった。この一〇年間に世界で起きた金融危機（一九九五年末のメキシコ、九七年の東アジア・ブラジル・ロシア、二〇〇一年のアルゼンチン）も、金融システムがどれだけ危うい状況にあるかをタイムリーに思い知らせてくれた。それらの危機では、通貨への投機的な攻撃が行なわれ、防御するために取られた措置はおしなべて間違っていた。どの危機も、国際金融システムは無傷でかいくぐったとは言え、途上国に与えた打撃の大きさを忘れてはならない。インドネシアやアルゼンチンの一般庶民は、一九二〇～三〇年代のヨーロッパの人々と同様、大変な経済的損失と政治的動揺を味わされたのである。

同様のことが貿易についても言えるだろう。一九三〇年代に多くの国々が内向きになった理由の一つは、世界貿易に参加しても高いコストを払わされるだけで得るものは少ないという（誤った）確信を持つに至ったことにある。

その結果、商品価格は暴落し、貧困と社会不安が蔓延した。貿易管理を目的とする組織として第一次世界大戦後に国際連盟が生まれたが、その問題解決能力に信を置く者はなかった。今日、先進国の勝ち組にとって貿易の恩恵は自明のことかもしれないが、現在の世界貿易秩序が恩恵をもたらすことに途上国側が疑念を抱くのも止むを得ない。自由化によって途上国は高い調整コストを払わされるだけで、先進国の市場にアクセスできないからである。今日の世界貿易秩序はまた、途上国が抱える一次産品貿易の問題に応えようとしていない（第6章参照）。途上国がWTOを問題視するのも無理のないことなのだ。

ほかにも驚くほどの共通点がある。一九三〇年代は、世界貿易の危機と相まって外国人を嫌悪する愛国主義運動が台頭した。「反外国人」感情が広がり、貧しい国々は低賃金や児童労働、劣悪な労働条件を武器に不公正な貿易をしている、という見方が広がった。不公正貿易を防ぐために設けられた国際労働機関（ＩＬＯ）は役立たずと見なされた。先進工業国内では今、世界貿易のルールやＴＮＣの活動は最低レベルに向けた競争を巻き起こし、最も搾取された労働者のレベルへと世界の労働者全体を引きずり落とそうとしている、という見方が勢いを得ている。

今日の世界は一九二〇年代や三〇年代の世界とは違う。しかし、急速な経済統合に、信頼できるグローバルな体制作りが追いついていないという点では共通している。そして、それに伴うリスクもまた驚くほど似ている。

新たなグローバリゼーションの展開は、多くの人々の生活を、特に雇用面で根本から変えている。この二〇年間に途上国各地で起きている大きな変化は「労働の女性化」である（Fontana et al. 1998）。中南米では、全労働者に占める女性の割合が、一九九〇年代初めには五分の一だったのが今は三分の一に達している（Mehra & Gammage 1999）。それは輸出産業に顕著で、輸出加工区の労働者の九〇％以上が女性という推計もある（van Heerden 1999）。中国の驚異的な輸出増大も女性労働者によって支えられていて、経済特区だけで二四〇〇万人もの女性が働いていると見られている（Knox 1997）。女性労働者が特に多いのが、以前から労働集約的な繊維縫製や、急成長している超小型電子機器の分野で、読み書きのできる未婚の若い女性を数多く採用している。それは所得や機会をもたらす一方で、労働問題も引き起こしている（第3章参照）。

先進工業国の労働市場も変化している。グローバリゼーションによって雇用がますます不安定なものになり、社会保障の切り下げも頻繁に起きている。未熟練労働者はますます不利な立場に追い込まれている。原因は複合的なもので、貿易拡大、技術革新、政治的選択の相互作用によるものなのだが、人々の間には、途上国での雇用の増大が自分たちの雇用を奪っている、という誤った認識が広がっている（第3章参照）。

経済統合が革命的な変化をもたらしているとしても、グローバリゼーションが限定的であることを忘れてはならない。資本市場はグローバル化されたかもしれないが、労働市場はまったくと言ってよいほどグローバル化されていない。生まれた国以外の場所で生活している人の数は、年約二％というゆっくりとしたペースでしか増えていない。それでもグローバリゼーションは労働力の移動を促している。欧州連合（ＥＵ）には現在、二〇〇〇万人の正規の移民と三〇〇万人の不法移民がいると推定されている。最近の調査によると、アメリカには七〇〇万人のメキシコ系移民がいるが、そのうち正規の移民は五〇〇万人に過ぎないという（Oxford Analytica 2000）。

一九世紀末に起きたグローバリゼーションと違って、今は労働力の移動が厳しく制限されている（少なくとも貧困層に対する制限は厳しい）。技術を持った労働者は、すでにかなりボーダーレスに（国境に関係なく）移動し、働いている。アメリカのシリコンバレーで働く労働者の三分の一以上はインド亜大陸出身者である（*Financial Times* 2000）。アフリカの場合、高等教育を受けた人の三人に一人は祖国を離れて生活しているという調査結果がある。移民の祖国への仕送りは一九九八年時点で五二〇億ドルに上っているが、グローバルな知識集約型経済で起きている「頭脳流出」は祖国にとって大きな損失であり、インドだけでも年七億ドルに上るという（Desai 2001）。

熟練労働者と違って、技術を持たない労働者の移動は厳しく制限されている。今日、労働力の移動を決定づけているのは、経済機会の差というより先進国の移民政策である。数多くの人々が貧困と社会不安に打ちひしがれ、より良い生活を他の国に求めようとしても入国を拒まれることで、ある種の貿易が大繁盛している。密入国貿易である。技術を持たないメキシコ人労働者でも、アメリカで職にありつければ収入は九倍にもなる。そうした見返りを夢見て人々はリスクを冒し、時に命を落とすのだ。違法に移民しようとする人々が年に費やす額は九〇億ドルに上るという試算もある（Bloom & Murshed 2001）。

世界貿易は世界各国の経済の未来を一蓮托生のものとすることによって平和をもたらす、と広く信じられている。それはありうることだし、それこそがまさにＥＵの創設者たちが目指したことだった。しかし、グローバリゼーションは良いことずくめとは限らない。「政府の失敗」があるところでは、世界貿易が破壊的な力を振るうかもしれない。まっとうな経済活動を促進する技術やインフラも、使い方次第では資金洗浄や武器取引を助長するかもしれない。違法な麻薬取引は年に五〇〇〇億ドルを稼ぎ出すビジネスと化し、コロンビアの内戦を長引かせる要因となっている（Bloom & Murshed 2001）。普通の一次産品貿易ですら、西アフリカやアンゴラでは紛争と貧困の悪循環を永続化させている。資本市場の場合と同様、世界はグローバリゼーションに伴う問題に対処すべく、互いに協力しあう体制とシステムを作る必要があるのだ（第7章参照）。

第2章　貧困削減に寄与する貿易とは

NGOの支援を得て市場で自由に野菜を売る農民（スリランカで／撮影：Adrian Neville/Oxfam）

世界貿易は貧困層を脅かすものと見なされがちである。貿易が貧困削減や人間開発を推進する機会を創り出せることは往々にして見過ごされている。確かに、貿易を増やしたからといってそうした機会が自動的に広がるわけではない。しかし、貧困層や貧困国が、富裕層や先進国と対等な形で市場に参加できるようにする政策が採られるのであれば、貿易は変革を巻き起こす大きな力となりうるのだ。本章では、貿易に秘められた貧困削減の力について考えてみる。

まず最初に、「援助より貿易」という古くからの主張に新しい光を当ててみよう。援助にはそれなりに重要な役割があるものの、貿易が生み出しうる利益には、援助をはるかにしのぐものがあることを明らかにする。次に、東アジアの経験に光を当てることによって、途上国の貧困を削減する上で貿易がどのような役割を果たしうるかを明らかにする。最後に、貿易がもつプラス面をより広い文脈から考察することにしよう。

一　貿易と援助

先進国政府は、援助予算の削減を正当化しようと、「援助より貿易が大事」と主張することがよくある（Stiglitz 2001：8）。その主張に間違いはないが、誤解を招くものだ。なぜなら、援助は、道路などの輸送インフラや教育・保健医療のレベル向上に寄与することによって、貧困層や貧困国がより良い条件で貿易に参加できるようにする重要な役割を果たせるからだ。したがって援助の削減は、途上国が貿易から得る利益を大きくするための戦略として良いものとは言えない。先進国政府の援助実績は嘆かわしい限りである。しかし、貿易と援助のどちらが重要かという点に関して言えば、先進国の主張は正しいと言わざるを得ない。

開発援助を通した途上国への資金移転の規模は、世界貿易で途上国がシェアを拡大した時に得られるであろう利益の足元にも及ばない。現在、途上国が援助として受け取っている額は一人あたり一〇ドルに過ぎないが、輸出による収入は一人あたり三二二ドルと、その三〇倍以上にもなるのだ。低所得国ですら、援助額が一人あたり九ドルであるのに対して、輸出額は一人あたり一一三ドルと一二倍に上る。これらの数字が何を物語るかは明白だ。世界の輸出市場に占める途上国のシェアをほんのわずか増やすだけで、援助を大幅に増額するよりもはるかに大きな利益を途上国にもたらすことができるのだ。例えば途上国がシェアを五％ポイント増やしたとすると、それだけで援助総額の七倍にあたる三五〇〇億ドルもの収入を輸出から得ることができる。それは、裏返して言うと、世界貿易市場への途上国の参入を阻む政策がどれだけの損害を途上国に与えているかを教えてくれる。第４章で詳しく述べるように、その元凶となっているのが先進国の貿易政策である。

途上国が世界の輸出市場のシェアを一％ポイント増やした時に得られるであろう利益を援助額と比較したのが図２・１である。そこから次のことが明らかになる。

■低所得国は、一人あたり三〇ドル、率にして七％所得を増やせる。

図2.1　貿易と援助：途上国が輸出市場のシェアを1％ポイント増やした時に増える1人あたりの所得

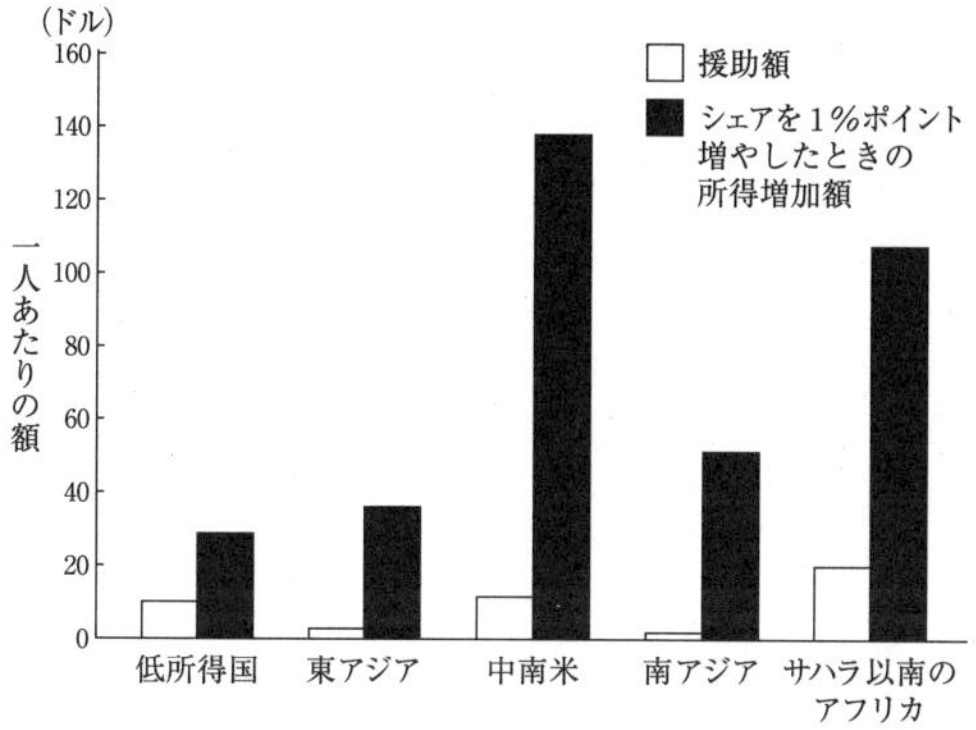

出典：World Bank（2001c）

■サハラ以南のアフリカ諸国は、平均所得を約二〇％増やせる。
■南アジア諸国は、一人あたり五三ドル、率にして一二％所得を増やせる。
■中南米および東アジア諸国は、一人あたりの所得を約四％増やせる。

援助がもたらす利益と比較すると、輸出市場のシェアを一％ポイント増やすことによって、低所得国は現在の援助額の四倍近く、サハラ以南のアフリカ諸国は五倍、そして南アジア諸国は一〇倍もの所得が得られるのだ。

援助よりも貿易の方が貧困削減に大きな力を発揮できるのは、輸出が多くの所得を生み出すからだけではない。貿易によって裾野の広い経済発展が起きれば、貧困層の人々が持つ潜在的な生産力が解き放たれ、貧困層は自分の力で貧困から抜け出すことができるのだ。援助と違って、裾野の広い経済発展は、貧困家庭に所得と雇用と投資資源をじかにもたらすことができる。通説とは違って、貿易は貧困国の自立を手助けすることができるのだ。輸入に必要な外貨を稼ぎ出し、援助への依存を減らし、援助国の気まぐれや押しつけに振り回される必要がなくなるのだ。

●貿易が貧困問題にとって持つ意味

世界の輸出市場に占めるシェアが大きくなることは、途上国の貧困問題にどのようなインパクトを与えるのだろうか。その問いに答えるのは容易ではない。輸出から得られる利益は動的な〔時や条件とともに変化する〕もので、静的に把握できる性質のものではないからだ。東アジアでは、輸出品への需要が増大したことが投資を誘発し、雇用を創出し、経済成長率を押し上げ、新たな投資資金となる貯蓄を生み出した。そして、投資の拡大を生産性の向上と知識集約型の生産に振り向けることによって、東アジア諸国は付加価値の高い製品市場に参入し、そのことが輸出の拡大と生活水準の向上の結びつきを一層強くしていった。東アジアの成功は動的かつ蓄積的なもので、市場への参加と生産性の向上とが相まって生み出したものだった。

世界貿易がもたらす利益は動的なものだが、静的な把握を通しても、輸出シェアの拡大がどれほどの所得増加を引き出しうるかをある程度窺い知ることができる。一人あたりの所得の増加を貧困削減の物差しとすることには危うさが伴うが、それでもいくつかの重要な洞察を得ることができる。

所得の面から貧困の増減を測るには、GDPの変化と所得分配の変化の二つを考慮に入れねばならない。経済成長率は平均所得の成長率を決定づけ、経済成長が貧困層を潤す度合いが大きいか小さいかは、それが貧困削減にどれほど寄与するかを決定づける（そのことには**第5章**で触れる）。つまり、輸出の拡大がもたらす経済成長がどのような性質のものかが貧困削減に大きく関わってくるのだ。農村部に貧困が集中する国では、農業分野での裾野の広い発展が貧困削減に大きく寄与するだろう。同様に、労働集約的な工業製品の輸出は貧困層に雇用と所得をもたらし、資本集約的な製品の輸出よりも貧困削減に大きく貢献するだろう。一般化して言えば、貧困層が経済成長にあずかる割合が大きければ大きいほど、経済成長が貧困削減に寄与する度合いも大きくなるのだ。

所得の増加が貧困の削減に結びつく程度には、国によって大きな差があることが比較研究によって明らかになっている。両者の間にどの程度の結びつきがあるかについても、実に様々な見解が示されている[†1]。ここでは、最も控えめな見方をもとに、世界貿易に占めるシェアを一%ポイント増やした時に起きる所得の増加がどれだけ貧困削減に結びつくか、というシミュレーションをしてみる。そうすると、**図2・2**が示すように、国内の所得格差がもともと小さい初期設定（シナリオ）の場合には所得増加の九〇%が、所得格差がもともと大きい初期設定の場合にはその三〇%が貧困削減に結びつくという結果が出た[†2]（Hanmer, Healey, & Naschold 2000）。

途上国が世界貿易のシェアを拡大し、一人あたりの所得を増やせれば、驚くほどの成果を生み出すことができる（**図2・2a、b**）[†3]。所得格差が小さいシナリオの場合、四つの発展途上地域がそれぞれ世界貿易のシェアを一%ポイント（合計で四％ポイント）増やすことができれば、全体で一億二八〇〇万人もの人々、つまり世界の貧困層の一二％が貧困から脱却できるのだ。四地域の中でも貧困削減の割合が一番大きいのがサハラ以南のアフリカで、全貧困層の二〇％にあたる六〇〇〇万人が貧困から抜け出すことができ、さらに南アジアでは五六〇〇万人、東アジアでは九〇〇万人以上、中南米では二〇〇万人近くが貧困から脱却できる。一方、国内の所得格差が大きいシナリオの場合、貧困削減は全体でも四二〇〇万人にとどまってしまう。

●貿易から取り残されることの意味

このシミュレーションは、世界貿易から締め出されることでサハラ以南のアフリカ諸国がどれだけの損失をこうむっているかを明らかにしている。図2・3が示すように、世界貿易に占めるサハラ以南のアフリカ諸国のシェアは二〇年前の三分の一にまで縮小し、わずか一・三％しかない（Subramanian 2001）。その原因をめぐっては様々な議論が戦わされているが、誰の目にも明らかなことは、その間に人々の生活水準は大幅に低下し、貧困が蔓延したということだ。もし、サハラ以南のアフリカ諸国が一九八〇年当時のシェアを今も維持できていれば、二七八〇億ドルもの外貨を獲得できていただろう。それは一人あたりにすると、今日の平均所得の倍近い四三二ドルを獲得できていたことを意味している。

北の先進諸国政府は、サハラ以南のアフリカに対しては寛大な援助と債務削減を行なっていると自画自賛する。

図2.2　所得格差が小さい場合と大きい場合で、世界貿易のシェアを1％ポイント増やした時の貧困層の割合の変化（a）と絶対数の変化（b）

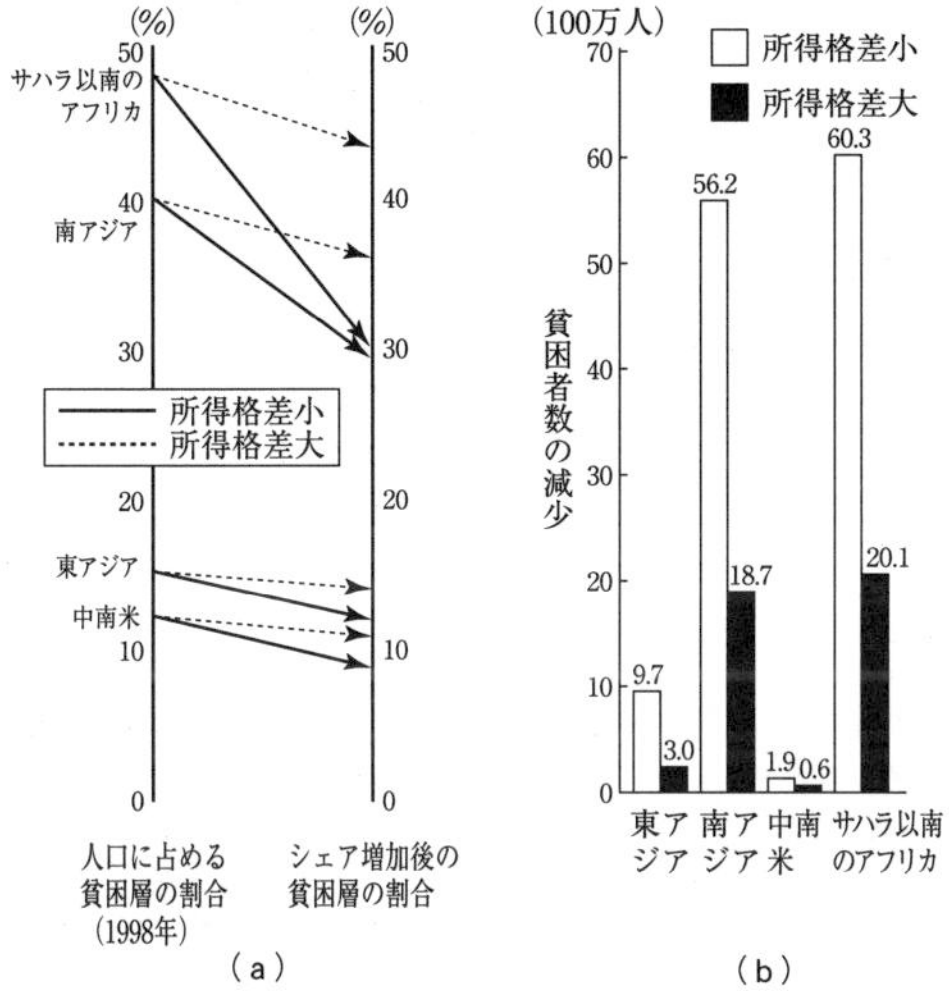

図2.3　世界貿易に占めるサハラ以南のアフリカ諸国のシェア（1979～99年）

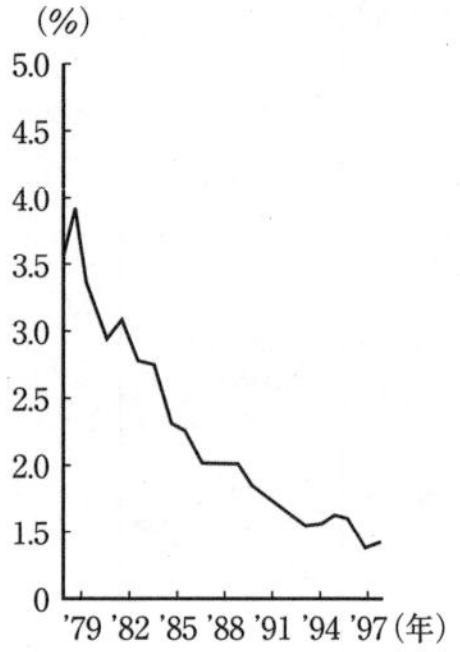

出典：IMF

図2.4　サハラ以南のアフリカ：債務救済・援助額と世界貿易のシェア１%ポイント増がもたらす外貨額

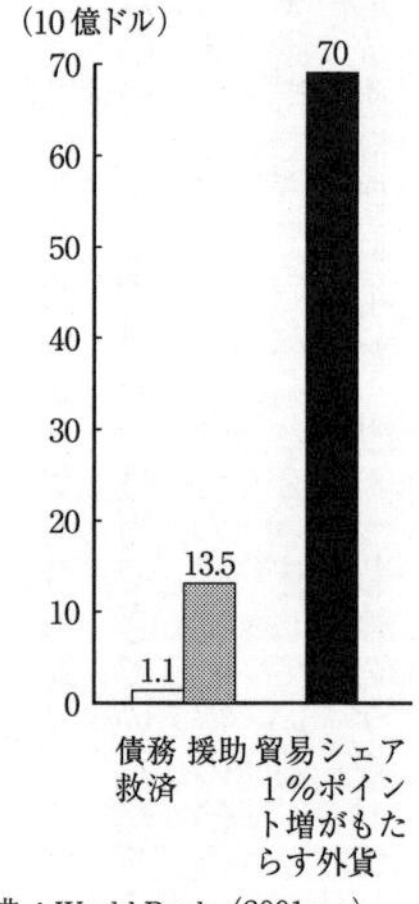

出典：World Bank（2001a, c）

しかし、その「寛大さ」はマユツバものだ。一九九四～九九年にかけて先進国からの援助額は一人あたり三四ドルから二〇ドルに下落し（World Bank 2001 c）、「重債務貧困国（ＨＩＰＣ）イニシアチブ」〔世銀／ＩＭＦが一九九六年に導入した政策。ＨＩＰＣに対し、貧困削減戦略文書（ＰＲＳＰ：一九六頁参照）の作成や経済改革の実施を条件に債務削減を行なう〕のもとで債務救済を受けている国々の多くは、いまだに保健医療や教育向けの予算よりも多くの予算を債務返済に回さざるを得ないでいる。援助や債務削減がもたらす恩恵は、貿易の拡大が生み出す利益の前には色あせたものになってしまう。図２・４が示すように、先進国が供与する援助と債務救済は合わせて一四六億ドルに過ぎないが、世界貿易に占めるシェアを一％ポイント増やせただけでサハラ以南のアフリカ諸国は七〇〇億ドルもの外貨が得られるのだ。たとえ先進国が言行一致を図って援助や債務救済を増やしたところで、貿易が生み出す利益の足元にも及ばないだろう。

世界の人口分布と貿易分布の落差を考えれば、世界貿易のシェアを一％ポイント増やすことなど本当にささやかな願いとしか言いようがない。低所得国は、人口では世界の四〇％を占めるのに、貿易では三％を占めるに過ぎない。サハラ以南のアフリカは、人口では一〇％を占めるのに、貿易では一％に過ぎない。世界貿易の不均衡をほんの少し改善するだけで、世界の貧困国にとっては大きなプラスとなるのだ。

不均衡を改善する余地は十分ある。図２・５が示すように、先進国の輸出額は一人あたり六〇〇〇ドル近くに達するのに対して、途上国平均では三三〇ドルに過ぎず、低所得国では一〇〇ドルにも満たない。もし南アジア諸国が世界貿易に占めるシェアをカナダと同じレベルにまで引き上げることができれば、一人あたりの所得を一三二ドル、ないし三〇%強増やせるだろう。中所得の途上国でも世界貿易のシェアを伸ばす意味は大きい。中南米諸国が人口に見あった輸出シェアを実現できれば、一人あたりの所得を四六〇ドル、ないし一〇%以上増やせるだろう。

二　貧困削減の原動力としての貿易

貿易の拡大はそのまま貧困削減につながるわけではない。しかし、効果的な経済政策と積極的な貧困削減戦略にうまく結びつけることができれば、貿易は貧困削減の大きな力となりうるのだ。

図2.5　1人あたりの輸出額（1999年）

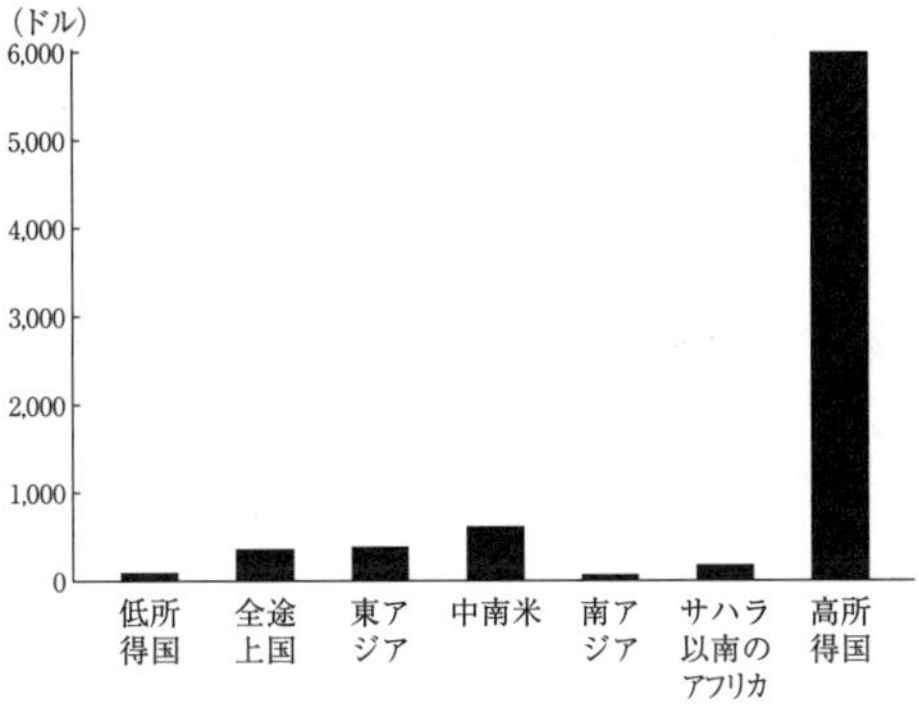

出典：World Bank（2001c）

●東アジアの経験

この四〇年、東アジア諸国はたぐいまれな貧困削減を実現してきた。貧困ライン〔最低限の生活ができるライン〕以下の人々の数で計っても、平均余命や教育、栄養などの人間開発指標〔経済指標だけでは計れない豊かさの指標〕で計っても、福祉水準の劇的な向上を成し遂げた。そうした成果の由来を「輸出主導の経済成長」にのみ帰することは歴史を改竄《かいざん》することになるが、貧困削減に果たした輸出の役割を否定することもまた歴史の改竄にあたる。

まず、具体的な成果から見ていこう。一九七〇年代半ばの段階では、東アジア地域に住む一〇人のうち六人は極貧状態にあったが、今は二人にも満たない。実数で言うと、一日一ドル未満の生活をする人口が七億二〇〇〇万人から二億七八〇〇万人に減少したのだ（Ahuja et al. 1997；

World Bank 2001 c)。それだけの貧困の緩和をもたらしたのは、急速かつ裾野の広い所得の増加だった。東アジア地域のほとんどで、一人あたりの平均所得は年五％以上のスピードで成長した。複利計算をすると一四年ごとに所得が倍増したことになる。中国では一九七八〜九七年にかけて所得が倍増した。産業革命後のイギリスでさえ、所得倍増に五〇年を要したのにである（Levine 1997）。劇的な所得の向上によって中国では二億人以上が貧困から抜け出し、幼児死亡率は半減した（World Bank 1997）。

経済学者の中には、そうした劇的な成長と貧困削減の主役を演じたのは貿易を通じた世界経済への急速な統合と輸入の自由化だったと主張する者もいるが、それは間違っている。東アジア諸国のほとんどは、輸出の成長が十分に軌道に乗るまで輸入自由化をしなかったからである（Rodrik 2001 a）。中国では、まず国内の市場改革が経済成長に火をつけ、次いで輸出がそれを加速した。台湾や韓国は、保護主義的な輸入規制の裏で経済を発展させ、輸出セクターが十分成長したところで輸入を自由化した（Wade 1990：Ch 4）。経済成長と貧困削減に輸出が重要な役割を果たしたのは事実だが、東アジアの成功の秘訣は決して「自由貿易」ではなかったのだ。

東アジアでは、輸出成長率がＧＤＰの成長率を常に上回ってきた。韓国、台湾、中国では二倍以上だった。中国の場合、輸出は年一三％以上のスピードで成長し、現在ではＧＤＰの四分の一近くを担うまでになっている。韓国やインドネシア、マレーシア、タイでは、ＧＤＰに占める輸出の割合が半分以上に達する。東アジア全体で見ると、その割合は二五％から三九％へと増大しており、他のどの発展途上地域よりも高率となっている。

では、東アジアでは輸出の拡大が貧困削減にどのように寄与したのだろうか。国による違いはあるものの、いくつかの共通点がある。①輸出が労働集約型の製造業への需要を増大させたこと。②それが労働需要を生み出し、実質賃金の上昇をもたらしたこと。③輸出向けの生産が、経済成長に必要な投入財や技術の輸入に必要な外貨を稼ぎ出したこと（中国は国内の経済発展に欠かせない肥料や機械類を輸入するための外貨を稼ごうと、一九八〇年代に様々な輸出奨励策を導入した）。④輸入は生産効率の向上に貢献し、国内産業が競争力をつけて国際市場に参入するのを可能にしたこと。⑤輸出の成長を教育分野への多大な投資に結びつけたことで、生産性と福祉水準の向上を可能にしたこと、などである。

その一方で、輸出拡大にまつわる問題も出てきた。一つは格差の拡大である。それは東アジア全体に見られるが、中国に顕著だった。格差の拡大は貧困削減に向けた努力を難しいものにする。また、生活水準は確かに向上したものの、労働条件はいまだにひどく搾取的で、特に輸出セクターに引きつけられた女性労働者の搾取がひどかった。深刻な環境問題も引き起こし、人々の健康を脅かしてきた。しかし、そうした問題は貿易につきものというわけでは決してなく、国内政策の失敗に帰すべきものである。東アジアの経験は、用心しながら世界経済に参入していけば、大きな利益が得られることを示している。一方、政策を誤れば、例えばサハラ以南のアフリカのように、貧弱な輸出と社会的・経済的・環境的破綻という無残な取り合わせも十分ありうるのだ。

●裾野の広い輸出拡大

輸出は、経済全体を成長させることによって貧困層の所得や福祉の向上に貢献できる。しかし、経済成長の仕方にも問題がある。貿易が貧困削減に最も良く寄与できるのは、労働集約型の製造業や農業など、貧困層が密接に関わる分野に需要を呼び起こす時である。また、貧困層がどれほど受益できるかは、インフラ・教育・保健医療などへのアクセスやジェンダー〔社会的文化的性差〕といった、機会や利益の分配のあり方を左右する社会構造によっても異なってくる。

家計を助けるためにクズ鉄を拾い集める男の子（インドネシアの首都ジャカルタのスラムで／撮影：Jim Holmes/Oxfam）

━零細農業━　土地の所有に大きな格差がない国の場合、零細農家が農産物の生産・輸出に関わることは農村部の貧困削減に直結しうる（Datt & Ravaillon 1998）。世界の貧困層の三分の二以上が農村部に住み、農業における女性の役割が大きいことを考えると、それは大きな意味を持っている。

輸出と貧困層重視の国内改革政策とを結びつけるとどのような可能性が開けるかはベトナムの経験が示している。一九八六年に「ドイモイ〔刷新の意〕」と呼ばれる経済刷新政策が導入されて以来、ベトナムの農家は農産物を市場に売ることが許され、農業関係の税金も引き下げられた。農家が市場機会を活かし、肥料の使用量を増やしたことで、農業生産性は飛躍的に高まった。一九九〇年代に農業生産は年五%近くの勢いで増加し、国内需要を大きく上回った（Government of Vietnam 2001）。輸出市場が余剰を吸収し、持続的な生産拡大を可能にした。この一五年でベトナムはコメの輸入国から世界第二の輸出国へと変身した。九〇年代の終わりには、農産物の輸出で年一〇億ドル以上の外貨を稼ぐまでになった。

輸出の拡大はまた、人間開発を呼び込む他の刷新策を下支えした。コメは農家の所得の半分を占めるベトナム経済の柱である。輸出で活気づいたコメ経済は、生産農家の所得向上をもたらしただけでなく、農業労働への需要を高めた。その結果、貧困ライン以下の生活をする人々の割合は、一九九〇年代の三〇%から二〇〇〇年には一〇%に減少し、毎年三〇万人以上の人々が貧困から抜け出すことができた。教育水準や栄養状態も向上した。確かに、そうした向上・改善は一様ではなく、今も最貧層の多くは、輸出機会を活かすのに必要な流通インフラや生産資源へのアクセスを欠いている。国際市場でのコメ価格の騰落も農家にとって深刻な問題となっている。それでもなお、輸出の拡大が貧困の削減をもたらしたことは否定のしようがない。

第6章で詳述するように、コーヒーやココアといった一次産品の市場ほど途上国にとって敵対的な市場はないだろう。が、そうした一次産品市場でも、輸出の拡大は貧困削減に貢献してきた。ウガンダで私たちが聞き取り調査したアリス・ルコバさんの言葉がそのことを物語っている。アリスさんは三四歳の寡婦で、首都カンパラの北六五キロにあるルウェロという町の近くで一・六ヘクタールの畑を耕している。夫は内戦で殺され、戦いが終わった頃には、かつて一大コーヒー産地だった一帯は荒地と化していた。一九八七年当時、農民の三分の二近くが貧困ライン以下の生活を送っていた。ルウェロはまさに、内戦と経済運営の大失敗という双子の災厄がもたらした国土荒廃のシンボル的存在だった。

そのルウェロは今、別なシンボルとなっている。八七年当時は、税金と過大な為替レートのせいで、農民が輸出用に生産したコーヒーを一ドルで売っても得られる利益はわずか一〇セントにしかならず、アリスさんをはじめルウェロの農民の多くはコーヒー栽培をやめて自給自足の農業で食いつないでいた。八〇年代末に政府が輸出用コーヒーへの課税をやめ、為替レートの決定を市場に任せ、肥料をはじめとする投入財の輸入自由化に踏み切ると、状況は一変した。コーヒー生産は急増し、肥料の使用量は三倍にも増えた。世界市場のコーヒー価格は低調だったにもかかわらず、農民の収入は劇的に増加した。ルウェロ一帯の貧困層の割合は、一九九二年の四五％から九七年には二七％に下がった（Government of Uganda 2001）。

収入が増えたことでルウェロの農民は多角化に乗り出した。コーヒーを売って得た資金で、ヤギや牛、豚、ニワトリを買い、他の農産物も栽培し始めた。アリスさんは今もコーヒーに主食のバナナを間作しているが、トマトやタマネギ、ニンジンも作ってカンパラの市場に出している。それだけではない。トウガラシやナスを作り、ヨーロッパ向けに輸出する会社に売っている。九〇年代末に起きたコーヒーの国際価格の暴落は大きな不安材料となった。それでもアリスさんは貿易から得られる利益を確信している。彼女は言う。「私たち農民にとって生活はいつだって楽じゃない。コーヒーがこんなに安い今は特にそう。でも、前よりも生活が苦しくなったなんて言う人は一人もいない。コーヒーが私たちにチャンスを与えてくれ、私たちはそれを選び取ったということです。」

ルウェロの貧しい農家にとってコーヒーと国際貿易がどれだけ大事なものかは、オックスファムが九八年に行なった調査によって裏づけられた（Child Health Development Centre/Oxfam 1999）。二つの村の農家四二世帯に聞き取り調査したところ、一世帯あたり年平均およそ一八〇ドルの収入をコーヒーから得ており、それは農産物の売り上げ全体の半分強を占めていた。ほとんどの農家にとってコーヒーが最大の収入源で、その収入でもって食用油や野菜、豆などを買い、教育費や医療費をまかなっていた。コーヒー価格が低くてもなお、ほとんどの農家はコーヒーには栽培する価値があり、そのお陰で足りないトウモロコシや落花生を買うことができていると考えていた。

ルウェロの事例はウガンダ中で起きていることの縮図に過ぎない。ウガンダ全土では約五〇〇万人の零細農家がコーヒーを栽培している。そのほとんどはアリスさんと同様、九〇年代に収入を大きく増やし、多くの農家が貧困状態から脱出することができた。農村部の貧困層の割合は、九〇年代初めの三分の二から九〇年代半ばには半分以下に減った。つまり、四〇〇万人以上が貧困ラインより上に浮上できたのである（Government of Uganda 2001）。教育や健康の面でも改善が見られ、まだ不完全にせよ、人間開発の好循環が生まれている。

輸出向けの農業生産は、国内用の食糧生産に向かうべき資源を奪うので貧困層にとって本質的に悪だ、という主張を時々耳にする。それは確かにありうることだし、特に大規模な商業生産のために零細農家が土地を追われるような場合はそうだ。しかし、ベトナムやウガンダでは、農産物輸出の拡大が栄養状態の改善をもたらしてきた。ウガンダでは、コーヒーは大きな間作システムの中の一作物で、ほかにトウモロコシや豆、バナナといった食用作物がいっしょに栽培されており、食糧生産に必要な資金もコーヒーから得ているのだ。食糧の生産と換金作物の生産を対立的に捉える単純な二分法は現実に反している。換金作物の生産が食糧生産を減少させ、栄養状態の悪化を招くという論理は、現実に当てはまることもあれば（先に述べた零細農家が土地を追われるケース）、当てはまらないこともあるのだ。ウガンダで食糧を生産する農家とコーヒーを栽培する農家を比べたところ、食糧生産農家が貧困から脱却できた割合はコーヒー栽培農家の一〇分の一でしかなかったという（Appleton et al. 1999 a）。

とは言え、農産物輸出のすべてが貧困削減にとってプラスというわけではない。大規模かつ資本集約的で、大量生産しながらもほとんど雇用を生み出さないようなシステムの場合、生産物の輸出が拡大しても貧困層の利益にはならない。ブラジルは世界有数の農産物輸出国で、例えば同国産の大豆はヨーロッパの畜産業にとって主要な飼料源となっている。にもかかわらず、農産物の輸出拡大はブラジル農村部の貧困削減に結びついていない。貧困層が市場の参入に必要な土地や市場へのアクセスを欠いているからである。土地は一部の地主の手に握られており、貧困層は市場に農産物を出そうにも出す手段がない上、家庭レベルでのジェンダー格差も手伝って、輸出拡大が貧困削減に寄与するのを妨げている。そうした場合、それらの障害をなくす有効な政策を採るのが正道である。

不平等な貿易関係と世界市場のあり方そのものも、貿易が貧困削減に寄与する道を狭めている。一次産品価格は不安定な上、長期にわたって低落し、生産物の最終価格のうち生産者が得られる報酬はほんのわずかしかない。貿易で大儲けするのは企業で、生産農家は貧困のまま打ち捨てられているのだ。こうした構造の変革に挑戦しているのが、協同市場を通じて生産者と消費者を結びつける「フェアトレード運動」〔「公正貿易」と原語は同じだが、北の消費者への直販を通じて南の生産者の収入と生活の向上を図る活動を指す場合はフェアトレードと訳す。第6章第三節参照〕である。

その一例をガーナに見よう。ガーナのクアパ・ココーは、同国のココア・ベルトの生産農家三万世帯を擁する協同組合である。組合が扱うココアの約一〇%が、〔イギリスの〕トゥイン・トレーディングをはじめとするヨーロッパのフェアトレード団体を通して売られている（Ransom　2001 : 64)。フェアトレード団体は、国際市場価格の倍近い価格で買い取る（高品質であることもその理由）だけでなく、買い取り価格に一〇%の「社会的割増し金《プレミア》」を上乗せしている。割増し金は、井戸を掘ったり、学校や保健センターを建てるなど、人々の社会生活向上のために使われている。極めて敵対的な世界貿易環境の中にあって、トゥイン・トレーディングとクアパ・ココーは、じかに取り引きすることで、貿易を貧困層のためのものにしようとしているのである。トゥイン・トレーディングが割増し金まで払えるのは、消費者にそれだけのコストを担うよう働きかけ、理解を得ることに成功しているからである。消費者は、クアパ・ココーのココアの品質が良いことに加え、消費を通して途上国の貧しい人々の生活を良くする力が自分たちにあることを認識することによって、割増し分まで支払う気になるのだ。こうしたフェアトレードの仕組みは貿易を人間的なものにする。一次産品の枠を超えてフェアトレードをすべての貿易に広げることができれば、貧困層に大きな利益をもたらすことができるだろう。

労働集約型の製造業　東アジアでは、労働集約的な工業製品の輸出が貧困削減の大きな原動力となった。繊維縫製品、履き物、電気製品などを作る製造業は、労働への需要を高めるだけではない。生産性と付加価値がより高く、高賃金をもたらす産業へとレベルアップしていく階段を上り始めることを意味している。

途上国の中で労働集約的な工業製品の輸出を人間開発に結びつけたのは東アジアに限らない。あるノーベル賞経済学者は一九六〇年代の初め、インド洋に浮かぶ国モーリシャスには失業と貧困という未来しかないと予言した。ところがそれから三〇年、同国の一人あたりの国民所得は年平均三％の割合で増え続けた。対岸のアフリカ大陸では年平均一％以下なのに、である。社会福祉面での発展にはさらに目を見張るものがある。平均余命は一〇年も伸び、就学率一〇〇％を達成し、所得格差も縮小したのだ。それには輸出の拡大が重要な役割を果たした。島国で大市場から遠いという地理的なハンディキャップにもかかわらず、同国からの輸出は経済成長率を上回るペースで拡大した。主要な輸出産業が労働集約的な繊維縫製だったため、一九八〇年代初めに一四％もあった失業率は一〇年後にはゼロとなり、完全雇用を達成した（Subramanian 2001）。東アジアの場合と同様、モーリシャスの成功も自由市場主義とは無縁だった。極めて保護主義的な経済をずっと維持してきたからである。モーリシャスの例もまた、貿易が持つ潜在的な可能性を余すところなく示している。

一九九〇年代、輸出の拡大は数多くの国で雇用創出の原動力となった。バングラデシュでは、衣服を生産する輸出加工区が推定一七〇万人もの人々に雇用をもたらした（Bhattacharya & Rahman 1999）。そのほとんどは若い女性で、多くは貧困の極みにある農村地帯からやってきた人々だった。彼女たちに支払われる賃金は、国際的な水準からすれば極めて低く、バングラデシュ国内の貧困ラインをわずかに上回る程度のものだ。それでも、農業労働者が得る賃金の二倍にもなり、建設労働者の賃金より多い。輸出加工区の労働環境は苛酷を極め、労働者は最低限の権利すら享受できていない。それでも、衣料セクターで働く女性のほとんどは、ほかでは得ることのできない生活の質を享受できている。

オックスファムのバングラデシュでのパートナー団体である「カルモジジビ・ナイリ」は、女性たちの労働条件改善を目指して活動している。不当な解雇や社会保障の無視といった被害にあった労働者を支援し、労働者としての権利を守るための助言などを行なっている。それでもカルモジジビ・ナイリは、労働者を支援する他の国内団体と同様、輸出向けの生産をやめるべきだという主張には真っ向から反対する。それどころか、賃上げと労働条件の改善には先進国の市場がなくてはならないとして、オックスファムの他のパートナー団体と共同で先進国市場の確保と拡大を目的としたキャンペーンを張っている。衣料産業で働く三児の母、ラーナ・チョードリーさん（二三歳）は、本当に大事なのは輸出を貧困削減に結びつけることだとして、次のように語っている。

「仕事はきついし、まともな扱いも受けてない。上司は私たち女性を見下している。だけど、ほかで働く人たちの生活はもっと厳しい。村に帰ったらとてもこんなお金は稼げない。道端で物を売ったり、工事現場でレンガを運んだりしても稼ぎは悪い。ここで働く以外、道はないんです。もっといい条件で働けるに越したことはないけど。でも、私にとっては、ここで働けるからこそ、子どもたちにお腹一杯食べさせることもできるし、生活を良くしてやることもできるんです。」

貿易をめぐる他の様々な論争と同じく、労働集約型の輸出拡大についての評価も両極端だ。そもそも出発点が違っているからだ。「反グローバル派」は、生きていくのがやっとの搾取的な低賃金だけを問題にし、輸出産業で働く生身の人間にとって現実にどのような選択肢があるのかを考慮しない。一方、「親グローバル派」は、雇用の創出と生産性の向上にだけ目を向け、どんな社会であっても許されないような労働者の権利侵害に目をつぶってしまう。何百万、何千万という女性労働者にとって、輸出産業での労働は一言では言い表せるものではない。収入という点ではプラスでも、重労働や不当な扱い、立場の弱さといった点ではマイナスだ。したがって重要なのは、マイナスよりもプラスを大きくする政策を採ることなのだ。

●ローカルな交易

実を言うと、「交易」は村の中や村同士、それに国内の地域間で行なわれるものが大半で、国境を越える交易＝貿易の方が少ないのだ。

オックスファムとパートナーを組むインド・ラジャスタン州の「ウルムル・トラスト」は、一九九一年に低カーストのダリット〔古い言葉で言うと不可触賤民〕に属する機織《はたおり》たちの団体として設立され、一七〇の村で活動している。ウルムル・

トラストは、糸はデリーから、羊毛はカシミールや州内から仕入れてメンバーに提供するとともに、昔から伝わる「パットゥ」と呼ばれるパッチワークの作り方を教えている。パットゥの市場は地元では非常に限られているが、近年デリーの中産階級の間で人気が急上昇している。マーケティングとデザインに強い「ダスカール」という名のNGOと組むことで、ウルムル・トラストの機織たちはデリーの消費者と結ばれるようになった。デリーでの販売価格の約二五％が機織たちへの報酬となっている。

そうした機織の一人が二五歳の寡婦バウリ・デヴィさんだ。州都ジャイプールから五時間はかかるラジャスタン砂漠地帯の村に住む彼女は、小さな畑にトウモロコシを植え、ヤギ四頭、羊二頭を飼っている。畑から取れる食糧は年に四か月分ほどしかなく、それが尽きると農業労働者として食いつないでいくしかなかった。高カーストの村人が所有する畑の草刈りなどをするのだが、一日の稼ぎは四〇～五〇ルピー〔二〇〇〇年のレートで約一ドル〕にしかならなかった。それが、機織の研修を受けてからというもの、クッションカバーやショールを織って売ることで一日八〇ルピーほど稼げるようになった。新しい仕事を手にしたバウリさんは次のように話している。

「この仕事がとても気に入ってます。他人の畑で長い時間働かなくてもよくなったし、自分の畑を耕す時間も増やせたし。前は草刈りの仕事をするのに何時間も歩かなくちゃいけなかった。機織で稼いだお金は、種を買ったり、子どもの教育費に使ったりしてます。収穫前で食べ物がない時も、今は機織をして食べ物を買えるんです。この仕事のおかげで私の生活も良くなりました。」

機織は、旱魃《かんばつ》常習地帯で苛酷な生活を送っている極貧の女性たちと、デリーの消費者、それに糸・布・染料を提供するNGOの三者を結ぶシステムから成り立っている。そこではまさに交易が行なわれているのだ。生産者は、地元の限られた市場の枠を超えて、購買力の高い都市部の市場に参入できた。この仕組みを国外に拡大してゆけば貿易になるのだ。

それを実践している会社がインドにいくつかある。中でも革新的なのが「ファブ・インディア」だ。インド各地で織られる手織物の生産・販売に特化した会社で、一九九三年に三〇〇万ドルだった売り上げは、今や一〇〇〇万ドルに達している。各地のネットワークを通じて八〇〇〇人の機織を雇用する同社は、革はラジャスタン州から、布はタミールナドゥ州やアンドラプラデシュ州から、ジュート（黄麻）はケララ州から仕入れて機織協同組合に供与している。機織が織った製品は競争の激しい市場でも十分売れるだけの品質と魅力を備えている。製品の八〇％はデリーやムンバイを中心としたインド国内で売れ、残りが輸出されている。ファブ・インディアでは今、アメリカやイタリアのローマなどに店を開いて先進国市場の拡大を図っている。

国際市場は複雑であるし、世界貿易と国内交易では流通連鎖の長さや購買力の集中度などの違いもあろう。ファブ・インディアが直面している問題に、先進国の大規模小売チェーンとの競争がある。チェーン店はその規模を武器にして大量に買いつけ、超低価格で売り出す力を持っているからだ。それでも、貧しい生産者を国内にはない大きな市場に結びつけることは、貧困削減の推進を可能とするのだ。

三　正当化できる貿易とは――比較優位を超えて

経済学の中で比較優位の理論ほど広く受け入れられ、あがめられているものはないと言ってよい。それを最初に提唱したのはリカードで、一八一七年のことだった（Ricardo 1971）。比較優位の伝道者たちは気づいていないかもしれないが、グローバリゼーションをめぐる今日のかまびすしい論争も、その多くはこの一九世紀のイギリス人経済学者が残した亡霊に由来するのだ。

比較優位というのは、見かけ以上に複雑な理論でありながら、見かけ以上に単純な結論を導き出す。簡単に言えば、人々は交換（交易／貿易）を行なうことで、交換をしなかった時よりも多くのモノを消費できるようになる、という主張だ。リカードは簡単な数式モデルを使って、たとえ一つの国があらゆるモノを他国より安く生産できるという絶対優位に立っていたとしても、両国が貿易すれば双方にとって利益になることを示した。つまり、それぞれが比較優位を持った（別の言い方をすれば、より効率性の高い）分野に特化して貿易すれば、両国とも貿易をせずに自前で生産する時よりも大きな富を手にできる、と言うのである。そこから得られる一つの結論は、家庭レベルであっても、交易する相手の家庭が裕福だろうと貧しかろうと、自由な交易によってすべての家庭がより多くのモノを消費できるようになるということだ。貿易をゼロサム・ゲーム（一方が利益を得れば他方はそれに見あった損失をこうむる）と見なしていた時代にあって、この理論はまさに革命的だった。

比較優位をめぐる今日の議論は大変な論争を巻き起こしている。自由主義経済学者の言う通りに比較優位の理論を冷酷に適用するとしたら、理論はほとんど価値のないものになる。リカードが提示したのは静的なモデルで、資源や技術が、ある一定の分布をしている国々があったとして、それぞれの国にとって何を生産するのが賢明かについて洞察を与えるものだった。しかし、資源や技術の分布は静的なものではなく、時とともに変化するものだ。もし変化しないとしたら、アメリカはあり余る土地という比較優位から逃れることができず、農業国のままだったろう（コラム２・１参照）。韓国や台湾も、比較優位に変化がなければ世界有数の工業国として台頭することは決してなかっただろう。両国は三五年前、国内の製鉄業を育成すべくアメリカからの鉄の輸入を制限した。それが今日、攻守替わってアメリカが東アジアからの鉄の輸入を制限しようとしている。なぜか。それは、政府の政策によって比較優位が変わったからである。

比較優位の理論に立脚して、リカードは貿易を妨げる障壁はすべて取り払うべきだと主張した。彼が当時狙いを定めていたのはトウモロコシ法の撤廃だった。一九世紀初めにできた同法は、トウモロコシなどの輸入を制限することで人為的に食糧価格を吊り上げ、地主層を潤していた。改革者たちは、公益を犠牲にして政治的な力を持った集団の私益拡大を図るシステムの象徴をトウモロコシ法に見たのだ。その分析は的確だった。時を経て今日、ＩＭＦや世界銀行に集う改革者たちは、同じまなざしで貿易障壁を見ている。どんな貿易障壁であっても、公益を犠牲にして私益の拡大を図るものだと。

が、その分析は根本的に間違っている。東アジアの国々が証明したように、輸入制限は途上国の能力を強化する大きな発展戦略の一翼となりうるのだ。確かに輸入制限は短期的にはコストを伴う（例えば消費者にとって輸入品の価格が高くなる）が、長期的にはコストを補って余りある利益をもたらしうる。貿易を制限することが公正や効率に資するという考え方は健全でありうるのだ（Rodrik 1999）。輸入制限で問題とすべきなのは、制限が生み出す利益をどのように分配するかだ。政治的な影響力を持った一部の生産者（例えばブラジルの大土地所有者やパリ盆地の農家）を保護するための貿易障壁と、零細な生産者を保護するための貿易障壁とでは、結果はおのずと異なってくる。さらに、自由化を進めるとしても、どのくらいの速さで、どのような順序で自由化したら良いのかが問題となるのだが、自由貿易の理論はそうした問いにほとんど答えることができない。

比較優位をめぐるもう一つの問題は、リカードがこの理論を提唱した時と今とでは国際市場が変化していることである。リカードは、資本が国家間で移動しないこと、貿易が互いに競争する企業間で行なわれること、市場に競争があることを前提条件としていた。そうした前提条件そのものが変わってしまい、資本は世界中を駆け巡り、企業内貿易が増大し、国内的にも国際的にも市場をコントロールする力が一部に集中して自由競争が阻害されているのが今日の姿なのだ。

コラム２・１　自由貿易の奇妙な歴史

スコットランド生まれのアダム・スミスが一七七六年に『国富論』を著した時、彼はアメリカが興隆する理由を農業への特化に求めて次のように書いた。「アメリカ植民地が急速な発展を遂げている最大の理由は、これまで資本のほぼすべてを農業に投下してきたからだ。かの地に製造業は存在しない」と。さらに、「良きことを変えてはならない」と述べて、アメリカ植民者に対して大草原にとどまる「そのまま農業を続ける」よう求めるとともに、イギリスの工業製品に門戸を開くよう提言した。

しかし、独立を果たしたアメリカ政府の考えは違っていた。彼らは今日の比較優位は明日の弱みになると考えたのだ。『国富論』が出版された年に独立を勝ち取ったアメリカは、工業化の礎を築き始めた。初代財務長官に就任したアレクサンダー・ハミルトンは、輸入代替政策を採った。彼は一七九一年に公表した「工業に関する報告書」でアダム・スミスの提言をはねつけ、アメリカは工業を花咲かせ、世界と競争できるようになると論じた。ただ、そのためには輸入を制限するとともに、政府による奨励策と庇護が必要であると唱えた。

イギリスで自由貿易主義が頂点に達した時も、リンカーン大統領は恥ずかしげもなく保護主義政策を採り続けた。貿易に関して言えば、彼が今のＩＭＦや世界銀行に職を得ようとしても無理だっただろう。イギリスの経済学者たちがアメリカに関税を撤廃するよう求めたのに対して、リンカーンは、「私は関税のことはよく分からない。だが、もし私がアメリカ製のコートを買えば、私はコートを手に入れ、アメリカは金を手に入れる、ということは分かる」と言い放ったという。

そうした考えは新世界アメリカに限ったことではなかった。「幼稚産業保護理論」を一八八〇年代に完成させたのはドイツの経済学者フリードリッヒ・リストだった。彼は比較優位の理論を拒絶したわけでもなく、保護主義に伴う短期的なコストを否定したわけでもなかった。彼は、そんなコストは、製造業を発展させられなかった時にこうむる長期的なコストに比べたら物の数でもないと主張した。彼の目には、イギリスの経済学者たちが主張する自由貿易は、商業で優越的な立場に立つ自国の利益を守るための利己的な主張としか映らなかった。「イギリスは、製造業を独占する恒久的な権利を自然に手に入れたわけではない。自由貿易が自然に機能する状態に持っていくには、発展の遅れた国が、イギリスが自らを人工的に高めた地位にまで到達することが先決だ」と記している。

古典的な自由貿易主義者たちも、一時的に保護主義を採ることは経済的に見て健全でありうることを認めている。例えば、一九世紀のイギリスの哲学者でもあり、経済学者でもあったジョン・スチュワート・ミルは、比較優位というのは自然発生的なものではなく、獲得されたものであることを認めている。「ある国がある生産分野で他国よりも優位にあるのは、その国がその分野での生産を早く始めたからに過ぎないことがままある」と書いている。そうした場合、産業を新たに打ち立てるのに必要な技術と経験を獲得するために「一定期間保護関税をかけること」は合理的な戦略だ、と述べている。

アダム・スミスですら、あれだけ市場の力に信を寄せていたにもかかわらず、貿易の自由化に関しては、今のＩＭＦや世銀の一部のスタッフほど向こう見ずではない。数多くの労働者を雇用する製造業が関係する場合は細心の注意を払う必要があるとして、次のように述べている。「そうした場合、人道的観点からすれば、自由貿易はゆっくり漸進的にのみ実現し、慎重な上にも慎重に取り組まねばならないかもしれない」と。

（出典：Landes 1998；Irwin 1996；Mill 1909；Muller 1993）

●市場の失敗と環境

もっと深刻なのは、価格決定メカニズムに根本的な限界があることだ。つまり、環境を破壊する行為が市場価格に反映されず、その結果、環境資源の利用について誤ったシグナルを発する可能性があるのだ。環境を破壊した生産者はコストを負担せず、代わりに社会や将来世代がそのツケを払わされることになりかねない。また、自然資源の希少価値が市場に反映されるとも考えにくい。そうした市場の性格からして、世界貿易は環境破壊を促進しかねず、あとあと重大な結果を招く恐れがあるのだ。

環境の持つ価値が市場価格に反映されないというのは机上の問題にとどまらない。それはおびただしい数の生身の人々の生活を直撃しており、世界貿易に関する議論の中心課題となっている（Boyer 2001）。バングラデシュでエビを商売目的に養殖して輸出すると、まわりの土地に塩害が及び、貧しい農家の作物が被害を受けることになる（第3章参照）。フィリピンでは、オックスファムが漁村の人々と沿岸資源の管理に取り組んでいるが、日本の遠洋漁業船団が沿岸で行なう乱獲によって漁民の生活が脅かされている。昔ながらの漁をする漁民がこうむる被害は、日本の消費者が魚を買う時の値段には反映されていない。それはフィリピンに限ったことではない。世界の漁場の半分で生物学的限界を超えた漁獲が行なわれていると見られている（UNEP 2000）。世界貿易はまた、多くの国で起きている森林破壊の原因（農地への転換など原因はほかにもあるが）にもなっている（Barraclough & Ghimire 2000）。国連食糧農業機関（FAO）によると、熱帯地域の森林は年に〇・七％の割合で失われている。漁業の場合と同じく、先進国の消費者が床材やマホガニー製の便座を買う時の値段には、森林破壊のコスト（様々な林産物の喪失、洪水の増加、土壌の流失、生物多様性の喪失、温室効果ガスの増加など）は反映されていないのだ。

グローバリゼーションにともなって空や陸上の交通も飛躍的に増加した。航空機が引き起こす環境破壊にも厳しい目が向けられるようになっている。航空機が排出する温室効果ガスは全体の四％に満たないが、今後五〇年間にその四倍にもなるかもしれないのだ（Sheehan 2001）。さらに、航空機は温室効果ガスを超高層大気圏に直接排出するため、温室効果は陸上での排出よりもはるかに大きい。それがどのくらいの経済コストになるのかを計算するのは不可能で、航空会社が払う費用には反映されていない。同じことは地球温暖化全体について言える。この五〇年間に二酸化炭素の排出量は四倍も増え、今後一五年間に温室効果ガスの排出量はさらに五〇％増えると予想されている（World Resources Institute 1999）。地球温暖化のツケを払うのは将来世代で、それもほとんどが途上国の将来世代である。そのため、地球温暖化のコストは今日の国民所得勘定には反映されておらず、二〇〇一年の京都議定書をめぐる交渉で明らかになったように、先進国の優先課題にはなっていない。

環境破壊を引き起こすことを理由に貿易の削減を要求し、途上国も輸出を減らすべきだと主張する者もいる。その主張はいくつかの点で誤っている。まず、地球環境を本当に脅かしているのは途上国ではなく、先進国である。先進国は世界人口では五分の一を占めるだけなのに、世界の二酸化炭素排出量では半分、運輸部門で消費されるエネルギーでは三分の二を占めている。次に、貿易のせいにされる環境問題の多くは、実際は生産活動が原因となっている。したがって真の課題は、国内市場向けであれ、国際市場向けであれ、生産活動を持続可能なものにすることにあるのだ。地球温暖化は、新しいエネルギー政策や炭素税、航空輸送への課税などによって対処することが可能である（Sagasti & Bezanson 2001）。と同様に、非持続的な輸出向け生産も、非持続的な資源利用への課税や制限によって対処が可能だ。より深刻な問題は、国境を越えた環境問題に対処するための国際協力よりも、グローバルな経済統合の方が早く進展していることである。

●貿易が生み出す利益

以上のような問題はあるとしても、比較優位の理論から導かれる「特化」という基本的な考え方には確かに評価できる面もある。私たちは日常生活でも毎日モノやサービスの交換をしているわけだし、そうした複雑な交換システムを通じて世界各地の生産者とつながっている。他の人が生み出すモノやサービスを利用せずに自給自足の生活をした方が良い暮らしができる、などと考える人はほとんどいないだろう。貿易をやめることは、特化が世界各国の人々にもたらす恩恵を否定することになる。極論すれば、鉄鉱石が産出できない国を石器時代へと引き戻すことになるのだ。

リカード理論の悲劇は、それを唱導する国の多くが原理に背いた行動を取っていることにある。欧州連合（EU）の農業政策が利害関係者に誘導されることなく比較優位の原理に従うならば、ヨーロッパの消費者も途上国の農家も、もっと良い生活を送れるに違いない。同様にアメリカ政府がサウスカロライナ州の繊維業界や農業ロビー活動団体、鉄鋼産業などをえこひいきすることなく、市場をもっとオープンにすれば、アメリカの消費者も途上国の人々も、今以上の恩恵に浴することができるのだ。

比較優位の理論から導かれる特化と市場統合という考え方は、貿易に次のような恩恵が潜在することを示している（McCulloch, Winters, & Cirera 2001 : Ch 2）。

■経済成長の加速　貿易は富を創出する重要な源である。一九九〇年代に世界の輸出はGDPの二倍のスピードで拡大した。その結果、貿易は経済成長を決定する要因として重みを増した。輸出はまた別ルートで経済成長に貢献する。例えば貿易は、不可欠な技術を輸入するのに必要な外貨を稼ぎ出してくれる。アフリカの国々は外貨が足りないために「輸入窒息」状態に追い込まれた。部品を輸入できない製造業はフル稼働できず、農家も肥料や農機具を手に入れられずにいる。

■大市場へのアクセス　貿易は途上国の生産者や企業に購買力の高い先進国の市場を提供してくれる。台湾、韓国、シンガポールは、国内市場にだけ頼っていたならば、超小型電子技術製品をはじめとする付加価値の高い製造業分野であのような成長を維持することはできなかっただろう。インドは、一〇年の間に世界第二のコンピュータ・ソフトウエアの輸出国に成長し、年に三〇億ドルもの外貨を稼ぎ出すようになった。それもやはり、国内市場だけを相手にしていたならば達成不可能だっただろう。世界市場にアクセスすることで得られる利益は、人口が少なかったり平均所得が少なかったりして国内市場が限られている国には、ずっと大きなものとなるだろう。

■技術や新しいアイデアへのアクセス　輸入は、生産性や競争力を高めるのに必要な新しい技術を提供してくれる

（Feenstra et al. 1997）。東アジア諸国は、工作機械産業などが競争力をつけるのに必要な機械類へのアクセスを、貿易を通して得ることができた。その逆にインドは、輸入品に高い関税をかけたり、輸入許可制を採ったりしたため、国内産業が新しい技術を得ることが難しくなり、中小企業の投入財コストが上がり、最終的には消費者が高い買い物をさせられるはめになった。

■安い製品へのアクセス　輸入障壁とは輸入品の値段を高くすることだ。国際価格と国内価格の差を広げることで、保護を受けた国内生産者は利益を増やす一方、消費者は高いものを買わされることになる。そうした輸入規制は、国の生産力を高める長期戦略の一環として正当化される場合もある。その一方で、貧困層を直撃し、貧困削減に向けた努力に水をさすこともある。

例えば、サハラ以南のアフリカでは毎年一〇〇万人近くがマラリアで死亡し、その大半が子どもなのだが、ザンビアやセネガルは輸入品の蚊帳《かや》に対して二五セント以上の関税をかけている（Bannister & Thugge 2001：7）。ベトナムでは、貧しい人々が子どもを学校に送ったり、必需品を買いに行ったり、生産物を市場に出したりするのに自転車が欠かせない。自転車なしでは仕事をする時間が移動に割かれてしまう。にもかかわらず、ベトナム政府は、国内産業を保護するために輸入を制限し、人為的に自転車の価格を引き上げている。国内産業と庶民生活のどちらを優先するか、難しい選択ではある。しかし、この場合、輸入制限が貧困層にもたらすマイナスはプラスを大きく上回っている（コラム２・２参照）。貧困層が輸入品を手に入れやすいようにすることは、間接的に貧困削減に役立つ。東アジアでは、技術の輸入が急速な経済成長の礎を築くのに寄与した。ウガンダの零細農家は、輸入肥料を手に入れることによって利益を得た。バングラデシュのグラミン銀行〔マイクロ・クレジット＝小規模貸付で貧困層を支援している〕の関連会社であるグラミン・テレコムは、輸入した携帯電話を、同行からお金を借りている女性グループのメンバーに貸し出すことで、彼女たちが市場の情報を手に入れるのを可能にした。女性たちは、携帯電話を手にしたことで商人たちとの交渉力を強め、材料を安く仕入れ、生産物を高く売れるようになったと証言している（Burr 2000）。

比較優位は、途上国が政策を立案する際の指針として単純化され過ぎていた。そして適用を誤ったために、問題を予測したり、自由市場主義の限界を認識したりすることができなかった。貿易を専門とする経済学者たちは、リカードの原則論に立って比較優位の理論を途上国に当てはめ、自由貿易は途上国にとって本来的に良いものなのだと主張してきた。比較優位の理論を突き詰めていくと、各国は本来特化すべき分野（途上国の場合は単純労働の分野）に特化して貿易を行ないさえすれば良いということになる。理論によれば、単純労働によって生産された途上国の産物は自由貿易を通じて先進国で需要が高まるため、途上国では雇用が生まれ、所得が高まり、貧困が削減される、というのである。[†4] 比較優位の教科書的な解釈が、ＩＭＦや世界銀行の影響力を通じて途上国に押しつけられ、実践されていったのである。その結末は、第３章で明らかにするように、当初の予想とはまったく異なるものだった。グローバリゼーションのもとで経済統合は、資本、土地、教育といった貧困層には手の届かない資産への報酬を増やした。それはまた、ジェンダーをはじめ、剥奪状況に根ざした格差を一層拡大した。世界市場に足を踏み入れた貧困層は、他の市場の場合と同様に、最初から不平等な立場に立たされていたため、得られた結果もまた不平等なものだった。

コラム2・2　手が届かない！——ベトナムの自転車とオートバイ

「もしお金があったら、最初に買うのは自転車だね。子どもが学校に行きやすくなるからね。」（ラオスとの国境沿いの山間地、キーソン県ソップ・チャン村の女性）

途上国政府がどのような段階や手順を踏んで貿易を自由化するかという決定は、貧困層に大きな影響を及ぼしかねない。ベトナム政府は、一部の例外を除き、輸入品の大半について関税を大幅に引き下げた。自転車とオートバイがその例外品目で、関税はそれぞれ五〇%、六〇%の高水準である。関税は国内の自転車とオートバイの生産者を保護する一方、消費者価格を引き上げた。

自転車は、ベトナム中の庶民にとってまさに生活の足である。遠く離れた農村地帯では、自転車は便利な乗り物というだけでなく、産物を市場に出したり、子どもを学校に送ったりする手段で、人々の生活に決定的に重要な役割を果たしている。にもかかわらず、自転車は貧困層の多くにとってとても手の届かないものだ。一番安い自転車でさえ、農村部の平均所得の二か月分近くもするのだ。オートバイの人気も高まり、農村部の最貧層にとっても憧れの的となっている。しかし、ベトナムで組み立てられる最も安い中国製オートバイですら最低八〇〇万ドン（五七〇ドル†5）もし、大多数の人々の手の届かないところにある。

そうした輸入制限の恩恵を受けているのは国内の企業だ。その多くは国営で、自転車、オートバイ、およびその部品の生産に一〇万人以上が従事している。うち七万人が自転車産業に従事し、月平均五〇万ドン（三五ドル）から七〇万ドン（五〇ドル）の賃金を得ている。オートバイ組立工場の労働者は最高月一〇〇万ドン（七〇ドル）ももらっている。関税は、中国製自転車の密輸入という予想外の事態を招いている。市場の五～七%は密輸品だといい、自転車価格を押し下げる働きをしている。

自転車とオートバイの関税を段階的に撤廃するなり、大幅に引き下げるなりすれば、この生活に欠かせない交通手段はベトナムの低所得者にとって手の届くものになるだろう。一方、それによって職を失う者が出るのは避けられないだろう。しかし、ハノイの人たちは、国産の自転車の方が輸入品の安い自転車よりも品質が良く、買うだけの価値があると考えているという。したがって、安い輸入品の流入で競争が激しくなったとしても、国産自転車の市場は縮小しないかもしれないのだ。

（出典：Thanh 2001）

第3章　世界貿易システムから取り残された者――貧困層と貧困国

金鉱山で働く労働者たち（ガーナのオブアシで／撮影：Penny Tweedie/Oxfam）

上げ潮はすべての船を高みに押し上げるはずだった。この二〇年、世界貿易は富を上げ潮に乗せたが、その渦中で、ある船は高く舞い上がり、ある船は深く沈んでいった。前章で私たちは、貿易が貧困削減に寄与する潜在可能性を検証した。本章では、その潜在可能性を活かせずに終わったことを跡づける。不平等な貿易がどのように貧困削減を妨げ、地球規模で格差を拡大し、貧困層と貧困国を片隅へと追いやったかを明らかにする。

本章では最初に、世界の貧困と格差の軌跡を概観し、グローバリゼーションが予想した結果に相反して富の格差が拡大し、貧困削減が阻害されていることを明らかにする。途上国が世界市場でのシェアを増やせれば、貿易を通じた統合の促進は格差を縮小することができる。しかし、一握りの先進国が世界貿易システムを支配しているがために、所得格差は拡大している。不平等な世界は二極化の様相を強めているのだ。

次に、世界貿易システムの中で途上国を片隅に追いやっている力を検証する。輸出市場で成功している途上国はほんの一部に過ぎず、成功しているかに見える例も実は人を欺くものであることを明らかにする。表向きは躍動する輸出国のように見える国々の多くは、実は付加価値の低い分野や単純な組立作業から抜け出せず、技術水準や能力を向上する機会が限られているのだ。グローバリゼーションは、自国の長期的な発展に結びつくような形で世界市場への参加を図ろうとする途上国の力を弱めているように見える。

最後に、議論の焦点を国から人へと移す。従来の貿易理論は、貿易が労働集約的な分野に雇用をもたらすことで貧困層は貿易の恩恵を享受できるだろうとする。しかし、現実は理論を裏づけるものとはなっていない。貿易が創出した雇用に引き寄せられていった人々の多くは、貿易が差し出した機会を活かすのに必要な資源や資産に欠けているため、貧困ギリギリの危うい生活を余儀なくされているのだ。貿易の拡大はジェンダー面での不平等を悪化させ、リスクや健康被害を招いている。また、自然環境を破壊し、それがさらに貧困層を追い詰めている。

一　貧困と格差の拡大――世界貿易と「均霑《きんてん》（したたり落ちる）」効果

●新秩序のもとでの貧困と格差

グローバリゼーションは、貧困の急速な削減と格差の縮小という明るく新しい未来を切り拓く、と信じられていた時期があった。経済学者たちは、貿易と投資の増大によって途上国の所得は先進国並みになるという、「所得の収束」を確信していた。その第一段階に到達したと信じる者もいる。世界銀行は、「世界的な統合はすでに貧困削減の大きな力になっている」とうたい上げた（World Bank 2001 a)。が、そうした評価は現実に即していない。

▍世界の貧困――お金、脆弱性、そして時間▍　世銀が証拠として挙げた数字について言えば、世界的統合の貧困削減への貢献度は、世銀が誇るほど大したものとは思えない。極貧状態の緩和は、一九九〇年代に緩やかに進展したに過ぎない。一日一ドル未満で生活する人々の割合は、世界全体で一九八七年の二八％から九八年の二三％へと下がっただけだ。絶対数で見れば、極貧状態にある人々は二一世紀に入っても一一億人に上り、八〇年代半ばから変わっていない（World Bank 2001 d)。一日二ドル未満で生活する人々の割合と絶対数（この基準の方が中所得国で貧困を計るにはより適切である）も同じような傾向を示している。つまり、熱狂的なグローバル主義者たちの主張とは裏腹に、貿易の自由化がもたらした富は最貧層にまで均霑して（したたり落ちて）いないのである。

平均的な数字の裏には地域的な格差が隠されている（図３・１）。世界経済に等しく急速に統合されながらも、東アジアと中南米が残した結果が相反していることは、グローバル化と貧困削減の関係がそれほど単純なものではないことを示している。一九八七年以来、東アジアでは貧困層の割合が一〇％ポイント低下したのに対して、中南米では同水準にとどまり、貧困ライン以下の人々の数は一五〇〇万人増えた。南アジアでは、貧困層の割合は低下したものの、人口増加に見あった減少率ではなかったため、絶対数は四八〇〇万人も増加した。アフリカでは、九〇年代前半に貧困層の割合が増加したものの、後半に減少して八〇年代半ばと同水準に落ちついたが、絶対数は七三〇〇万人も増えてしまった。

図3.1　所得で計った貧困層の割合

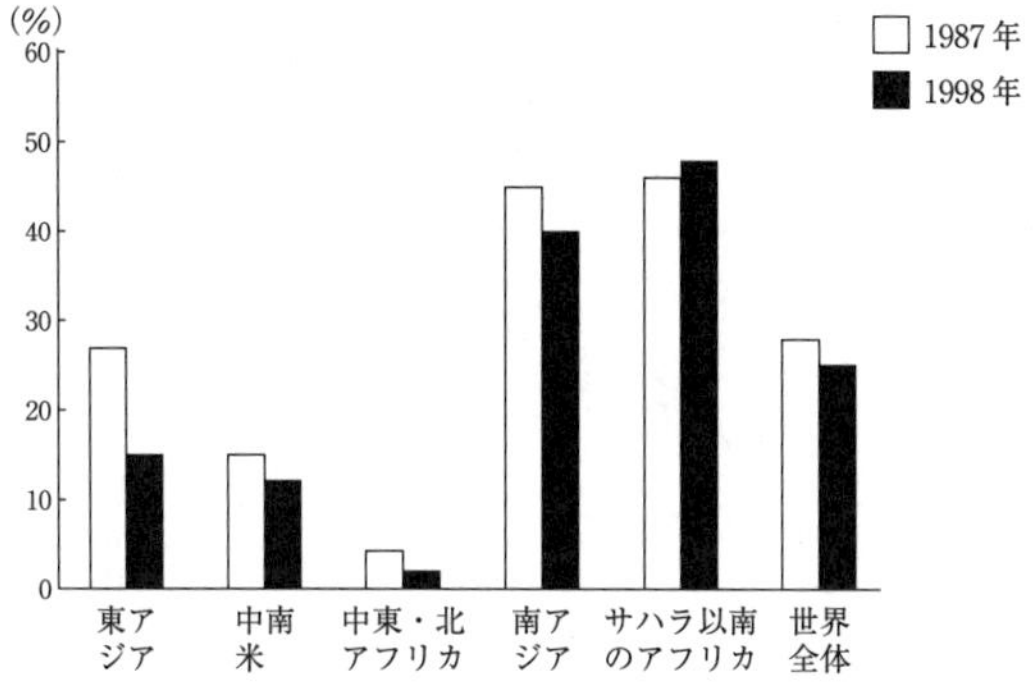

出典：World Bank

国際的な開発目標に照らしても、貧困削減の進み具合は明らかに不十分である。国際社会は一九九〇年代半ば、世界の貧困を二〇一五年までに半減させるという目標を立てた。しかし、八〇年代半ば以降の貧困削減率は年〇・二％程度で、半減目標の達成に必要な削減率の一〇分の一に過ぎない。目標に向かって順調に歩んでいるのは東アジアだけであり、サハラ以南のアフリカが目標を達成するには、一人あたりの所得の伸びを今の二倍以上にして、なおかつ所得格差を縮小させねばならない（Hanmer 2000）。

人々の福祉にとって所得が一大決定要因であることは間違いないが、教育や健康といった基礎的な力をつけられるかどうかもまた同じくらい重要である。教育面と健康面の改善も、二〇一五年までの目標を達成するにはあまりにもゆっくりしている。例えば、「万人に初等教育を」という目標はもはや達成不可能かもしれない。これまでのペースでは、二〇一五年になってもなお七五〇〇万人の子どもが就学できずにいるだろう（Watkins 2001 a）。教育分野での遅々たる歩みや、途上国と先進国の間の健康格差の拡大は、ともに低所得〔＝貧困〕の結果でもあり、原因でもあるのだ。

貧しい人々は、自分が貧困であるかどうかを判断するのに、経済学者とはもっぱら違った尺度を使う。所得や健康面での剝奪状況のほかに、不安定さや脆弱性といった、容易に測れないが、かといって軽んじることのできない生活の質を重要視するのだ。そうしたつかみどころのない指標とグローバリゼーションとの関わりを明らかにする試みは困難を極める。しかし、貧困に暮らす人々が、強まる一方のプレッシャーにさらされながら日々を送らざるを得ないと実感していることは確かだ。世銀は貧困層を対象に行なった一大聞き取り調査で、「貧しい人々が語った言葉には身の引き締まる思いがする。彼らの大半が以前に比べて生活が悪くなり、不安が増したと感じている」と結論づけている（Narayan 2000：1）。

ある意味で脆弱性はグローバリゼーションについてまわるものと言える。世界の国々は、互いに密接に結びつき合うにつれ、今まで以上に世界市場の激変にさらされ、人々の生活もその波に洗われるようになる。この相互依存関係はどの国にも影響を与えるのだが、自国民をリスクから守る力が最も弱いのが途上国だ。さらに、人々の脆弱性も一様ではない。女性たちが自分の生活の質について語る時、しばしば時間的なプレッシャーや肉体的な疲労を口にする。「時間的貧困」は増しており、輸出が急拡大している国で特にそうだ。女性が労働市場に吸い寄せられるにしたがって賃金労働と労働時間も増えていく（Folbre 1994）。家庭での長時間の無報酬労働や病人の看護、子育てに加え、長時間の賃金労働が彼女たちの肩に重くのしかかっていくのだ。国家経済は女性の無報酬労働にタダ乗りしてきた。彼女たちは報酬抜きで、目に見えない富と恩恵を生み出し続けてきた。女性が家庭の収入と外貨収入を増やす活動に参加することで、彼女たちへの時間的プレッシャーは募り、「思いやりの経済（care economy）」と彼女たちの我慢は限界に近づき、時には限界を超えてしまうのである（UNDP 1999）。

格差

貧困削減にとって世界の所得分配は重要な意味を持つ。他の要因を除外すれば、世界経済に占める途上国のシェアが大きくなればなるほど途上国の平均所得は上がる。所得の再分配に向けた歩みは、たとえ小さな一歩であっても貧困削減に大きく貢献できるだろう。が、残念ながら、踏み出す方向を誤っている。

一九九〇年代、先進国は世界人口に占めるシェアを減らしたものの、世界の富に占めるシェアは維持した。九〇年代の終わりに先進国の人口は世界の一四%に落ちたが、GDPは世界の七八%を占めた。[†1]対照的に、低所得国は世界人口に占めるシェアは増やしたのに、GDPのシェアは三%未満に下落した。購買力平価で測ると、途上国と先進国の所得格差は、九〇年代の初めと終わりで一対五・四から一対七・三へと拡大した。

世界経済におけるこれだけの格差は、経済成長と貧困削減との関わりに重大な意味を持ってくる。成長がもたらす所得を現在の分配率で分配すると、均霑効果は多少あるものの、先進国と途上国の平均所得の格差は拡大する。世界の富が一ドル増えたとすると、そのうち先進国が八〇セントを獲得するのに対して、世界人口の四〇%を占め、最も貧困が集中している低所得国はわずか三セントしか獲得できないのだ。

再分配の仕組みなしに世界を覆うこれだけの所得格差を縮めることは極めて難しい。それは、単純な計算をしてみただけで分かる。途上国の平均所得が年三%の割合で成長し、先進国のそれが年一%の成長にとどまるとしても、所得が同じ額だけ増えるようになるには七〇年もかかるのだ。

所得分配のあり方が貧困削減にとって重要であることは、世界レベルだけでなく、国内でも同じことだ。経済成長によって平均所得が増えるのは確かだが、貧困層の所得が増えるかどうかは分からない。経済成長にあずかる貧困層のシェアが大きければ大きいほど貧困削減のスピードは速くなる（White 2000）。

グローバル化した経済においては、国という枠を取り払って所得の分配状況を検討するのが理にかなっている。世銀の研究者たちは、世界人口の九〇%について一九八八年から九三年のデータを使って分配状況を調べた（Milanovic 1998）。結果は、グローバリゼーションについての善意の解釈を裏切るものだった。世界の最貧層一〇%と最富裕層一〇%を比較すると、最貧層の所得は最富裕層のわずか一・六%しかなかった。この調査はまた、世界の様々な格差拡大の主因が平均所得の格差拡大にあることを明らかにしている。

図3.2a　ジニ係数が示す所得格差：世界の所得格差はどの国の国内所得格差よりも大きい

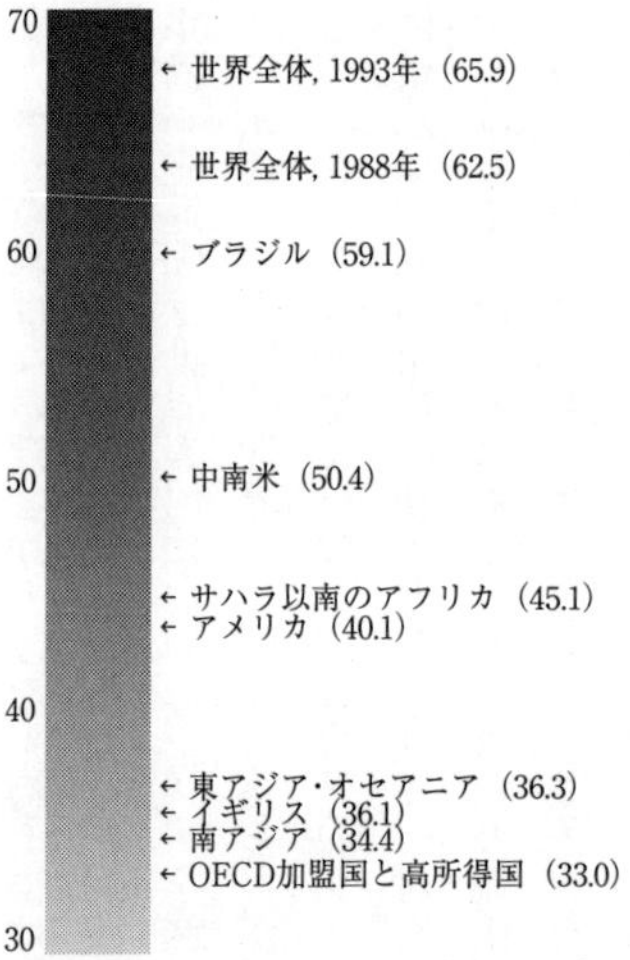

出典：Milanovic (1998)；World Bank (2001c)

図3.2b　世界のGDPに占める各地域の割合

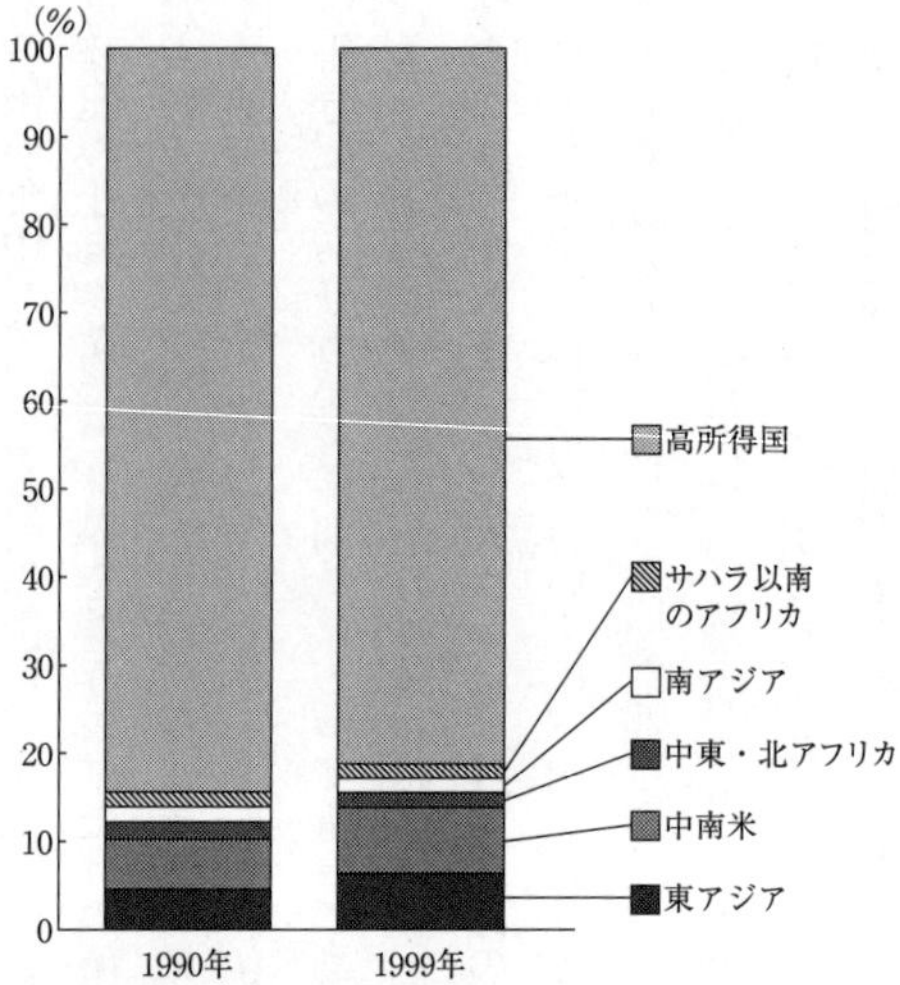

出典：IMF (2001a)

世界規模の格差の全容は十分に理解されていない。ジニ係数†2で見ると、一九八〇年代に国際的な格差はどの国の国内格差よりもひどくなった。九〇年代前半には、ジニ係数はさらに三ポイント悪化した(Milanovic 1998)。アメリカとイギリスでは、八〇年代に第二次大戦後最悪の所得格差を記録したが、世界の所得格差はその二倍も拡大したのだ(図3・2a、b)。

先進国が途上国に対してもっと貧困層に富を分配するよう求めるのは正しい。しかし、同じことを自ら世界レベルで実行しようとはしていない。ブラジルなどで富を独り占めしている強欲なエリート層も、先進国に比べれば寛大で気前の良い連中に見える。グローバリゼーションが引き起こしたこれほどの所得格差が国内で起きたとしたら、どの国の政府も社会崩壊や紛争のもとと見なし、黙っていないだろう。国内なら黙っていられないことも、グローバル化する世界では仕方のないことと見なしているわけだ。

経済学者たちは、格差の行方を明らかにすることに多大な時間とエネルギーを割いている。格差が今後どのような方向に向かうのか、格差をどのように測ったらよいのか、将来時点で格差はどのくらい広がっているのか、などについて熱心に議論を戦わせている。しかし、彼らは肝心な点を見過ごしている。グローバリゼーションのもとで生じている格差が許容不可能なものであり、貧困削減という国際合意に反しているということを。

●輸出実績と世界規模の格差

貿易が世界の所得格差をめぐる議論の表舞台に登場することは滅多にない。それは不幸なことだ。グローバリゼーションが深く根を下ろしている今、貿易は世界規模の所得分配への影響力を強めているからだ。貿易の拡大は先進国と途上国の間の格差を縮小する潜在力を持っているが、実際には格差を増大させている。

ＧＤＰ創出への貿易の貢献度が高まるにつれて、世界貿易に占めるシェアの大小がその国の相対的かつ絶対的な所得レベルの決定要因として大きな意味を持ってくる。第2章で見たように、貧困国がシェアを増やせれば平均所得の向上が期待できる。しかし、二〇年にわたる急速なグローバリゼーションを経た今、世界の人口分布と貿易分布の間には、なお大きな開きが見られる。

世界貿易のシェアに格差があることは、所得格差の反映でもあるし、所得格差を一層拡大させる要因でもある。〔世界人口のわずか七分の一を占めるだけの〕先進国が世界貿易の四分の三を占めているのに対して、世界人口の五分の四を抱える途上国のシェアは四分の一以下である。グローバリゼーションは、貿易面では革命を起こしているかもしれないが、所得分配の面では現状を固定する守旧的役割を果たしている。図3・3は、世界の

図3.3　世界の人口と貿易の地理的分布

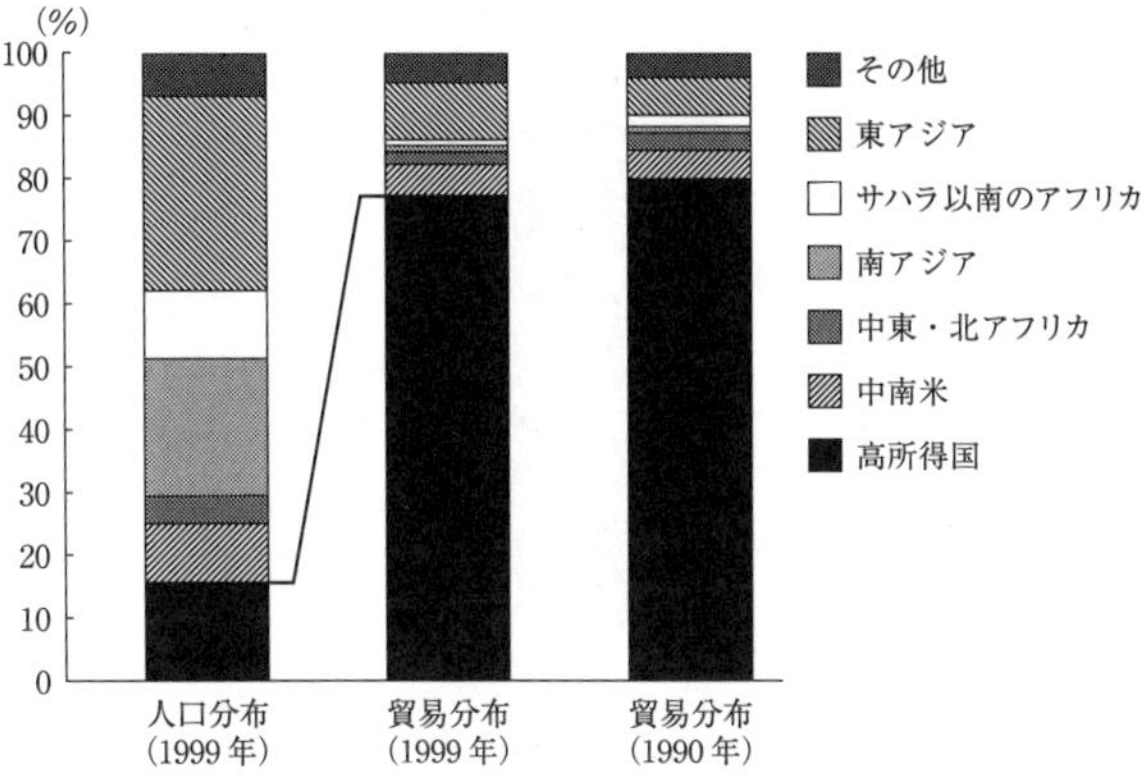

出典：World Bank（1992, 2001c）

図3.4　1人あたりの輸出額の増加（1990〜99年）

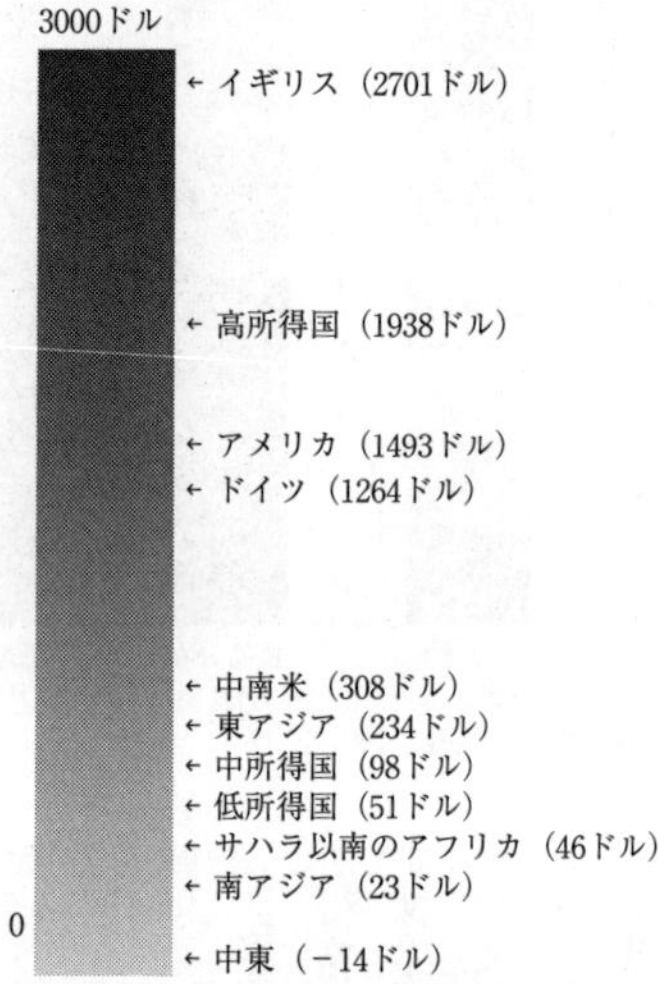

出典：World Bank（2001d）より算出

人口分布と貿易分布の格差が少しも縮小していないことを示している。この図から次のようなことが分かる。

■途上国が世界市場でシェアを伸ばせた分は、すべて東アジアに負っている。東アジアは一九九〇年代に六％から一〇％弱へとシェアを拡大した。

■サハラ以南のアフリカは、過去三〇年間に悲劇的な敗退を見た。九〇年代には世界市場のシェアを四分の一落とし、わずか一・三％へと落ち込んだ。

■南アジアは、〇・八％から一％へとわずかにシェアを伸ばした。

■中南米は、一％から五％へとシェアを急伸させたが、そのほとんどはメキシコの輸出拡大によるものだった。

一九九〇年代、途上国の輸出の伸び率は七％で、先進国の五・六％を上回ったが、地域的なバラツキが大きかった。アフリカの伸び率は先進国の半分以下で、中南米は先進国並みだった。東アジアと南アジアは先進国を上回ったが、南アジアの場合はスタートラインがあまりにも低かった。

　貿易分布の不均衡は所得格差を増幅させる。途上国は世界貿易に占めるシェアを伸ばしてきたが、所得の増加は先進国に及ばなかった。スタート時点の所得が低すぎたためである。低所得国は、一九九〇年代に一人あたりの輸出額を五一ドル増やしたが、先進国（高所得国）は一九三八ドルも増やした（図3・4）。東アジアは先進国の二倍のスピードで輸出を増やしたが、それでも絶対的な増加額では先進国に遠く及ばない（東アジアの平均二三四ドルに対してアメリカは一四九三ドル）。サハラ以南のアフリカの場合、一人あたりの輸出増加額はわずか四六ドルで、イギリスの二七〇一ドルの足元にも及ばない。輸出シェアも落としたため、所得のシェアまで減らしてしまった。

　グローバリゼーションは貧困削減をもたらすだろうという楽観的な見通しは、世界貿易のシェアの推移を見ても明らかなように、見事に裏切られてしまった。一九九〇年代に貧困削減で乏しい成果しか上げられなかった三発展途上地域は、世界の輸出に占めるシェアが停滞したか（中南米）、低水準からわずかに増やしたか（南アジア）、下落したか（サハラ以南のアフリカ）だった。九〇年代が終わった時、世界人口の三分の一と貧困人口の四分の三近くを占める南アジアとアフリカは、合わせても世界の輸出の二％を占めるだけだった。両地域が、グローバルな統合がもたらす果実をつかみ損ねたことと、貧困を削減できないでいることの間には密接なつながりがあるのだ。

二　世界貿易システムの中の途上国――新たな問題

ウルグアイの歴史家エドアルド・ガレアーノは一九七〇年代に、「諸国間の分業と言うが、現実に起きているのは一部の国が勝利に特化し、他の国々が敗北に特化するという分業だ」と書いたことがあるが、それはあたかもグローバリゼーションのもとでの分業について語っていたかのようだ（Galeano 1973）。

一部の途上国は、グローバリゼーションがもたらした機会をつかみ取った。輸出量を増やしただけでなく、付加価値を高めたり、伸び盛りのセクターに参入したり、技術を発展させたり、雇用を増やしたりと、輸出の質も高めることができた。しかし、そうでない国の方が多かった。一次産品輸出国の大半やサハラ以南のアフリカはもちろんのこと、質を問わない成長セクターに参入した国々もだ。後者の参入組は、輸出によって雇用は増やせたが、単純で利益率の低い組立作業が多かったり、地元経済との結びつきが弱かったりで、世界経済に首尾よく参加するための礎を築く試みもほとんど見られなかった（Lall 2000 a）。その結果、低賃金を武器に競争を仕掛けてくる他国からの攻勢に、もろさをさらけだすことになった。

第1章で私たちは、グローバリゼーションが貿易のパターンを大きく変化させていることを見た。市場の拡大は工業分野に集中し、中でも高度技術（ハイテク）分野が際立っている。したがって、途上国が貿易のシェアを増やそうとするならば、付加価値の高いこの高成長分野に分け入っていく必要がある。それができなければ、付加価値は途上国から先進国へと流れ、所得格差が拡大してしまう。輸出の総量だけを見れば、途上国の輸出は一九九〇年代に改善したように見えるが、その陰には現在の市場統合パターンに関わる次の四つの問題が潜んでいる。

①東アジアへのかたより　途上国の輸出全体の四分の三を東アジアが占め、工業製品輸出ではそれ以上である。他の地域は取り残され、中でもサハラ以南のアフリカが一番深刻である。

②一次産品への依存　工業製品の輸出に占める途上国のシェアは増え続けているが、相当数の国は今もなお一次産品の輸出に依存している。一次産品市場の成長が鈍く、価格が低迷していることが、それらの国が疎外される一大要因となっている。

③質が低く労働集約的な輸出　繊維縫製といった分野の比重が大きい輸出国は、輸出の質を高められずにいる。そのことは、現在の輸出利益だけでなく、長期的な展望をも暗いものにしている。

④ハイテク成功国の落とし穴　ハイテク分野の輸出増加イコール世界経済への参入成功、という誤ったイメージが生まれている。労働集約的な輸出の場合と同じく、ハイテク分野の輸出も、技術革新によってではなく、低賃金・低技能の組立作業に支えられて世界市場に参入している場合が多い。また、海外からの投資を待ち受けるだけで、積極的な産業発展戦略を持ち合わせない場合が多い。

●輸出による成功の明暗

工業製品の輸出シェアを増やしていることを理由に、途上国はうまくいっていると一般化して言うのは人を欺くものだ。地域間・地域内で大きな差があり、大多数の国が疎外されているのが現実だからだ。

東アジアは、途上国の工業製品輸出の三分の二以上を占め、電子製品などの高成長分野では四分の三以上を占めている。**図3・5aとb**が示すように、東アジアは中程度の技術（中テク）分野とハイテク分野の市場を席巻している。対照的に、南アジアとサハラ以南のアフリカは、もともと小さかった工業製品の輸出シェアが一九八〇年代半ば以降さらに縮小してしまった。中南米も、グローバル経済の中で成功しているというイメージとは裏腹に結果

図3.5a　途上国中、工業製品輸出上位5カ国と10カ国および
それらの国が世界の輸出に占める割合（1998年）

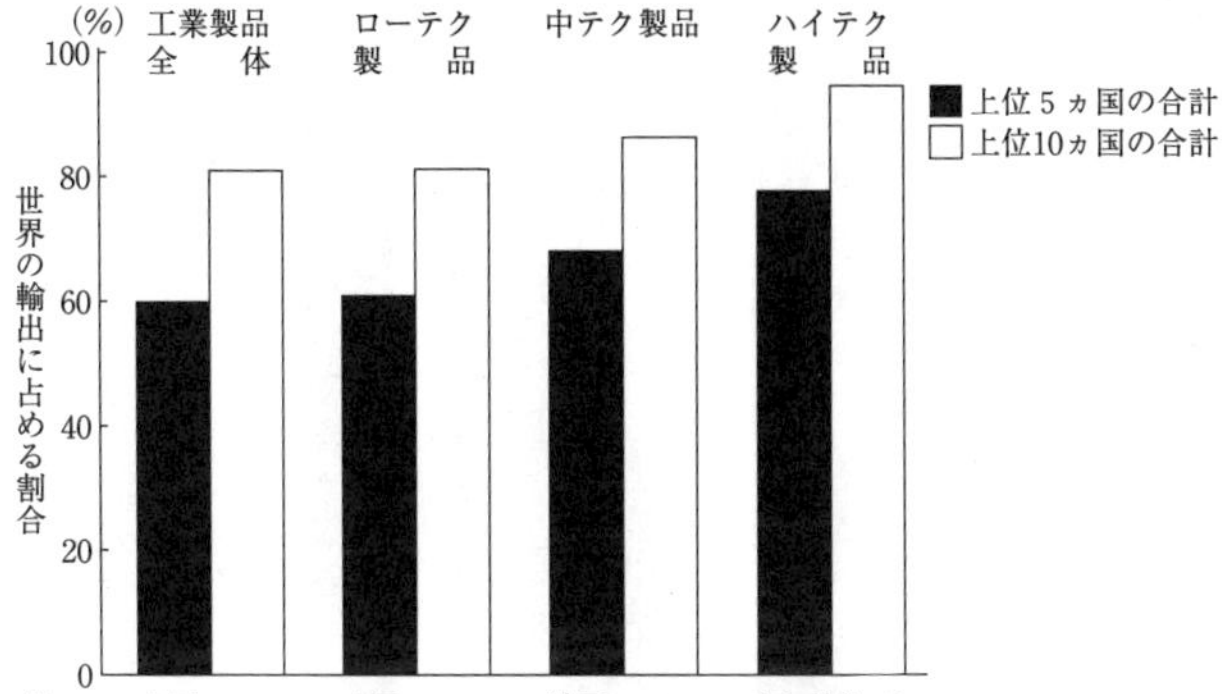

	工業製品全体	ローテク製品	中テク製品	ハイテク製品
1位	中国	中国	韓国	シンガポール
2位	韓国	台湾	メキシコ	台湾
3位	台湾	韓国	中国	韓国
4位	メキシコ	メキシコ	台湾	マレーシア
5位	シンガポール	トルコ	シンガポール	中国
6位	マレーシア	香港	ブラジル	メキシコ
7位	タイ	インド	マレーシア	フィリピン
8位	ブラジル	タイ	タイ	タイ
9位	フィリピン	インドネシア	アルゼンチン	香港
10位	インドネシア	シンガポール	インドネシア	ブラジル

図3.5b　途上国の工業製品輸出全体に占める各地域の割合

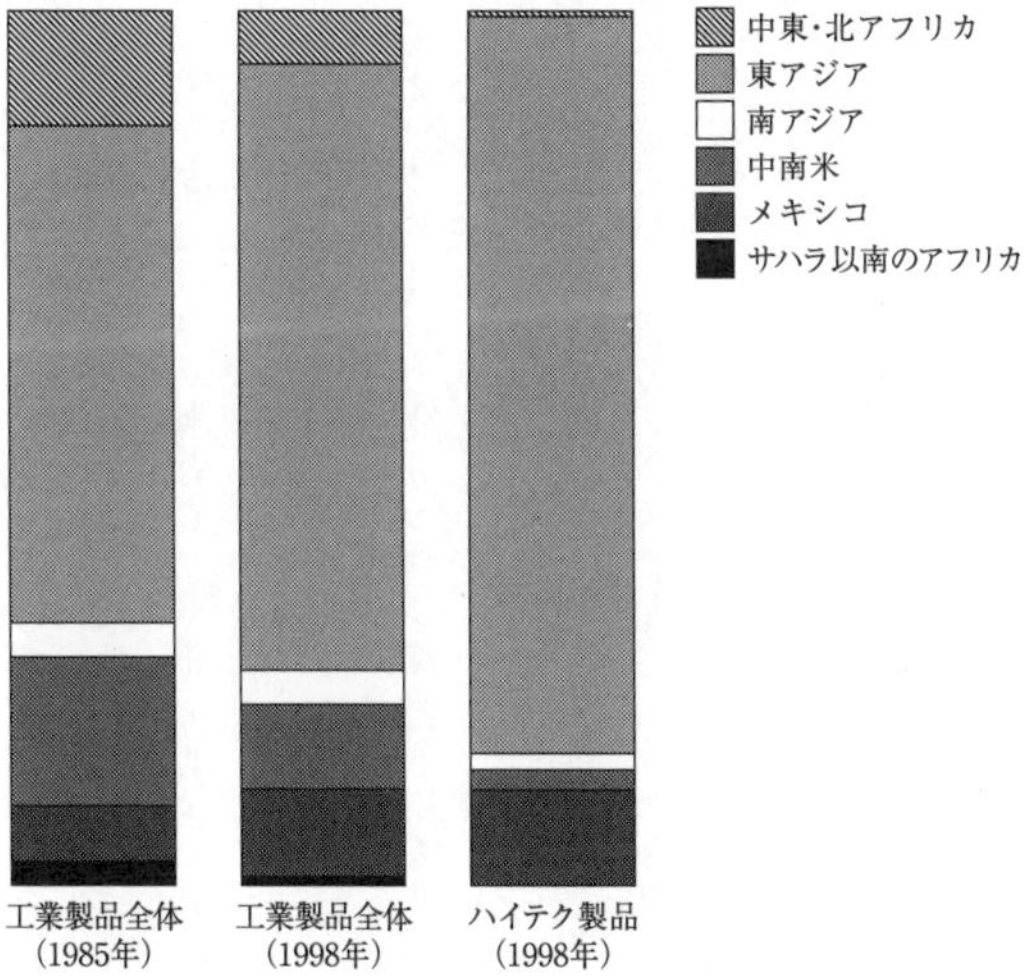

は思わしくない。メキシコを除くとそのシェアは後退しているのだ。

地域だけでなく、国によるかたよりもある。どの工業製品分野の輸出額を取っても、わずか五カ国（中国、韓国、台湾、メキシコ、シンガポール）が途上国全体の三分の二近くを占めている。中テク分野とハイテク分野の輸出でも同じことが言え、わずか一〇カ国で途上国全体の八〇％以上を占めている。アフリカはどの国を取っても遠く及

図3.5c　技術レベル別に見た工業製品の輸出割合

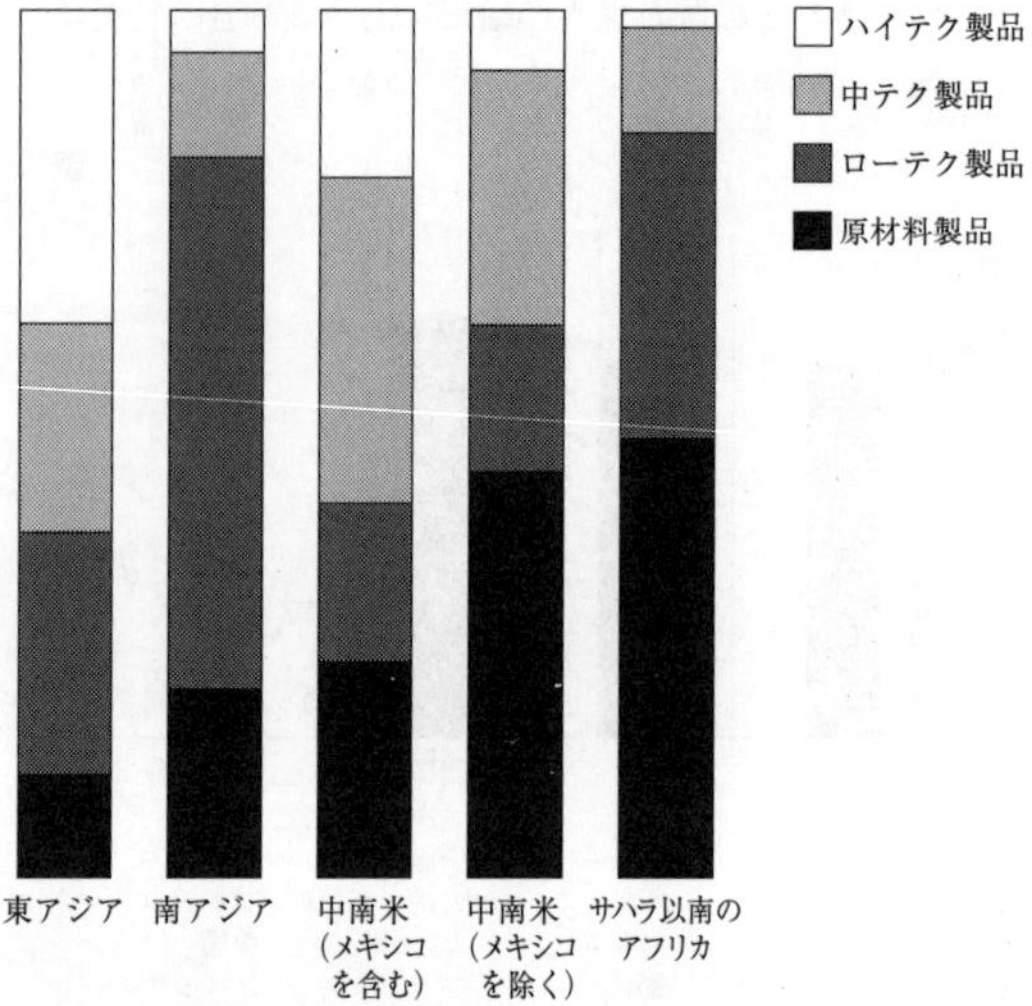

出典：図3.5a〜c すべて Lall（2001a）

ばない。南アジアではわずかにインドだけが、コンピュータ・ソフトウエア分野の急成長のおかげで一〇指に入っている。東アジア以外の途上国の輸出は、資源と低レベルの技術（ローテク）をベースにした製品〔繊維縫製品など〕に彩られている（図3・5ｃ）。

こうして見ると、グローバリゼーションの熱狂的な唱導者たちの主張も色あせたものになってくる。グローバリゼーションのもとで輸出拡大の牽引車となった企業内貿易と製品内貿易の急成長は一握りの国々に集中し、大多数の途上国は蚊帳《かや》の外に置かれたままなのだ。そのことは、先進国と途上国の間の格差だけでなく、途上国間の格差も拡大していくという近未来の姿を私たちに突きつけている。

● 一次産品と農業

グローバリゼーションのもとでの輸出拡大は超小型電子機器（マイクロエレクトロニクス）産業に象徴されるかもしれないが、多くの途上国は、植民地時代に確立された貿易関係の延長線上で世界経済に参加しているのが現実である。今日の世界経済において一次産品に依存するということは、取りも直さず輸出と所得のシェアが縮小し、生活レベルが低下することを意味している。

一次産品への依存が最も深刻なのがサハラ以南のアフリカと四九の後発開発途上国（ＬＤＣ）〔特に発展が遅れた国として国連が認定した途上国。カンボジア、バングラデシュ、エチオピアなど。二〇〇五年二月現在では五〇カ国〕である。サハラ以南のアフリカ諸国では、モノの輸出全体の約半分を一次産品が占めている。そして多くの国が、わずか数種類の農産物（コーヒー、ココア、紅茶、ヤシ油など）や鉱産物の輸出に依存している。輸出所得全体の半分以上をたった三品目以下の一次産品に依存する国は五〇カ国を超える（International Task Force on Commodity Risk Management 1999）。世界貿易に後発途上国が占める割合は、一九八〇年代後半の四分の一以下の〇・五％にまで縮小してしまった。

一次産品への依存率が高いのは低所得国だが、中所得国の中にも依存率の高い国が多々ある（Page & Hewitt 2001）。主な工業製品輸出国の仲間入りをしたとされる中南米でも、一九九〇年代には輸出に占める一次産品の割合が上昇した。ハイテク製品輸出国になった東アジアのインドネシアやマレーシア、フィリピンでも、依然として一次産品が輸出の中心を担っている（UNCTAD 1999 a）。

一次産品市場と一口に言っても産品によって大きな違いがあるが、輸出シェアの拡大を目指す生産国にとってはありがたくない、次の四つの傾向を大半の産品が共有している。

①緩慢な成長　この三〇年、一次産品の輸出成長率は工業製品に大きく遅れをとってきた。一次産品が世界貿易に占めるシェアは一九八五年の半分の一一％に低下した。中でも農産物の下落率が著しい。九〇年代の農産物の輸出成長率は工業製品の四分の一の年二％未満だった。モノの貿易全体に占める農産物のシェアは、八〇年の一七％から九七年には一〇％に落ち込んだ（OECD 2000）。

②価格の下落　アフリカでは、一九七〇年代初めと九〇年代末を比べると、一次産品の交易条件（輸出品価格と輸入品価格との比）が五分の一悪化した。その結果失った所得は、アフリカに供与される援助の半分にあたると推定される。交易条件が七〇年以降悪化していなければ、世界の輸出市場に占めるアフリカのシェアは今の二倍近くあっただろう（United Nations 2001 a）。

③低い付加価値　一次産品のほとんどは加工されずに輸出されている。それは、サプライチェーンの中で価値が付加されるのが加工と販売の段階であることを考えれば、最終価格のほんのわずかしか輸出国に落ちないことを意味している（第6章参照）。

④**市場の競争**　一次産品ないし農産物の輸出国は、補助金で力をつけた先進国からの輸出品との厳しい競争にさらされている。砂糖や穀物、牛肉、乳製品、それに一部の食用油の市場が先進国に支配されているのは、先進国政府が農家に一〇億ドル規模の補助金を出しているからだ（第4章参照）。農産物の輸出市場に占める途上国のシェアは三分の一で、一九七〇年から変わっていない（OECD 2000）。

第6章で明らかにするように、一次産品市場を持続的に回復させる見込みは、あったとしてもわずかだ。最貧国の世界貿易シェアの長期低落傾向を反転させる可能性はほとんどない。したがって、一次産品への依存から早く抜け出して産業を多様化するとともに、一次産品の価格を安定させ、利益が出るようにするための国際的な行動を起こすことが絶対的に必要なのだ。

●労働集約型工業——危うい足元

労働集約的な工業製品の輸出は貧困の削減に二つの貢献をすることができる。短期的には低所得層、特に女性に雇用をもたらし、長期的には工業発展の礎を築いて、より付加価値が高い成長分野への参入に必要な知識や技術の獲得を可能にするのだ。しかし、低技能・低賃金の分野に閉じ込められてしまう可能性も残念ながらある。

ローテクで労働集約的な製品は途上国の輸出の四分の一以上を占めていて、その半分以上は繊維縫製品である。南アジア、カリブ海、中南米の国々の多くが、この分野で世界経済への急速な参入を図った。カンボジアでは一九九〇年代、縫製品輸出の増大でGDPに占める輸出の割合が六倍にもなった。バングラデシュでは二倍になった。より技術レベルの高い産業へと上っていく通過点であるのなら、労働集約型工業は輸出戦略として成功と言えよう。しかし、それが到達点であるとするると、貿易シェアの低下と賃金切り下げという結末を迎えることになるだろう。

労働集約的な工業製品の輸出国は、一次産品輸出国ほどではないにせよ、同じような圧力にさらされるかもしれない。ローテク製品の輸出の伸び率はハイテク製品より低い。一九八五～九八年の間にローテク製品の輸出が一〇％伸びたのに対して、ハイテク製品は一三％だった（Lall 2000 e）。そして、ローテク製品の半分以上を占める繊維縫製品の交易条件は年二%の割合で今も悪化しているのだ（Maizels 2000 a）。一次産品の輸出国と同様に、労働集約型工業製品の輸出国は、いわば自転車操業を余儀なくされている。同額の外貨を稼ぐために輸出量を増やし続けなければならないからだ。さらに、国際市場価格の下落は賃金切り下げ圧力がかかることを意味しており、貧困削減には逆風が吹くことになる。

輸出の拡大には海外からの投資が重要な役割を果たしてきた。海外投資を引きつける磁石の役目を果たしたのは、低賃金と主要市場への優先的アクセスないし近さだった。海外投資は、雇用創出や外貨獲得といった多大な恩恵をもたらしはした。しかし、海外資本による輸出向け生産は、国内産業との結びつきが弱いケースがほとんどだった。工場を丸ごと途上国に移転し、まわりから隔絶された「孤島」で操業するケースも多く見られた。生産に必要な機械類や、原材料をはじめとする投入財はほぼすべて輸入され、工場はただの組立作業場でしかないようなケースだ。そうした場合、地元に落ちる付加価値はごくわずかに過ぎない。

短期的な輸出の「成功」と長期的な発展の展望との間の相克は、中米の自由貿易地域「マキラドーラ（保税輸出加工区）」に顕著に見てとることができる。一九九〇年代初めにこぢんまりとスタートしたマキラドーラは、次第に世界市場への統合の中心地、ないし輸出拡大の拠点として台頭した。しかし、そこでの輸出拡大が効果的な経済発展戦略に一体化されることはなかった。

ホンジュラスがそのいい例だ。グローバルな統合を推進する世銀の目から見ると、ホンジュラスは「サクセス・ストーリー（成功例）」である。同国の輸出は今やGDPの四二%を占め、グローバリゼーション競争のトップグループに属している。輸出の拡大を牽引したのはマキラドーラの工場だった。全国の雇用の四分の一以上を創出し、工業製品の輸出全体の九〇%を担うまでになった。しかし、同国経済に対する輸出の貢献度は低い。輸出額のうち地元に落ちる付加価値は四分の一に過ぎず、大きな外貨獲得源にはなっていない（Agosin 2000；Gitli 1997）。

ホンジュラスは、中米に限らずマキラドーラのような自由貿易地域を持つ国々の典型である。なぜかと言えば、輸出の拡大と国内経済の発展との結びつきが弱いからだ。中米のマキラドーラからの主な輸出品は縫製品で、超国籍企業（TNC）が台湾や香港、韓国から輸入した原材料を仕立てて、アメリカ市場に送り出している。地元への貢献と言えば、活力に満ちた分野に参入するための跳躍台の提供というよりも、女性の雇用と外貨の獲得にとどまっている。

中米のケースは、例外というよりも一般的な姿と言える。途上国の多くは、労働集約型工業への質の低い投資と質の悪い輸出拡大に満ちあふれ、苦悩している。南アジアではバングラデシュが、世銀／IMFによって輸出主導のサクセス・ストーリーとして持てはやされている。しかし、その証拠はと言えば上っ面なものでしかない。この一五年間に同国の縫製品輸出はGDPの倍以上のペースで拡大し、一九九〇年代末には四二億ドルを稼ぎ出した。しかし、マキラドーラの場合と同様、国内経済との結びつきは弱く（コラム3・1参照）、国内に落ちる付加価値は二五〜三〇％で推移している（Bhattacharya & Rhaman 2000 a）。海外資本が投入財のほとんどすべてを外国から調達し、国内経済への波及を阻害している。

付加価値の低い生産は、生産の多角化の遅れとも関連している。バングラデシュ、スリランカ、パキスタン、カンボジア、多くのカリブ海諸国、中東・北アフリカ諸国など、繊維縫製品の輸出で「成功」した国の多くは、輸出の裾野を広げたり、より活気のある分野に参入したりできずにいる（Lall 2000 a；Mortimore 1999）。輸出の裾野を広げられない限り、そうした国々の将来展望は暗い。政府が積極的な産業発展政策を採らない限り、繊維縫製産業が技術レベルの向上や利益率の高い分野への移行といった機会をもたらすとは考えにくい。

コラム3・1

バングラデシュの輸出の「成功」!?

バングラデシュは、一九七〇年代末の段階では典型的な一次産品輸出国で、輸出の伸び率も低かった。しかし、その後の目覚しい工業製品の輸出拡大で、世銀などからグローバリゼーションのモデル国と持ち上げられている。が、そうした評価はひいき目に見ても一面的でしかない。確かに繊維縫製品の輸出によってバングラデシュは様変わりした。七〇年代末当時、繊維縫製産業が稼いだ外貨は一〇〇万ドルに過ぎなかった。それが今は四二億ドルに達し、全外貨の四分の三を稼ぎ出している。全国で二八〇〇の工場が操業し、女性を中心に約一七〇万人を雇用している。

しかし、表向き活気に満ちた輸出主導の経済も、その裏には深刻な問題が潜んでいる。一つは、輸出向け縫製産業と国内の繊維産業の結びつきの弱さである。輸出加工区で毎年原料として使う二四億メートルの布のうち、国内の繊維産業からの調達は四％に過ぎない。国内に落ちる付加価値は全体の四分の一から三分の一に過ぎず、製品の多様化も非常に限られている。

輸出基地としての要素以外にバングラデシュが海外投資を引きつけられるのは、賃金の安さである。同国の平均賃金は一日一ドルから一ドル五〇セントで、インドの半分以下だ。輸出加工区は、実質的には低コストの組立作業場として使われているだけで、技術水準を高めるための投資はほとんど行なわれていない。その結果、バングラデシュの縫製セクターは、国際市場の中でも価格競争が最も熾烈で付加価値が最も低い底辺市場向けにとどまっている。

輸出品を多様化したり、質を向上させたりできないことで、バングラデシュには深刻な脅威が忍び寄っている。他の輸出国と違って同国は、先進国の輸入市場の自由化によって損をする憂き目にあう。それは、現存する多国間繊維取極（ＭＦＡ）が、同国の潜在的競争国であるインドや中国からの輸入を制限しているからだ。これまでのところは取極による輸入割当〔一定期間内に輸入する量／額を輸出国に割当てる制度〕と安い労働力のおかげで外資を引きつけられているのだが、ＷＴＯでの合意に従って欧米諸国が二〇〇五年までに取極を段階的に撤廃すれば、バングラデシュは輸出市場と外資を失いかねないのだ。

この問題に対するバングラデシュ政府の対応も援助国の動きもあまりに鈍い。国内産業との結びつきを強めるために紡績機、織機、編機を入れるには一五億ドルが必要と試算されているが、政府の奨励策は十分とは言えない。援助国やＩＭＦ、世銀と一緒になって、「市場任せ」を決め込んでいるのだ。

（出典：Bhattacharya & Rhaman 2000 a; Mainuddin 2000）

●ハイテク、でも低価値

途上国にとって、電子機器をはじめとするハイテク製品の輸出や、自動車・エンジニアリングなど中テク製品の輸出は、世界経済への参入を図る上でとりわけ関心の高い分野である。世界一の成長分野であり、付加価値が最も高い分野だからだ。さらに、技術の習得、他の製造業との連関性、海外直接投資（ＦＤＩ）といった面でも、長期的な発展をもたらす潜在性が最も高い。とは言え、ハイテク製品の輸出が自動的に長期的な発展につながるとは限らない。労働集約的な工業製品の場合と同じく、多くの国が単なる組立工場基地として参入したり、わずかな付加価値しか獲得できなかったり、国内産業との結びつきが弱かったりしているからだ。

中・高度の技術製品の輸出シェアに関するデータだけでは、輸出の質について多くを語ることはできない。シェアだけを見れば、メキシコなどが韓国や台湾と肩を並べている。また、フィリピンやマレーシアもシンガポールとそう見劣りしない（図３・６）。しかし、そうした数字は現実を正確に映し出していない。

グローバリゼーションのもとで生まれた質の低いハイテク輸出の代表格はメキシコだ。同国は、多くの評論家によって貿易と投資拡大の成功例として引き合いに出される。同国の輸出は年一四％以上という目覚しいスピードで拡大してきた。ＧＤＰに占める輸出の割合も五分の一から三分の一へと上昇した。伝統的な物差しからすれば、メキシコは今やグローバル経済競争の上位グループに入っている。中テク製品の輸出では台湾を抜いて韓国に次ぐ世界第二位だし、ハイテク製品の輸出でも六番手につけている。

しかし、長期的な開発指標を見ると、どの指標をとってもメキシコは下位グループでしかない。輸出の拡大は資本の流入と輸入部品の組立によるもので、国内に落ちる付加価値はわずかだ。確かに数多くの雇用を生み出しはしたが、賃金は低く、成長を加速したり、貧困削減の礎を築いたりするほどのものではなかった。

メキシコの輸出拡大の中で最も目覚しかったのは自動車産業だ。一九九〇～九七年の間だけを取っても、輸出は五倍増の二一〇億ドルに達し、今日ではアメリカ向けエンジンと乗用車の最大の輸出国となっている。それを演出したのはアメリカの三大自動車会社のフォード、ゼネラル・モーターズ（ＧＭ）、クライスラーだった。三社はアメリカ国境に接したメキシコのマキラドーラに進出した。例えばフォードは、三〇億ドルを投じて北米市場向けの高級エンジンと乗用車の組立工場を建設した（Mortimore 1998 a）。メキシコの輸出拡大を牽引しているのは企業内貿易である。それは発展にとって必ずしも悪いことだとは言えない。ＴＮＣの投資が技能・技術移転の重要な推進役となりうるからだ。また、巨大な企業市場へのアクセスを進出先の国に提供できるわけで、メキシコの場合も明らかにそうだった。しかし、輸出の質を決定づけるのは、それが地元経済との結びつきを活力あるものにできるかどうかであって、その点では完全に落第だ。

実際、メキシコのマキラドーラの工場は、アメリカで生産された部品を組み立てるだけで、地元経済との結びつきは極端に弱い。地元に落ちる付加価値も非常に少なく、生産額の二〇％に満たない。地元からの投入財はゼロに等しく、最終価値の四％を占めるに過ぎない（図3・7a）。その結果、輸出がどれだけ活気づいても地元産業への需要はほとんど喚起されず、マキラドーラ以外では雇用や投資がほとんど生まれないのだ（Buitelaar & Perez 2000）。マキラドーラは、雇用の面ではメキシコ全体の半分近くを創出しているが、輸出による付加価値では一〇分の一に過ぎない。

図3.6　工業製品輸出に占める中テク製品とハイテク製品の割合（1998年）

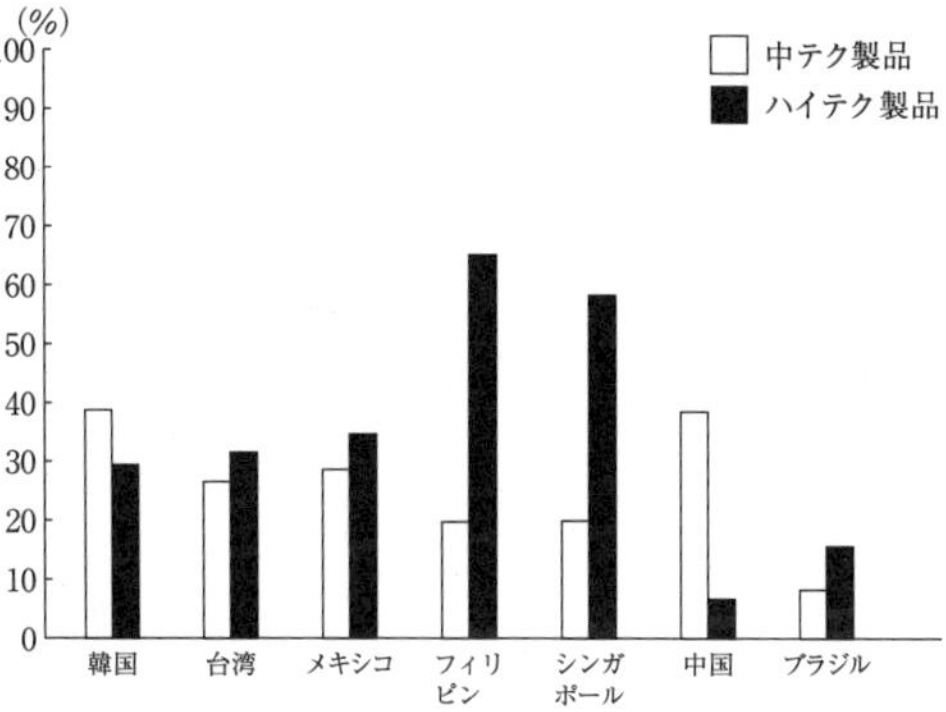

出典：Lall（2001a）

これを東アジアの経済発展の初期と比べると、違いは明白だ。東アジアでは、自由貿易地域が発展戦略の柱になったことは一度もない。投資を呼び込むために自由貿易地域を利用した場合でも、結果はまったく異なっていた。例えば韓国は、一九七〇年代初めに馬山に輸出加工区を設けた。当初は、付加価値に占める地元の投入財の割合は三％に過ぎなかったが、ものの一〇年で五〇％近くにまで上昇した。それは、今日のメキシコのマキラドーラが地元にもたらす付加価値割合の二五倍にあたる（Lall 1999）。現状を比較しても違いは明らかだ。メキシコは、付加価値の低さでは最低の部類に入る（図3・7b）。地域全体で見ても、中南米地域は輸出の質を高められなかったため、付加価値競争では東アジア地域に遠く及ばない（図3・7c）。

以上の分析は、マキラドーラがもたらす利益を否定しようとするも

図3.7a　メキシコのマキラドーラからの輸出品の最終価格に占める各要素の割合

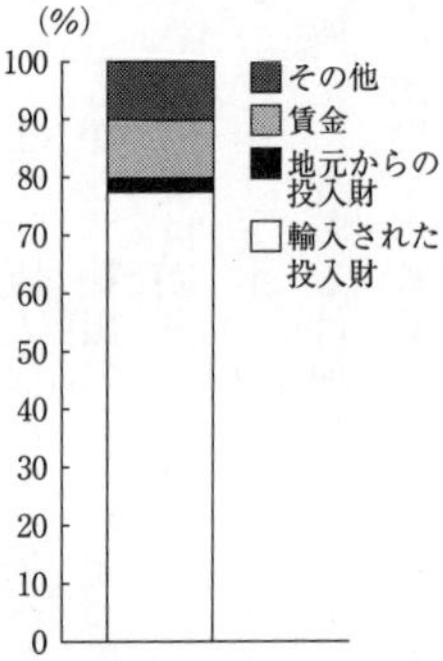

出典：Buitelaar & Perez（2000）

図3.7b　輸出向け生産が地元にもたらす付加価値の割合（推定値）

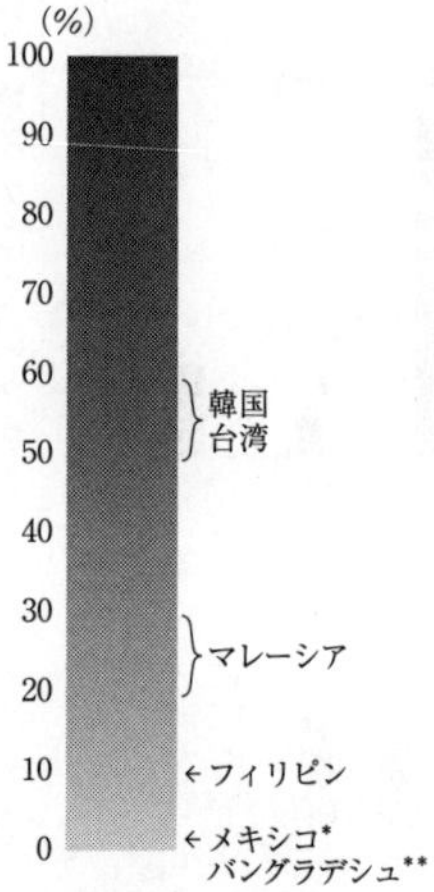

* マキラドーラ地区
** 既製服部門
出典：UNIDIO Database

図3.7c　工業生産がもたらす1人あたりの付加価値***（1990年＝100）

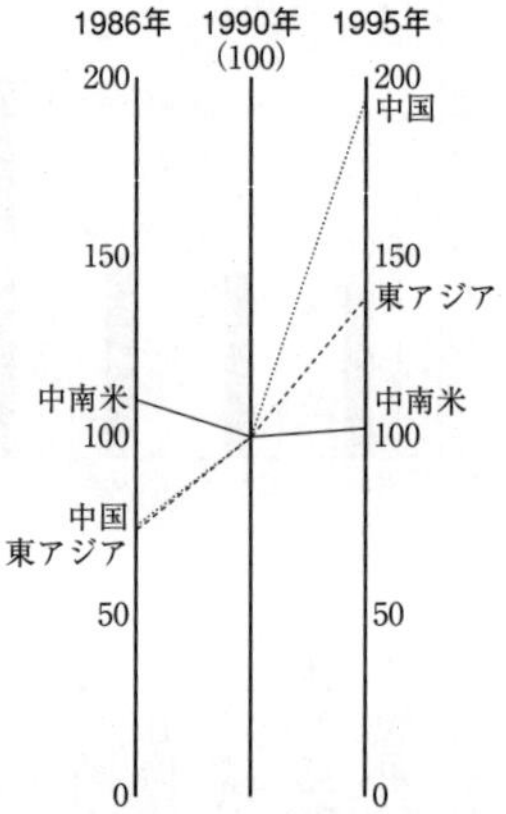

***　ここで言う付加価値は、最終価値と投入された原材料・サービス・部品の価値との差を指し、生産活動によって投入財にどれだけの価値が付加されたかを表す。
出典：UNIDIO Database

のではない。マキラドーラは一〇〇万人以上の雇用だけでなく、輸入にかかるコストを差し引いても、なお一〇〇億ドルもの外貨をもたらしている。問題は、現状のマキラドーラが、世界貿易という競技場の中で、メキシコを低生産性とその必然的な帰結である低賃金に彩られた一隅へと押しやり、そこから抜け出せないようにしていることにある。同国の輸出の成功は、技術的な向上に根ざしたものではなく、アメリカ市場に隣接するという地理的条件と低賃金に頼ったものだったわけで、そのことは、他国との競争に対するメキシコの抵抗力を大きく損なっている。同国よりも賃金が五分の一以上安く、最近WTOへの加盟を果たした中国がとりわけ大きな脅威となっている。現に一九九〇年代末には、タイヤメーカーのファイアストーンをはじめとするアメリカの巨大TNCが、賃金上昇を理由に組立工場を中国に移してしまった。メキシコは、自国の技能・技術レベルを引き上げることができなければ、賃金を引き下げて競争力をつけるか、失業者の増大を覚悟するかを迫られることになるだろう。どちらの道をたどっても、同国の貧困層にとっては逆境でしかない。

大雑把な貿易データを使っての比較は大きな誤解を招く。超小型電子機器の輸出国として急成長を遂げるフィリピンもそうだ。同国の超小型電子機器の輸出は年一〇%以上のスピードで拡大を続け、輸出全体の五分の四以上を占めるまでになっている。ＧＤＰへの輸出の貢献度も五〇%を超えた。しかし、輸出の急成長は、そのほとんどを半導体の組立に依拠している（Lall 2001 b）。フィリピンは、同国に投資した日本のＴＮＣの企業内貿易によって世界経済に統合されている。同国への投資の多くはマレーシアからの日本企業の移転に伴うもので、そのマレーシアは今、メキシコと同じような問題に直面している。

低賃金を武器に海外から投資を誘致して輸出拡大を図ろうとする国はジレンマに陥るだろう。実質賃金を持続的に上昇させたいと思うなら、生産性を上げるしかない。それができなければたちまち「資本逃避」が起きかねない。ＴＮＣにしてみると、新技術の移転性や資本の移動性が高まり、投資を誘致する競争が激しくなっているため、賃金が上昇すると見るや他国に生産拠点を移すのがますます容易になっているのだ。質の低い投資はまた、地元との結びつきが弱いことに加え、教育への投資も低いため、生産性を上げるのが難しいという難点がある。

ハイテク製品の主要輸出国の中で、現地調達（ローカル・コンテンツ）の割合が飛びぬけて高いのが韓国と台湾である。両国の国内産業は生産の大半を担い、デザインや工学技術、さらには研究開発などのサービスまで提供している。シンガポールも、マレーシアやフィリピンと同じくＴＮＣが支配的だ。違いは、シンガポールの場合、ＴＮＣが地元から投入財を多く調達していることだ。そのため、輸出に伴って電子部品や精密工作機械、電気メッキ、産業用プラスチックなど、様々な地元産業が成長した。それら東アジアの工業化国の第一世代の国が採った様々な政策は、そのまま他国に当てはめることはできないかもしれないが、世界市場に首尾よく参加していくには技術を高める戦略が必要不可欠であることに変わりはない（Lall 1998）。

三　貧困層と貿易——誰が敗者か

ちまたに流布している貿易理論は貧困層に良い知らせをもたらすように思える。一般的に言って途上国は、資本など他の生産要素と比べても、先進国と比べても、未熟練労働力が豊富なので、自由貿易は未熟練労働を用いて生産した輸出品への需要を世界的に高め、その結果、途上国では雇用が増え、所得は上昇し、貧困も削減されると言うのだ（Wood 1994；Ben-David et al. 2000）。が、理論通りには事が運ばず、結果はまったくもって人を失望させるものだった。貿易を通した統合は機会をもたらしたものの、機会を活かせたのは、生産財やインフラ、教育などへのアクセスに恵まれた者が中心だった。製造業の分野では、熟練労働を必要とする製品への需要の方が、未熟練労働による製品への需要をはるかに上回るスピードで拡大しているように思われる。

貧困は、市場に参加する上での大きな障害となっている。農村部の貧困層は、農地や融資、市場の情報へのアクセスに欠け、輸送コストも高いことが多いため、ほとんど競争できる状況にない。彼らはまた、都市部の貧困層と同じく、市場参加に必要な技能を獲得するのに欠かせない教育機会の点でもはるかに不利な立場に置かれている。市場はまた、ジェンダーの面でも中立ではない（Elson 1999）。製造業分野で女性はかなりの賃金差別を受け、実際の労働も生活の質を低下させるものとなっている。農村部では、女性生産者の前に市場参加を阻む壁がしばしば立ちふさがり、収入を得られたとしても自分の思うようにならない。市場での差別に加え、家庭でもジェンダー差別があるため、交易から得られる利益の分配でも差別されることになる。

多くの国の経験を見る限り、貿易の拡大は、貧困層が取り残されたり、搾取的で環境破壊的な生産システムが強化されたりする結果を招くことが多く、人間開発への期待に背いている。世界市場への参加を、より公正な社会の実現に必要な資産再分配戦略に結びつけることができなければ、貧困層はますます社会の片隅に追いやられることになる。それは、高レベルの経済成長を達成した国でも同じことだ。

●製造業セクター――低賃金、労働者の権利侵害、脆弱性

グローバリゼーションは、ほぼすべての発展途上地域で二つの大きな流れを生み出している。一つは工業製品輸出の増大であり、もう一つは女性労働者の増加である。女性は今、製造業に従事する途上国労働者の約三分の一を占めており、中でも衣料、履き物、超小型電子機器産業に集中している。

賃金　輸出の拡大と家庭の所得をじかに結びつける最たるものが賃金である。貿易理論は、輸出の拡大に伴って労働への需要が高まることで輸出セクターで働く労働者の賃金所得は上昇する、と言う。確かにその通りになったケースもある。東アジアでは、輸出の増大が実質賃金の上昇をもたらした国・地域がある。が、それはどこでも起きるわけではない。中南米では、一九九〇年代に輸出が年五％の割合で拡大したにもかかわらず、都市部の貧しい労働者の賃金はほとんど変わらなかった。貧困ライン以下の生活を送る人々の数はむしろ増加した。

経済成長が貧困削減に結びつかなかった一つの理由は、経済成長が雇用創出と賃金上昇を伴わなかったことにある。一八の中南米諸国で一九八〇年と九九年の賃金を比較すると、一三もの国で実質最低賃金が低下していた（ECLA 2000 a）。それが中南米の経済成長の歪んだ一面だ。ブラジルやペルーでは、経済成長にもかかわらず実質賃金が低下した（Dancourt 1999; ECLA 2001）。九〇年代の初めと終わりでは、都市部の失業者は倍増して二〇〇〇万人にもなった（ECLA 2001）。ブラジルやコロンビア、ペルーなど、世界経済への統合が急だった国で失業が増大したのである。

急成長する輸出産業の賃金も、その多くは国際水準から見て低いだけでなく、国内の貧困ラインに照らしても低い。バングラデシュでは、縫製産業で働く女性労働者の日給は一ドル五〇セントほどで、貧困ラインをわずかに上回るだけだ。ホンジュラスやドミニカ共和国でオックスファムが行なった調査では、輸出産業で働く労働者の賃金は、時として十分な栄養状態を保てないほどのレベルであることが分かった。輸出産業の賃金は確かに魅力的かも

しれないが、貧困から必ず抜け出せるほどのものではないのだ。

世界貿易システムへの統合が多くの国で実質賃金の上昇に結びつかなかった大きな理由として、次の四つを挙げることができる。

①要求される労働の質　輸出の拡大によって自動的に未熟練労働への需要が高まる、という前提そのものに誤りがある。多くの国で輸出が成長したのは熟練労働を要するセクターだった。輸出が急拡大したインドのソフトウエア産業は一八万人以上の雇用を創出したが、雇用されたのはほとんどが技術専門学校の卒業生だったことが、その極端な一例である。同国の貧困層の三分の二を占める農村部の読み書きのできない人々が機会に恵まれることはなかった。中南米でも、工業セクターの中で輸出を増やした業種の多くは、未熟練労働ではなく熟練労働を必要としていた。一九九〇年代には、専門学校卒の労働者と未熟練労働者との間の賃金格差が一八～二五%拡大して所得格差が悪化するとともに、貧困層が経済成長から得る分け前も減少した（Morley 2000；Behrman 2000；ECLA 2000 b）。最も単純な手作業ですむ産業すら、最貧層に雇用をもたらすかどうか分からない。バングラデシュの縫製産業が雇ったのは、読み書きのできない女性労働者ではなく、平均四～五年の教育を受けた女性たちで、輸出の拡大が貧困削減に結びつかなかった原因はそこにあると言うこともできる。

②労働市場の構成　蔓延する貧困、底なしの失業、労働基本権の弱体化、賃金維持策の撤廃が相まって労働供給過多が起こり、人々はギリギリ許せる範囲の最低賃金を下回る条件でも働かざるを得なくなっている。労働市場の顕著な「女性化」も賃金低下を招いている。男性よりも低い賃金に甘んじる女性労働者の参入が供給増を招いているのだ。すべての国ではないにしても、多くの国で女性の労働参加によって賃金格差が縮小してはいる。ただ、縮小しているところでも依然として大きな格差が残っている。輸出加工区の中には、同じ製造業でも女性の賃金が男性より二〇～三〇%低いところがある（Horton 1999；Standing 1999）。平均すると、製造業における女性の賃金は男性のおよそ四分の三でしかない。世銀の調査によると、男女の賃金格差のうち教育レベルの差で説明できるのは五分の一以下で、ほとんどがジェンダー差別によるものだという（World Bank 2000 d）。

新たに労働市場に参入する労働者の大半が賃金の安い女性であることが平均賃金を押し下げているのだ。労働者の団体交渉権が弱まっていることもまた賃金低下の一因となっている。

③輸出産業の特質　本章で明らかにしたように、途上国の輸出拡大は労働集約型の製造業かハイテク製品の組立作業に大きく依存している。付加価値が低く、ローテクしか必要としない生産が労働者にもたらす報酬はおのずから低い。メキシコのマキラドーラでの平均賃金が他の製造業の三分の二でしかないのは、部分的には生産性の違いで説明できる（Buitelaar & Perez 2000）。付加価値の低さを武器に世界市場への参入を図る国は、賃下げ圧力に直面せざるを得ない。それは、競争が熾烈だからというだけでなく、生産拠点の移転が容易なために、賃金が上がればＴＮＣがすぐ他国へと出ていってしまうからだ。

④輸入の増加　貿易の自由化によって世界市場に統合される時、影響が出るのは輸出だけではない。輸入も増えるかもしれず、勝者と敗者の線引きを難しくする。輸出の増加が熟練労働への需要を高める一方で、輸入の増加が労働集約型産業の製品を駆逐するようなことが起きれば、貧困層は相対的にも絶対的にも敗者となる。南アフリカでは、輸入自由化によって国内の繊維縫製産業が東アジアからの安い輸入品との競争にさらされるようになった。五年前には四分の一だった輸入品のシェアが二分の一へと倍増した。その結果、国内の繊維縫製産業の雇用は三分の二に縮小し、三万人が職を失った（Simon 2001）。低コストで大量生産する中国やカンボジアの製品にはとても太刀打ちできなかったのだ。両国よりも未熟練労働者の賃金が一五倍も高い南アフリカには賃下げ圧力がかかり、失業も増えた。安い輸入品と引き換えに、雇用を売り渡してしまったわけである。

■脆弱性■　人間開発に対する雇用の貢献としては、賃金のほかに雇用の安定があるが、グローバリゼーションのもとで、その安定が脅かされている。労働市場は「柔軟性」を増してきたと言われるが、それは、労働基本権の弱体化を覆い隠す美辞麗句に過ぎない。

一九八〇年代の経済自由化の一大要素に労働市場の規制緩和がある。世銀／ＩＭＦの飽くなき自由化要求の前に、途上国は最低賃金だけでなく、社会保障など賃金以外の部分を含む労働コスト全般の切り下げを迫られた。労働の「柔軟性」こそが投資を呼び込み、輸出拡大をもたらすと言うのである。ここでも先頭を切ったのは中南米だった。メキシコでは労働者の四人に一人、ブラジルやペルー、チリ、コロンビアでは三人に一人が雇用契約を結んでいない（ECLA 2000 b）。一五年前まで中南米では、フォーマル・セクター〔公式統計に把握／反映されている経済活動分野〕での雇用が社会保障の源となっていた。が、今日では、三分の一を超える労働者が社会保障を受けられずにいる（ECLA 2000 c）。

技術革新の場合と同様、「柔軟性」もまた政府の政治的選択の結果である。そして選択の結果、貧困層の脆弱性が増大したのだ。リスクというのはグローバリゼーションとは切っても切れないものだ。グローバリゼーションのおかげで、ある場所での出来事が、世界的な貿易と投資のメカニズムを通して直ちに地球全体に伝わっていく。ある者は貿易を通じた統合で利益を得るかもしれないが、今日の勝者は明日の敗者になるかもしれないのだ。貧困層はもともとリスクに耐える力が他者よりも弱い（＝脆弱性が高い）が、労働基本権を持たない場合はなおさらだ。

輸出産業に雇用される人々がどのようなリスクに見舞われるかは、二〇〇〇年を通じて誰の目にも明らかになった。統合は、世界経済の拡大局面では雇用を創出しうるが、縮小局面に入ると逆の事態を招く。一九九〇年代に年六％の割合で輸出が拡大したアメリカ、ヨーロッパ、日本は、二〇〇一年に同時不況に陥り、輸出の伸びは一％へと急落した（World Bank 2002）。アメリカ国内で超小型電子機器製品に対する需要が落ち込み、ハイテク・バブルがはじけたのが原因だった。

かつて、「先進国がクシャミをすれば途上国は風邪をひく」と言われたものだが、今の途上国は致死性の肺炎にかかったかのようだ。途上国の工業製品の輸出は二〇〇〇年に大きく落ち込んだ。東アジアは一％の減少ですんだが、二五％減少した地域もあった（World Bank 2002）。ＧＤＰ全体の一〇％を占めるハイテク製品の輸出は激減した。その弾みで、アメリカでの需要拡大に乗せられてハイテク産業の労働者となった女性たちは、たちまち放り出されてしまった。富士通は〇一年八月に従業員を世界規模で一〇％削減すると発表した。フィリピン、タイのハードディスク生産工場やベトナムのプリント基板工場が閉鎖され、五〇〇〇人が職を失った（Landers 2001; *Wall Street*

Journal 2001)。同じ月、ＮＥＣと日立もマレーシアの半導体工場の閉鎖を発表した。解雇された女性労働者のうち、政府の社会保障制度で救われた人はほとんどいなかった。

女性労働者は、輸出産業で働く労働者の大半を占めながらも、福祉政策による保護が一番手薄いという点でとりわけ脆弱と言える（次項参照）。電子製品や繊維製品の世界市場が縮小すると、クビになるのは大半が女性で、公的な福祉で守られないのも大半が女性である。弱い立場に置かれた人々は、貿易を通じた統合で得られたわずかな利益も統合ゆえに一晩で吹き飛び、惨憺たる状況に突き落とされてしまう。得られた利益を守り、損失を最小にする方策の一つが社会保障なのだが…。

▍ジェンダーと労働市場▍　輸出産業で働く女性は、表向きはグローバリゼーションの大いなる受益者のように見える。たくさんの雇用が生み出されたからだ。しかし、利益と損失の実態に目をやると、夢見心地も吹っ飛んでしまう。雇用の増大が所得や自立といった利益を女性にもたらす一方で、女性の人間開発に様々な悪影響を及ぼしたからだ。

まず、あからさまな賃金差別によって女性の利益は目減りする。労働市場が分断されているため、女性は低賃金労働にしかありつけないことが多々ある（Joekes 1995）。一方では、雇用によって家庭の所得が増えることで、食べ物や健康管理など必須の出費がまかなえるようになるといったメリットがあるが、そうしたメリットも、女性の生活の質に悪影響を与える次のようなデメリットと比較考量する必要がある。

■過剰な労働時間　様々な国の状況を総合すれば、女性が家事だけでなく労働もしなくてはならないのは明白だ。必然的に女性の労働時間は男性よりもずっと長くなる（UNDP 2001 b）。バングラデシュの縫製工場で働く女性が無報酬の家事労働に費やす時間は週平均三一時間で、男性の二倍以上にもなる（Elson 1999）。輸出産業での女性の労働時間は男性より平均して週に三時間長い。そうした男女の労働時間の格差の結果、たとえ収入が増えても「時間的貧困」を悪化させて女性の身体を蝕み、子育てにも悪影響を及ぼすことになる。

■労働現場での弱い立場　女性労働者が働く現場は、労働者の権利が弱い点で悪名高いセクターであることが多い（第7章参照）。それらのセクターに共通する問題の一つに、妊娠した女性を解雇することがある。社会保険をかける責任を回避するためである（Joekes 1995）。強制的な時間外労働も日常茶飯事だ。中国では繁忙期に女性が一日一二時間働かされることも珍しくない（Tan 1999）。社会保険や妊婦の権利が法律にうたわれてはいても、ほとんど守られていない国が多い（コラム3・2参照）。さらに、有毒な化学物質に触れたり、火事への備えが不十分といった危険な現場に女性が多く雇用されていることも多々ある（Barrientos 1996）。

■弱い労働組合　途上国政府は労働組合の権利を大幅に制限してきたが、輸出加工区ではそれが一層顕著だ。バングラデシュでは、憲法で労働者の組合加入権を保証しているが、輸出加工区に入るとその権利は取り上げられてしまう。加工区外では加入権があるものの、実際には制限されている。ドミニカ共和国では、輸出加工区で操業する企業五〇〇社のうち労働組合と協定を結んでいるのは八社に過ぎない。フィリピンの輸出加工区で働く女性労働者のうち、組合に加入しているのは一〇人に一人もいない（Aganon et al. 1998）。女性労働者固有の問題に無関心な労働組合がよくあるにしても、組合が弱いことは労働条件の改善を難しくしている。

■家庭内での不平等　女性が外で働いて稼いだとしても、労働の果実を平等に享受できるという保証はない。インドやカンボジア、インドネシアでは、女性の稼ぎは男性に渡すのが社会的な規範となっている（Elson 1999）。バングラデシュでは、女性が輸出産業で働くよう家族から強要されるが、それは多くの場合、持参金を稼ぐためであったり、夫の家族を養うためであったりするという（Kibria 2001）。

コラム3・2

「仕事はあっても尊厳は…」――コロンビアの花産業

コロンビアの首都ボゴタの郊外にあるサバンナ高原地帯は、一九九〇年代、狂乱的な輸出ブームに花咲いた。今やコロンビアは、オランダに次ぐ世界第二位の花の輸出国で、アメリカが輸入する花の半分はコロンビア産だ。一帯に点在する巨大な温室群は、年に六億ドルもの外貨を稼ぎ出す。花より外貨を稼げるものといえばコーヒー（それとあの悪名高いコカイン）しかない。

サバンナ地域の温室では、約八万人の女性がカーネーションやバラの世話をしている。女性労働者が一日に摘むカーネーションは一人平均四〇〇に上る。バレンタインデーや母の日などの繁忙期には、その倍も摘むことになる。一日に摘んだ花の売り上げは、輸出先の欧米では六〇〇ドルから八〇〇ドルになる。しかし、摘み手の女性に支払われる賃金は一日二ドル足らずだ。たとえ一日一〇時間働いて時間外手当をもらっても、彼女たちの収入は貧困ラインギリギリでしかない。

オックスファムが話を聞いた女性の多くは、収入が少ないと不満をもらすが、それがサバンナ地域の現実であることも理解している。地域の失業率は四〇％近くに達し、あまたの女性が貧困から逃れようと外に出て行ったという。彼女たちの心配の種は、雇用条件とその保障である。国内の労働条件にはバラツキがあるが、花産業では雇用の保障などほとんどない。法律に関して言えば、コロンビアは中南米でも労働者の権利が最も強い部類に入る。労働組合への加入権や健康保険・雇用保険への加入権、妊婦が八〇日の産休を取る権利などが法律にうたわれている。しかし、法は名実ともに破られている。

オックスファムのパートナー団体の一つで、首都ボゴタを本拠地とするNGO「カクタス」は、サバンナ地域北部のトカニパという小さな町で、解雇された花産業労働者に法的な助言を行なっている。毎月新たに六〇人の労働者に助言しているが、その過半数は妊娠を理由に解雇された女性である。会社側は、女性と雇用契約を結ぶにあたって妊娠テストを義務づけるのが通例だ。「母の日」から莫大な利益を得ている会社が、産休の付与を回避するために妊婦を即時解雇するとは、まったく皮肉な話である。

花産業の労働者はまた、農薬使用に伴う深刻な健康リスクにさらされている。苗床の土は有毒な臭化メチルガスで殺菌され、花には殺虫剤や防カビ剤、除雑木剤などが頻繁に吹きつけられる。サバンナ地域の温室で使用される化学物質の五分の一は、アメリカでは健康に害があるとして使用が制限されている発ガン性物質や有害物質である。女性たちは、世界保健機関（ＷＨＯ）が発ガン性物質と認定したジクロロプロペンを、防護服もなしにハンカチで口を覆っただけで散布させられていると証言する。カクタスが行なった健康調査によると、コロンビアの花産業労働者の三分の二が、吐き気、結膜炎、筋肉痛、流産といった農薬がらみの健康被害を経験しているという。

さらに環境問題が、花産業の経済的メリットを疑わしいものにしている。サバンナ地域の地下水面は、外貨収入の上昇に反比例して沈下している。マドリードという町の周辺では、帯水層が以前の地下二〇メートルから二〇〇メートルへと下がってしまったため、ボゴタから水を運んでこなくてはならなくなった。また、地下水の中から高濃度の有害物質が検出された地域もある。

　社会や環境へのそうした負荷は不可避なものではない。地エコフローラという会社は、農薬の使用を減らしたり、地下水の代わりに雨水を使うなど、より持続可能な生産方法を採っている。また、労働者の権利擁護や健康管理の面でほかよりましな会社もある。しかし、コロンビアの花産業の現状は、貿易が生み出す利益をより公平に分配する戦略からかけ離れており、広い意味での人間開発とも相容れない。女性労働者の一人は次のように語っている。

「貧乏とはどんなものかは花産業で働く前から知っていたけど、恐怖や屈辱というものがどんなものか分かったのは温室で働き始めてからです。ここには仕事はあるけど、尊厳なんかありはしません。」

　女性の多くは、輸出産業での仕事について複雑な感情を抱いている。働いて得た収入で自分自身や家族の生活が良くなることは分かっているが、労働条件にも不安があるのだ。そうした葛藤が如実に現れているのがカンボジアの縫製産業で働く女性たちのケースだ。七年前には一〇しかなかった縫製工場が今は数百を数え、ギャップやオールド・ネービーといった先進国の企業向けに生産している。稼ぐ外貨は年七・五億ドルに上る。数多くの雇用が創出され、そのほとんどが女性労働者だ。賃金はほかでは得られないレベルだが、オックスファムの調査に対して多くの女性が二律背反の心情を吐露した。その一人はいみじくも次のように語った。

「田舎にいれば自由はあるけどお金がない。工場で働けば自由はないけど家族を養うお金が稼げる」（コラム3・3参照）

　グローバリゼーションのもとでの輸出拡大が生み出す雇用は、コンピュータ時代よりも産業革命以前の時代を彷《ほう》彿《ふつ》とさせる。衣服や履き物を生産する労働集約型の製造業は多数の在宅労働者を雇用し、そのほとんどが女性である。在宅労働者の賃金はフォーマルな雇用セクターよりずっと低く、出来高払いが基本である。社会保険に入る権利などはなく、雇用の保障もない（Yanz et al. 1999）。企業は行動憲章を設けたりしているが、女性の在宅労働者は今もなお世界貿易システムの一番片隅に追いやられている。インドでは、縫製セクターのフォーマルな雇用は男性が独り占めしているため、女性はアウトソーシング（外注）された仕事を在宅で請け負うことになり、勢い実質所得もフォーマルな雇用より低くなってしまう（Glosh 2000）。

コラム3・3　「お金はあっても自由は…」——カンボジアの縫製工場労働者

「田舎にいれば自由はあるけどお金がない。工場で働けば自由はないけど家族を養うお金が稼げる」と語ったのは、二一歳の縫製工場労働者ソバナさんだ。彼女の言葉は多くの女性が抱く相矛盾した気持ちを代弁している。所得の向上から得られる利益は認めるが、労働によって自由を奪われ、時には尊厳まで奪われているという率直な気持ちだ。

一八歳から二五歳までのカンボジア人女性の五人に一人は縫製工場で働いている。その大部分は、どうしようもなく貧しい農村部から首都プノンペンにやってきた女性たちだ。彼女たちを引きつけるのは賃金だ。ソバナさんの村では野菜を一日売っても五〇セントの稼ぎにしかならない。プノンペンでは時間外手当を含めて月五五ドル稼げる。先進国の賃金水準から見ればあまりの低賃金かもしれないが、農村部の貧しいカンボジア人にとって、縫製工場で働けることは所得が何倍にもなることを意味している。

貿易を専門とする経済学者のほとんどは、貿易が貧困層の利益になる好例——縫製品の輸出が外貨と経済成長をもたらし、貧困層も所得を増やして彼らの福祉が向上するというモデル——をカンボジアに見るだろう。しかし、そんな単純な図式は、同国の女性が直面する現実を説明する足しにはならない。雇用は所得を増やすが、所得がどう分配されるかはジェンダー格差によっても決まってくる。ソバナさんは毎月、所得の半分にあたる二〇ドルから三〇ドルを家族に仕送りしている。その仕送りでもって兄弟たちは学校に行くことができ、家計も助かっている。三人の仲間と一部屋で暮らすその部屋代を払ったら、ソバナさんの手元に残るのは一日一ドルにもならない。彼女の労働によって家族全体の所得は明らかに向上しているが、彼女の分け前は不公平と言えるほど少ない。

彼女のケースは例外ではない。医療費、教育費、家族に何かあった時の出費などが、ただでさえ少ない所得に大きくのしかかってくる。聞き取り調査に対してある女性は、「生活はとっても大変。仕事もすごくきつい。給料が少ないから貯金もできやしない。部屋代や電気代、薬代なんかを払ったら、その日を送るのがやっと」と話している。

金銭面以外にも彼女たちの幸せ感に大きな影を落とすも

のがある。オックスファムが話を聞いた女性の多くは、孤独感や疎外感を口にした。「ここでは、お金がなくなっても気遣ってくれる人など一人もいない」とある女性は語った。また、皮肉なことに、田舎の両親は家計を助けるためにと娘たちを説得して送り出すのだが、女は家にいるものという社会規範に反して家元を離れた女性を見る社会の目は冷たい、と若い女性労働者たちはこぼしている。

彼女たちへの虐待も頻繁に起きている。聞き取りをした女性たちも、現場監督が彼女たちを叩いたり、入ってきたばかりの若い女性を襲ったりすると話している。労働組合が弱く、機能していないことも雇用が保障されない原因だ。病気で休んでも罰金を払わされ、病気が長引くと解雇されてしまう。ある女性は、「仕事を失いたくないなら四日以上休むことなどできない」と話している。

●農村部の貧困層にとっての障害

農産物の輸出拡大から裨益する機会は国内市場を通じて得られる。そのため、農地の分配や市場までの距離といった構造的な要因が、往々にして貧困層からその機会を奪うことになる。また、他の市場の場合と同じく、ジェンダー関係が機会と報酬の分配に決定的な役割を果たしている。

貿易理論は、農村部の貧困層にもともと備わった比較優位によって、貧困層は貿易において勝者になると言う。そして、比較優位が働いている証拠として、「非伝統的な」農業輸出の劇的な増加を引用することがある。しかし、華々しく外貨を稼いでいるからといって、必ずしも貿易の拡大が貧困の削減に直結しているということにはならない。農村部の貧困層が取り残されてしまう主な要因には次のようなものがある。

■農地へのアクセス　零細農業は、輸出拡大を貧困削減に結びつける上で極めて効果的である。また成長にとっても、効率性の面でも、雇用創出の点でも有益である（IFAD 2001）。しかし多くの国、特に中南米やアフリカ南部では、農地の大部分が大土地所有者の手に握られ、社会的な不公正や経済的な非効率を招いている。中南米では、農村部の貧困層の過半数が農地へのアクセスを欠く一方で、四六の大農園が農地の一七％しか有効利用していない（de Janvry et al. 2001）。法律や慣習によって差別された女性その他の社会グループは、農地をコントロールする力も一番弱い。ナイジェリアでは、男性の四〇%が自ら耕作する土地の所有権を持っているのに対して、女性の場合は四%が持っているだけだ。農地の再分配は貧困削減の大きな武器であり、多くの国では貿易が生み出す利益を社会に広く分配する上で重要な要件となっている。ブラジルでは「土地なし農民運動（MST）」というNGOが、大農園の中の利用されていない農地に「農地改革入植地」を作って、土地なし農民がアクセスできるようにするのを支援しており、一〇〇〇カ所以上で一四万五〇〇〇家族が農地へのアクセスを獲得した。その結果、彼らは今まで縁のなかった市場の機会を活かせるようになった（Wolford 2001）。

■マーケティング（流通販売）とインフラ　市場までの距離が遠かったり、市場に行くためのインフラ（道路など）が未整備だったりすると、貧困層にとって輸送コストは非常に高いものになる。とりわけアフリカの生産者は慢性的な問題を抱えている。農村部の道路は一平方キロあたり五五キロメートルしか整備されておらず、八〇〇キロメートル以上あるインドの足元にも及ばない（Collier & Gunning 1999）。農村部の貧困は、市場から遠く、貿易に参加する力が最も弱い遠隔地に集中しがちだ。フィリピンの高地やベトナムの山岳部、モザンビークの北部などがそうだ。ガーナからマラウィ、パキスタン、メキシコに至るまで、実に様々な国で、融資・貯蓄サービスを提供する金融機関への零細農家のアクセスは極めて限られている。タンザニアでは、家族以外からお金を借りられる農家の割合は五%に過ぎない。また、貧困層のほとんどは、生産のためというより消費のためにお金を借りており、それが貧困とは何かを物語っている（Zeller & Sharma 1998）。インフラが未整備なことで農村部の貧困層の脆弱性は高まる。天水耕作〔雨水に頼った農業〕をする貧困層は、灌漑施設が整備された農家と比べて新たな市場機会を活かす力が弱い。アフリカでは灌漑へのアクセスが非常に限られており、耕作面積の五%未満でしかない。とりわけ女性のアクセスが限られている（IFAD 2001）。雨水頼りであるために、作物が全滅する確率が一〇%に達する地域もある（Collier & Gunning 1999）。

■輸出セクターにおける女性労働者の権利　途上国からの果物や野菜の輸出は劇的に増加しているが、輸出を支配しているのは、諸資源をコントロールし、マーケティング能力に長けた企業体だ。農村部の貧困層が世界市場に参加するのは主に農業労働者としてである。その大半は女性で、貧しさゆえに労働にありつこうとする人々である。しかし、労働者としての権利が弱いため、雇用によって得られるはずの利益は大方が失われ、個人としての脆弱性も増大している。南アフリカ西ケープ州の果物産業は、ヨーロッパへの一大果物供給源となっている。そこで働く労働者の過半数が女性だが、一時契約の労働者に占める女性の割合は四分の三以上に上る。一時契約ということは、常雇いの男性労働者より賃金が三分の一も少なく、有給の病休・産休や雇用保険が認められないことを意味している（Barrientos et al. 2001）。チリの輸出向け果物産業で働く女性労働者を対象に行なったある調査によると、彼女たちの半数が農薬や有毒ガスに触れたことに起因する病気（吐き気、頭痛、皮膚病、呼吸器疾患など）にかかったことがあるという（Barrientos et al. 1999 a）。製造業の場合と同じく、農産物輸出の場合も、女性は最も不安定かつ搾取的な労働をさせられ、輸出から裨益できずにいるのだ（コラム3・2参照）。

■市場におけるジェンダー差別　女性は農村部の生産活動のかなりの部分を担っているにもかかわらず、彼女たちの前には数々の障壁が立ちはだかり、貿易の果実を享受するのを妨げている。途上国の女性の大半は農業に従事し、食糧のほとんどを生産しているにもかかわらず、農地の所有権では貧乏クジを引かされている。アフリカのいくつかの国では、女性で正式な土地所有権を持つ人は四人に一人もいない。南アジアでは、女性が土地を相続したり、購入したりするには大変な困難が待ち受けている（IFAD 2001）。女性はまた、売り手として市場に参加する際も、貧しいインフラ、劣悪な道路、マーケティング力の弱さ、融資へのアクセスの欠如といった様々な障害に突き当たる（Baden 1994）。家庭内のジェンダー関係のせいで、女性が市場に出たくても許されないことがある。そうした場合、農業のビジネス化がもたらす市場機会から利益を得られるのは男性ばかりで、家庭内の所得分配を悪化させることになる（Haddad et al. 1995）。

グローバリゼーションから裨益するのに必要な諸条件を考察すると、農村部の貧困層が貿易の勝者として君臨できるとは思えない。少なくとも、農地の再分配といった改革がなされない限りは。貧困層の多くは、まともに市場に参加するのに必要とされる技術や市場情報へのアクセスに欠けている。融資その他の生産資源へのアクセスが限られていることも制約要因となっている。そうした貧困層の比較劣位に加えて、高い輸送コスト、割高な投入財、富裕層を優遇する政府の公共支出（農業普及、灌漑、保健医療・教育など）が貧困層の前に立ちはだかっている。それらの諸要因はまた、農産物の輸入が国内に巻き起こすであろう競争に耐える力をも貧困層から奪っている（Killick 2001）。

貧困層の中でも、特に敗者となる可能性が高いのが女性である。彼女たちは、農地や融資、資本といった資源をコントロールする力が弱く、市場への参加を阻む障壁が高く、時間ですら自分の思い通りにならなくなっている。男女間の分業は、多くの国で、市場機会や換金作物生産がもたらす利益を男に有利なものにしている。

●教育と保健医療からの疎外

教育と保健医療は、言うまでもなく人間開発にとって重要な要素であり、世界経済に首尾よく参加するのにも不可欠な資産である。貧困層や貧困国は、教育と保健医療から疎外されることで貿易から裨益する機会が狭められてしまう。

国家経済にとって教育は、世界経済への首尾よい参加を果たすためのカギを握っている。世界経済がますます知識をベースとしたものになる中で、人的資本に取って代われるものはない。一国の比較優位を決める要因として、技能は他の要因を凌駕しつつある。が、残念なことに、すでに大きな格差がついてしまっている教育レベルにおいて、ますます格差が拡大している。一九九〇年代末時点で比較すると、先進国では小学校に入れば一五年から一七年間フルに教育を受けられるであろうと思われるのに対して、途上国ではその期間が次のようにずっと短く、ジェンダー格差も大きい（Barro & Lee 1997）。

■サハラ以南のアフリカ諸国　男子三・七年、女子二・二年

■南アジア　女子二・六年、男子はその倍近く

■中南米　男女ともに五年

途上国では、教育の質もまたどうしようもなく低く、それは中途退学した子どもたちの非識字率が高いことに示されている。教育の質を高めることは、低賃金・労働集約型の輸出への依存から脱し、質の良い海外投資を引きつける前提条件となっている（Bennel 2000）。

途上国内での教育格差もまた激しい。結果として貧困層は貿易から裨益できず、所得の格差にもつながっている。ブラジルでは、上位一〇％の富裕層の子どもたちが平均して一〇年教育を受けられるのに対して、下から三分の一の貧困層の子どもたちは四年しか受けられない。インドでも、最貧層と最富裕層の子どもを比較すると、教育年数に一〇年もの違いがある（Pritchett 1999）。世界全体で見ると、非識字人口の三分の二を女性が占めており、学校に行けない子どもに占める女子の割合も三分の二に上る。所得、ジェンダー、そして地域によってこれだけの格差があることは、膨大な潜在可能性が活かされていないこと、そして貧困層が輸出の拡大から裨益する機会が閉ざされていることを意味している。

教育と並んで健康も貧困層にとって大きな意味を持っている。健康であること自体が大事なことであるし、生産性にも関わってくるからだ。世界の中で、病気とそれに伴う費用負担のダメージが最も大きいのが貧困層と貧困国である。かからずにすむ病気が貧困国に与える経済的コストは驚くほど大きい。マラリアやエイズ（ＨＩＶ／ＡＩＤＳ）といった病気の蔓延によって経済成長率は大幅にダウンし、貿易に参入する力も大きくそがれるのだ。中には、マラリアだけで経済成長率が年一％もダウンしている国がある（WHO 2001 a）。エイズはさらに破壊的だ。ＨＩＶに感染した世界の人口三三〇〇万人のうち、三分の二がアフリカに住んでいる（Sachs 1999）。エイズは保健医療システムに大きな負担をかけるだけでなく、国レベルでも、家庭レベルでも、市場に参加する力を損なっている。貧困家庭にとっては、ちょっとした病気にかかることが赤貧状態に長期間落ち込むことを意味している。このように、病気は貧困層に、中でも女性に重くのしかかるものであるため、一度病気にかかると、市場に根ざした格差が一層拡大することになる。

教育の場合と同じく、貧困層そして貧困国にとって貿易を有益なものとするには、健康面での格差を埋めることが必須の要件である。だからこそ、保健医療政策は、グローバル化をより公正なものとする総合戦略の不可分な要素として位置づける必要があるのだ。

●先進国における所得格差と柔軟性

今日の世界貿易の勝者は先進国だが、実は先進国の中にもグローバリゼーションの敗者が生まれている。低賃金の途上国経済が高賃金の先進国経済に統合されるにしたがって、先進国の賃金水準を押し下げる力が働いているからだ。そうした圧力を受けた国では社会的緊張が高まり、グローバリゼーションに対する反感が広がっている。

貿易が先進国内で大きな政治論争を呼んだケースとして、事務所用のホッチキスを生産するスウィングリン社を挙げることができる。ニューヨークのクイーンズ地区を本拠地とする同社は、四〇年以上にわたって多数の労働者を雇用してきた。同社は今もアメリカ中の事務所にホッチキスを供給しているが、もはやニューヨークでは操業していない。アメリカと国境を接するメキシコ北部の町、ノガレスの郊外にある砂漠地帯で操業しているのだ。生産に使う原材料はすべてアメリカから輸入され、できた製品はすべてアメリカに輸出されている。唯一変わったことと言えば、そこで働く労働者である（Macarthur 2001）。

スウィングリン社のケースは、グローバリゼーションによって先進国、途上国双方の地域社会がどのように変容するかの典型である。海外投資によって同社は、今までアメリカ人の労働者が使っていた技術をメキシコに移転し、今までのたった一二％の賃金で働くメキシコ人労働者を雇って生産を続けている。また、インドやバングラデシュの縫製品が先進国の市場に入ってくることは、時給わずか二五～五〇セントの労働で作られた製品が流入してくることを意味している。生産性の違いや輸送コストを考慮しても、その賃金格差が持つ意味はあまりにも大きい。メキシコとアメリカでは生産性がそれほど違わないので、メキシコの平均賃金がアメリカの一〇分の一という格差は、輸入品と競争するアメリカの労働者にとっては一大事なのである。

アメリカの国際経済研究所が行なった調査によると、輸入品との競争によって一九九〇年代末までの二〇年間に国内で約六四〇万人が失業した（Kletzer 2001）。最も影響を受けたのは縫製産業、電器産業、自動車部品産業だ。失業した労働者に占める女性の割合は非常に高く、いかに女性労働者が低賃金の労働集約型産業に従事しているかが分かる。経済学者たちは、アメリカでは九〇年代に多くの雇用が他分野で創出されており、経済統合に伴う社会的なコストは軽減されている、と主張する。しかし、輸入品との競争によって職を失った人々のうち、前と同じか高い賃金で再雇用された人は三人に一人しかいない。トンプソン・コンシューマー・エレクトロニクス社は、九〇年代初めにインディアナ州ブルーミングトンにあった工場をメキシコに移転した。それによって一二〇〇人の労働者が失職した。一年後にアメリカ労働省が追跡調査したところ、以前と同じか高い賃金で再雇用された人は八％しかいなかったという（Brandon 1998）。

貿易を通じたグローバルな統合は、先進国内でも所得格差の拡大をもたらした。アメリカでは、一九七〇年代半ばから九八年にかけて未熟練労働者の実質賃金が二〇％低下した。アメリカ経済全体としては急速な成長を遂げているにもかかわらず、社会の底辺にいる人々が生きていくのは年を追って難しくなっている。絶対的な貧困は悲痛なレベルに達している。イギリスでは、やはり七〇年代半ばから九八年にかけて平均賃金以下の生活を送る家庭が三倍増の一四〇〇万世帯に達した（DSS 2000）。

そうした格差拡大の元凶は途上国との貿易だと主張する者もいるが、それはまったく的外れの主張だ。途上国からの輸入額は先進国のGDPからすれば小さなもので、先進国内の賃金格差拡大の要因としては恐らく二〇％以下の重みしか持っていない（Burtless 1998）。それよりも、技術革新によって高いレベルの教育や技能を持った労働者が必要とされるようになったことの方が大きい。とは言え、貿易に伴う調整コストのしわよせが貧困層に行っていることは事実だ。イギリスの縫製産業界が行なった調査では、調査対象企業の半数近くが輸入品との競争に立ち向かおうと、仕事を在宅労働者に下請けに出していることが分かった。また、面接した在宅労働者の四分の三以上は、国が定めた最低賃金以下の賃金しか受け取っていないことが明らかになった（National Group on Homeworking et al.

2000)。それら在宅労働者の大多数は、途上国の場合と同様、女性だった。

●貿易と環境

貿易をめぐる様々な議論では、環境基準が中心的な関心事となっている。同じ環境問題でも、地球温暖化やオゾン層破壊といった地球規模の問題が最も関心を集めがちだが、輸出向けの生産活動も地域社会レベルでは環境に大きな影響を及ぼしている。輸出向けの生産は、短期的には多額の外貨を生み出しうるが、長期的には環境破壊や貧困の悪化、経済成長の鈍化といった問題を引き起こす可能性があるのだ。第7章で明らかにするように、サハラ以南のアフリカでは、採掘産業への巨大な投資が、地元のガバナンスの弱さや内戦と結びついて破滅的な影響を及ぼしている。環境への影響を顧慮に入れたなら、貿易の勝者と敗者の色分けが変わってくるかもしれない。

そのことが誰の目にも明らかなのは漁業をおいてほかにない。世界の魚の四〇%以上が生物学的な限界まで漁獲されている今日、漁業は地球規模の問題となっている(UNEP 2000 a)。自国の沿岸で魚を獲り尽くしてしまった先進国は、漁船団に補助金を出して途上国の沖合で操業させている。商業ベースの漁業団に投入される補助金は、年二〇〇億ドルに達する(Boyer 2001)。そうした補助金のせいで、途上国の貧しい漁村にとって貴重な収入源かつ栄養源となっている魚が奪い去られているのだ。

セネガルを例に取ってみよう。セネガル政府は欧州連合(EU)との間に漁業協定を結んで、自国の沿岸で漁をする権利=漁業権を外国漁船に与えている。この取り決めは、政府には虎の子の外貨をもたらすが、地域社会には貧困しかもたらさない。セネガル沖で大量に魚を獲るのはヨーロッパ一を誇るペスカノバというスペインの会社のトロール船団である。同社の船団が使う巨大な底引き網は沿岸近くの魚を根こそぎさらってゆき、産卵する魚も減少の一途をたどっている。昔ながらの漁をする四万七〇〇〇のセネガル漁民の生計は脅威にさらされている(ENDA 2001)。一回の漁で獲れる魚の量が減っていくため、漁民は沖へ沖へと出ていかなくてはならない。地元の市場に出回る魚も減り、人々の貴重な栄養源が失われつつある(Dahou 2000)。

貿易と環境の対立を激化させている要因にガバナンスの弱さがある。前述した通り、輸出によって国は外貨を獲得できても、大勢の人々が生計手段を失うかもしれない。オックスファムは、輸出向けの伐採で森林を破壊され、生活をも破壊されたカンボジアの地域社会を支援してきた。同国ではこの二〇年間商業伐採などによって森の半分近くが消滅した。材木輸出の大半は違法で、弱体かつ腐敗したカンボジア政府をベトナムの会社が賄賂漬けにして、同国の豊かな緑に手をかけているのだ。一九九七年にカンボジア政府は、伐採権を与える代償として一二〇〇万ドルを受け取ったが、その年に違法に伐採された森林には一兆八五〇〇億ドルもの価値があった。違法に伐採された材木の大半はベトナムに送られ、そこで家具に加工されてドイツやデンマークに輸出される。輸出される家具には、「環境に優しい家具」というニセのエコマークが貼られることもあるという（Bird 2001）。

違法伐採によって土地を追われた人々を支援する過程で、地域社会への打撃がとてつもなく大きいことが分かってきた。人々は、森から木の実やベリー類をはじめとする様々な産物を採取して生計を立ててきたが、生計のもととなる産物が失われてしまった。大規模な森林破壊はまた、世界でも有数の内水面漁場で、カンボジア人が摂取するタンパク質の六〇％以上を供給するトンレサップ湖にも深刻な影響を与えている。中でもレジンの木がなくなったことのダメージが大きかった。松ヤニ状の樹脂を出すレジンは、採取者に年最大五〇〇ドルもの収入をもたらすだけでなく、船の建造や修理にヤニが欠かせないだけに、湖で漁をする人々にとっても重要な資源だった。

グローバリゼーションによって咲き誇った輸出産業の花形として、エビの養殖に勝るものはない。日本をはじめ欧米で増大したエビの需要をまかなったのは、バングラデシュ、インド、タイなどの養殖場だった。エビの養殖はこの一〇年の一大成長産業で、それがもたらす外貨は巨額だったが、環境へのダメージも巨大だった。

大規模なエビの養殖が始まったのは一九八〇年代半ばだった。世銀や援助国が無償・有償の援助を行ない、それに途上国政府の優遇税制や輸出奨励策が拍車をかけた。今日バングラデシュでは、エビの輸出が外貨の一〇％近くにあたる年三億二〇〇〇万ドルを稼ぎ出している。同国南部のチッタゴンからクルナに至る海岸線沿いに九〇〇〇もの養殖場が生まれ、合わせて一四万五〇〇〇ヘクタールの池でエビが商業生産されている（UNEP 1999）。養殖には多額の投資が必要なため、貧困層で養殖に関われる者などほとんどおらず、多くは被害をまともに受ける側にある。養殖用の土地が限られているため、裕福な農家が力ずくで零細農家を追い出しているからだ。そうした直接的な社会コストに、長期的な環境コストが輪をかけている。エビを養殖するには淡水地域に塩水を引いてくる必要があるため、周囲の農地に深刻な塩害を引き起こしている。地域社会はまた、マングローブ林の破壊や淡水魚の喪失、作物の生産性の低下、牧草地の減少といった被害にも苦しんでいる（UNEP 1999）。

経済的な面に限っても養殖がもたらす損失は大きい。経済的な損失はエビの輸出額の二五％に相当するという推計もある。国全体として獲得した外貨だけに目を奪われると、輸出によって費用と便益がどう分配されているのか、つまり誰が得をし、誰が損をしているのかが見えてこない。輸出で大儲けしているのはエビの商業生産者で、政府は税金収入で多少得をしているに過ぎない。ツケを払わされているのは社会の中の最弱者層だ。彼らにとって輸出の「成功」が意味しているのは、生産性の低下と共有資源へのアクセスの喪失なのだ。

輸出の拡大は、一歩間違えると環境破壊の引き金になることを見たが、輸入の自由化についても同じことが言える。一九九八年にオックスファムと世界自然保護基金（ＷＷＦ）は共同で、トウモロコシの輸入自由化がメキシコの環境にどのような影響を与えているかを調査した。経済学者のほとんどは、トウモロコシの輸入増加で食糧価格が下がるのだから貧困層にとっても良いことだ、と主張していた。しかし、共同調査はそうした主張の盲点を白日のもとにさらした。トウモロコシの輸入増加は、同国の農家が生産するトウモロコシの価格を下落させる副作用を引き起こしていたのだ（Nadal 2000）。

そうした事態に、メキシコの貧しい農家が取った対応策は二つあった。一つは、価格が下落した分を量で補おうと、農業限界地を耕し始めたことだ。その結果、生態学的に脆弱な土地にクワが入った。もう一つは、所得が減った分を補おうと、町に出稼ぎに行ったり、農園で労働者として働いたりと、農外労働を増やしたことだ。その結果、急な傾斜地を耕す時には人手をかけて土壌流出の防止策を施さねばならないにもかかわらず、男たちが働きに出たために人手が足りなくなってしまった。どちらを取っても、環境と貧困層の生活に深刻な影響を及ぼさずにはおかなかった。

草の根からグローバルなレベルへ　環境破壊は、草の根レベルでは貧困層の生計をもろに脅かしている。上記の通り、そうした脅威の一部は貿易に関わる非持続的な政策に由来している。他の環境問題も、本質的にはグローバルなものかもしれないが、草の根レベルに大きな影響を及ぼす可能性がある。

大気中の温室効果ガス〔二酸化炭素、メタン、フロンなど〕は、歴史に例を見ないほどのスピードで地球の温度を上昇させている。将来予測によると、二一〇〇年までに地球の温度が三度近く上がる可能性もあるという（Boyer 2001）。地球の温暖化は海水面を上昇させ、異常気象の頻度を増やし、降雨パターンを乱し、水供給を脅かすだろう。そうした環境へのダメージは、主に途上国に悪影響を与えるだろう。途上国の地理的な特徴に加え、そうした問題に対処するだけの資金がないからである。その結果、途上国に住む大勢の貧困層の生活が直撃されることになるだろう。

地球温暖化は、先進国の消費とエネルギー利用に起因することは疑いようもない事実だ。アメリカ人の一人あたりの二酸化炭素排出量はインド人の二〇倍近い。先進国全体では世界の温室効果ガスの総排出量の六〇％を占めると見られている。にもかかわらず、先進国、中でもアメリカは、地球温暖化を食いとめる戦略を意味ある規模で推進しようとしていない。食いとめる手段はある。炭素税や国際航空輸送税に、代替エネルギーの積極的な開発などを組み合わせれば、経済成長や雇用を犠牲にすることなく、温室効果ガスの排出を大幅に削減できるのだ。しかし、京都議定書をめぐる交渉では、この大きな課題に肉薄することができなかった。グローバルな経済統合は、国際的な行動によって地球環境への脅威をなくすという強いコミットメントに裏打ちされる必要があることは、誰の目にも明らかだ。

第4章　市場へのアクセスと農産物貿易——先進国の二重基準

貿易は経済成長と貧困削減の強力な原動力になりうる。ただ、原動力として機能するには、貧困国が先進国の市場にアクセスできる必要がある。市場へのアクセスの拡大は貧困国の経済成長を加速し、貧困層に新しい機会を提供する。特に、貧困ライン以下で暮らす人々の多くが携わる農産物と労働集約的な製品の場合がそうだ。

しかし、グローバリゼーションのもとでの貿易自由化は、貧困層の利益に反する形で行なわれている。第5章で見るように、途上国側が急速な輸入自由化を行なっているのに対して、先進国側は自由市場主義の掛け声とは裏腹に、途上国からの輸入に対してかたくなに保護主義を貫いているのだ。この保護主義政策こそ、世界市場の統合が貧困国の利益になれずにいる原因なのだ。関税や非関税障壁〔一三七頁参照〕は、まさに途上国が比較優位に立つ分野に対して用意され、途上国を痛めつけている。先進国の市場に工業製品を売り込もうとする途上国の前には、他の国に売り込む時よりも、平均して四倍も高い関税の壁が立ちはだかっているのだ。

しかし、先進国が貿易障壁を低くしたからといって、世界市場に占める途上国のシェアが自動的に増えるわけではない。生産者（特に低所得国の生産者）の多くは、市場機会を活かすのに必要なインフラや技能、能力に欠けて

トウモロコシ畑で早朝から草取りをする女性たち（ルワンダのシェンボゴ村で／撮影：Ami Vitale / Oxfam）

いるからだ。市場の開放と供給能力の向上をドッキングできれば、貧困層と貧困国は大きな利益を享受できるようになる。農村部の貧困層は、農地、融資、市場の情報へのアクセスに欠け、高い輸送コストを払わねばならないばかりに貿易がもたらす機会を活かせずにいるわけだから、途上国政府は貧困層に機会を再分配し、女性に特有の障害を除去するような農村開発を実行する責任がある。

本章では最初に、先進国がどれほど保護主義的なのかを検証する。そのために、自由貿易の原則と保護主義的な行動の間のギャップ〔言行不一致〕の度合いを示す「二重基準指標（DSI）」を使う。DSIは、関税や非関税障壁を幅広く計測する。DSIで先進国を評価して言行不一致の度合いが高い順に序列をつけると、EUが頂点に立ち、次いでアメリカ、カナダ、日本の順になる。

次に、途上国の輸出品として最も重要な繊維縫製品を取り上げる。この分野では輸出向けの生産が数多くの雇用を生み出し、中でも女性が多く雇用されている。繊維縫製品に対する輸入制限は労働者の賃金を押し下げ、労働条件を悪化させ、失業者を増やす。農産物の場合と同様に、先進国は繊維縫製品に対する輸入制限を段階的に撤廃すると約束したものの、その歩みは遅々たるものだ。

最後に農産物を取り上げる。途上国の貧困層の三分の二以上が農村部に住んでいることから、農産物貿易は貧困削減に極めて大きな意味を持っている。しかも、農業生産者の過半数は女性である。したがって、農産物の国際市場が開放されれば途上国の輸出向け生産に対する需要が増え、農村部の人々の生計は安定し、農村経済が活性化できる。先進国の保護主義は、そうした需要の足を引っ張り、農村経済を停滞させている。先進国政府は、国内農家への補助金を削減すると言っておきながら、実際には過去最高レベルにまで引き上げている。その結果、途上国の生産者は国際市場を失い、国内市場では補助金で力をつけた先進国からの輸入農産物と競争させられ、痛手を受けている。ここでは、生産コストと輸出価格の間のギャップを測る「ダンピング輸出概算（EDE）」という指標を使って、先進国の大規模農業と途上国の農業の間に生じた不公正な競争の実態を明らかにする。そして、締めくくりとして変革のための行動計画を掲げる。

一 先進国の保護主義が与える損害

先進国の貿易障壁は貧困国の貧困層に実害を与えている。世界で最も弱い立場に置かれた人々が、世界市場への統合から得られるはずの利益を享受する機会を奪われている。最大の被害者は貧困層で、中でも女性だ。彼ら、彼女らが生産する農産物と労働集約的な工業製品が貿易障壁の標的になっているからである。農業労働は途上国の女性の労働の六二％を占めており、輸出加工区の労働者も七〇％は女性だという（Chen et al. 1999）。

先進国の輸入制限が途上国に与える経済的損失は、先進国からの援助額を上回っている。先進国の保護主義政策のうち重要性が最も低い輸入関税だけを取っても、途上国に年四三〇億ドルもの損害を与えている（Anderson et al. 2001）。関税や関税以外の非関税障壁、ダンピング防止措置〔一三九頁参照〕、製品基準〔一三八頁参照〕など、すべての貿易障壁が途上国に与える損害は、合わせて一〇〇〇億ドル以上に達し、先進国からの援助額の二倍以上にもなる。

そうした数字だけでは、実際に貿易障壁が貧困層にどのような影響を及ぼしているか、つまびらかでない。労働機会の喪失や、食費・医療費といった必須の経費をまかなう収入の減少、投資機会を失うことによる長期の経済的損失などは数字に表れてこないし、最貧層へのしわよせも見えてこない。

先進国政府は、貧困層の生産物に対して最も苛酷な輸入制限を設けることによって、貿易が貧困削減に貢献する可能性を体系的に奪い去っている。途上国の貧困層の三分の二が携わる農業分野では、先進国の政策（関税や補助金）が年に二〇〇億ドルもの損失を途上国に与えている。それは先進国からの援助の四〇％にあたる（World Bank 2001 d）。労働集約的な工業製品の場合も同様で、繊維縫製品だけでも三〇〇億ドル以上の損害を与えている。繊維縫製品は多くの途上国にとって主要な外貨獲得源であり、大勢の女性労働者を雇用する場ともなっている。

労働集約型セクターの市場アクセスを改善することは、女性がより公正な扱いを受けられるであろうことを意味する。さらに女性は、男よりも子どもや家族全体の福祉に所得を振り向ける傾向が強いことから、市場アクセスの改善が生み出す利益は社会に広く行きわたっていく可能性が高い。逆に、市場アクセスを制限すれば失業を増やすだけでなく、経済不安を引き起こす。その結果、雇用者は労働条件を切り下げたり、「柔軟な」雇用形態を採ったりして労働コストを引き下げようとし、労働者の権利は踏みにじられることになるのだ。†1

「関税と貿易に関する一般協定（GATT）」のウルグアイ・ラウンド〔一九八六～九四年の多角的貿易交渉〕以来、先進国は徐々に貿易障壁を低くしてきた。しかし、今また保護主義が息を吹きかえす兆候が現れており、特にその兆しが強いのがアメリカである。同国の国際貿易委員会（ITC）は最近、疲弊する国内の製鉄産業を保護するために、鉄鋼への関税を四〇％引き上げる勧告を行なった。これは、先進国が自国の経済利益を守るために採ってきた二重基準の一例に過ぎない。勧告通り関税が引き上げられれば、メキシコやブラジル、南アフリカ、アルゼンチンなど、すでにアメリカが発動したダンピング防止措置によって鉄鋼の輸出が制限されている多くの途上国は、さらに打撃を受けることになろう。

ほとんどの途上国が先進国市場向けに輸出を行なっていることから、途上国にとって先進国の貿易障壁は非常に手痛い。二〇〇〇年の統計では、アジアの輸出の五〇％以上、中南米の輸出の七五％、アフリカの輸出の七〇％が、西欧、北米、日本向けだった（WTO 2001 a）。ただ、途上国自身も互いに貿易障壁を設けることで南南貿易を阻害し、経済発展や雇用創出の可能性を狭め合っている面がある。

先進国が貧困国からの輸入品に対して市場を開放することは死活的に重要だが、それだけでは途上国の雇用や生計の向上を実現するのに十分ではない。貧困層にまで利益が行きわたるには、インフラや技能、生産財などが欠かせない。貧困国の供給能力の向上に狙いを絞った援助も増やす必要がある。と同時に、新たな市場機会を貧困層が活かし、そこから裨益できるよう支援する開発戦略を途上国が用意し、援助を補完する必要がある。

●二重基準指標（DSI）

貿易障壁の全容を把握する上で難しいのは、一口に障壁といっても様々な形や規模の障壁があることだ。そのため、先進各国の貿易障壁が途上国に与えているダメージを比較するのが難しく、先進国の政策立案者たちは、一部に問題があっても別途寛容な措置を取っている、と逃げを打ってしまう。そこでオックスファムは、障壁の全容を把握して先進国間の比較を可能にしようと、「二重基準指標（DSI）」を考案した。それは煎じつめると、途上国の輸出品に対して先進国／地域がどれほど保護主義的な政策を採っているかを明らかにするものである。なぜ二重基準指標と名づけたかというと、それによって自由貿易の建前と保護主義の実態との間のギャップが明らかになるからだ。主要四先進国／地域の市場を一〇の側面から測り、ランクづけしたのが**表4・1**と**図4・1**だ。一〇の側面には、いわゆる関税（途上国に適用される平均関税率）のほか、関税率一五％を超える高率関税品目（タリフ・ピーク＝他と比較して突出して高い関税率の品目）、傾斜関税〔一三六頁参照〕、農業補助金、繊維製品に対する輸入制限の撤廃状況、ダンピング防止措置などが含まれている。

一三四頁の**図4・2**は、DSIで測った結果を総合し、単純化して比較したものである。これを見ると先進国は、途上国の輸出品の中で、工業製品全般よりも農産物と労働集約的な工業製品に対して、はるかに高い関税をかけていることが一目で分かる。つまり、最貧国に対して最も高い関税をかけているのだ。さらに先進国は、工業製品に関税をかけるにしても、他の先進国から輸入する時に比べ、途上国から輸入する時には四倍も高い関税をかけているのだ。

DSIの詳しい測定結果は**表4・1**に載せた。そこから次のような特徴が明らかになってくる〔以下、図表にない情報を含む〕。

■後発途上国からの輸入品のうち、カナダは三〇％、アメリカは一五％の輸入品に一五％超の高率関税をかけている〔表4・1②〕。

■高率関税品目の平均最恵国待遇関税率は、最低でもアメリカの二一％、最高はEUの四〇％に達する〔同③〕。

■先進国の農産物のうち政府から助成を受けている割合は、アメリカが二三％、EUが四〇％で、日本は六三％に達する〔同⑤〕。

■日本とカナダは、途上国からの輸入農産物のうち、加工農産物に対しては未加工農産物の平均三倍以上の関税

〔注：URはウルグアイ・ラウンドの略〕

⑥UR後の農産物に対する傾斜関税の実態［加工農産物に対する平均関税率］÷［未加工農産物に対する平均関税率］	⑦農産物に対する平均関税率（UR後の規定関税率の単純平均値）	⑧多国間繊維取極（MFA）の段階的撤廃の達成率（繊維協定目標値に対して2002年までに輸入自由化した割合）	⑨繊維縫製品に対する平均関税率（UR後の規定関税率の単純平均値）	⑩途上国に対して発動したダンピング調査回数（1995年7月～2000年6月の5年間）	保護主義政策全体から判断した総合ランキング†4（↑より保護主義的）
2.75	20.0	24	7.9	145	1
1.25	9.0	23	8.9	89	2
3.00	8.8	不明	12.4	22	3
3.75	29.7	—	6.8	0	4

をかけている〔同⑥〕。

■農産物に対する平均関税率は、カナダとアメリカでは一〇％弱、EUと日本では二〇％以上である〔同⑦〕。

■先進国は、多国間繊維取極《とりきめ》（ＭＦＡ）で繊維縫製品に対する輸入割当を段階的に撤廃すると約束したものの、ＥＵとアメリカは、まだ四分の一しか実行に移していない〔同⑧〕。

■ウルグアイ・ラウンド以降の五年間で、アメリカとＥＵは、合わせて二三四回も途上国を対象にしたダンピング調査を行なった〔同⑩〕。

ＤＳＩで測定した貿易障壁は、個々に見ても途上国に大きなダメージを与えていることが分かるが、それらを全部合わせると一体どれほどのダメージになるのだろうか。これまで途上国が世界貿易のシェアを増やそうとしても増やせなかったわけ、そして世界貿易がほとんど貧困削減に結びつかなかったわけがお分かり頂けるだろう。先進国の中で途上国に対して公正だと言える国は一つもないが、程度の差はある。一番悪質なのはＥＵで、僅差でアメリカが続いている。

経済モデルを使って、真の輸入自由化がどれほど途上国に利益をもたらしうるかを計算すれば、先進国の保護主義が途上国に与えている損失の規模が明らかになろう。あるモデルを使った分析では、先進国が二〇〇〇～〇五年の間に完全な輸入自由化を果たせば、途上国が得られる利益は次のような規模になるという（Anderson et al. 2001）。

表4.1　オックスファムの二重基準指標（DSI : Double Standards Index）

自由貿易の掛け声と保護主義の実態：途上国の前に立ちはだかるEU、アメリカ、カナダ、日本の10の障壁[†2]

10の側面	①後発途上国以外の途上国からの輸入品に対して15%超の高率関税をかけた割合（%）	②後発途上国からの輸入品に対して15%超の高率関税をかけた割合(%)	③15%超の高率関税品目にかけた平均最恵国待遇関税率（%）	④1999年現在の最高関税率（%）	⑤農家収入に占める生産者助成概算（PSE）[†3]の割合（%、1998～2000年）
EU	4.9	2.8	40.3	252（肉製品）	40
アメリカ	6.6	15.0	20.8	121（落花生）	23
カナダ	4.8	30.2	30.5	120（肉製品）	18
日本	2.8	2.6	27.8	170（粗糖）	63

図4.1　オックスファムが授与した二重基準賞

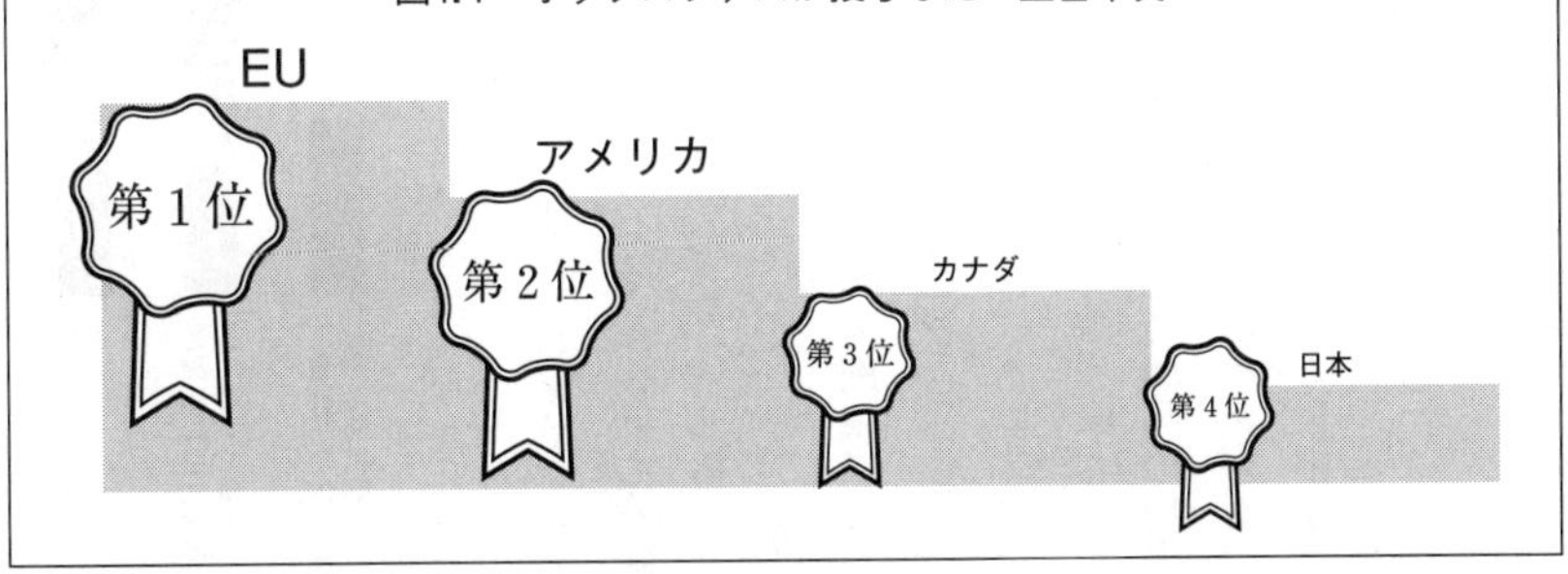

■インド、中国、ブラジルは、それぞれ三〇億ドル以上を獲得する。

■中南米全体で一四〇億ドルの利益になる。

■サハラ以南のアフリカも二〇億ドル以上の利益を得る。

■インドネシアは六億ドル以上を獲得する。

これだけ見ても大変なものだが、貿易障壁の縮小・撤廃がもたらす潜在的な利益はそんなものでは済まない。新たな市場機会がもたらす投資や革新といった効果は計算されていないからだ。ブラジルの九つの製品分野に限った研究でも、アメリカが貿易障壁を撤廃すれば、ブラジルは八億三一〇〇万ドルもの利益が得られるという。[†5]

先進国の貿易障壁によって、最もダメージを受けているのが最貧国だ。

図4.2　不平等な扱い：途上国の労働集約型工業製品と農産物に対して先進国が課す平均関税率

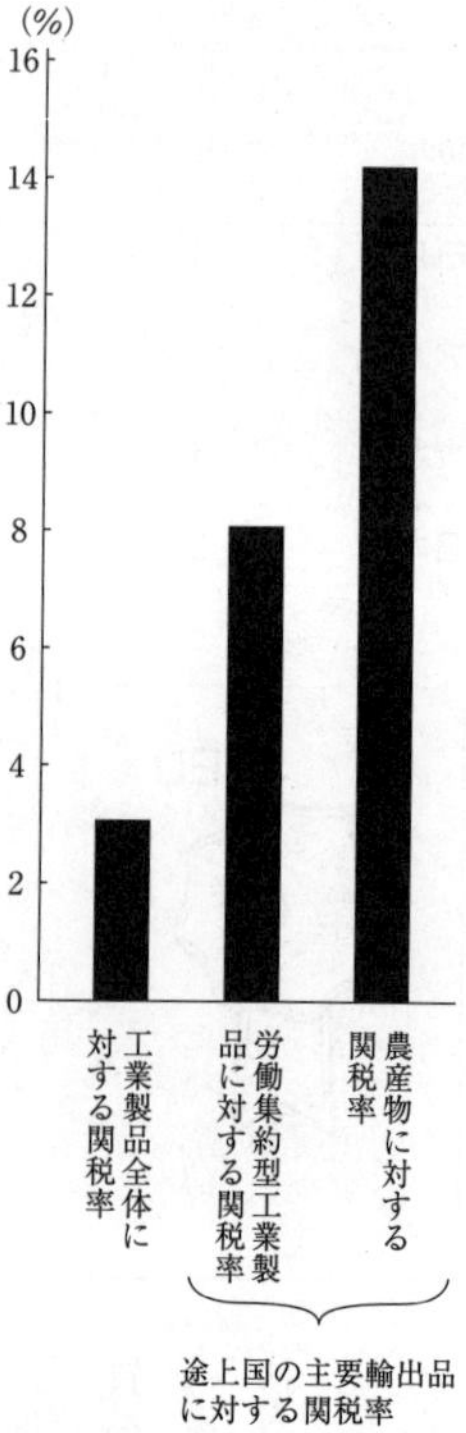

出典：Finger & Schuknecht (1999)

先進国は、四九の後発途上国（ＬＤＣ）からの輸入品に対して、他地域からの輸入品より平均二〇％も高い関税を課しているのだ。工業製品の場合はそれ以上で、三〇％も高い（IMF & World Bank 2001 a)。四先進国／地域の関税のせいで、ＬＤＣは毎年二五億ドルも失っている計算になる。

先進国の保護主義がＬＤＣに与える損失は、先進国が供与する援助の意味を減少させている。四先進国／地域が一九九九年にＬＤＣに供与した援助は総額一〇〇億ドル弱だった。と言うことは、先進国側が四ドル援助したとしても、そのうち一ドルは輸入制限を通してＬＤＣから奪い返していることになる。こうした先進国の貿易と開発をめぐる政策の不一致は、時にバカバカしいほどだ。カナダの輸入制限によってＬＤＣは一六億ドルを失っているが、それはカナダから受け取る援助額の五倍にも上るのだ（Oxfam International 2001 a)。

ＬＤＣが世界貿易の片隅に容赦なく追いやられている現状は、市場アクセスを改善することで変えることができる。先進国がＬＤＣからの輸入品に対する関税や輸入割当を全廃すれば、ＬＤＣは今より輸出を一一％増やせるだろうという（Hoekman et al. 2001)。アメリカやカナダへの繊維縫製品の輸出が増え、ＥＵや日本への農産物（特に砂糖やシリアル）の輸出が伸びると思われるからだ。貿易障壁の撤廃がＬＤＣ以外の途上国に与える悪影響はほんのわずかで、輸出額が〇・一％減少する程度だという。貿易の真の自由化は、先進国内でも消費者の利益となり、生産者への影響も小さいだろう。一方で、ＬＤＣの輸出拡大は貧しい人々の生計と雇用を向上させる重要な契機となるだろうし、貧しい政府が外貨収入を増やすことも可能にする。

先進国政府は、輸入自由化による国内への影響が大したものではないことから、輸入を自由化すると繰り返し約束しているにもかかわらず、行動らしい行動を取っていない。最貧国の輸出品には自由なアクセスを認めると何度も言いながら、ＬＤＣの関心が最も高い分野をほぼすべて除外してきた。ＬＤＣからの輸出品に対して市場を完全に開放したのは、ニュージーランド一国だけだ。

市場開放を妨げているのは政治的な力を持ったロビイストたちで、彼らはタッグを組んで保護主義圧力を強めている。二〇〇一年にＥＵが発表した「武器以外は何でも（ＥＢＡ）」というイニシアチブは、本来はＬＤＣからの武器以外の輸入品すべてに対して直ちに自由な市場アクセスを認めようというものだった。しかし、域内の生産者に加えて、市場シェアを失うことを恐れたカリブ海地域の輸出国から反対の大合唱が巻き起こると、ＥＵは当初の提案を修正し、ＬＤＣにとって重要な三品目（コメ、砂糖、バナナ）の輸入自由化を最大八年間先延ばしすることを決めた。

ＬＤＣの中には、ＥＢＡイニシアチブの導入で輸出機会を得た国もある。例えばＥＵの砂糖市場から締め出されていたモザンビークは、ＥＢＡによって二〇〇九年までの八年間の移行期間中は、輸入割当という制限つきながらＥＵ市場に参入できることになった。ＥＵ市場に年数千トンの砂糖が輸出できることで、モザンビーク国内の砂糖工場やプランテーションでは八〇〇〇人の雇用が生まれるものと期待されている。実現すれば、仕事口がほとんどない農村部の貧困層を潤し、農村経済全体も活性化するだろう（Hazeleger 2001；Hanlon 2001）。制限なしの完全自由化であれば、得られる利益はずっと大きいだろうが…。

先進国の譲歩は、表向きは寛大に見えても、実は途上国の輸出拡大の可能性を狭める但し書きつきであることがあまりに多い。アメリカの「アフリカ成長機会法（ＡＧＯＡ）」は、アフリカのＬＤＣ三九カ国の特定輸出品に自由な市場アクセスを認めるものである。しかし、センシティブ品目〔輸入自由化によって国内経済・社会に悪影響を与える恐れの強い品目。重要品目とも訳される〕でない品目しか認められず、たとえ認められても、繊維縫製品の場合はアメリカ産の糸や繊維を使うといった厳しい条件を満たさねばならない。それだけではない。ＡＧＯＡに従ってアメリカに輸出する資格を得ようとする国は、自国の市場をアメリカの製品や資本に開放し、市場経済化に向けた改革を実施するなど、たくさんの条件を満たさねばならないのだ。

●途上国の前に立ちはだかる障壁

ＤＳＩは、途上国の前にどのような障壁が立ちはだかっているかを明らかにするが、多種多様な指標の平均値であるため、先進国の保護主義の規模や、途上国に与える損害の実態を十分に表しているとは言えない。各種の障壁のうち、途上国にとって特に大きな障害となっている関税、傾斜関税、非関税障壁、製品基準、ダンピング防止措置について順次見ていこう。

関税 関税とは輸入品に対してかけられる税金のことである。それによって国内市場では輸入品の価格が高くなるため、関税は国内で同一ないし類似の製品を生産・供給する者を国際的な競争から守る働きをする。関税はまた、政府にとっては収入となる。

先進国は、一九八〇年代初めには一〇％ほどあった平均関税率を、九九年までに五％へと削減してきた。しかし、途上国にとってとりわけ関心が高い製品（主食品、タバコ、一部の飲料、果物、野菜、果物ジュースや肉の缶詰といった加工食品、繊維縫製品、履き物など）に対しては、平均関税率を大きく上回る高い関税をかけ続けている（World Bank 2001b）。中には税率一〇〇％を超えるケースすらある。例えば、ＥＵは肉の缶詰に対して二五〇％の関税をかけているし、アメリカとカナダは落花生や肉製品に対して一二〇％以上の関税をかけている〔表4・1④参照〕。日本は革靴に対して最高一六〇％の関税をかけており、途上国からの輸入はごく少量を、半分の税率で認めているに過ぎない〔いわゆる関税割当制度〕。

傾斜関税…製品の加工度が高ければ高いほど税率を高くする関税で、途上国に与える損害がとりわけ大きい。国内の付加価値を高めるために途上国が投資しようとする意欲を失わせ、産業の多様化を阻害する。そのため途上国は、価格が極めて不安定で長期低落する一次産品市場から抜け出せずにいる。それは、第3章で見たように、世界貿易の片隅へと途上国を追いやるものと言ってよい。傾斜関税を撤廃すれば、途上国は最終価格に占める取り分を増やし、国内に雇用が生まれ、投資機会を得ることができるのだ。

傾斜関税の影響をもろに受けているのが加工食品だ。一次加工されただけの食品に比べて最終加工まで終わった食品は、ＥＵや日本では最大二倍もの関税をかけられる。カナダでは、加工食品に対する関税は未加工の食品に対する関税の最大一三倍にもなる。ＥＵでは、高率関税全体の三割が域内の食品産業の保護に向けられている。砂糖をベースにした食品やシリアル、果物の缶詰などが高率関税の対象で、税率は一二％から一〇〇％に達する。アメリカでも事情は一緒で、高率関税の六分の一が食品産業の保護に向けられ、税率はオレンジジュースの三〇％からピーナッツバターの一三二％に及ぶ。日本では高率関税の四割が食品産業保護向けで、ココアパウダーやチョコレート、肉の缶詰、果物ジュースなどが対象となっている（UNCTAD 2000 a）。

食品加工は多くの途上国にとって主要な輸出産業となっているにもかかわらず、輸出品の大部分は付加価値の低い一次加工品にとどまっている。より加工度の高い食品はＬＤＣの農業輸出のたった五％を占めるだけで、途上国全体でも一七％どまりだ。それに対して、付加価値の高い加工食品が先進国の農業輸出に占める割合は三一・五％にも達している（UNCTAD 2000 a）。

非関税障壁　関税と非関税障壁を比べると、関税率が下がってきていることもあって、非関税障壁の方が途上国にとって大きな障害となっていることが多い。非関税障壁には、輸入割当、季節制限、原産地ルール（一四七頁「欧米市場へのアクセスの改善」を参照）といった量的な制限や、質的な製品基準などがある。非関税障壁は途上国からの輸入を制限するという意味では関税と同じ効果を発揮し、関税よりも不透明である。ヨーロッパ産業をどれだけ保護しているかという実効性を測ると、関税だけなら五・一％だが、非関税障壁を合わせると九％にもなるという（Messerlin 2001）。

消費者ボイコットも非公式〔政府が関与しないという意味で〕ではあるが効果的な非関税障壁になりうるし、途上国の貿易を痛打しうる。例えば、アメリカには「動物に倫理的待遇を（ＰＥＴＡ）」という名の圧力団体があって、動物虐待を理由に牛革を使ったインド産の革製品の不買運動を繰り広げている。ギャップやマークス・アンド・スペンサー、クラークスといった名だたる欧米の企業はインドから輸入した牛革で革製品を作っていたが、ＰＥＴＡの運動の結果インド産牛革の使用が禁止されてしまった。そのため、インドの牛革輸出は七％減少し、関連する産業で働いていた二五〇万人ものインド人の生活が打撃を受けた。

製品基準…途上国が先進国向けに輸出するには健康や安全に関する厳格な基準を満たさなければならず、とりわけ農産物に関する基準が厳しい。そうした基準のほとんどは、純粋に国民の健康を守ることを目的としている。しかし、使いようによっては輸出機会を活かそうとする途上国の出鼻をくじき、重要な市場から途上国を締め出すこともできる。世界銀行の最近の調査（Otsuki et al. 2001）によると、アフラトキシンという天然の発ガン性物質から消費者を守るためにＥＵが新たに設けた基準は、人の健康には大したプラスになるわけでもないにもかかわらず、アフリカのナッツ類やシリアル、ドライフルーツの生産者・輸出者には推計年六億七〇〇〇万ドルもの損失を与えるという。

途上国にとって製品基準が問題なのは、基準を満たすだけの能力が途上国に欠けている場合が多いからでもある。製品基準に関する法律には複雑なものもあり、きちんと理解するには十分な法的・科学的な知識が必要になる。製品基準には、包装に関するものから添加物、食品衛生、加工、残留農薬に関するものなど、実に様々なものがある。基準を満たしているかどうかをモニタリングし、実効性あるものとするには、一定の科学的・技術的な専門性が必要とされるが、貧しい国にそうした専門性が備わっていることは少ない。基準を満たすにはお金もかかる。品質テストをしたり、認定を受けたりといった法的要件を満たすのに必要なコストは、農産物の総生産コストの一〇％に達する場合もあるという（DFID 2001）。先進輸出国ですら、厳格な基準を満たすのが難しい時があるという。例えばアメリカの生鮮果物輸出業者は、ＥＵが製品基準を最大限厳格に適用し、事実上非関税障壁として使っているとたびたび抗議してきた（BER 2001）。

中には意図的に保護主義的な製品基準を設けたり、基準を保護主義的に運用したりするケースもある。ベトナムのナマズを例に取ってみよう。ベトナムではアメリカ向けのナマズの輸出が拡大し、養殖農家はまともな生活ができるようになっていた。それに対してアメリカのナマズ産業が決起し、議会に働きかけた。議会は、農務省が科学的根拠に欠けるとして反対したにもかかわらず、二〇〇一年一一月に製品基準上のナマズの定義を変えることで、ベトナム産ナマズを締め出すことを議決した。その結果、貯金をはたいて養殖用のいけすを買ったベトナムの養殖農家一万五千世帯が、生活を脅かされることになった。

製品基準は人々の生計に深刻な影響を与える。アフリカでは、フェアトレード団体がハチミツ作りを支援するささやかな事業を推進してきたが、ＥＵが残留農薬について厳しい条件を付けたことで打撃をこうむった。予防策は時として極端に走ることがある。一九九七年に東アフリカでコレラが発生したのに対して、ＥＵはそれが魚にとって潜在的に危険かどうかを調べることもなく、東アフリカ全域からの魚の輸入を禁止した。世界保健機関（ＷＨＯ）が、魚がコレラを媒介するとは考えにくいという見解を出したことで輸入禁止は解除されたが、時すでに遅く、多大な損失を招いた。ケニアからのＥＵ向けの魚の輸出は三分の一も減り、同国の漁民四万世帯だけでなく、魚の加工などの関連産業で働く大勢の人々が生計に打撃を受けたのだった。

ダンピング防止措置　ＷＴＯのダンピング防止協定は、ダンピングされた製品によって加盟国が不公正な競争にさらされた時、自国の利益を守ることを認めている。それは、広義には、ある国や企業が補助金などを利用して人為的に価格を引き下げ、不当に有利な立場に立つのを防ぐ狙いがある。が、協定自身があいまいなため、理由をこじつけてダンピング防止措置を発動するのを許している。その主なターゲットとなっているのが途上国である。

ダンピングとは、輸出国が外国市場において国内市場価格よりも安い価格で売る行為のことだ。ＷＴＯの協定は、ダンピングに対して加盟国が罰金やダンピング防止関税を課して対抗することを認めている。通常は、ダンピングの影響を受けた企業や産業界からの不服申し立てを受けて調査が始まる。ダンピング防止関税は、最長五年間課すことができる。新たな協定が一九九五年に結ばれて以降、EUとアメリカは合わせて二三四のダンピング調査を途上国に対して行なってきた。途上国の中でもアルゼンチンやブラジルといった大国がダンピング防止条項を利用する例が出てきてはいるが、大多数は先進国から狙われる側にある。二〇〇一年前半の動きを見ると、先進国がダンピング防止に訴える回数が再び増勢に転じており、特にアメリカとカナダが際立っている（WTO 2001c）。

アメリカはWTO協定を名実ともに悪用して、極めて想像力豊かなダンピング防止戦略を開発してきた。アメリカの税関当局は、バード修正条項〔提案者の上院議員R・バードの名から〕に基づいて、徴収したダンピング防止関税をダンピングの被害を受けたと主張する企業に分配している。つまり、関税を補助金として企業にふるまっているわけだ。それに対してブラジル、インド、日本、EUなど九つの国／地域がWTOに不服を申し立てた〔WTOが二〇〇三年一月に協定違反と認定したのを受けて、アメリカ議会はようやく〇五年末にバード修正条項の撤廃を議決した。実際の撤廃までには、あと二年ほどかかる見込み。〕。

グローバル化と技術革新によって企業間の競争が熾烈になるにしたがって、ダンピング防止措置は政治力を持った勢力にとっては手っ取り早い解決手段となっている。途上国はそれに報復する力がないため、格好のターゲットになっている。例えばアメリカの鉄鋼産業は、ブラジルの圧延炭素鋼に対するダンピング防止措置を要求している。ブラジル製品のシェアはアメリカ市場の一％に満たないのにである。

実際にダンピングがあったかどうかを明らかにする手続きは複雑でお金もかかることから、多くの途上国にとって、先進国が発動したダンピング防止措置について争うことは至難の技である。ダンピング防止関税は途上国の輸出産業を痛打することもある。生産と輸出が激減し、従業員が解雇される事態も頻繁に起きている（コラム4・1参照）。影響を受けた企業への仕入れ業者にも余波が及ぶなどして、連鎖的に広範囲に影響が出る可能性もある。輸出企業の先行きは怪しくなり、投資や生産拡大、将来の輸出にも影響が出てきかねない。

コラム4・1　インドの寝具輸出を阻止したＥＵ

ＷＴＯは二〇〇一年八月、ＥＵが一九九七年以来インドからの輸入寝具（シーツや枕カバー）に課してきたダンピング防止関税が不当であるとの判断を下した。その結果、ダンピング防止関税は停止されたが、この間にインドの企業や労働者が受けた打撃は深刻なものだった。

打撃を受けた会社の一つが「アングロ＝フレンチ・テキスタイル」だ。同社が本拠地とするポンディチェリは、一九五四年までフランスの前哨基地だったインド南部の町（人口約四〇万人）で、綿布の生産量ではインド第七の町である。九七年当時、アングロ＝フレンチ・テキスタイルは六〇〇〇人を雇用し、それ以外にも約三万人が仕入れなどを通して間接的に利益を得ていた。

同社の主な輸出先はイギリスで、国営医療機関やホテルに寝具を供給してきた。しかし、ＥＵが同社の寝具に対して最大二五％のダンピング防止関税をかけたことで、イギリス向けの輸出を続けることができなくなった。そのため、同社の売り上げは、九七年の一一〇〇万ドルから二〇〇〇年の四〇〇万ドルへと六〇％以上も減少した。多数の縫製作業所を閉め、希望退職者を募り、新規採用を停止したことで、従業員数も一〇〇〇人減少した。それは、本来なら働けたであろう人々から雇用機会を奪い、同社が最大の企業であり雇用主であったポンディチェリの町の経済を悪化させた。

二〇〇一年八月にダンピング防止関税が停止されたため、同社はイギリス市場のシェア奪回を試みている。しかし、以前のレベルに戻すだけで最低二年はかかると経営陣は見ている。ＷＴＯのルールには、このようにして受けた損害を補償する規定はない。

（出典：アングロ＝フレンチ・テキスタイル社の輸出マネージャーからの聞き取り）

●南南貿易と「開かれた地域主義」

先進国の保護主義が途上国に与えるダメージがとりわけ大きいのは、途上国の輸出のほとんどが先進国向けで、豊かな先進国の購買力が大きいからにほかならない。しかし、途上国同士の貿易にも問題がある。途上国間のいわゆる「南南貿易」はこの二〇年大きく増えた。一九八〇年には途上国の貿易全体の二六％を占めるだけだったが、九九年には四〇％を占めるまでになった。にもかかわらず、途上国間相互の輸入制限が南南貿易拡大の足を引っ張っている。途上国が他の途上国の工業製品にかける関税の平均値は、先進国がかける平均関税率の三倍以上に達している。農産物にかける関税も同様に高い（World Bank 2001b）。

貿易関係をより緊密にする方策の一つに、地域的な貿易取り決めがある。が、地域主義にも様々な形態があり、すべてが途上国にとって有利に働くわけではない。グローバル経済という言葉には多分に誇張がある。実を言うと、経済活動はますます地域内で盛んになり、地域貿易協定（ＲＴＡ）に基づいて行なわれるようになっているからだ。「開かれた地域主義」ないし自由貿易を伸張させる地域的な取り決めは、グローバリゼーションにとっても、貧困国にとっても良いことだという見方が支配的だが、それは間違っている。「開かれた地域主義」というのは言葉の矛盾だ。なぜなら、域内の貿易を優遇することは域外への差別を意味するからだ。さらに重要なのは、地域主義が、市場アクセスや貿易が生み出す利益の分配に絶大な影響力を持ち始めていることである。

ＲＴＡとは、加盟国同士が非加盟国には認めない特権を認め合う貿易特恵システムのことである（交渉で一部の非加盟国に特権を認めることはある）。ＥＵのモノの貿易の三分の二以上は域内の相互特恵貿易が占めている。北米自由貿易協定（ＮＡＦＴＡ）を結ぶアメリカ、カナダ、メキシコの三国も、主として相互に貿易している。三国の輸出の半分以上と輸入の半分近くが域内で行なわれているのだ。

途上国同士も地域的な貿易取り決めを結んでいる。その結果、域内の貿易が盛んになったケースもある。中南米には「南米南部共同市場（メルコスル）」があり、加盟四カ国（アルゼンチン、ブラジル、ウルグアイ、パラグアイ）では、それぞれ輸出相手の五分の一が加盟国となっている。「東南アジア諸国連合（ＡＳＥＡＮ《アセアン》）」の加盟国も輸出相手の四分の一が加盟国となっている。[†6] 西アフリカでも関税同盟に向けた動きがあり、西アフリカと南部アフリカでは限定的なＲＴＡが結ばれ、貿易が拡大している。遅れているのが南アジアである。「南アジア地域協力連合（ＳＡＡＲＣ）」という、バングラデシュ、インド、ネパール、パキスタンなど七カ国からなる地域組織があるが、域内貿易の割合は四％に過ぎず、一九九〇年代初めから変わっていない。

九〇年代は、グローバリゼーションの進展と同時に、地域内、さらに小地域内の貿易取り決めが普及していった。ＥＵは最近メキシコと自由貿易協定を締結し、続いてメルコスルとの交渉を開始した。さらに、アフリカ・カリブ海・太平洋（ＡＣＰ）地域の七一の貧困国と「新コトヌー協定」を結んだ。その巨大な特恵ネットワークは、今やほぼ世界全体をカバーしている。「開かれた地域主義」はアメリカでも貿易政策の柱になってきている。ブッシュ政権はＮＡＦＴＡを中南米全域に広げる意欲を新たにし、二〇〇五年までに米州自由貿易地域（ＦＴＡＡ）を創設しようとしている〔メルコスル加盟国などからの慎重意見や反対で難航している〕。

そうした地域主義は、世界貿易が生み出す利益の分配にどのような影響を与えるのだろうか。貿易自由化によって経済が成長するのだから、すべての国が利益を享受するというのが通説である。その通説の怪しさは脇に置いておくとして、一部の国が他国よりもはるかに大きな利益を得ているのが現実だ。ＮＡＦＴＡを例に取ってみよう。一九九二年に一〇億ドル相当の繊維縫製品をアメリカに輸出したメキシコは、九〇年代末までに輸出額を一〇〇億ドルにまで増やした。一方、バングラデシュとインドからの繊維縫製品の輸出は、同時期に二〇億ドルから五〇億ドルに増えただけだった。ＮＡＦＴＡは貿易を増やしはしたものの、メキシコには有利に、世界の二大貧困国には不利に働き、結果として二大貧困国の貿易シェアを縮小させたのだ。バングラデシュはまた、カリブ海諸国からの繊維品を優遇するアメリカ貿易開発法が二〇〇〇年に成立したため、二重の打撃を受けた。

第8章で明らかにするように、ＲＴＡは貧困国にとって本質的に害となる保護主義や貿易ルールの温床になりうる。保護主義のツケを払わされるハメに陥る可能性が最も高いのは、世界の貿易システムの中で最も弱い立場に置かれた途上国だ。そのほかにもＲＴＡには先進国を利する仕掛けがある。例えばＥＵは、メキシコと南アフリカとの間で特恵的な市場アクセスを獲得するための交渉を行なったが、両国にはＥＵ市場への特恵的なアクセスを認めず、ＥＵ諸国のみを利する結果となった。

ＲＴＡは、潜在的には途上国の立場を強化する可能性をいろいろ秘めてはいる。生き生きとした経済成長の拠点を創ったり、先進国企業と途上国の生産者とを結びつけたりもできる。一部の先進国市場への依存を減らし、市場の浮き沈みに振り回されずにすむようにすることで、リスクの分散もできる。しかし、今あるRTAは、世界貿易の不均衡を縮小するのではなく、拡大する方向に働いている。

二　繊維縫製品——多国間繊維取極（MFA）撤廃の行方

繊維縫製品は、金額的に見ると途上国にとって工業製品輸出の中で最も重要な位置を占めている。多くの途上国にとって、先進国が繊維縫製品をどう扱うかが、貿易と開発に対する先進国の姿勢を推し測る物差しとなっている。したがって、先進国が多国間繊維取極（MFA）を結び、撤廃しないでいることは、途上国の目には先進国の二重基準の最たるものとして映るのだ。

●多国間繊維取極（MFA）の仕組み

繊維縫製品の輸出入は一九七四年以来ずっとMFAでもって規制されてきた。MFAは、生まれ落ちた時から、多国間貿易システムを貫く根本原則からまったく外れたものだった。その意図からして保護主義的であり、運用面から見ても途上国に狙いを絞っているという点で差別的なものだ。

MFAとは基本的に、アメリカ、カナダ、EU、ノルウェー市場への繊維縫製品の輸出を制限する輸入割当システムである。ウルグアイ・ラウンドで先進国はMFAの段階的な撤廃に合意した。そしてWTOのもとで結ばれた繊維協定（ATC）は、一九九五年から二〇〇五年の間にMFAを四段階に分けて撤廃することを定めた。しかし、先進国側はMFAの抜け穴という抜け穴を悪用して自由化を遅延させてきた。

途上国側にとってATCは、途上国の交渉力の弱さを露呈した不公正な協定である。輸入割当の撤廃が前倒しならぬ「後倒し」されているからだ。つまり、繊維縫製品の約半分に対して自由な市場アクセスが認められるのは実施期間の最後になってからなのだ。ATCによれば、先進国側は二〇〇二年一月までに繊維縫製品の輸入の少なくとも五一％に対して輸入割当を撤廃することになっていた。しかし、ＥＵとアメリカが表向きその約束を守ったとしても、実質的に割当が解除されるのは全体の一二％にしかならない。なぜかと言えば、先進国側が早期に輸入割当を解除する品目は、パラシュートなどのように途上国がほとんど輸出しておらず、もともと割当量を満たしていない品目だからだ。[†7] ノルウェーだけは四年間にすべての輸入割当を撤廃したが、それは例外だ。

ＡＴＣは、市場をより競争的なものとするよう継続的に努力することをＷＴＯ加盟国に義務づけているが、アメリカはＡＴＣのプロセスが開始された当初から、「最もセンシティブな品目に関しては、割当の撤廃を一〇年間の実施期間の最後まで行なわないであろう」ことを明確にしてきた。ＥＵもまた、「第三国における市場アクセスを改善する際の交渉材料とするため、輸入割当をコントロール下に置くことが適当である」と表明してきた。[†8]

割当を設けて制限してきた品目のうち、ＥＵ、アメリカ、カナダが自由化したのは付加価値の高い縫製品（衣料）ではなく、もっぱら付加価値の低い繊維（糸）だった。縫製品の割合は、二〇〇二年一月までにアメリカとカナダが自由化する品目の一二％、ＥＵが自由化する品目の一八％に過ぎない。[†9] 繊維縫製品を輸出する主要一一カ国全体で見ると、〇四年まで輸入割当を受ける品目は八〇％以上に及ぶと予測されている（Spinanger 1999）。そうした引き延ばし作戦のため、当初思い描いていたような漸進的な市場開放ではなく、〇五年一月に八〇％以上の品目が一度に割当を解除されることになる。それだけ急激な市場開放は自由化に反対する政治的な動きを先進国内で強め、高率関税だけでなくダンピング防止措置といった新たな保護主義策の発動を招くのではないか、と途上国側は心配している。

繊維縫製品をめぐる貿易ルールが唐突に変更されることで生じるもう一つの心配は、ルール変更に伴うコストが、この分野の労働者の多数を占めながら政府から軽視されてきた女性たちに降りかかるのではないか、ということである。なぜなら、労働のあらゆるレベルで見られるジェンダー差別によって柔軟な雇用や女性の在宅労働は価値の低いものと見なされ、ルールの変更が人々の生計や福祉に与える影響が政策決定者の視野に入っていないことが多いからだ。[†10]

先進国が自らの約束を破るという不正義はさておき、MFAに基づく輸入割当が撤廃された後もなお、途上国は別の問題に直面することになろう。繊維縫製品に対する平均関税率が工業製品全般に対する平均関税率より三倍も高い一二%に達する恐れがあるからだ。MFAの段階的撤廃に加え、関税率を引き下げて初めて途上国の繊維縫製品の輸出は拡大し、雇用や投資、貧困などの問題も改善できるのだ。

MFAの段階的撤廃が生む勝者と敗者——バングラデシュの場合

MFAの段階的撤廃による勝者と敗者の図式は思うほど単純なものではない。途上国全体として見ればMFAの敗者だが、中には輸入割当から裨益している国もある。なぜなら、輸入割当はある意味で市場を保証しているからだ。したがって、MFAをうまく段階的に撤廃して利益を最大化し、損失を最小化することが焦眉の急と言える。

段階的撤廃によって最大の敗者となるのはバングラデシュをおいてほかにない。なぜなら、同国はMFAの輸入割当システムのおかげで先進国市場へのアクセスが保証され、インドや中国との競争にさらされることなく縫製産業を発展させることができたからだ。縫製品はバングラデシュの全輸出の四分の三を占め、輸出額は一九七八年の一〇〇万ドルから、二〇〇〇年には四〇億ドル以上にまで増大した。縫製セクターは一五〇万人以上の労働者を雇い、そのほとんどが女性である。外国からの投資だけでなく、国内投資も盛んに行なわれ、中にはハイテクを使って付加価値の高い製品を生産する企業もある。にもかかわらず、バングラデシュは縫製業と原材料産業の後方連関〔ある産業が必要とする投入財を生産・供給する（川上の）産業が誘発されること。縫製産業で言えば、布や糸などを生産する産業が興ること〕を築くことができず、投入財のほとんどを輸入に頼らざるを得ないでいる（第2章参照）。そのことは、国内に補完的な産業を発展させた競争相手国と比べ、バングラデシュを不利にしている。

したがって、MFAの撤廃後、バングラデシュがインドや中国といった競争相手に先進国市場を奪われる事態は避けられそうにない。そうなれば、おびただしい数の女性労働者が職を失うか、生産コスト切り詰めのあおりを受けて低賃金に甘んじざるを得ないだろう。彼女たちには代わりとなる生計手段がほとんどないのだ。[†11] MFA撤廃は、バングラデシュの貧困問題に影響を与えずにはおかないだろう。それは、縫製産業で働く女性労働者だけでなく、食事や教育、保健医療にかかる諸経費を彼女たちからの仕送りでまかなってきた家族をも痛打することになろう。

欧米市場へのアクセスの改善†12

バングラデシュ政府と援助機関は、国内産業を強化する産業政策の策定へと、いち早く舵を切るべきである。と同時に、EUとアメリカは、バングラデシュ製品の市場アクセスを改善し、MFA撤廃に伴うコストが小さくなるよう、もっと真剣に取り組むべきだ。同国が輸出する編み製品のうち、EU向けが七〇％、アメリカ向けが二五％を占め、織り製品では同じく四六％と四九％も占めているのだから。

バングラデシュ製品がアメリカ市場で直面する最大の問題は輸入割当である。ATCが定めたMFA撤廃期間〔一九九五～二〇〇五年〕の半分以上が過ぎている〔二〇〇二年時点〕にもかかわらず、同国製品全体の七〇％がまだ輸入割当の対象となっている。一九九八年までの第一・第二段階でアメリカが輸入割当を撤廃した品目の中にはバングラデシュにとって重要なものはなかった。二〇〇二年一月までの第三段階で自由化された中で同国に関係あるのは、手袋と絹のズボンの二品目しかなかった。したがって、バングラデシュが輸出する高付加価値の縫製品の実に八〇％は、〇四年末の最終段階まで輸入割当の規制を受けることになる。そして、輸入割当がなくなった後も、極めて高い関税の壁にぶつかることになる。バングラデシュにとって重要な輸出縫製品の多くは、アメリカの全関税率の平均の最大五倍にあたる二〇％という高率関税がかけられることになるからだ。

EUは、バングラデシュからの縫製品には一二・五％の関税を免除するなど優先的な市場アクセスを認める一方で、厳しい原産地ルールを採ったため、バングラデシュは優遇措置を十分に活かせないでいた。一九九六年まで、編み製品が優遇措置を受けるためのハードルが非常に高かったからだ。原料の繊維はバングラデシュ産である必要はないものの、繊維を糸にする工程、糸を布にする工程、布を編んで製品にする工程はすべて同一国内でなければならないというのである。国内で糸を作る能力に乏しいバングラデシュは、優遇措置を活かすのが難しかった。

バングラデシュ政府が原産地ルールの柔軟な運用を求め、ルールの順守をめぐる紛争も起きたため、原産地ルールを緩めつつ同国の縫製品に輸入割当を行なうことが合意され、一九九六〜九八年まで実施された。九九年にＥＵは、輸入割当を撤廃するとともに原産地ルールも緩和して、輸入糸で生産した編み製品であっても優先的な市場アクセスを認めることにした。二〇〇〇年にはさらにルールを緩め、「地域内蓄積」を条件に南アジア地域協力連合（ＳＡＡＲＣ）加盟国すべてに対して優先的な市場アクセスを認めた。これは、バングラデシュがＳＡＡＲＣ域内から原料の布を輸入するのであれば、その布を編んで生産した製品にも優遇措置を認めるというものである。しかし、最終製品に占める付加価値のうち、バングラデシュ国内で付加された価値が他の域内国で付加された価値よりも大きくなければならないというルールがネックになっている。輸入した布から縫製品を作るバングラデシュの場合、最終的な輸出価格のうち国内で付加されるのは二五〜三〇％で、残りの七〇〜七五％はインドで布を生産するときに付加されるのが一般的であることから、バングラデシュの縫製品の大部分はＥＵの優先的な市場アクセスを享受できないでいる。

ＭＦＡの撤廃後、輸出市場で激化するであろう競争にバングラデシュが耐えられるようにし、同国の一〇〇万人を超える女性労働者が仕事を失わないですむようにするには、次のような手立てが必要と考えられる。

■アメリカは、関税と輸入割当をすべて撤廃する。

■ＥＵは、バングラデシュ製品に対する原産地ルールを緩和するとともに、関税ゼロの優先的市場アクセスを認める。それには、地域内蓄積に占めるバングラデシュ国内での付加価値の割合に関する基準を引き下げる必要がある。

■バングラデシュ政府は、縫製品産業の輸出競争力を高められるよう、技術的・資金的な支援を行なう。それには、人的資源に投資したり、ジェンダー差別をなくしたり、国内で原料を生産できるよう後方連関を育んだりすることが含まれる。

＊訳者注――ＭＦＡは二〇〇四年末に予定通り撤廃された。その後バングラデシュは市場シェアを何とか維持している。一方中国

は、〇五年から自主的に繊維縫製品に輸出税を課したが、欧米への輸出は倍増の勢いを見せた。このためアメリカは〇五年五月に中国からの七品目に対してセーフガード（緊急輸入制限）を発動した。またEUとの協議の末、中国は六月に一〇品目について〇七年末まで輸出増加率を年一〇％前後に抑えることに合意し、対EU輸出枠が設定された。

三　農産物貿易――貧困国へのダンピング

農産物貿易とそれを支配するルールは貧困問題に大きく関わっている。一日一ドル未満の生活をする世界の貧困層の大部分は農村部に住んでおり、そのほとんどは零細農家である。女性の三分の二以上は農業生産に携わっている。貧しく零細な農家の多くは、主として国内ないし地域の市場向けに生産している。彼らの生計は、国内市場がきちんと機能するかどうかに大きく左右されるとともに、インフラを整備し、農地・融資などの生産財を公正に分配するといった政府の農村開発政策にも大きく左右される（第3章参照）。その一方で、途上国の農家の相当数が輸出市場向けの生産もしていて、そこからの収入を保健医療や教育分野の支出や、必要な投入財の購入に当てている。したがって、世界貿易のルールはそうした農家の生計に重大な影響を及ぼすのだ。

途上国が工業製品の輸出を増やしているとは言え、今なお途上国の約半数では農産物が輸出額の三分の一以上を占めていることから、農産物輸出は貧困削減に重要な役割を果たしうるのだ。農産物の輸出は貧しい家庭に収入と雇用をもたらし、他の手段では得られないような機会を提供する。しかし、貧困問題を左右するのは輸出だけではない。農産物の輸入も国内価格に影響を与えるだけに、重要な意味を持っている。

途上国の多くは、明らかに農業分野で比較優位に立っている。しかし、工業製品貿易で途上国のシェアが大きく伸びているのにもかかわらず、農産物貿易ではそうした勢いが見られない。一九八〇～九七年までの一七年間に、世界の農産物市場に占める途上国のシェアは一％ポイント増えただけで、九九年に四三％に達した程度だ。途上国のシェアはゆっくり上昇しているが、なぜか先進国が不釣合いなほど大きなシェアを維持している。

図4.3　GDP、雇用、輸出に占める農業の割合

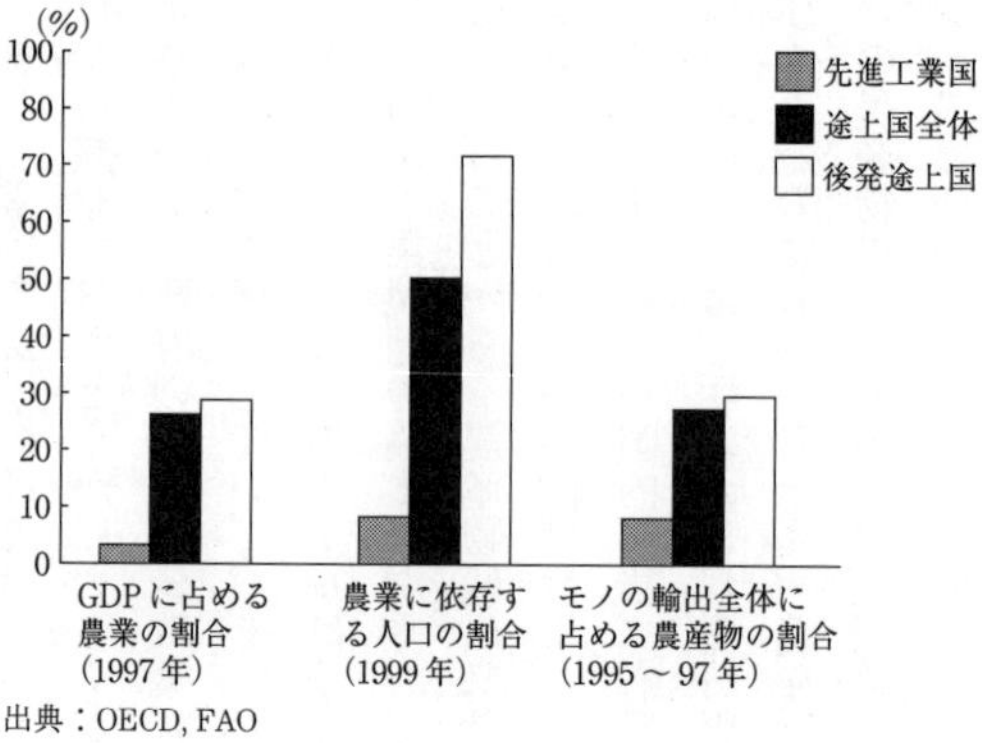

出典：OECD, FAO

農産物貿易ほど歪んだ貿易はない。世界の市場を支配しているのは先進国だ。先進国の農業は、国内ではGDPに占める割合でも、雇用や輸出に占める割合でも取るに足らない存在であるにもかかわらず、大規模な補助金のおかげで市場を支配しているのだ（図4・3）。世界貿易を貧困層のためのものとする上で欠かせない要件の核となるのが農産物貿易の改革である。私たちがとりわけ関心を持っているのは次の三点である。

■先進国が出す補助金の量と質
■やむことのないダンピング輸出
■ダンピング輸出が途上国に及ぼす影響

●補助金の規模

世界貿易の中で、農産物ほど補助金が投入され、保護されている分野はない。二〇〇〇年に先進国が国内の農家に供与した補助金は計二四五〇億ドルだった。それは、先進国が途上国に供与した援助額の実に五倍に上る。ウルグアイ・ラウンドで先進国は農業補助金を削減すると約束した。しかし、実際の行動はまるで逆だった。農産物貿易が極めてユニークなのは、「自由化」という言葉が（少なくとも先進国では）補助金の増大を意味する唯一の分野だからだ。

一九八六～八八年[†13]以来、ほとんどの先進国が農業セクターを支えるべく予算を増やしてきた。農業補助金には様々な形がある。先進国でも途上国でも、農業セクターへの政府の介入は、農村開発を進めたり、環境を保全したりする上で正当かつ重要なものでありうる。問題は、現在EUやアメリカが採っている支援策が、建前として唱えてきた社会面、環境面の成果を生み出すことなく、途上国の貧しい農家に破壊的な影響を及ぼしていることだ。

経済協力開発機構（ＯＥＣＤ）は、生産者助成概算（ＰＳＥ）という指標を使って先進国が農家に支払う補助金の規模を測っている。それによると、ＥＵとアメリカは、一九九〇年代末には八〇年代末より九〇億〜一〇〇億ドルも多く補助金を出しており（図４・４）、ＥＵでは農産物の価値全体の四〇％、アメリカでは二五％を補助金が占めている。これだけの補助金は国際市場での競争に大きな影響を与えるだけでなく、途上国国内の食糧市場にも多大な影響を与えずにはおかない。最貧国の農民は、補助金で力をつけた先進国の農家と競争させられるだけでなく、豊かな先進国の資本力とも競争しなければならない。アメリカは、農業分野では「同じ土俵に立つ」ことにコミットしていると強調してやまない。しかし、低所得国の生産者は、同じどころかつま先上がりの土俵での闘いを強いられている。彼らは年四〇〇ドル足らずの収入で生きていかねばならないが、競争相手のアメリカの農家は年平均二万一〇〇〇ドル、ヨーロッパの農家は一万六〇〇〇ドルもの補助金をもらっているのだ（図４・５）。

　先進国の補助金の規模とそれが世界貿易に与える不公正な影響は、次の数字に端的に示さ

図4.4　先進国の生産者助成概算（PSE）

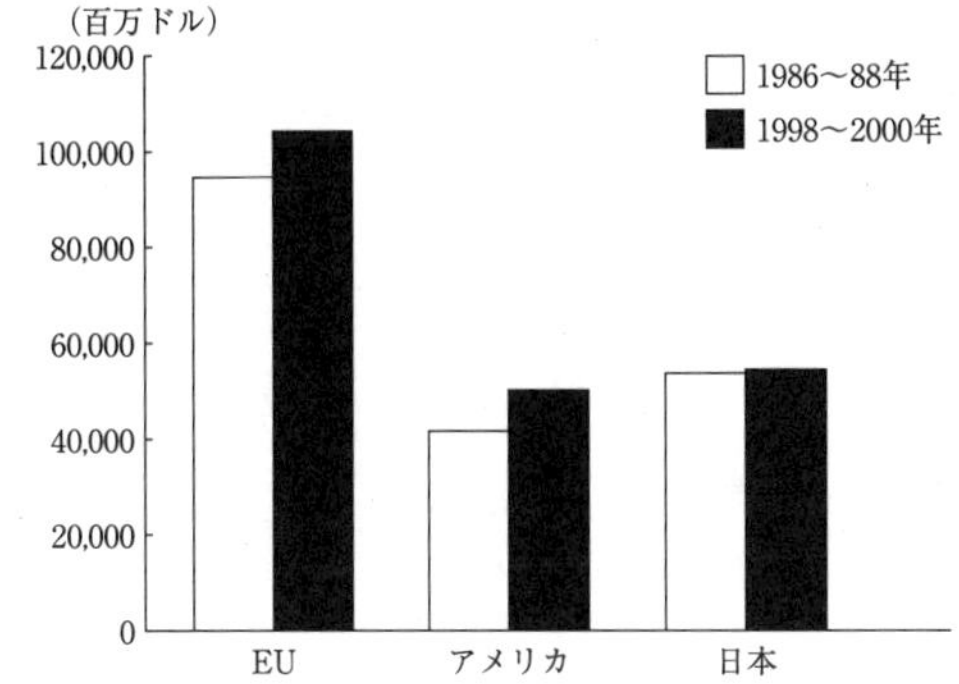

出典：OECD

図4.5　欧米の農家に支払われた１人あたりの補助金と低・中所得国の１人あたり所得の比較

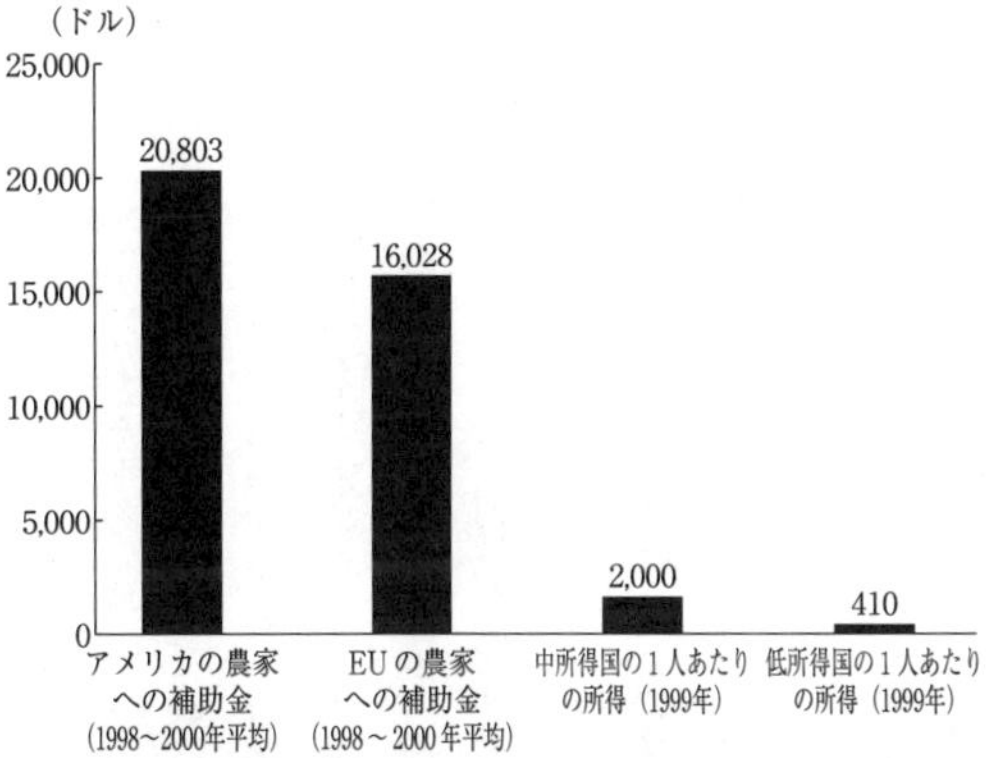

出典：OECD, World Bank

れている。

■OECD諸国の農業補助金の合計は、世界の全貧困層一二億人の総収入を上回っている。

■アメリカの「農家緊急支払い」〔次項参照〕の額は、国連の人道援助予算を上回っている。

ウルグアイ・ラウンドに臨んだ欧米の交渉者たちは、農産物貿易の自由化をめぐる議論をただの言葉遊びにしてしまった。補助金を減らすことには原則的に同意したものの、補助金の定義を変えて従来通り農家への助成を継続できるようにしてしまったのだ。彼らは、「青の政策（blue box）」、「緑の政策（green box）」という色鮮やかな名前を持つ独創的な仕掛けを発案した。「青の政策」というのは、農家が生産調整を受け入れるのを条件に農家に対する無制限の直接所得補償を認めるものだ。その一例にEUの「休耕地」プログラムがある。それは、農家が田畑の一部を休耕地とすることを条件に農家に所得助成を行なうというものである。「緑の政策」というのは、環境保護や保険など、農産物の生産・輸出に直接関係しない分野への補助金のことをいう。

補助金が補助金でなくなるとき

EUは、農家に対する助成が全体でどのくらいになるかよりも、補助金の仕組みの方に意味があるという。先進各国は直接生産を奨励するような補助金は減らし、農家の所得を支える補助金へと比重を移しているから、というのがその理由だ。しかしそれは、少なくとも二つの点で途上国を納得させられるものではない。

第一に、市場価格の支持（下支え）と、生産調整を条件にした農家への直接支払いが二〇〇〇年の農家助成額の四分の三近くを占め、今なお先進国の生産者助成策の主柱をなしているからだ[†14]（OECD 2001 a）。どんなに手の込んだ工夫をしても、実際に与える影響に変わりはない。先進国政府は輸入を制限し、国際市場価格を上回る価格で農産物を買い取ることで農家に所得を移転する。買い取った農産物は国際市場に売り出すわけだが、多額の輸出補助金をつけるのが常なので国際市場価格を押し下げることになる。先進国が出す輸出補助金は年七〇億ドルに上る。

第二に、「貿易を歪曲しない」という主張とは裏腹に、色のついた政策は市場リスクをなくすことで生産に関する意思決定に影響を与える〔いくら生産しても構わないと農家に思わせる〕。アメリカでは、天候不順による損失への補償という名目で設けられた「緊急支払い」が、今や損失の有無にかかわらず恒常的に行なわれている。リンゴ生産農家には「市場の喪失」への補償ということで年一億ドルが支払われているが、アメリカ農業ビューローという業界団体は五億ドルに増額するよう圧力をかけている。さすがにＯＥＣＤも、そうした支払いは生産に関する意思決定に影響を与えることに留意し、国際市場価格が低迷した時にのみ支払うべきだという見解を出した。

上記のような助成策が欧米の農産物の国際競争力を高めているのだが、私たちは、まっとうな農村開発や環境保護の推進に注意深く狙いを絞った政策を採用することにまで反対するものではない。ここで言いたいのは、先進国が現在採用している農業政策が国内の貧しい零細農家を潤し、環境にも良いという主張は作り話に過ぎない、ということである。それどころか、現在の助成策によって一番得をしているのが大規模農家と農業ビジネスであることは明白である。ＥＵでは、農家全体のわずか一七％が農業補助金の五〇％を受け取っている（ABARE 2000）。アメリカでは、農家全体の八〇％を占める零細農家が受け取る補助金はわずか一六％だ。[†15] 一部の富農に補助金を集中的に供与することで、先進国の農業政策は零細農業の死を早めているのだ。[†16]

現在の補助金システムは高所得農家に対して極めて逆進的な所得移転を行なっている〔所得が高い農家ほど受け取る補助金が多い〕だけでなく、増産に力を入れることで農業の工業化を促している。工業化は化学物質（農薬や化学肥料）の大量投入から成り立っているため、広範な環境破壊を引き起こし、一般市民の健康をも脅かす。環境破壊としては、化学肥料の大量使用や集約的な家畜飼育場からの汚染物質の流出に伴う農地・河川・貯水池の汚染、集約的な農業生産に伴う土壌の劣化、生物や景観の多様性の減少などが指摘されている（Fanjul 2001）。

●ダンピング輸出の規模

先進国内で余った農産物を生産コストを下回る価格で国際市場に売りに出す、いわゆる「ダンピング輸出」は、先進国の貿易政策の中でも最も悪質なものの一つである。にもかかわらず、ＷＴＯはそれに正面から取り組めずに

図4.6　アメリカとEUの農作物のダンピング幅（輸出価格÷生産コストを%で表示）

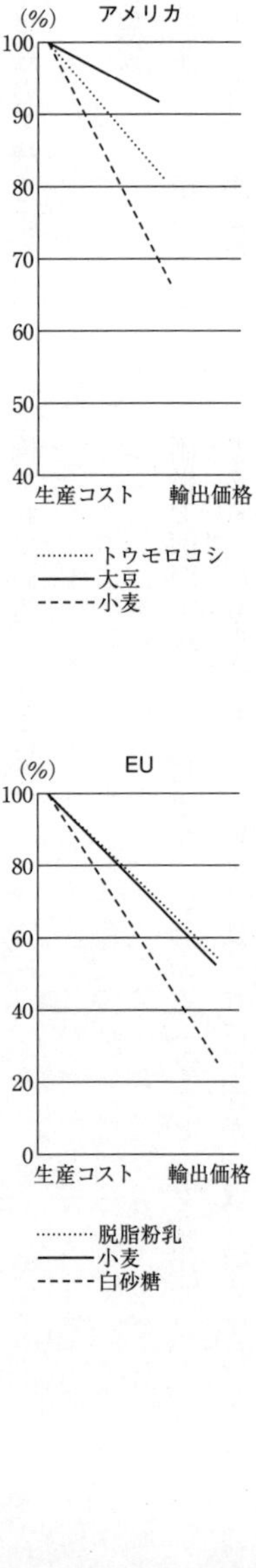

いる。農産物のダンピングは競争を不公正なものとするため、途上国は市場のシェアと外貨獲得の機会を失い、国内の農業生産が落ち込み、農村部の生活や食糧安全保障が打撃を受けることになる。

　農産物ダンピングの定義や程度をめぐる議論は、関税をめぐる議論にもまして複雑かつ不透明である。そこで、問題点を分かりやすくしようと、オックスファムはＯＥＣＤのＰＳＥと同じ手法を使って独自の指標を考案した。「ダンピング輸出概算（ＥＤＥ）」と名づけたその指標は、補助金をどう定義するかといった言葉の遊びはやめて、生産コストと輸出価格の差という問題の核心に迫るものである。この指標を使って測ると、国際市場で取引される主要農産物の中には、その差が巨大なものがあることが分かる。データを図4・6に示す[†17]が、重大な発見としては次のようなものがある。

■アメリカとＥＵは世界の小麦輸出の半分を占めているが、アメリカの場合、輸出価格は生産コストを三四％、ＥＵの場合は四六％も下回っている。

■世界のトウモロコシ輸出の半分以上をアメリカ一国で占めているが、その輸出価格は生産コストの五分の四に過ぎない。

■ＥＵは世界最大の脱脂粉乳の輸出者だが、その輸出価格は生産コストの約半分でしかない。

■ＥＵはまた世界最大の白砂糖の輸出者だが、その輸出価格は生産コストのわずか四分の一である。

ＥＵとアメリカが世界の農産物貿易を支配し、両者のダンピング幅が国際市場価格を実質的に決めている。競争関係にある他の輸出国は、ＥＵとアメリカが決定づけた輸出価格に従うか、さもなければ市場のシェアを失うしかない。世界の農産物市場は、一言で言えばダンピング市場であって、そこでの価格は生産コストとまったく関係ないというのが現実なのだ。

生産コストを大幅に下回る価格で輸出しても何のとがめも受けないような国際市場は、農産物市場をおいてほかにない。先進国が巨額の輸出補助金を使って市場を支配し続けることで、国際価格は下落し、競争相手国は市場のシェアと貴重な外貨収入を失う。もう一つの問題は、途上国国内の食糧市場にも影響が及ぶことだ。途上国政府は、国内の食糧価格が下がるならば好都合と、ダンピングされた安い農産物を喜んで受け入れてしまうが、それは国内の農家に破壊的な影響を及ぼさずにはいない。

様々な農産物の主要輸出国である欧米は、世界の農産物価格を決める力を持つ。途上国の生産者や輸出者は、先進国が力づくで決めた人為的な低価格以下の報酬しか得ることができない。こうして途上国が毎年こうむる損害は二〇〇億ドルに上るものと見られている（World Bank 2001 d）。

●途上国への影響

途上国の農業にとって、シェアの喪失と低価格がもたらす損害は甚大である。最大の被害者は中南米で、ＥＵの農業政策だけで年四〇億ドルも失っている。中でもアルゼンチンの交易条件はＥＵの共通農業政策（ＣＡＰ）のせいで七％悪化し、ウルグアイは八％悪化している。一大金融危機のさなかにあるアルゼンチンがこうむる損害は、年二〇億ドルに上ると推計されている。

資源に乏しく、脆弱な環境条件のもとで生産することの多い途上国の貧農は、多額の補助金をもらって生産する欧米の農家にとても太刀打ちできない。にもかかわらず、貿易自由化によって途上国では、農家がますます破壊的な国際競争にさらされ、国内の農産物価格は下落し、農村地域の雇用や賃金も悪化しているのだ。

フィリピンでは、一九九七年にトウモロコシの輸入が自由化されたことで、アメリカ産トウモロコシの輸入価格

オックスファムの支援で野菜作りをする女性（ザンビアのマンチャンヴァ村で／撮影：Annie Bungeroth/Oxfam）

は三分の二に下落した。その当時、アメリカのトウモロコシ栽培農家が年平均二万ドルもの補助金をもらっていたのに対し、フィリピンの一大トウモロコシ産地であるミンダナオ島の生産農家の年収はわずか三六五ドルだった。補助金で力をつけたアメリカ産に市場を開放したことは、ミンダナオ島の貧しい農家の生活を直撃することになった。トウモロコシは、島の主要な換金作物であると同時に島民の食糧でもある。オックスファムが行なった調査では、最貧層の家庭の多くは家計収入の四分の三以上をトウモロコシに依存していた。したがって、価格が少し下がっただけで家計は深刻な影響を受け、食費や医療費、教育費などが払えなくなってしまう。生産農家の半分以上はすでに貧困ライン以下の生活をしており、五歳未満の子どもの三人に一人は栄養失調にかかっている。そうした中で、補助金で力をつけたアメリカ産トウモロコシとの競争にさらすことは、貧しい農家を赤貧の淵に追いやることだった（Watkins 1996）。

　補助金を得たヨーロッパの乳製品もまた、多くの国に多大な損害を与えた。ジャマイカの乳業界は、一九九〇年代初めの貿易自由化を機に、原料を国産の生乳からヨーロッパ産の粉ミルクに切り換えた。その結果、ＥＵからジャマイカへの粉ミルクの輸出量は、九〇～九三年の年二〇〇〇トン未満から、九五～九八年には年四〇〇〇トン以上へと増えた。輸出は年四〇〇万ユーロを超える補助金に支えられていた。ジャマイカへの輸出はＥＵの乳製品輸出全体から見ればごくわずかだが、ジャマイカの小さな市場を支配するには十分だった。ジャマイカの牛乳生産者は壊滅的な打撃を受け、その多くは個人で牛を飼っていた女性たちだった。ＥＵは世界の乳製品市場を支配する立場にあるため、ＥＵの輸出補助金は国際市場価格を決定づけ、押し下げる力を持っている。補助金額も莫大で、九九年の粉ミルクの国際市場価値全体の半分以上に相当した（Black 2001）。

先進国政府が供与する農業補助金はまた、農産物を加工して輸出しようとする企業にとっては原料費を圧縮する効果を持つ。それは、途上国の企業を不利な立場に追い込む。ＥＵのＣＡＰ改革の一環として、農産物への価格支持が削減され、農家への直接所得補償に置き換えられつつある。その結果、ヨーロッパの食品加工業者は、人為的に引き下げられた価格で原料を獲得でき（実際この改革によってＥＵの穀物価格は一九九二年の半分に下落した）、国際市場での競争力を強めることになる。それだけではない。原料となる農産物（砂糖、乳製品、タマゴ、穀物、コメなど）の国際市場価格とＥＵ市場価格との間に差があれば、価格差の分だけ輸出補助金を受け取ることができるのだ。

助成策の変化は、南アフリカではさりげない形のダンピングとして現れている。南アフリカの砂糖価格はヨーロッパの半分以下だが、ヨーロッパの製菓会社が輸出用の菓子を作るために砂糖を仕入れる時の価格は、南アフリカの製菓会社の仕入れ価格の三分の二ですむ。南アフリカのチョコレート・菓子製造業組合によると、ＥＵからの砂糖とチョコレートの輸入が増えたことで、国産のチョコレートと菓子の消費量は一九九七年から二〇〇〇年にかけて二一％減少した。国内の製菓会社はそのあおりを受け、同国最大のビーコン・スウィーツ社が九七～九九年の間に従業員一〇〇〇人を一時解雇したり、国産砂糖の仕入れを九五年の四万トンから九九年には三万五〇〇〇トンに減らしたりしたため、雇用や賃金が悪化した（Goodison 2001）。

以上の事例は、欧米が補助金を使って行なう余剰農産物の国際市場へのダンピングがどれだけ途上国の食糧安全保障や農家の生計、農村部の工業化に悪影響を及ぼしているかを物語っている。それはまた、農産物ダンピングを直ちに禁止し、他のすべてのセクターに適用されているルールと規律を農産物貿易にも樹立する必要があることを示している。さらに言えば、途上国は、農村部の貧困削減や食糧安全保障を目指す政策と合致しない限り、貿易自由化には踏み切らないことが肝要である。世界の農産物貿易がこれだけ歪んでいる現実を見れば、自由化を推し進めようとする自由市場主義者の言葉に説得力はない。食糧安全保障を推進し、農村部の生計を確立することが貧困削減には欠かせないことに鑑み、ＷＴＯのルールは国内農業を保護する権利を途上国に認めるべきである。それがまさに多くの途上国が主張する「開発ボックス（development box）」が目指していることだ（コラム4・2参照）。

コラム4・2　農業協定における「開発ボックス」

ＷＴＯの農業協定において、途上国に対する「特別かつ差異のある〔先進国よりも優遇された〕待遇」を一層強化して一つのパッケージにしようというのが「開発ボックス」である。すでにある「青の政策」や「緑の政策」が先進国の農業助成策を固定化しようとするのに対し、「開発ボックス」は、途上国が国内の農業生産や食糧安全保障、農村の生計向上を力強く推進できるよう、途上国により大きな柔軟性を認めようとするものである。

「開発ボックス」が目指すのは、安い農産物ないし不当な補助金で力をつけた輸入農産物の急増から貧しい農家を守ること、途上国の食糧生産能力を特に主食分野で強化すること、農村部の貧困層に対する雇用と生計の機会を提供・維持すること、である。具体的な方策としては、貿易自由化の対象から食糧安全保障上重要な農産物を除外すること、国内生産を損なう安い農産物輸入品に対して関税を引き上げられるようにすること、低所得生産者に対する補助金を自由化の対象から除外すること、などがある。

（「開発ボックス」についてはGreen & Priyardarshi 2001に詳しい）

●食糧援助

食糧援助は、自然災害や紛争によって緊急事態が起きた時の対処法として重要な役割を果たす。しかしその歴史を見ると、食糧援助はひどく悪用され、先進国が余剰農産物を始末したり、食糧依存を生み出したりするために使われてきた。悪用は今日も続いており、最も悪質なのがアメリカである。アメリカが食糧援助をどのように見ているかは、同国の農務長官だったダン・グリックマンの次の言葉が端的に物語っている。

「人道目的と国益は、首尾よく立案された食糧援助事業によって、両方とも達成することが可能である。これまで食糧援助は、緊急時の食糧ニーズに応えてきただけでなく、市場開拓の有効な道具にもなってきた。」[†18]

一九九六年のアメリカ国際開発庁（ＵＳＡＩＤ）の報告書もまた、「アメリカの農産物を輸入する一〇カ国のうち九カ国は、以前にアメリカの食糧援助を受けた国である」と誇らしげに述べている（USAID 1996）。

食糧援助では供給と需要が反比例することを示す有力な証拠がある。食糧援助の供給が増えるのは食糧の備蓄量が多く価格が安い時で、減るのは備蓄量が少なく価格が高い時なのだ。一九九九年から二〇〇〇年にかけては小麦と小麦粉の価格が安く、被援助国からすれば最もたやすく国際市場から買い入れることができたにもかかわらず、アメリカからの小麦と小麦粉の食糧援助は増加した。逆に、価格が上昇して食糧援助への需要が高まった時にはアメリカの食糧援助は減少した。この時、アメリカの小麦粉輸出の半分以上が食糧援助という体裁を取っていた（他の輸出国は一〇％以下だった）。さらに、小麦粉の輸出先には、食糧緊急事態が起きていたわけでもなく、国際市場から食糧を買う余裕に乏しいわけでもない国が多数あった[†19]。

ＷＴＯの農業協定は、直接的であれ間接的であれ、食糧援助を被援助国への商業的な農産物輸出に結びつけないよう義務づけている。協定はまた、食糧援助の供与にあたっては、国連食糧農業機関（ＦＡＯ）が定める余剰農産物処理原則にのっとって行なうよう義務づけている。ＦＡＯの原則は、食糧援助が本当に必要なところに向かい、通常の食糧生産や貿易を妨げることのないよう、あらゆるタイプの食糧援助をＦＡＯに通告するよう食糧輸出国に求めている。が、原則に拘束力はなく、通告する国は散発的に見られる程度だ。ゆえにＷＴＯは、先進国が国内の余剰農産物を処分するために食糧援助を悪用しないよう、規律を強化すべきである。

コラム4・3　アメリカの食糧援助が妨害したガイアナのジャマイカ向け米輸出

「アメリカのＰＬ四八〇（農業貿易開発援助法）は食糧安全保障の強化が目的だった」とガイアナの米《コメ》生産者組合のダランクマール・シーラジ氏は言う。「ＰＬ四八〇は貧困を増やすのではなく、その撲滅を助けるはずのものだった。だが、我々が目にしたのは、貧困をなくそうとしながら、もろに新たな貧困を生み出す行為だった。」

ガイアナ北部沿岸の平野では、米の輸出が貧しい地域社会の貴重な収入源となっている。輸出のおかげで道路や学校や保健サービスが良くなり、農村開発や貧困削減も進んだ。一九九六年にＥＵが特恵貿易を削減したため、ガイアナの米農家は、儲けにはなるものの規制があるＥＵから、近接するカリブ共同体・共同市場（ＣＡＲＩＣＯＭ）諸国へと輸出先を変えた。九七年には、ジャマイカの米市場の九九％を押さえていたアメリカを押しのけて、ガイアナが同市場の半分近いシェアを獲得した。

　ガイアナの米農家に冷や水を浴びせたのは、ジャマイカに対するアメリカの食糧援助だった。アメリカは、ＰＬ四八〇に基づく食糧援助としてジャマイカに米を安く供与した。それに対してガイアナが不公正な競争だと抗議すると、妥協案を持ち出した。ガイアナがジャマイカに四万トン輸出するのを認める代わりに、その米はジャマイカ国内で精米する、というものだった。アメリカ資本の精米会社「グレインズ・ジャマイカ」がアメリカ政府に介入を要求したのだった。その主張は、「ＰＬ四八〇は、アメリカ産農産物の顧客を創り出すことを目的として明確にうたっている。我々は最近精米所を改修したばかりで、投資した分を回収し、ガイアナに奪われた市場を奪回するには食糧援助が必要だ」というものだった。

　ジャマイカへの米の援助は、九〇年代は減少の一途をたどっていたが、政治的圧力に加えてアメリカ国内が米余りになったため、二〇〇〇年のジャマイカへの援助米の割当は一挙に二万四〇〇〇トンへと倍増された。九九年一二月には、アメリカの駐ジャマイカ大使と米産業界が、食糧援助の籾《もみ》米を原材料へと分類しなおすようジャマイカ政府に迫った。そうすれば関税がかからないからだ。ジャマイカ政府は要求を飲んで、五年間関税をかけないという文書に署名した。と同時に、ＣＡＲＩＣＯＭの共通対外関税の適用産品リストから米を外した。それによって、従来ＣＡＲＩＣＯＭ加盟国としてガイアナが享受できていた特恵関税が適用されなくなり、ガイアナ産の米はアメリカ産と同じ扱いになってしまった。

　共通対外関税の適用産品リストから除外するには協議を行なうことが義務づけられているにもかかわらず、協議がなかったとガイアナが申し立てたため、籾米はリストに復活することになった。ガイアナ政府は、カリブ海地域で生産された米が不公正な競争にさらされるのはＰＬ四八〇の精神に反すると主張し、アメリカ政府に対して食糧援助の悪用をやめるよう要求した。アメリカ政府は何の回答もしなかったが、二〇〇一年にジャマイカへの食糧援助割当はゼロになった。

（出典：Oxfam Canada 2001）

四　提言

今後の課題は、貧困国と貧困層が貿易から裨益する機会を増やしていくことである。先進国の貿易政策を抜本的に改革することなしに、この課題は解決できない。抜本的な改革に先進国が踏み出す意志があるかどうかで、二〇〇一年一一月にドーハ〔第四回WTO閣僚会議〕で始まったWTOの新ラウンド交渉が成功するかどうか予測できるだろう。それはまた、貧困国や貧困層を排除しないグローバリゼーションという金看板を、先進国が看板倒れに終わらすことなく、現実のものとする意志があるか否かを示すものともなる。貿易が持つ潜在可能性を実現できるとしたら、それは先進国が世界貿易システムを改革して、貿易の機会を公平に分配した時をおいてほかにない。

先進国は、本書で取り上げた保護主義的な貿易障壁の撤廃を始めるべきだ。具体的には次のような行動を取るべきである。

■二〇〇五年までにすべての低所得国に対する関税と輸入割当を撤廃し、自由な市場アクセスを認める。最貧国に対しては直ちに関税・輸入割当を撤廃し自由な市場アクセスを認める。
■関税率一五%を超える高率関税を直ちに全部一〇%未満に引き下げ、二〇〇五年までに五%未満へ引き下げる。
■途上国の輸出品に対する傾斜関税を直ちに全廃する。
■ウルグアイ・ラウンドで約束した繊維縫製品に対する輸入割当の撤廃を二〇〇二年末までに実施する。
■多国間繊維取極（MFA）の期限が切れる二〇〇五年までに、途上国からの繊維縫製品に対する関税率の上限を五%に制限する。
■途上国に対して発動したダンピング防止措置を一方的に停止するとともに、低所得国に対する同措置の発動を禁止する。
■先進国の製品基準を満たせるよう途上国を支援する「基準達成機関」を設立し、年二〇億ドルの予算をつける。

ＥＵとアメリカが現在の農業政策を続けていくことは不可能である。予算上の制約（例えばＥＵは、中・東欧の多数の農業経済国家を統合していく計画を持っている）に始まって、集約化・工業化された農業生産方式が環境、食糧安全保障、零細農家・農村共同体に与える影響への関心の高まりに至るまで、農業政策の改革を求める圧力は強まっている。農業セクターをめぐるＷＴＯの交渉も改革への圧力となっている。ドーハ閣僚宣言が、交渉加盟国に対して「市場アクセスの大幅な改善、あらゆる輸出補助金の削減と将来的な撤廃、貿易を歪める国内助成策の大幅な削減」を求めているからだ。

改革のカギを握るのは、構造的な過剰生産の問題にＥＵとアメリカがどう取り組むかである。なぜなら、現在のＥＵとアメリカの農業政策が過剰生産を奨励する傾向を持つゆえに、余剰農産物を始末しようとダンピングに訴えたり、集約的生産によって環境を破壊したり、といった問題を引き起こしているからだ。

ＥＵとアメリカが農業政策をどう改革したらよいかを詳しく具体的に提案することは本書の範囲を超えるが、改革の基本的な方向性を示唆することはできる。

①ダンピング輸出の全面禁止　直接的な輸出補助金の形であれ、各種の農業助成策の形であれ、農産物のダンピング輸出を国際貿易ルール違反とすべきである。工業製品に適用しているのと同じルールと原則を農産物にも適用して、生産コストを下回る価格での輸出を禁止すべきである。農産物を輸入する途上国の多くは、ダンピングが行なわれたかどうかを証明する技術や能力に限りがあるため、自信を持ってダンピング幅に見合った関税を対抗してかけることが難しい。それを克服する一つの方法は、生産者が投下したコスト、政府が投入したコスト、流通コスト、それに適正な利潤を合算した総生産コストの概算を、ＯＥＣＤが少なくとも加盟国分について毎年発表することだ。そうすれば途上国は、ＯＥＣＤが発表した概算額を参考にして輸入最低価格を決め、それを下回る輸入農産物に対しては下回った分を対抗関税としてかけられるようになる（Ritchie et al. 2000）。

②途上国の農業システムを保護する権利の承認　途上国は、食糧安全保障のために自国の農業セクターを守る権利を持っている。多額の農業補助金を出すＥＵとアメリカは、その権利を尊重すべきである。また、農業協定に

「開発ボックス」を盛り込むよう求める途上国の提案を、先進国は支持すべきである。そうすれば途上国は、国内農業助成策や、食糧安全保障の向上や農村の生計向上のための諸方策など、より強化された「特別かつ差異のある」手段を手にすることができる。「開発ボックス」が純粋に貧困削減のために使われるようにするには、助成策や保護策の対象を零細農家と主食農産物に限定するよう途上国に義務づければよい。

③非集約的な農業を推進する補助金への衣がえ　現在の農業所得助成策は大規模農家と集約的農業向けに設計されており、社会的公正、環境、途上国には悪影響を与えている。したがって、社会開発、農村開発、環境保全面の目標を達成できるよう慎重に立案された計画によって、あまり集約的でない農業、すなわち単位面積あたりの生産量を減らす農業が実現できるよう、所得助成策を変えるべきである。新しい助成策には、生産量から切り離した形の価格支持や直接所得補償などが含まれよう。また補助金は、異なった農家層に広く公平に分配されるよう設計すべきである。農業政策の変更によって先進国内の低所得生産者層に悪影響が及ぶ時は、低所得生産者向けの過渡的な助成策を設けるべきである。

以上のような改革を行なえば、途上国は世界貿易からより大きな利益を得られるようになるだろう。そうなった場合、今度は貿易を貧困層のものとするための国内政策を採ることが途上国政府の責任となる。第2章と3章で述べたように、農地や融資、インフラといった生産資源へのアクセスを公平なものとする政策が特に重要である。

第5章　貿易自由化と貧困層

荷物運びをして家計を支える国内避難民の少年（シエラレオネのスプレンディド避難民キャンプで/撮影：Jenny Matthews/Oxfam）

世界銀行と国際通貨基金（ＩＭＦ）、それに先進国政府は、途上国が経済改革や貧困削減にコミットしているかどうかを測る物差しとして「輸入自由化」を使い、貿易障壁は世界市場への統合を阻むものだと見なす。そこには、輸入自由化は経済成長にとっても貧困層にとっても良いものだという前提がある。しかし、その前提には根本的な誤りがある。世界市場への統合が公正で持続的な成長の機会を提供するのは事実としても、現在の自由化のアプローチは、貿易と貧困削減の結びつきを弱めているからだ。

前の章で私たちは、世界貿易の自由化が不完全であること、先進国の貿易政策が歪んでいることを見た。本章では途上国の貿易政策を見ていくことにする。その特徴は、急激な輸入自由化に重点を置きすぎ、貧困の削減や利益の分配に及ぼす影響にほとんど配慮していないことにある。貿易自由化は本来的に貧困層にとって悪いものだ、と言おうとしているわけではない。貿易政策をしっかり立案し、効果的な貧困削減戦略と一体化させ、順を追って実施していくならば、それは貧困層に新たな機会を提供しうる。逆に、市場での力関係に配慮することなく貿易を自由化すれば、潜在的な機会を無にしかねない。世銀／ＩＭＦが関与する貿易自由化の多くは後者の部類に入る。

本章ではまず、先進国と違って途上国は、極めて急速に貿易を自由化してきたことを見る。それには、先進国の意図を汲んだ世銀／ＩＭＦが途上国への融資に付けた条件、ないしアメとムチがあずかって力あった。その結果、バランスを欠いた自由化が起きたのだ。途上国は、先進国市場へのアクセスが認められないのに自らの市場を開放してしまったツケを払わざるを得ないでいる。

次に、世銀が開発して先進国が採用した「市場開放」モデルを批判的に見ていく。このモデルは、実は古い貿易理論に新しい装いを凝らしたもので、輸入自由化は経済成長と貧困削減をもたらすと教える。しかし、モデルの有効性を立証する根拠は薄弱である。一言で言えば、証拠を探すために行なわれた世銀の調査はその対象を間違え、誤った結論を引き出し、質の悪い政策助言を生み出しているのだ。世銀はその後、貧困削減のためのより一貫性のある行動計画を作り始めたが、その新しい行動計画に貿易政策を合致させようとはしていない。

私たちは、**貿易自由化指標（ＴＬＩ）**という新しい分析ツールを使って、世銀の調査のどこに重大な欠陥があるのかを明らかにし、中でも市場の開放性の定義に混乱があることを明らかにする。ＴＬＩが測るのは、世銀が重視する経済実績（貿易の対ＧＮＰ比など）ではなく、政府のコントロールが及ぶ貿易政策（関税のレベルや自由化の速さ・深さなど）である。ＴＬＩが明かすのは、世界経済への統合を最もうまく果たした東アジア諸国などが、実は輸入自由化を慎重に進め、輸入よりも輸出の振興に重点を置いてきたことである。

最後に、貿易自由化の具体例として対照的なケースを取り上げる。それによって、ずさんな貿易自由化政策がいかに貧困削減に悪影響を及ぼすかが分かってくる。かといって、貧困削減の万能薬としては、急速な輸入自由化よりも保護主義の方がましだとはもはや言えない状況にある。真に取り組むべきことは、貿易改革〔ここでは貿易自由化を指す〕を効果的な貧困削減のための国家戦略に組み込み、一体化することなのだ。

一　貿易自由化、経済成長、貧困削減――経済学者の新たな信仰

経済学者は政策助言で意見を一つにできない人たちだと批判されることがある。かつてバーナード・ショー〔イギリスの劇作家〕は、「経済学者を端から端まで並べたら、とても結論は得られないだろう」と皮肉まじりに言ったという（Bucholz 1989）。もし彼が生きていたら、「市場開放が途上国にもたらす利益について議論する場合を除いては」、という限定句を加えざるを得ないかもしれない。

経済学を業とする者のほとんどにとって、市場開放は新たな信仰となった。その最たる信奉者はＩＭＦ、世銀、ＷＴＯ、そして先進国である。ただ先進国政府の場合は時として信仰を曲げてしまうことがある。途上国に対して輸入自由化を説きながら、自分自身については口をぬぐってしまうからだ。それでも、先進国が市場開放に置く信の堅さは感動的ですらある。

今日Ｇ７〔先進七カ国財務相・中央銀行総裁会議〕のコミュニケ〔共同声明〕は、グローバリゼーションを貧困層のためのものとする上で、市場開放がどれだけ途上国に利益をもたらしうるか、という点に言及せずに終わることがない。市場開放の最も熱心な信者の一人であるイギリス政府は、それに何の疑いも持っていない。二〇〇〇年の開発白書では、「貿易自由化が経済成長をもたらすことは経験が示している。諸国を横断的に分析した最近の研究も、貿易自由化がもたらす経済成長の成果に貧困層も等しく浴していることを明らかにしている」と述べている（DFID 2000）。ＩＭＦの信念も揺るぎない。最近ＩＭＦは、多種多様な事業について自らの貿易政策アプローチを内部評価したが、その報告書は、「この評価からはっきり言えることは、貿易自由化が貧困層の雇用と収入に全体としてプラスの影響を与えているということである」と述べている（Bannister & Thugge 2001）。世銀は、輸入自由化に対する組織としての立場が定まっていない。ある時は輸入自由化と貧困削減の関係性が一様でないことを認め（例えば World Bank 2001 b）、ある時は「世界貿易に門戸を開くことは開発を促進する」（Dollar & Kraay 2001 a）などと素朴かつ強力なメッセージ

を政策決定者に送っている。そのメッセージは経済学者によって増幅されていく。貿易政策の権威とされるある経済学者は、「長期的に見ると、開かれた経済は閉ざされた経済よりも全体としてうまくいき、よりオープンな政策が長期的な発展に寄与することは広く認知されている」と書いている（Winters 2000）。

そうした主張から浮かび上がってくるのは、良い貿易障壁というものがもしあるとすれば、それは低い障壁であり、まったく障壁がない方がなお良い、というメッセージだ。ただ、それにはいくつかの注意書きが付け加えられている。貿易自由化にともなって失業増加といった短期的な調整コストが運の悪い一部の人々に悪影響を与えることがあれば、政府は「安全網《セーフティ・ネット》」を提供すべきだとか、財産所有権から保健医療、教育に至るまで、貿易自由化を支える諸改革を一つのセットとして実施すべきだとかいうものだ。が、そうした配慮の必要性も、どれ一つとして自由化という至上命令の枠からはみ出すものではない。

●途上国における貿易自由化

輸入自由化の度合いを測る方法は様々ある。貿易障壁には、輸入品に対する関税や非関税障壁（輸入割当や特定産品の輸入禁止など（第4章参照））、輸出品への課税などがある。が、どの指標を取っても、過去二〇年の途上国における自由化のスピードには目を見張るものがある。一九八〇年代半ば以降、急速かつ広範な輸入自由化が進んだが、それは多国間貿易交渉に基づいたものではなく、世銀／ＩＭＦのプログラムに基づいて実施したか、途上国が独自に実施したものである（UNCTAD 1998）。選択的、漸進的な自由化の道を選び、慎重に定めた国家目標と組織能力に合わせながら世界市場への統合を行なったのは、少数の東アジアの国々だけだった。それらの国を除くと、途上国と先進国の間では自由化のペースに大きな開きがあった。

一九八〇年代初めと九〇年代末を比べると、南アジアとサハラ以南のアフリカでは平均関税率が約半分になり、中南米と東アジアでは三分の一になった。八〇年代初めは非関税障壁もまだ多く、東アジアやサハラ以南のアフリカでは輸入品全体の四分の一以上に見られた。それも南アジアを除いては撤廃されていった。九〇年代に入ると、

図5.1　単純平均関税率と非関税障壁率

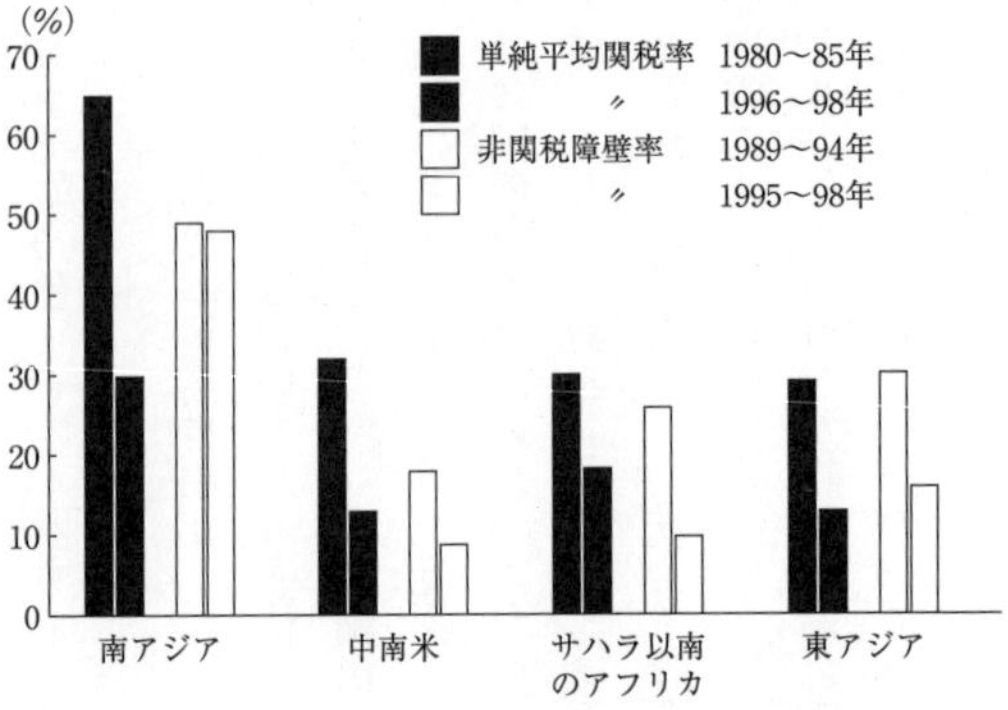

出典：IMF

中南米、東アジア、サハラ以南のアフリカでは非関税障壁が残る分野は半減した（図5・1）。地域別の把握では個々の国が行なった自由化の規模とスピードが見えなくなってしまう。次に挙げる国は決して例外ではない。

■**中南米**　メキシコは一九八五～八七年にかけて、コロンビアは九〇～九二年にかけて平均関税率を半減させた。ペルーは八九～九一年にかけて三分の一にした。

■**南アジア**　バングラデシュは一九八八～九六年にかけて平均関税率を一〇二％から二七％へと大幅に引き下げた。インドも九〇～九三年の三年間に半減させて四七％にした。

■**サハラ以南のアフリカ**　ザンビアは一九九五～九八年にかけて平均関税率を四分の一の六％へと引き下げた。ガーナ、ケニア、タンザニアも九〇年代に半分以下にした。

■**東アジア**　中国、インドネシア、フィリピン、タイはみな九〇年代に関税率を半分にした。

貿易に関する様々な指標を総合すると自由化の度合いがよく分かる。ＩＭＦの「貿易制限指数（ＴＲＩ）」[†1]は、平均関税率、非関税障壁が設けられた分野、輸出税など、主だった貿易障壁を総合的に勘案した「開放度」指数だ。指数は一から一〇までの一〇段階あり、一が最も開放的で、一〇が最も閉鎖的であることを示す。

この指数で世界各国の開放度を計ったのが図5・2である。この図から二つの際立った特徴が浮かび上がってくる。一つは、多くの途上国が目覚しいスピードで市場を開放してきたことだ。例えばウガンダ、ペルー、ハイチは世界で最も急速に自由化してきた国である。一九九七年から二〇〇〇年の間だけを見ても、低所得国の中でＩＭＦが閉鎖的と見なす国の割合は三三％から一八％に減少した（IMF 2001）。そうした全体傾向とは違った道を歩む国も一部にはある。ベトナムやインドネシアのように素晴らしい輸出実績を持ちながら非常にゆっくりと自由化している国や、自由化はしたもののまだ保護主義的な国だ。

もう一つは、今では多くの貧困国の方が先進国よりずっと開放的だということである。途上国における自由化は、自由貿易の旗手を標榜する先進国を抜き去り、はるか先を行っているのだ。

■モザンビークやザンビア、マリは、ＥＵに属するイギリス、フランス、ドイツよりずっと開放的である。ＴＲＩを計った一六のサハラ以南のアフリカ諸国は、ＥＵ全体よりも開放的である。

■アメリカ、カナダに比べ、ペルーとボリビアは二倍、ハイチとチリは四倍も開放的である。中南米・カリブ海地域の一七カ国は、アメリカと同等かそれ以上に開放的である。

図5.2　IMFによる「開放度」テスト（1999年）

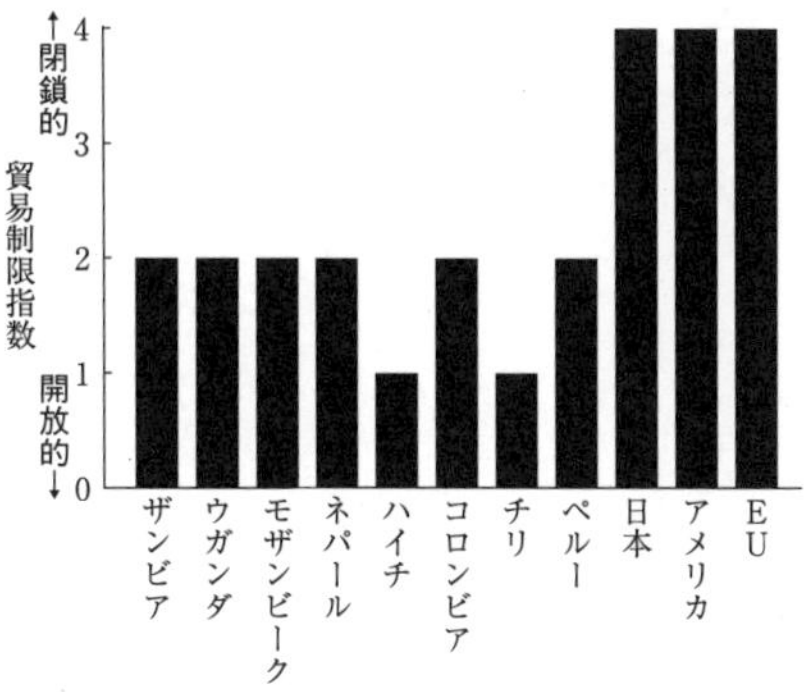

出典：IMF

●ＩＭＦの融資条件が果たす役割

途上国の市場を開放するという意志にみなぎる先進国がＩＭＦの主要出資者であることから、その意志を反映したＩＭＦのプログラムは、どれも貿易政策の改革を提案する。途上国がＩＭＦから融資を受けようとすれば、輸入自由化を義務づけた条件を飲まされることになる。世銀のプログラムと並行して実施されることの多いＩＭＦ融資の条件は非常に大きな意味を持っている（IMF 1999）。融資システムの頂点に君臨するＩＭＦは、先進国からの援助や債務救済、金融救済を左右する力を持つ。ＩＭＦ自身、自らの融資条件が目覚しい成果を挙げていることを認めている。一九九七年に行なわれた内部評価によると、ＩＭＦのプログラムの半数が、融資に条件を付けることで貿易制限の大幅削減を意図していた。評価対象となった借入れ国のうち、借入れ当初に閉鎖的と見なされた国は全体の四分の三もあったが、四年後には五分の一になったという（IMF 1997, 2001 b）。

世銀／ＩＭＦが輸入自由化の処方箋を画一的にあてはめることを躊躇するようなセクターは、農業セクターを含め一つもない。カンボジアに対する融資では、一九九八年に四〇％以上だった同国の平均輸入関税率を、二〇〇一年までに一五％に下げることを条件にした。マリやハイチも、輸入米に対する関税の削減を義務づけられた。

ＩＭＦの融資に付けられた貿易関連の条件は一九九〇年代に増大した（IMF 2001 b）。それは、低所得国に対する場合顕著で、一九八八～九〇年と九七～九九年を比べると三倍も増えた。どうりで低所得国の貿易自由化が急速に進んだわけである。ただ、三倍増というのも平均であって、国によってはもっとすさまじい。譲許的な〔金利が低く返済期間が長いなど貸付条件が緩やかな〕融資プログラムである貧困削減成長融資（ＰＲＧＦ）は、他の融資と比べて貿易関連の条件がとりわけ多い。七つのＰＲＧＦ案件を調査したところ、全部で五一もの貿易関連の条件が付けられていたという。融資の資格を得るための一三要件から、結果を評価する一一の指標まで、種類も様々だった。平均すると一つの案件に七つの条件が付けられたことになるが、平均以上の国も当然あるわけだ。二〇〇〇年にタンザニアに対してＰＲＧＦが行なわれた際は、関税や非関税障壁の削減を含む輸入自由化のための条件が八つあった。イエメンに至っては二二もの条件が付けられていた。

ＩＭＦの融資条件が特に厳しいのは低所得国に対する場合であるにせよ、他の途上国も条件付けを免れることはできない。一九九七年の金融危機勃発でＩＭＦ融資にすがらねばならなかったインドネシアは一九、韓国は九つの条件を付けられ、その対象も輸入、輸出の両面にわたる広範なものだった。

ＩＭＦの融資（多くの場合世銀が側面支援する）が求める輸入自由化のスピードは、時として「清水の舞台から飛び降りるようなもの」としか言いようがない。インドネシアとボリビアに対しては、わずか三年の間にＴＲＩの第四段階（ＥＵやアメリカと同じレベル）から一気に第一段階へと突き進むよう求めた。一九九〇年代初めに世銀／ＩＭＦの構造調整プログラム〔途上国の経済建て直しのために、緊縮財政や市場経済化、対外開放などを求める経済改革パッケージ〕が実施されたペルーとザンビアは、やや閉鎖的な経済から世界で最も開かれた経済へと数年内に変貌した。しかし何と言っても世銀／ＩＭＦの目にかなう優等生と言えばハイチだ。国連開発計画（ＵＮＤＰ）の人間開発指数（ＨＤＩ）〔平均余命、教育機会、一人あたりＧＤＰを総合した指数。〇〜一の数値で示し一に近いほど望ましいとされる〕では世界一六二カ国〔ＨＤＩのデータがある国〕のうち一三四番目にランクされる中南米の最貧国ハイチは、世銀／ＩＭＦのお導きで、一九八六年に世界でも数少ないＴＲＩ第一段階（完全開放経済）達成国の一つに踊り出た（IMF 1999a）。その躍進はぞっとするような状況を貧困層にもたらしたにもかかわらず、世銀は今もハイチを優等生として持ち上げている（World Bank 2001b；Oxfam International 2001a）。

貿易関連の条件は、融資申請国がどんな理由でＩＭＦに支援を求めたかにお構いなく付けられる。例えば一九九七年の金融危機でＩＭＦに支援を要請したインドネシアの場合、問題の根源は銀行セクターと政府の為替政策にあった。にもかかわらずＩＭＦの「救済策」は、根本原因とはごくわずかな関連性しかない貿易分野の改革を要求した。ＩＭＦの融資条件がなぜ農産物や各種工業製品の輸入自由化でなければならないのか、明白とはとても言いがたい（Stiglitz 2001）。

融資条件が貿易政策全般に及ぶことを見れば、市場開放が生み出す利益を世銀／ＩＭＦが確信していることが分かる。彼らの確信を裏打ちする証拠がどの程度のものなのかを検証する前に、世銀／ＩＭＦの貿易自由化アプローチの問題点を、もう少し視野を広げて見てみることにしよう。そのどれもが貧困削減に関わっている。

①バランスを欠いた自由化が国際収支を圧迫する　輸入自由化はほとんどの途上国で貿易収支の赤字を招いた。一九九〇年代の途上国全体の貿易赤字は対ＧＤＰ比で七〇年代より平均三％ポイント近く悪化し、その間の平均成長率を上回った（UNCTAD 1998）。それには二つの要因がある。一つは、輸入自由化によって輸入が急増し、国内産業が駆逐されたこと。もう一つは、先進国の輸入制限によって途上国からの輸出が制限されたことである。巨額の貿易赤字を埋めたのは、特に中南米の場合、投機的な資本の流入だったが、それは金融不安を呼び起こし、経済リスクを高めた。一九九五年にメキシコ、九七年に東アジア、二〇〇一〜〇二年にアルゼンチンを襲った金融危機は、みな国際収支の赤字を民間資本の流入で埋め合わせたことが一因となっている。

②不平等な貿易交渉　貿易交渉を行なう時は互いに譲歩し合うものだ。自由化に起因する輸入品との競争激化がも

たらすコストをあえて引き受けるのは、それと引き換えに相手国市場へのアクセスが改善されると期待するからだ。しかし、世銀／ＩＭＦのプログラムは借入れ国に一方的な自由化を求め、何の見返りも与えない。確かに世銀／ＩＭＦは、政策分析と提言の相手を分け隔てしないが、融資条件を付けるのは途上国に対してだけだ。先進国は途上国が実施した措置に見合う措置を取る必要がないため、バランスを欠いた自由化が起こるのだ。

③世銀／ＩＭＦの融資条件が持つ二つの顔　先進国が自らの市場を開放する時は国内の圧力団体にひどく気を使う。民主主義的なアカウンタビリティや圧力団体の力が貿易政策に影響を与える。ＥＵやアメリカの場合、農産物や履き物といったセンシティブな分野では、小幅な自由化をするにも何十年もかかる。世銀／ＩＭＦが途上国に政策助言をする際は、アカウンタビリティや民主主義といったことを考慮する必要はない。彼らがアカウンタビリティを果たす相手は、主として大株主である先進国政府なのだ。世銀／ＩＭＦは、分け隔てなく誰にでも同じ政策助言をすると主張するし、それは正しい。先進国に対しても常に自由化を求めている。しかし、融資を受ける途上国と違って先進国は助言に従う義務はない。フランスやアメリカが、ＩＭＦ融資プログラムが求めるようなスピードで農業システムを自由化することなど、とても考えられない。

④貿易政策と貧困削減戦略の切り離し　世銀／ＩＭＦも、建前では貧困削減を業務の中心とすることにコミットしている。が、実際には次節で見るように、貧困層への影響など考慮せずに貿易自由化目標を設定している。

二　経済成長、市場開放、貧困層——古い議論と新たな証拠

世銀／ＩＭＦが貿易自由化を融資条件としてきたことは、市場開放が生み出す利益に信を置いていることの一つの表れである。しかし、自由化を推進した原動力は世銀／ＩＭＦの強制力ではなかった。市場開放は経済成長にとって良いことであり、したがって貧困削減にとっても良いことだとする「証拠」だった。しかし、途上国政府を納得させるのに使われたその「証拠」も、よくよく検証すると怪しげなものであることが分かる。

●新しいモデルについての合意

経済学者たちは、長らく貿易自由化は途上国にとって良いことだと主張してきた。一部の学者は応用理論の立場からそう主張してきた。彼らは、市場開放によって資源分配が最適化し、効率性が高まると指摘する（Bhagwati & Srinivasan 1999; Bussolo & Lecomte 1999）。他の学者たちは、計量経済学に基づく複雑な経済データの分析を通して、市場開放と経済成長、それに貧困削減の間の関連性を追求してきた。[†2]

そうした探求から出てきた「証拠」は、政策決定者にはほとんど理解不能だったにもかかわらず（あるいは、恐らく理解不能だったからこそ）、政策論議に大きな影響を与えた。一九八〇年代半ばに行なわれたある研究は、自由な貿易を行なう国は、閉鎖的な国と比べて、無条件に年平均二・五％高い経済成長を記録し、先進国との所得格差を縮めている、と主張した（Sachs & Warner 1995）。同じような結論を引き出し、同じように誇張された主張をする研究はほかにもあった（Edwards 1993）。そうした研究が構造調整プログラムを力づけ、貿易自由化がもたらす潜在的な恩恵への陶酔を深めていった。世銀／ＩＭＦのスタッフは、徹底的な貿易自由化という自分たちの処方箋を支持しているかのように見える研究結果で武装し、途上国に降り立ったのである。

しかし、そうした研究はほとんどが信憑性に欠けるものだったし、研究結果から導き出された政策提案はそれに輪をかけて信頼性に欠けていた。研究の大半は因果関係という最も基本的なテストさえパスできなかった。市場を開放したから経済が成長したのか、それとも経済が成長したから市場を開放したのかを明確にすることができなかった。しかも、「開放性」の定義すらあまりに多様すぎて意味を持たなかった。為替レートやマクロ経済戦略に始まって輸入障壁や政府の規模に至るまで、ありとあらゆるものが持ち込まれた。ある詳細な研究によると、輸入障壁だけを切り離して開放性の指標とすると、経済成長との関係性は雲散霧消してしまうという（Rodriguez & Rodrik 1999）。つまり、世銀／ＩＭＦが唱導してきた政策とそれが予知する結果との間には、正であれ負であれ、何の関係性もないのだ。にもかかわらず、世銀／ＩＭＦは構造調整プログラムの中で輸入自由化を独善的に追求してきたのである。

世銀の後押しで計量経済学が政策策定の手引きとして力を得ているが、昔の悪いクセは直っていない。開放性の定義は幅広いままで、貿易政策と他のマクロ経済改革とを混同している（Edwards 1998）。一方で、開放性の指標を絞り込んで経済成長との関係性を明らかにしようとする新しい動きが、世銀の開発研究グループなどから出てきた（Dollar & Kraay 2001 a, b）。するとまたぞろ、ＩＭＦやＷＴＯ、それに先進国政府のほとんどがこうした開発研究グループの研究を引き合いに出して、途上国に輸入自由化を迫っている（例えばDFID 2000, McKay et al. 2000）。それだけに、この新しい研究結果が昔の「証拠」と比べてどれだけしっかりしたものなのか知りたくなってくる。

世銀の開発研究グループの主張は二つの核心的な要素からなる。†3 その一つは経済成長と貧困削減の関係性に関わるものだ。世界八〇カ国の経済成長を過去四〇年にわたって計量的に分析した結果、「平均すると」貧困層の所得の伸び率は経済成長率と一対一の関係にあるという。つまり、経済成長に占める貧困層のシェアは成長前の所得分配のシェアと同じということだ。そこで開発研究グループは、「経済が大きく成長する時は、必ずと言ってよいほど貧困層の所得も上昇する」と主張し（Dollar & Kraay 2001 a）、先進国の開発機関は何度となくその主張を引用してきた。

もう一つは経済成長と開放性との結びつきを明らかにしようとする。以前の研究の轍を踏むまいと、同グループは開放性の指標に貿易の対ＧＤＰ比だけを使った。途上国七二カ国をサンプルにとって計量分析し、経済成長と貿易の対ＧＤＰ比の関係性を調べた。一九七五〜七九年から一九九五〜九七年までの二〇年間に貿易の対ＧＤＰ比が上昇した上位三分の一の途上国を「グローバル化国」とし、それ以外の「非グローバル化国」と比較したのだ。その結果、いくつかの明快な結論が導き出された。政策決定者が好んで引用するその結論は次の通りである。

■各国の人口を考慮に入れた加重平均で見ると（これは後で見るように重要な意味を持つ統計処理である）、グローバル化国の一人あたりの所得は一九九〇年代に年五％の割合で増えたが、非グローバル化国は年一・四％の割合でしか増えなかった。

■グローバル化国の経済成長率は一九七〇年代以降着実に上昇しているのに対して、非グローバル化国の経済成長率は八〇年代に大きく落ち込み、九〇年代に入ってわずかに持ち直しただけである。
■グローバル化国の一人あたりの所得は先進国の二倍以上の速さで増加しているのに対して、非グローバル化国の所得の増え方はずっと遅い。

この研究結果が政策決定者の注意を引いたのは、ある意味では驚くにあたらない。結果に示された経済成長率の違いが非常に大きいからだ。この研究が定義した意味での「開放的な国」は、そうでない国よりも年三・六％も速く成長してきた。このペースで行くとグローバル化国の平均所得は一四年ごとに倍増し、一方の非グローバル化国は倍増するのに五〇年もかかることになる。この違いは貧困削減に大きな意味を持ってくる。

しかし、詳しく見ていくと、そうした数字は色あせたものになってくる。まず、平均値というのが途上国間にある大きなバラツキを見えなくしてしまう。人口でもって加重平均すればなおさらだ。中国のような人口大国が全体の数字に極めて大きな影響を及ぼすからだ。人口による加重平均をしなければ、一九九〇年代のグローバル化国の一人あたりの所得増加率は一・五％にしかならない。しかも二四のグローバル化国のうち、一〇カ国の経済成長率は一％以下である。さらに、グローバル化国の三分の一は、平均経済成長率が非グローバル化国を下回っているのだ。こうして見ると、世銀の研究結果は市場開放政策を喧伝する根拠として強固なものとはとても言えない。

一方、この研究結果は、開放性と経済成長の間に正の関係がまったくないことを必ずしも示しているわけではない。所得に占める貿易のシェアで開放性を計ると、長期的な経済成長との間に正の関係があることを示す研究がほかにもいくつかある（Frankel & Romer 1999）。しかし、そうした研究の問題点は解釈の仕方にある。そもそも世界のGDPよりも世界貿易の伸び率の方が高いのだから、貿易の対GDP比の高い国が平均よりも高い経済成長率を示すのはほとんど自明のことなのだ。しかし、関係性があることと因果関係があることとは別である。経済成長が速いから貿易も活発になるということも十分ありえるのだ。多少とも確信を持って言えることがあるとすれば、国が裕福になるにしたがってより開放的になる傾向がある、ということぐらいだ（Rodrik 2001 a）。

多くの国を横断的に分析する場合、比較対照する期間や基準年をいつにするかによって結果は劇的に違いうる。ハーバード大学のドン・ロドリックは、世銀と同じデータを使って、一九八〇～八四年から一九九五～九七年までの期間、輸入の対GDP増加率と関税削減率が高かった上位四〇カ国を選び出した（Rodrik 2001 d）。すると、その四〇カ国の平均経済成長率は、一九七五年に四％あったのが八五年には二・五％へ、九五年には二％未満へと減少の一途をたどっていたのである。

比較対照期間や指標の選び方を変えると異なった結果が出ることは疑いようもない。つまり、選び方によってどんな結果も導き出せるのだ。したがって、結果を解釈するにあたっては慎重の上にも慎重でなければならない。そこで必然的に湧いてくる疑いは、開放性と経済成長の間に強い関係性があることをあえて示すために比較対照期間や国を注意深く選び出し、データを都合よく解釈したのではないかということである。

●市場開放のどこが問題なのか

統計的な解釈は別にして、開放性を指標として使った世銀の試みは、表向きは説得力のある比較対照結果を導き出した。強力にグローバル化を推し進める中国、ベトナム、タイは急速な経済成長と貧困削減を記録する一方で、ミャンマー、パキスタン、ホンジュラスといった非グローバル化国の実績は見る影もない（Dollar & Kraay 2001 b）。そこで、さあご覧あれとすべての者に因果関係が示される。開放性は成功を意味し、開放性の欠如は経済的な失敗と貧困を意味すると。ある評論家は、「貿易の自由化はいろいろな側面を持っているが、どの側面を取っても経済成長と強く結びついている」とまで言うのだ（Easterly 2001）。

そうした主張の問題点は、それを政策に当てはめようとした時にほとんど意味をなさないことにある。貿易政策にとって開放性という概念は、少なくとも二つの非常に異なった意味を持っている。世銀が言う開放性とは貿易（輸入と輸出の合計）がGDPに占める割合を計ったもので、本質的に「経済活動の結果」を意味している。そこから世銀は想像力を働かせてもう一つの意味へ、つまり「政策」としての開放性へと一足飛びする。世銀自身そこに飛躍があることを認め、「貿易政策の変化を示す不完全な代替物として貿易量の年代変化を使う」と述べている(Dollar & Kraay 2001 b)。それは大目に見ても、まったくもって不完全な代替物でしかない。

世銀が「貿易政策」と経済成長、貧困削減との間の関係性を調べたいのであれば、「経済活動の結果」ではなく、貿易政策そのものを指標として使うべきである。その時、世銀の主張は現実の世界を逆さまに描いたものとなるだろう。最もうまくグローバル化した国のいくつかは、実は過激な貿易自由化国とは似ても似つかず、逆に最も過激な貿易自由化国の多くは、経済成長や貧困削減では成果らしい成果をまったくと言ってよいほど上げていないことが明らかになるだろう。

経済活動の結果と政策との違いは大きな違いであり、政策の観点から見ればなおさらである。政府が貿易の対GDP比をコントロールする力は限られている。貿易の対GDP比は、輸出価格や経済構造のほか、様々な要因によって変化する(例えば、貧困国でも豊かな鉱物資源を持っていれば貿易の対GDP比は高くなりうる)。一方、政策は政府の影響下にある。例えば、関税率や非関税障壁をどの程度にするか、どのくらい速く削減するかなどは政治的な選択次第である。

そこで、貿易自由化をめぐる議論に新しい光を当てようと、オックスファムは「貿易自由化指標(TLI)」という新しい分析ツールを開発した。TLIは、自由化の速さと深さという、貿易政策の二つの重要な変数に焦点を当てたものである。

①自由化の速さ　TLIは、一九九〇年代に平均関税率が最も速く削減された三年間を取り出して自由化の速さを測定する。その三年間に関税を三〇%以上削減した国を「急速自由化国」とし、三〇%未満の国を「低速自由化国」とする。どんな指標の場合もそうだが、この指標にも問題がないわけではない。取り出す期間は恣意的であり、関税という指標も政府が用いる保護主義政策の一つに過ぎないからだ。それでも、平均関税率は、貿易政策全体の制約性ないし開放性を映す鏡として妥当なことは広く認知されている(Dollar & Kraay 2001 b)。

②自由化の深さ　自由化の深さも速さと同じくらい重要だ。国によって自由化開始時点に大きな違いがあるから

図5.3　貿易自由化指標（TLI）：輸入自由化の速さと深さ

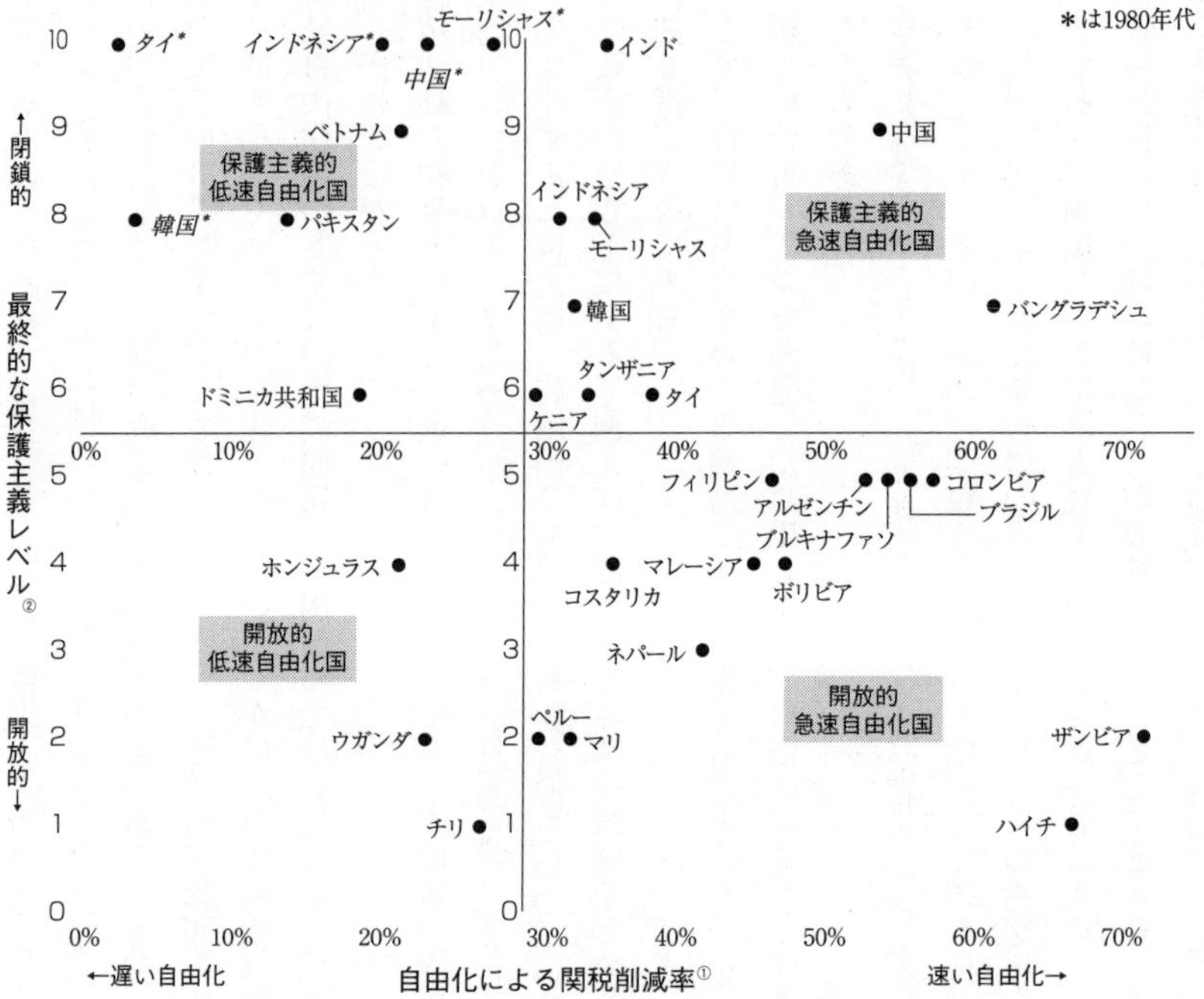

①関税削減率の計算には加重平均関税率を使っている。計算式は$\frac{\text{初期関税率}-\text{最終関税率}}{\text{初期関税率}}\times 100$　である。
例えば、ある国が関税率を80％から40％に引き下げれば削減率は50％となる。
②最終的な保護主義レベルの判定にはIMFの貿易制限指数（TRI）のうち輸入面の指数のみ用いた。

だ。関税が非常に高かった国が半分にするのと、もともと関税が低かった国が半分にするのとでは明らかに違う。TLIは、IMFの貿易制限指数（TRI）をアレンジして深さを測ることにする。関税と非関税障壁をマトリックスにしたIMFのやり方にならって、国をレベル一から一〇に分類する。しかし、ここでの関心は輸入政策にあるので、輸出税は含めないことにする。TRIの「最終的な保護主義レベル」五未満の国は「比較的開放的」とし、レベル五以上の国は「比較的閉鎖的」とする。

図5・3は、サンプルとして選んだ二八の途上国を、TLI

を使って分析した結果を示している。分析の対象は一九九〇年代だが、五カ国については八〇年代の分析結果も合わせて表示している。結果を図にするとまるで万華鏡のようで、グローバル化国と非グローバル化国にはっきり分かれるのではなく、様々なタイプがあることが分かる。自由化の速さと深さという指標で測ると、世界市場にうまく統合したとされる途上国の多くも自由化ぶりが控え目なものであることが分かる。中国、インドネシア、ベトナムは、世銀の基準では第一級のグローバル化国であるかもしれないが、TLIで測るとどう見ても二級でしかない。同じことがモーリシャスについても言える。一九八〇年代に目覚しい経済成長を遂げた東アジア諸国もかなり保護主義的だったことが分かる。

図5.4　経済成長と貧困削減

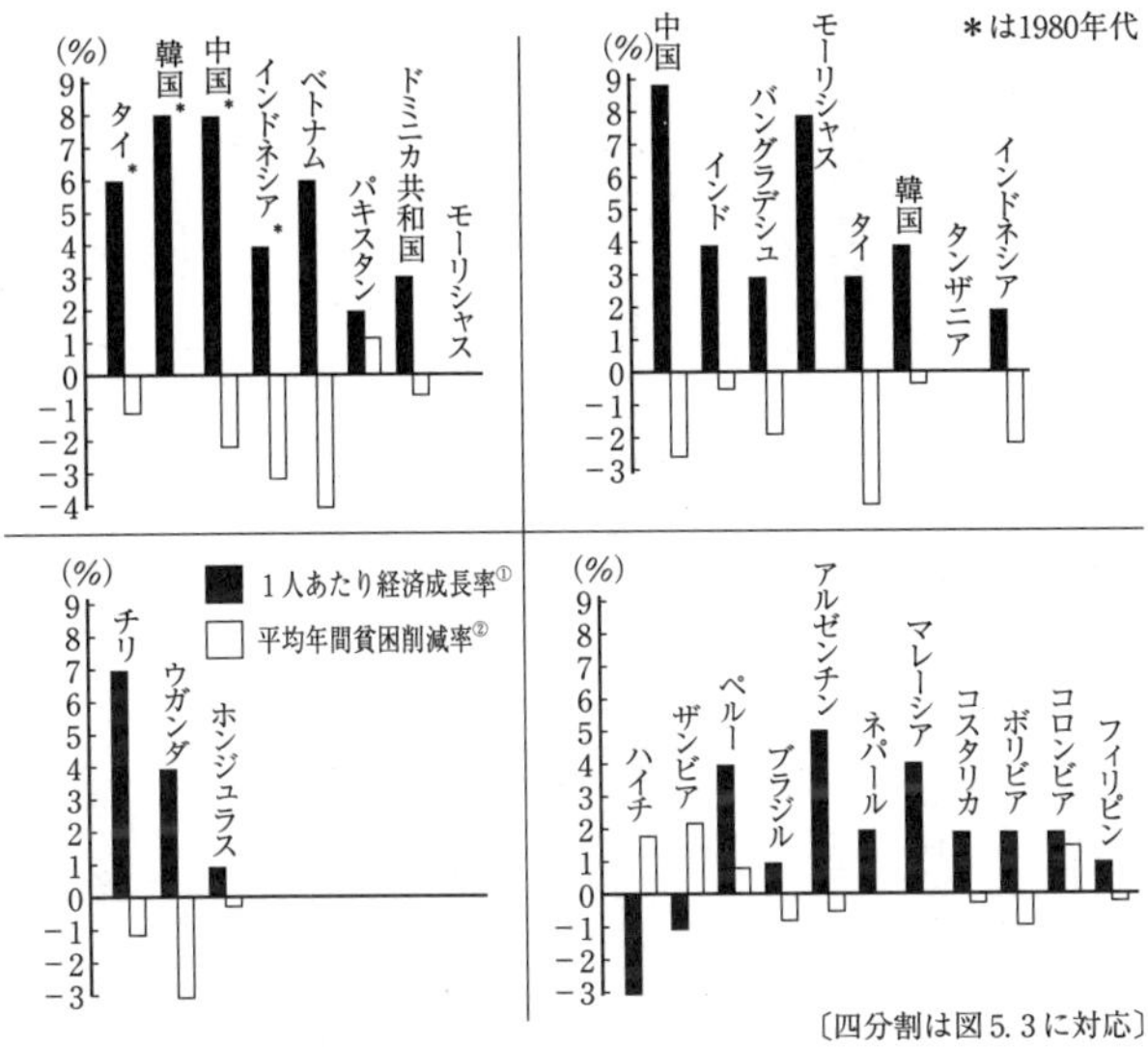

①成長率の計算には世銀の『世界開発指数2000』のデータを使った。

②平均年間貧困削減率の計算式は$\frac{\text{最終貧困率}-\text{当初貧困率}}{\text{年数}}$である。

反対の極に目をやると、急速な自由化という処方箋に最も忠実だったとされる国々の多くは、首尾よく世界市場への統合を果たしたモデル国とは言いがたく、ましてや優れた貿易政策を採った国とはとても言えない。四分割された図の右下に区分されるこれらの国にはハイチ、ザンビア、ネパール、マリ、ペルー、ボリビアが含まれる。これらの国は、輸入自由化を断行したという意味では世界に冠たる国かもしれないが、経済成長や貧困削減、人間開発といった他の分野ではかなり遅れた国だ。

そのことは、年間の経済成長率と貧困削減率を比較した図5・4に明らかだ。一つ断っておきたいのは、分析した国のサンプル数が少なく、貧困に関するデータにも大きな問題があることだ。[†4] それでもなお今回の分析は、貿易自由化政策を奨励し、賛美する今の風潮に疑問を投げかける。急速に自由化した国の多くは、経済成長の実績も、貧困削減の実績もみすぼらしい。それより、輸入自由化を慎重に進めた国の多くが、はるかに高い経済成長率を残し、貧困削減でも相当な実績を上げているのだ。ただ、その両極端に分かれてしまうのではなく、その間に様々なパターンがありうるのだ。

ＴＬＩの目的は、今の世銀の処方箋を別な処方箋に置き換えることでもなく、保護主義的な貿易政策の方が貧困削減にとってベターだと言おうとすることでもない。ＴＬＩによる分析の結果、唯一確信を持って言えるのは、様々なパターンがありうるということぐらいだ。だが、多様な結果がありうるということ自体、急速な貿易自由化政策を画一的に当てはめることに慎重でなければならないことを教えている。私たちがもっと注意を向けなければならないのは、貿易政策の改革が、なぜ、どのようにして貧困削減に多様な結果をもたらすのかをよく理解することである。

●なぜ分配が重要なのか

先に述べたように、市場の開放は経済成長にとって良いことだという議論と、経済成長は貧困層にとって良いことだという議論は密接に結びついている。表向きそこには議論の余地がないように見える。確かに、経済が後退している時よりも成長している時の方が貧困層は利益を享受できるだろうと思われる。しかし、経済成長にばかり目を奪われると、経済成長が貧困削減に寄与するか否かを決定づける分配の問題を見過ごしてしまう。

経済成長は貧困層にプラスに働くという単純な議論は、実のところ、世銀が行なった例の大規模な比較分析に依拠している。すなわち、「貧困層の所得の伸び率は経済成長率と一対一の関係にある……世界貿易に門戸を開くことは、国全体の所得を上昇させることを通して貧困層の所得も引き上げる。所得分配への影響は微小で、ほとんどゼロに近い」という分析である（Dollar & Kraay 2001 a）。それは、貿易改革は貧困削減をもたらすという通説を濃縮したものだ。その論理は無邪気なほど単純である。貧困層の所得は、国民所得全体が増加するのと同じ割合で増加すると言うのだ。他の諸条件が同じであれば、貿易の自由化は平均所得を増加させるのだから貿易は貧困層にとって良いことだという理屈になる。問題は、所得の分配に関しては「他の諸条件」が同じでないことにある。貧困削減に関心を持つ政策決定者にとって重要な問題は、二つの要因（全体的な経済成長と、経済成長のうち貧困層を裨益する割合＝所得分配）の相互作用である。分かりやすく言えば、経済成長率は経済のパイの大きさを決めるのに対して、分配率はパイをどのように分けるかを決めるのだ。

貧困層の所得が平均して経済成長と一対一の関係で上昇するとしても、貧困の削減につながるかどうかは疑わしい。国民所得に占める貧困層の割合がわずかであれば、国民所得が増加しても貧困層の所得はわずかしか増えない。例えばインドの場合、所得分配率に変化がないとしたら、上位二〇％の富裕層の所得増加額は下位二〇％の貧困層の所得増加額より五倍も大きくなるし、メキシコの場合は一四倍、ブラジルに至っては二四倍も大きくなる。たとえ貧困層の所得が経済成長と一対一の関係で上昇するにしても、所得格差が大きい国では貧困層の所得増加はわずかなものにとどまるのだ（Hanmer & Naschold 1999；Stewart 2000）。そうした国では、経済成長と所得の再分配を同時に実現する国と比べて、貧困削減のペースはずっと遅いものになるだろう。

以上のことが持つ意味は重大だ。ブラジルの場合、今の所得分配のパターンが変わらなければ、下位二〇％の貧困層がベトナムの同輩と同じ所得増加額を手にするには、ベトナムの三倍のスピードで経済が成長しなければならない。メキシコはインドネシアやウガンダの二倍近いスピードでの成長が必要になる（Watkins 1998）。逆に、同じ成長率でも国によって貧困削減に大きな違いが出てくる。所得格差の小さい国と大きい国を比較分析したある研究では、経済成長率が同じでも、格差の小さな国では大きな国よりも七五％も速く貧困を削減できるという結果が出た（Ravallion 2001）。世界全体では貧困削減を決定づける最も重要な要素が経済成長だったとしても、所得分配はなお重要な意味を持っている。一四三の経済成長記録を分析したある研究によると、経済成長よりも所得分配の方が貧困層の所得増加に大きな役割を果たしたケースが四分の一以上あったという（White & Anderson 2001）。

所得分配の変化は、貧困削減に良くも悪くも作用しうる。バングラデシュは、世界的に見れば所得格差が比較的小さい方だが、一九九〇年代前半に起きた急速な輸出拡大は、所得格差の悪化をもたらした。同国のジニ係数は、一九九二〜九六年にかけて二六から三一に上昇した。もし二六のままだったら、一日一ドル未満で暮らす貧困層は八〇〇万〜一一〇〇万人少なくて済んだろうという。格差の比較的大きいホンジュラスのジニ係数が、格差の小さいコスタリカと同じだったら、ホンジュラスの貧困層の数は七％少なくて済むという（Government of Honduras 2001）。

もともとあった所得格差と経済成長のパターンによって、平均所得の上昇がどのくらい貧困削減につながるかが決まってくる。労働集約型の工業や農業のように貧困層の集中度が大きい分野で経済が成長する場合は、そうでない場合（資本集約型の工業や農業）よりも貧困は速く削減されると思われる。一九九〇年代前半、ウガンダやベトナムは零細な農業に根ざした裾野の広い経済成長を実現した。両国では、一人あたりの所得増加率と貧困削減率は一対一に近かった。それに対して、インドやペルーでは一対〇・二五でしかなく、中でも農村部の貧困層が経済成長から裨益できずにきたように見える。

経済成長と所得分配の間には相互作用が働く。ある研究によると、所得格差が大きい場合、貧困削減のスピードが遅くなるだけでなく、経済成長にもブレーキがかかるという。それには様々な理由が挙げられている。極端な所得格差が貧困の一大要因である場合、それが投資を制約し、市場の発展を阻害し、革新を阻むという（UNDP 2001a; Dagdeviren et al. 2000）。そのことは、裏返して言えば、所得の再分配が貧困削減にとって二重の意味でプラスになりうることを示唆している。貧困層の分け前を増やすだけでなく、パイそのものを大きくしうるのだ。

所得の分配が極めて重要な意味を持っていることから、貿易自由化政策の立案にあたっては、何をさておいても政策が貧困層にどのような影響を与えるかを吟味すべきだ。具体的に言えば、経済全体を成長させるだけでなく、成長の分け前を貧困層にとってより大きなものとする政策を考えることだ。その点からすると、貿易自由化は経済成長にとって良いことだという、よくある思い込みは健全な第一歩とは言えない。

三　貿易自由化と貧困削減

途上国の急速な貿易自由化を正当化する主張は、第1章に紹介した自由貿易全般を正当化する主張と軌を一にしている。それは、貿易自由化は全体として経済成長にとって良いものであり、特に貧困層にとって良いものだという発想に根ざしている。そこでの問題は、貿易政策が引き起こす複雑な問題を、一部分にせよ無視してしまうことだ。無視される問題には、分配、自由化の順序、利益を測定する期間などがある。

●自由化が生み出す利益の分配

一般に流布している貿易理論は、自由貿易によって各国は、自分の最も得意な分野に特化して比較優位にある分野の産品を輸出する一方で、他国が比較優位を有している分野の産品を輸入することが可能になると教える。輸出税であれ、輸入障壁であれ、貿易に介入することは効率的な生産者を罰し、非効率な生産者を助けることになるので、経済成長に悪く、貧困削減にもマイナスだということになる。

一般理論はまた、途上国では貧困層に有利な分配が行なわれると想定する。途上国の比較優位は労働集約的な産品にあると思われるので、貿易で需要が高まれば、労働集約的産品を生産する労働への対価も上がると考える。貧困層は労働への依存度が最も高いので、貿易自由化は比較的にも絶対的にも貧困層に恩恵をもたらすだろうと予測する。労働集約的な工業製品や農産物の輸出は、自動的に貧困削減をもたらすと想定されているのだ。

一般理論は確信に満ちているにもかかわらず、市場開放と貧困層の所得との関係性を詳細に調べた研究からは、理論を裏づける証拠がほとんど見つからない。貿易自由化の恩恵を喧伝する世銀が行なった比較研究は、市場開放と平均所得の間に全体として正の関係があることを確認しつつも、所得分配との間にはとんでもない変則性があることを見つけた。市場開放は、上位六〇％の富裕層の所得増加とは正の関係を示したものの、その他四〇％の貧困層の所得増加とは負の関係を示したのである。報告書は、「市場の開放は、過半数には利益をもたらしたが、最貧層には害を及ぼした。…開放にともなうコストを背負わされたのはすべて貧困層だった」と結んでいる（Lundberg & Squire 1999）。

どんな理論でもそうだが、旧来の貿易理論は様々な前提に立っている。前提が狂えば政策策定の指針としての価値は失われる。貿易を自由化した時、貧困層に何が起きるかは数多くの要因に左右される。もともとの所得や資産の分配状況、貧困層が生産する産品、家庭内のジェンダー関係、自由化の具体的な中身などがみな大きく影響してくるのだ（Winters 2000）。輸入規制によって貧困層が生産する産品の価格が守られ利益を得ていた分野で自由化を行なえば、貧困層に害が及ぶことは想像がつくだろう。初期条件がどのようであれ、貿易自由化は勝者と敗者を生むものだが、それにしてもよくよく敗者となるように仕向けられているのが貧困層である。新たな機会を活かすのに必要な資源や技能、市場アクセスを欠くことの多い貧困層が勝者の列に加わるのは難しいだろう。また、女性がどの程度裨益できるかは、彼女たちが生産する産品や男女間の分業形態によって決まってくる。経済成長が貧困層の追い上げを助け、女性の受益を可能にするという保証はないのだ。

労働集約型の工業、雇用、賃金　多くの途上国で見られる労働集約的な工業製品の輸出拡大は、旧来の貿易理論が正しいことの証左としてしばしば引用される。確かに工業製品の輸出が雇用の創出、とりわけ女性の雇用創出といった大きな恩恵をもたらしたことは疑う余地がない。しかし、得られた成果は予期したほどのものではなかったし、相当な社会コストを伴ってもいた。なぜ、現実は貿易理論に背を向けたのだろうか。

一つには、途上国の労働集約的なセクターの多くがもともとしっかり保護されていたことがある。貿易自由化は、雇用の創出や低賃金の未熟練労働者の賃金向上をもたらすどころか、貧困層の雇用に悪影響を与え、賃金格差を悪化させてしまった。なぜなら、自由化のコストを主に担わされたのが労働集約的なセクターだったのに対して、雇用の創出と輸出機会の拡大が主に起きたのは、より高度な技術や賃金を必要とするセクターだったからだ。そうした現象は、メキシコ、ブラジル、チリ、コロンビアをはじめとする中南米の国々で見られた（Contreras et al. 2000；Velez et al. 1999；Revenga 1997）。メキシコでは、一九八〇年代に始まった急速な輸入自由化によって国内の実質最低賃金は三分の一も下落した。下落幅の四分の一は、関税その他の輸入規制措置の削減に直接起因するものだった（Harrison & Hanson 1999）。熟練労働者の賃金も初めは下落したが、八八年以降は急上昇した。九〇年代半ばまでに熟練労働者の賃金は自由化前よりも二〇％上昇したが、未熟練労働者の賃金は一〇％下落した（Lustig & Szekely 1998）。自由化の第一段階でメキシコの貧困削減がなかなか進まなかったのは、この賃金格差の拡大が一因となっていた（コラム5・1参照）。

コラム5・1　輸入自由化、貧困、格差——メキシコのケースから

メキシコでは、一見すると市場開放の原則を当てはめてうまくいった兆候が随所に見られる。しかし、急速な自由化は格差の拡大と貧困削減の遅々たる歩みに彩られていた。自由化計画そのものが問題の根源となっていた。

一九八〇年代半ばに始めた貿易改革で、メキシコは平均関税率を一二％にまで半減させた。当初は九〇％以上の製品に設けられていた輸入許可は、九〇年までに二〇％未満となった。九六年の北米自由貿易協定（NAFTA）加盟以降、メキシコは世界一のアメリカ市場と統合し、農業や製造業といったセクターを競争にさらしていった。一方、輸出は急拡大し、GDPに占める割合は九〇年の五分の一未満から三分の一近くにまで上昇した。

急速な貿易自由化にもかかわらず、貧困の削減は芳しくなかった。九〇年代前半には、一人あたりのGDPが年率二％で成長したものの、貧困層の絶対数は増えてしまった。八〇年代半ばと九〇年代半ばを比較すると、貧困層の数は一四〇〇万人も増加した。ジニ係数が四九から五五まで悪化したことでも分かるように、増加の八割は格差の拡大によるものだった。急速な統合が貧困削減ではろくな成果しか上げられなかったのはなぜだろうか。

答えの一つは分配にある。メキシコの最貧層の八〇％以上は農村部に住んでおり、南部の貧困ベルト地帯に集中している。その多くはトウモロコシの生産に従事しているが、輸入自由化で、たっぷり補助金をもらって競争力をつけたアメリカ産のトウモロコシがどっと流れ込み、国内価格を押し下げた。NAFTA加盟時点のアメリカ産トウモロコ

シ価格はメキシコ産の半分近くで、生計を脅かされた農民の数は二四〇万人に上ると見られる。

メキシコの農産物輸出も急増したが、最貧層への波及効果はわずかだった。農業セクターで勝者となったのは北部太平洋岸などの大規模な商業生産と、中部高原地帯のバヒオ地方の灌漑農業だった。アメリカ向けの果物や野菜の生産は雇用を創出したが、賃金は低く、季節労働でしかなかった。資本集約的な生産であるため、新規雇用のもたらすプラスが、輸入自由化で貧困層がこうむったマイナスを上回るとは思えない。

輸入自由化は都市部でも低賃金の未熟練労働者に不利な所得分配をもたらしたと見られる。海外からの投資によってマキラドーラ〔保税輸出加工区〕では多数の雇用が生まれたが、賃金は極端に低かった（第3章参照）。その一方で、海外投資が熟練労働への需要を高めた証《あかし》がある。

（出典：Lustig & Szekely 1998；World Bank 2001b；Appendini 1994）

貿易自由化がもたらす雇用創出効果は往々にして非常に小さく、熟練度の高い層にかたよっていることが他の研究でも明らかになっている（Moreira & Najberg 2000；Marquez & Pages-Serra 1998）。外国からの投資が労働への需要を高めた場合でも同様のかたよりが見られ、組立作業のほとんどが熟練を必要としないメキシコのマキラドーラですら見られたという（Harrison & Revenga 1998；Cragg & Epelbaum 1996）。逆に、貧困層の割合が多い分野では雇用破壊が頻繁に起きた。このように、予想を裏切る結果となったことが格差拡大の一大要因となってきた。

それは、一九九一年に急速な貿易自由化政策を導入したインドに典型的に現れている。インドは、九〇～九四年の間に平均関税率を一二五％から五〇％へと削減した（Joshi & Little 2001）。その影響をもろに受けたのが繊維産業だった。九四～九六年の間にアハメダバードだけで五二の工場が閉鎖され、一〇万人が職を失い、すでに進行中だった繊維産業の構造改革が加速した。フォーマル・セクターに職が見つかる可能性がほとんどない中、解雇された労働者のほとんどはインフォーマル・セクター〔経済統計に現れない零細な経済活動分野のこと。行商、露天商、廃品回収など様々な業種がある〕へと向かった。その結果、労働条件は賃金、労働時間、社会保障のすべての面で悪化した。インフォーマル・セクターに職を得た労働者は、平均賃金が三分の一になったと訴えている（Howell & Kambhampati 1999）。

確かにインドでは、貿易自由化が新たな機会を創出した面がある。投資の自由化と輸出奨励策がハイテク分野にブームを起こした。一九九〇～九九年の間にIT分野の輸出は一億五〇〇〇万ドルから四〇億ドルへと急増し、一八万人分の雇用を創出した（Landler 2001）。雇用と経済成長の面から見ると、IT分野の輸出拡大は、繊維製品の輸入自由化でこうむった損失を補って余りあったかもしれない。しかし、そこでの勝者は主として教育を受けた中流階級の労働者で、貧困家庭の未熟練労働者は敗者に終わったのである。

貿易自由化がもたらす結果は国によって大きく違うし、一国の中でも大きく違う。中南米ではわずかな雇用創出効果しかなかった国が大半だったのに対して、南アジアや東アジアでは労働集約型産業の成長によって大きな雇用創出効果を実現した国があった。バングラデシュ、インドネシア、カンボジアの繊維縫製産業、フィリピンやタイの超小型電子機器組立産業などが好例である。が、そうした場合でも、グローバリゼーションのもとでの貿易自由化は思わぬ結果を招く、という認識が広がっている。その理由は主として次のようなものだ。

①求められる熟練度の変化　技術革新や外国からの投資によって途上国の輸出パターンが変化し、より熟練度の高い労働者が求められるようになった。読み書きができる労働者や教育を受けた労働者への需要が高まり、最低限の読み書きもできない労働者の需要や賃金は低下している（Cornia 2000）。

②途上国間競争の激化　東アジア諸国は、一九六〇年代半ばから労働集約・輸出主導型の経済成長を進めてきた模範国として持ち上げられることが多い。しかし、グローバル化が進む今と昔では根本的な違いがある。輸出志向と海外投資の拡大にともなって、人口の多い低所得国が世界市場に参入し、競争が激化している（Wood 1997）。中南米でも、八〇年代に自由化し始めた時、労働者たちは、賃金の高い先進国だけでなく賃金が安い（時にはずっと安い）他の途上国の労働者との競争を余儀なくされた。メキシコの最低賃金が一日四ドルだったのに対して、バングラデシュの縫製産業の平均賃金は一・五ドルだった。特に中国の世界市場参入は、競争相手国の国内労働需要を冷え込ませた。

③開かれた市場への急速な移行　多くの途上国で大規模な失業が起きた原因の一つは、貿易障壁に守られて肥大し

た国内企業の存在だった。それらの企業は、国内では急速に進出してきた外資に太刀打ちできず、海外では国際競争に必要な技術もなかったため、多くが閉鎖の憂き目にあった。それはサハラ以南のアフリカで特に深刻な問題だった（Wangwe 1995）。

④労働者の権利の減退とジェンダー差別　第3章で見たように、雇用の創出が実質賃金の上昇に結びつかなかったのには二つの要因があった。一つは、女性に対する賃金差別が「労働の女性化」を通して平均賃金を押し下げたこと。もう一つは、団体交渉権の弱体化が生産価値に占める労働者の分け前を増やす力を弱めたことである。

自由化が農業にもたらした利益と損失　貿易の自由化は農業分野では様々な生産要素の収益性を変化させる。輸入の自由化は国内価格を押し下げるため、国内農家は厳しい競争に直面する。輸出の自由化は輸出税の撤廃や他の奨励策の導入を通して新たな市場機会を生み出す。激化する競争に適応し、新たな機会を活かせるか否かは、農地や流通インフラへのアクセスや貧困層の生産分野など、多様な要因で決まってくる。農村部の貧困層に占める女性の割合が不釣合いなほど多く、女性が食糧生産の三分の二を担っていることを考えると、ジェンダーによって生産や販売における女性の役割が限定されることは大きな意味を持ってくる。

貿易制限はしばしば零細農家を苦しめてきた。一九八〇年代末のウガンダでは、輸出税が課され、為替レートも過大評価されていたため、コーヒー農家が輸出から得る利益は輸出価格の一〇％にしかならなかった（Oyejide, Ndulu, & Gunning 1999）。自由化によって輸出税が撤廃されると、コーヒーの輸出も零細農家の所得も大幅に増えた。ベトナムでは、国内販売が規制されていたため、零細なコメ農家は世界市場向けの生産ができなかったが、規制が解除されたことで市場機会が拡大した（World Bank 2000 a）。両国の場合とも、生産者の大部分を零細農家が占めるだけに、輸出の拡大は貧困削減に大きく寄与した（第2章参照）。

輸入自由化は利益の分配に大きな影響を及ぼしうる。フィリピンのサトウキビのように、大規模農業が生産を支配している場合、保護主義政策によって得をするのは裕福な農家で、損をするのは貧しい消費者となる。一方、輸入規制の撤廃が貧しい農家を厳しい価格競争にさらす場合は、悪影響が予想される。自由化によって過大な負担を負うはめに陥るのは零細農家で、裕福な農家は輸出の拡大で過大な利益を得るケースが多々見られる。また、食糧生産を主に担うのが女性であるため、輸入自由化のしわよせを受けるのも女性であることが多い。

この問題を象徴しているのが、一九八〇年代半ばから世銀／ＩＭＦの主導のもとに急速な貿易自由化を行なったハイチである。ハイチは、一九九五年にコメに対する輸入関税を五〇％から三％へと大幅に切り下げ、補助金漬けのアメリカのコメに門戸を開いた。そのため、コメの実質価格は九〇年代後半に二五％下落し、安い輸入米と競争できない国内生産者は市場からはじき出された。九〇年にはコメをほぼ自給できていたハイチだが、九〇年代末までに国内生産量は約半分の一〇万五〇〇〇トンに落ち込んだ（IMF 1999 a, 2000）。代わりにアメリカからの輸入米が国内市場の半分以上をさらっていった。

安い輸入米で都市部の人間は潤ったが、零細なコメ農家は大きな打撃を受けた。子どもの半数以上が栄養失調で、農村人口の八〇％以上が貧困ライン以下の生活をしているハイチでも、栄養失調と貧困が集中しているのが稲作地帯だ（Oxfam International 2001 a）。オックスファムは二〇〇一年半ばに、主要稲作地帯の一つアルティボニーテ・バレーを調査したが、農家が受けた打撃は依然深刻だった。聞き取りをした農民の一人は次のように語った。「コメがこんなに安いうちは、貧しさから逃れようがない。安い輸入米のせいで、我々の生活はもうどうにもならない。肥料も買えないから、取れるコメも少なくなる。今じゃ家で食べるコメにも事欠く始末だ。教育や健康にかけるおカネだって足りはしない。」

打撃を受けた農家が取れる対応策と言えば、他の出費を切り詰めたり（例えば教育や保健）、農業以外の仕事を探したりすることだった。女性も労働者として今まで以上に仕事をしなければならなかった。コメの輸入は消費者にとっては可処分所得が増えてプラスだが、国全体としては輸入米への依存が危険なレベルに達している。外貨が足りず、安定して輸入米を確保できる状況にはない。さらに、輸入米の影響は、直撃されて貧しさが募った農家だけでなく、農業労働者の賃金や零細産業がつられて落ち込むなど、農村部全体に広がっている。

輸入自由化は、政治的な力を持つ者たちの利益を守り、社会の片隅にいる者たちを厳しい競争の渦に突き落とすような形で行なわれることが多々ある。インドは、コメ農家を守るためにコメの関税を高止まりさせる一方で、食用油の生産者や消費者を喜ばせようとしてか、一九九六年に食用油の輸入関税を大幅にカットした。それから二年、植物油の輸入は五倍増の五〇〇万トンにもなった。国内にはマレーシアのヤシ油、インドネシアのココナツ油、ブラジルやアルゼンチンの大豆油があふれ、植物油の価格は二〇~四〇%も下がった（Sharma 2000）。それは農村の貧困に深刻な影響を与えた。インドでは、油を採るための種子が国内第二の農産物で、約一四〇〇万世帯が種子の生産に従事している。生産地は乾燥地が多く、そこはまた貧困が多い地域でもある。食用油の価格下落は貧困層の生活をもろに襲った。アンドラプラデシュ州の種子生産農家や、ケララ州のココナツ栽培農家が辛酸をなめていると報告されている（Sharma 2000）。

他方、輸入自由化が商業生産を行なうインドの農家に新たな機会を提供したのは間違いない。マハラシュトラ州やグジャラート州では、ブドウや野菜の輸出向け大規模生産を州政府が後押ししている。アンドラプラデシュ州では、「ヴィジョン二〇二〇」という計画のもとに、遺伝子操作した綿花や灌漑を利用した果物の生産を州政府が推し進めている（IIED 2001）。そうした輸出向けの生産に加わるには、灌漑農地や資本、技術などへのアクセスが必要で、とても貧困層の手が届くものではない。貧困層の三分の二以上が住む農村部の貧困削減に政府が成果らしい成果をまったく上げられずにいる中で、そのような成長モデルが貧困削減に大きく寄与できるとはとても思えない。一九九七年末の農村部の貧困層の割合は三四%で、八九年からまったく変わっておらず（Jha 2000）、その間にジニ係数は三ポイントも悪化している。そんな状況にありながら、富裕層を利するような輸入自由化に邁進することが人間開発にとってプラスになるとはとても言えない。

貧困が農村部に集中している国で、片方で主食農産物の輸入を自由化し、片方で資本集約的な輸出向け生産を推し進めるのは、貧困削減の努力に深刻な影響を与えかねない。メキシコの農業は、アメリカ向けに生産する北部の豊かなビジネス農業と、貧困ベルトと呼ばれる南部の零細農業に二極分化している。輸入自由化によって、国内農家の多くが太刀打ちできないような補助金つきの安い輸入トウモロコシが流れ込んだことは、貧困層が多い農村の経済を根幹から揺さぶっている（コラム５・１参照）。ペルーでは、一九九〇年代初めに世銀／ＩＭＦ主導のもとで多種多様な農産物の輸入自由化が急速に行なわれた結果、小規模生産者と大規模生産者の格差や、主要市場から遠い農家と近い農家の格差、それに地域間の格差が拡大した。高地帯は国内で最も貧困が蔓延している地域の一つだが、そこに住む先住民族が生産する主食農産物の市場は輸入品に席巻されてしまった（コラム５・２参照）。

コラム５・２　急速な輸入自由化がもたらしたコスト――ペルーの場合

　一九九〇年代初め、世界で最も過激な輸入自由化がペルーで実施された。世銀／ＩＭＦの支援のもとでフジモリ政権が断行した自由化は「ショック療法」にたとえられた。この自由化によりペルーは、ＩＭＦの分類に従えば世界で最も開放的な経済の一つに踊り出た。自由化計画は、力を持った農業ビジネス界からの強い圧力のもとに策定され、その結果、農村部の格差は拡大し、貧困を悪化させた。

　フジモリ政権の農業戦略の二本柱は、輸入自由化と輸出振興だった。一九九〇年以前の平均輸入関税率は五六％だったが、九一年にはほとんどの農産物の関税が一五％以下に抑え込まれ、九六年にもう一段カットされた。コメなどの農産物の最低価格を保証するためにあったマーケティング機構〔marketing board：政府直営ないし官許の農産物生産・販売カルテル〕は実質的に解体された。一方、優遇税制や公共投資は輸出向け農業の振興に振り向けられた。

　自由化計画の策定にあたっては、食糧輸入・加工業者の連合体が激しいロビー活動を展開した。大統領選挙資金の大口スポンサーであるアリコープ社が率いる食糧産業界は、輸入関税率を引き下げ、価格支持を撤廃することで主食品の価格を下げ、インフレを落ち着かせることができる、と主張した。同社は、貿易障壁の削減によって世界市場から原料を安く仕入れたいニコリーニやロメロ・グループといった、食糧輸入・加工産業界の巨人の利益も代表していた。

　予想通り、輸入自由化によって食糧輸入は劇増した。輸入量は一九九〇年代前半の年平均一六〇万トンから、後半には二七〇万トンとなった。輸出はそれほど増えず、農産物貿易は九六～九九年で年三億四六〇〇万ドルの入超となった。

　今やペルー国内で消費される食糧の約四〇％が輸入品だ。

とりわけ輸入が急増したのが穀物で、小麦の輸入は一九九〇年代に倍増して二五〇万トンになった。トウモロコシの輸入も二〇〇〇年に一〇〇万トンを超え、国内生産量を上回った。牛乳の輸入も九〇年代前半に三倍も増え、後半わずかに減少した。農産物輸入の増加は国内価格を押し下げ、農家の手取りを減少させる主因となった。

輸入品との競争激化は農村部の貧困にどんな影響を与えたのだろうか。それは産物によって違っていた。

①酪農品　ペルーの酪農は、二〇年前は中部高原地帯のアレキパやカジャマルカの零細な生産者が中心だったが、九〇年代に入って輸入品との競争が激しくなるにつれ、首都リマや近くの沿岸峡谷地帯の大規模酪農に中心が移っていった。昔からの酪農家は、補助金で支えられたニュージーランドやオーストラリア、EUの牛乳と競争などできなかった。

②コメ　ペルーのコメのほとんどを生産する南部・北部沿岸峡谷地帯や、サンマルティンのジャングル地帯の零細農家は、タイをはじめとする低コスト生産国からの輸入米の増加で、米価が急落するのに耐えるしかなかった。

③トウモロコシ　リマ近郊やリベルダード県の峡谷地帯の商業生産農家は競争の激化についていけた。生産量が比較的多く、都会の市場への輸送コストも低かったからだ。それに対して、サンマルティンなどのジャングル地帯の農家は、生産性が峡谷地帯の半分以下で、輸送コストも高い。そのため、価格競争は両者間の格差をさらに拡大した。

④主食品　安い小麦やコメの輸入は、キヌア〔ペルー原産の雑穀〕、豆、ジャガイモなどアンデス古来の主食品を生産する零細農家を価格競争に引きずり込んだ。安い輸入穀物が消費パターンの変化を加速し、小麦を使った食品やコメの消費が増えたからだ。一人あたりのジャガイモ消費量は、一九九〇年に年一〇〇キログラムだったのが、二〇〇〇年には三八キロにまで落ち込んだ。

以上のどのケースを取っても、資産や市場アクセスに根ざした従来からの構造的な格差が輸入自由化によって増幅された。とりわけ山岳地帯の零細農家への影響は大きく、五ヘクタール未満の狭い農地で生計を立てる一五〇万戸の零細農家は輸入自由化によってますます疎外されている。

国全体を見ても同様のことが起きている。一九九〇年代のペルー経済は回復の足取りが弱く、起伏に満ち、格差の拡大や貧困の悪化が進んだ。自由化が始まった九一年と九七年を比べると、ジニ係数は四ポイント悪化して五〇・六となり、中南米では他に例を見ないほど格差が拡大した。その間に、上位一〇%の富裕層が所得全体に占めるシェアが三五%から三九%に上昇したのに対して、下位一〇%の貧困層のシェアは一五%から一二%へと下落した。

国連中南米カリブ経済委員会によると、農村人口に占める貧困層の割合は、一九九五年までの一〇年間に二〇％増加して全体の三分の二近くに達した。

輸入自由化がそうした悪影響の最大の原因というわけではない。農村インフラの整備に回す予算が恒常的に少なく、融資へのアクセスが限られ、一貫した農村開発戦略を立てずにきたこともすべて原因である。そうした原因があるところに輸入自由化が急速かつ不適切に行なわれたため、貧しい農家をますます苦しめることになったのだ。大規模なビジネス農家も自由化にともなう調整コストを背負わされたが、彼らはインフラや融資、市場などへのアクセス面で圧倒的に有利な立場にあったため影響が少なく、農村部の格差が拡大したのだ。

（出典：Crabtree 2001）

ＴＬＩを使った分析で明らかになった変則的な事態、つまり急速な自由化が貧困削減に結びついていないことは、自由化が以上のような性質のものだったことで説明できる。格差が拡大したのは、有利な立場と不利な立場に二分された現状をさらに悪化させがちな市場構造のせいなのだ。

輸入自由化は、国内市場の改革という、より大きな改革を伴うのが普通で、市場の改革は貧困層にも利益をもたらす可能性を秘めている。インドのグジャラート州では、ゴムの収穫が許可制であることが森に住む女性たちの市場参加を阻んでいることから（SEWA 1997）、許可制をなくせば彼女たちに有利に働くだろう。一方、公的な市場システムが非効率であっても、それを改革することが貧困層の利益に反することもありうる。ザンビアでは、政府のマーケティング機構〔一九一頁参照〕が貧困地域のトウモロコシ農家に市場と価格を保証していた。その代わりを果たす民間取引業者がなかったため、機構が民営化されると、生産農家は買い手を失ってしまった〔次章二二〇頁参照〕。力を持った民間取引業者がいる場合は、業者間の談合で貧困層が不利益をこうむらないよう競争原理が働く市場が必要になってくるが、途上国にはそうした市場がないことが多い。

ジェンダーに中立な貿易自由化などない。したがって、貿易政策を策定するにあたっては、家庭内の所得分配にどのような影響を及ぼすかを考慮しなければならない。農村市場への女性の参加を阻む障害をなくし、賃金差別をなくすことは、どんな場合でも貧困削減にとって欠かすことのできない要件と思われる。

貿易自由化が女性にマイナスの影響を与えうるということは、貧困削減にも思わぬ悪影響を及ぼしうることを意味している。輸出向けの生産が常に食用作物生産を圧迫するわけではないにしても、圧迫する可能性はある。ザンビア南部でオックスファムが行なった現地調査では、女性の労働の中心を食用作物から換金作物の生産へと移すよう圧力がかかったために、栄養状態が悪化したことが分かった（Oxfam / IDS 1999）。商業生産指向は、ウガンダで実際あったように、換金作物にかかわる女性の決定権を失わせることがある（Haddad 1995）。また、食糧生産の主役である女性は、輸入自由化が巻き起こす競争の矢面に立たされる。ガーナでは、輸入食糧品の増加で食糧価格が下落し、農業普及サービスが打ち切られ、代わりの市場へのアクセスが限られていたため、農村女性がひどい目にあったという調査結果がある（Lumor 1999）。メキシコでは、トウモロコシ生産が崩壊して男たちが働きに出たため、女性と子どもにしわよせが行ったという（Watkins 1997）。女性たちは、男に代わって畑仕事をしなければならないだけでなく、収入を補うために農業以外の仕事も増やさざるを得ず、苛酷な重圧にあえいでいる。

●貧困層に利益をもたらす貿易自由化の設計——貧困削減戦略文書の役割

これまで見てきた事実から明らかなように、貿易自由化は、必然的に貧困層を有利にするものでもなければ、不利にするものでもない。同じような自由化政策を採っても、ある国では貧困を削減でき、他の国では貧困を悪化させることがありうるのだ（Morrisey 2001）。自由化政策はまた、その設計や実施のスピード、順序次第で格差を拡大するかもしれないし、縮小するかもしれないのだ。

貧困層を利する貿易自由化の普遍的なモデルはない。しかし、歴史から学ぶ教訓はある。輸入品と競争する力や輸出機会を活かす力は、部分的にせよ生産的資産の分配にかかっている。資産と所得の分配がひどく歪んでいる国では、それらを再分配する戦略を自由化政策に一体化できなければ、格差の悪化はまず避けられないだろう。中国やチリのように、格差の拡大と貧困の削減を共存させられたとしても、いずれ所得格差の拡大は貧困削減にブレーキをかけることになろう。

格差の急拡大に教育が関わっている場合、有効な解決策は一つしかない。教育へのアクセスを改善し、教育の質を向上させることである。五〇〇〇万人の子どもが学校に通えず、女児の就学率が男児を二〇％も下回るインドのような国では、貧困削減の壁は分厚い。第3章で見たように、中南米では教育が所得分配を決定づける唯一最大の要因となっている。

輸入自由化は、貧困層を利する経済成長に欠かせないサービスを政府が提供する力を弱めかねない。なぜなら、多くの国が国家収入のかなりの部分を関税や輸出税に依存しているからだ。三六の途上国を対象にしたＩＭＦの調査によると、貿易関連の税収入が全税収の三分の一近くを占めていた（Winters 2000）。パキスタンでは一九九〇年代に関税収入がＧＤＰの二％分も減少した（Anwar 2000）。これほどの減収は、貧困層が貿易から受益する力をつけるのに必要な分野への投資を難しくせずにはおかない。歳入減にともなって政府が支出を削減する時、そのしわよせを最も受けると思われるのは家族のケアをする女性たちである。

貿易自由化策の実例を見ていくと、貧困層の市場へのアクセスを制約する税や規則をなくすことが重要であることが分かる。輸入規制の問題はより複雑だ。貧困削減の観点からすると、輸入規制の撤廃から生じる利益と損失をどう分配するかが枢要だ。そこでは政策の設計と実施順序が問題となってくる。貧困層が生産する農産物の輸入を制限することは、社会的、経済的観点から正当化できるし、輸入農産物が補助金つきの場合はなおさらである。敷衍《ふえん》して言えば、労働集約的なセクターでは、インフラの改善など様々な補完措置が取られるまで輸入自由化を遅らせることが理にかなっていよう。持続可能な経済成長や貧困削減の観点からすると、一挙に自由化を成し遂げることが最適な結果を生むとは限らないのだ。

貿易自由化を設計する際の第一歩は、貿易自由化を貧困削減のための国家戦略に合致させることである。貿易自由化は貧困削減に寄与できるかもしれないが、それ自体が貧困削減戦略ではない。世銀／ＩＭＦは最近、マクロ経済改革プログラムについてはより上位の貧困削減政策に統合することを公約したが、貿易政策については統合させようとしていない。世銀／ＩＭＦのプログラムを貧困対応戦略にどう組み込むかを詳細に示すはずの貧困削減戦略文書（ＰＲＳＰ）〔重債務貧困国（ＨＩＰＣ）イニシアチブ（六四頁参照）で対象国の政府が作成を求められている貧困削減のための計画書〕が作成されているにもかかわらず、である。

一二カ国で作られたＰＲＳＰをオックスファムが詳細に点検したところ、貿易自由化が貧困問題に与えるかもしれない影響に触れたのは四つしかなかった。そのうち貿易自由化の悪影響を緩和する政策まで盛り込んだのは二つしかなかった。輸入自由化によって国内の分配構造がどう変わるかをわずかでも分析したり、自由化のスピードや設計、順序について代替案を検討した文書は一つもなかった。世銀／ＩＭＦの融資条件が広範な自由化を求めているにもかかわらずその程度なのだ。カンボジアの貿易自由化策の中にはコメ生産農家を輸入から守る障壁の大幅削減が盛り込まれている。農村部の貧困が重度で、世界一の低コストでコメを生産できる国が隣に控えているカンボジアにそのような自由化を求めれば、農村部の貧困問題に甚大な影響を与えかねない（コラム５・３参照）。

ＰＲＳＰに対する世銀／ＩＭＦの姿勢は貿易自由化に対する考え方全般を反映している。つまり、貿易は本来的に経済成長にとって良いものであり、貧困層とっても良いものだという思想だ。それを問わない限り、世銀／ＩＭＦが貧困問題について新たな論理を持ち出したところで政策の中身自体は変わらないだろう。

コラム５・３　なぜ貧困削減戦略文書（ＰＲＳＰ）はない方が良いのか——カンボジアのケース

ＰＲＳＰは、社会政策とマクロ経済政策の間にある人為的な壁を取りはらって、その国の改革プログラムの中心に貧困削減を位置づけるものとされている。その考え方自体は正しい方向への第一歩と言えるが、貿易政策を見ると、貧困削減を中心に据えるという原則は場当たり的にしか適用されていない。

カンボジアは世界の最貧国の一つである。一九九〇年代末の平均所得は推計二六八ドルで、貧困ライン以下の人口が全体の三分の一以上を占める。貧困が顕著なのが農村部である。流通インフラや灌漑施設、基本的なサービスへの投資が慢性的に少ないことが、農村部の貧困層を苦しめている。経済は、九〇年代の成長率が年平均四％を記録するなど力強く成長しているにもかかわらず、農村部の貧困削減率はわずか年〇・三％と極めて低い。経済成長が貧困削減につながらない理由の一つは、所得格差の拡大である。九三〜九七年にかけて平均所得は一二％増加した。しかし、上位二〇%の富裕層の所得が一八%増えたのに対して、下位二〇%の貧困層の所得増加率は二%に満たなかった。

ＩＭＦプログラムのもと、カンボジアは急速な貿易自由化に乗り出した。九六年以来、平均関税率は半分の一五%になった。〇一年にＩＭＦとの間で交わした覚書に従って、最低関税率の引き下げを含むさらなる改革が行なわれている。その目的の一つがＷＴＯ加盟に向けた準備である。

急速な輸入自由化の対象の一つがコメである。コメは農村経済の柱で、付加価値の四〇%以上を占めている。稲作はほとんど雨水頼りで、農民は旱魃《かんばつ》や洪水のリスクにさらされている。カンボジアはコメを完全自給し、一九九〇年代末にはわずかに輸出もしているが、世界第一位と二位のコメ輸出国であるタイ、ベトナムと比べると、生産性も流通コストもはるかに高い。コメの輸入自由化は、貧困ライン以下で暮らす人々が多い零細稲作農家にどのような影響を与えるのだろうか。

世銀／ＩＭＦの助言を得てカンボジア政府がまとめたＰＲＳＰは、その点にまったく触れていない。代わりに、市場の開放は経済成長にとって良いことだと断言し、世銀／ＩＭＦの言葉を受け売りしている。コメの輸入自由化の影響を看過したことの持つ意味は大きい。低コストで生産されたコメがタイやベトナムから流入して競争が激化すれば、国内のコメ価格は下落し、国内農家の市場が奪われるだろう。灌漑された商売目的の生産地域は競争に耐えられるかもしれないが、それに該当する農家は全体の一二%に過ぎない。価格が下がり、需要が減ることで、貧しい稲作農家は深刻な打撃を受け、他の収入源を探さねばならなくなるかもしれない。

タイとベトナムは補助金をつけて輸出しているわけではないので、安いコメが自由にカンボジアに入るのを擁護する向きもあるかもしれない。しかし、貧困削減戦略の観点からすると、現在の貿易自由化政策には実施順序の点で重大な問題がある。投資が増え、インフラが整備され、灌漑施設が増えるのであれば、カンボジアの稲作農民のほとんどが輸入米と競争したり、農産物を多様化したりできるかもしれない。が、そうしたことがないまま急速な貿易自由化を行なえば、農村部に住む人々に大きな社会的、経済的コストを負わせることになるだろう。

カンボジアのＰＲＳＰは、貿易政策を国の貧困削減戦略に合致させることに明らかに失敗している。文書は、自由市場がもたらす恩恵への盲信に引きずられている。貿易政策を変えるのであれば、市場開放が人々の生計にどのような影響を与えるのかを調査し、農民の話を聞くことが急務である。

（出典：Royal Government of Cambodia 2000, 2001；IMF 2000 d；Murshid 1998）

●貿易自由化と経済成長——市場開放の限界

貿易自由化を善とする新たな合意〔「ワシントン・コンセンサス」と呼ばれる政策パッケージ。ワシントンに本拠を置くIMF、世銀、アメリカ政府などの間で意見が一致していることを指す〕にとって皮肉なのは、市場開放が善であることを体現するものとして東アジアを持ち上げていることだ。しかし、東アジア諸国のほとんどでは、市場開放に特有とされる政策が明らかに欠落していた。世界市場にうまく統合した証とされる持続的な成長は、実はIMFや世銀が喧伝する政策とは遠くかけ離れた国家政策のたまものだった。貿易自由化指標（TLI）がいみじくも明らかにしたように、東アジア諸国のほとんどは、国際基準からすれば極めて保護主義的だった。それらの国が採った政策は多種多様だったが、ここでの議論に重要な意味あいを持つ二つの共通点があった。

その一つはタイミングである。東アジア諸国のほとんどは、輸入自由化を始める前に輸出を自由化し、奨励した。輸出自由化の追求は、輸入自由化よりずっと野心的なものだった。輸入自由化を実施に移したのは、それらの国が高度経済成長への移行を終え、教育や経済インフラなどの基盤を強固にし終わった後だった。国内の経済改革によって解放された潜在的な生産力に活路を開いたのが輸出の拡大だった。中国の改革は、一九七九年に生産ノルマを超えた分を農家が自由に販売するのを認めた「生産責任制」の導入によってスタートした。さらに政府は、改革を維持・推進していくのに必要な種子、機械、肥料などの投入財をまかなうための外貨を獲得しようと、輸出振興策を採った。中国にならってベトナムも、一九八六年にドイモイ政策を導入して世界市場への急速な統合の基礎を築いた。農家は市場に農産物を出すことを許され、農業関係の税金も引き下げられて、農業生産性と農業所得が飛躍的に向上した。

もう一つの共通点は、今日であればとても異端と思われるような一連の政策だった。それは、高い関税、非関税障壁、外国資本の規制、外国企業に対するローカル・コンテンツの義務づけなどからなっていた。韓国と台湾は、市場開放という面では遅れていたし、今も遅れている。一九七〇〜八〇年代に採られた保護主義政策による価格歪曲効果を分析した世銀の調査によると、韓国と台湾は、インドやブラジル、メキシコなどより明らかに政府介入の度合いが大きかった（Lall 1999）。韓国や台湾が世界市場に参入したのは、閉鎖的としか呼びようのない経済環境を政府が維持して国内企業が十分力をつけた後だった。両国が採用した政策の多くは、今日の世銀／ＩＭＦの融資条件やＷＴＯのルールではとても容認されないだろう（第8章参照）。

東アジア諸国は、技術力と生産性を高める長期的な戦略の一環として輸入規制を行なった。確かに、輸入障壁のせいで消費者物価や生産者価格が上昇するといった短期的なマイナス面があったことは疑いを容れない。しかし、東アジアの例は、貿易政策をうまく設計すれば、活力ある比較優位が生み出せることを教えている。一九五〇年代にうぶ毛が生えたばかりの韓国の製鉄産業が、もしアメリカの製鉄産業との自由競争にさらされていたら、こっぱみじんにされていただろう。六〇年代の台湾の電子産業も同じ運命をたどっていただろう。今日、東アジアとの競争から守って欲しいと訴えているのはアメリカの製鉄産業であり、ヨーロッパの電子産業である。比較優位が逆転したのだ。

しかし、保護主義は活力ある比較優位への道を保証するものではない。大多数の途上国は、国際市場価格と国内価格の間にクサビを打ち込んで国内産業を保護し、輸入代替によって工業化する戦略を一九八〇年代まで追求した。それは、東アジアの場合と同様、輸入から守ることで国内投資や技術力が強化されるだろうという考えからだった。が、見るも無残な結果に終わったケースが少なくない。サハラ以南のアフリカでは、産業界全体が生み出す富よりも、産業を維持するためにつぎ込んだ政府補助金の方が多かった。インドでは、極めて資本集約的で大規模な企業体を国際競争から守ろうと不必要なまでに保護した結果、中小企業の投入財コストが上昇し、効率性や雇用が犠牲になった（Corbridge & Harriss 2000）。一方で、中南米などでは、輸入代替政策が一九九〇年代よりも高い成長率を実現した時期もあった（Rodrik 2001 c）。一般論としては、輸入から国内産業を守る政策は、大規模で長期にわたるにつれて国内産業を非効率なものにすると言える。それに対して、世界市場への参入をうまく果たし、経済成長を高める上で重要な役割を果たしうる幼稚産業を育成するために、一時的かつ選択的に保護主義政策を採る意義は否定できない。今日の貿易をめぐる議論の中で最大の皮肉とも言えるのは、歴史を振り返った時、国内産業を守ろうと保護主義的な貿易政策を採ってきた国々の最先端に先進国がいた、という事実である。

四　提言

先進国は、世銀／ＩＭＦの政策設計・実施に対して影響力を行使することによって極端にバランスを欠いた貿易自由化を維持してくることができた。途上国側は急速な自由化を果たし、そのために多大なコストを払ったにもかかわらず、先進国側は自らの市場の開放を嫌がった。世銀／ＩＭＦも何かにつけて、貧困国と貧困層がうまく世界経済に参入するための力を損なってきた。急速な自由化を重視し、それが貧困問題に与える短期的な影響や途上国の発展に与える長期的な影響を十分に考慮しない世銀／ＩＭＦの融資条件は、貿易を貧困層のものとすることを阻んできた。

以上の問題を正す方策としては次のようなことが挙げられる。

■**世銀／ＩＭＦの融資条件から貿易自由化を除外する**　双務的な貿易自由化を議論するのにふさわしい場は、政府が互いに譲歩し合うＷＴＯや地域貿易協定交渉である。設計や順序立てがまずいだけでなく、途上国をひどく不利な立場に置いてきた世銀／ＩＭＦの融資条件から、貿易自由化を除外すべきである。

■**世銀／ＩＭＦのもとで途上国が実施した貿易自由化に先進国が報いる**　世銀／ＩＭＦは、自らのプログラムのもとで途上国が過去一〇年間に片務的に実施してきたすべての貿易自由化措置を拾い出し、それを関税率に置き換える。先進国は、そうして明らかになった関税率に見合った貿易自由化措置を、ＷＴＯでの交渉を通して実施すべきである。

■**ＰＲＳＰで貧困への影響を分析する**　貿易自由化が貧困削減や所得分配に与える影響を包括的に分析し、その結果をすべてのＰＲＳＰに盛り込むとともに、途上国内の協議プロセスの一環として公表すべきである。途上国政府が貿易政策を策定するにあたっても同様の原則を適用する。

第6章　長期低落する一次産品貿易

「適正な価格というものは、ギリギリ最低限のレベルで決定されるのではなく、生産者に対して適正な栄養その他の水準を保証するレベルで決定されるべきものである。…そのレベル以下に価格を押し下げないことは、すべての生産者にとって利益となることであり、消費者には適正レベル以下に価格を押し下げることを期待する権利はない。」――J・M・ケインズ、一九四四年（Keynes 1980）

第二次世界大戦後の世界経済を管理運営する仕組み〔ブレトンウッズ体制のこと〕が半世紀以上前に作られた当時、一次産品の問題は国際的に取り組むべき主要課題の一つだった。一九二〇年代に一次産品価格が激動し、最終的に崩壊したことが大恐慌の一つの大きな引き金となって政治的な混乱と国際的な緊張激化をもたらしたと考えられていたからだ。一九四四年にブレトンウッズ会議が開催された時、イギリスの経済学者ケインズは、一次産品市場問題に取り組む国際的な行動を呼びかけた（Skidelsky 2001）。そうした行動を起こさなければ世界が共栄する可能性は失われかねないとも警告したが、彼の警告は無視された。

ウガンダでは、農民が受け取るコーヒー豆の価格は同量のインスタントコーヒー価格の75分の1。豆価格の下落でこの少年は中学校を中退して働いている（ウガンダのムピギで／撮影：Geoff Sayer/Oxfam）

歴史はケインズが正しかったことを証明した。彼ですら問題を過小評価していたことを除いては。グローバリゼーションが世界貿易を変容させているとしても、なお多くの国、そしておびただしい数の生産者が一次産品の輸出に依存している。新世界の「発見」で始まり、奴隷制や植民地主義によって進展してきた世界貿易のパターンは手つかずのまま残っている。一九二〇年代の一次産品交易者を悩ませた問題も手つかずのままだ。市場の不安定性と破壊的な低価格によって、発展途上世界全体が貧困に苦しみ、世界貿易の脇役に押し込められている。一次産品に依存し、グローバルな繁栄の上げ潮に乗れずにいる国々が、絶望と自暴自棄に陥っていく危険性が増大している。先進国には、そうした一次産品市場の危機的状況が見えていない。この四年間に、アフリカ、アジア、中南米のコーヒー栽培農家の売り渡し価格は半分以下になった。途上国がコーヒーの輸出量を増やしているにもかかわらず、輸出額はこの三年間に一三〇億ドルから七〇億ドルへと激減した。コーヒーを買って飲む消費者の中で、自分の給与が半分に減らされたら家族や生活が一体どうなるかなどと考えたことのある人はまずいないだろう。途上国では価格の下落によって栄養状態が悪化し、子どもたちは学校に通えなくなり、リスクに耐える力が弱まっているのだ。途上国の経済全体、そして国際的な開発努力が大きく損なわれている。一次産品市場での損失は、アフリカをはじめ多数の途上国に供与される援助や債務救済の意味を失わせている。

どんな貿易でも、市場価格の変動は勝者と敗者を生む。一次産品の場合、勝者は、先進国の消費者と途上国の生産者との間に立つ者だ。コーヒー、ココア、紅茶、バナナなどの世界市場を支配する一握りの超国籍企業（TNC）は、国際的な低価格を利用して安い産品に触手を伸ばし、莫大な利益を上げている。第三世界の貧困と巨大企業の利潤の拡大は、表裏一体の関係で進行しているのだ。

本章では、一次産品市場の危機的状況がどれほどなのかを検証し、その根本原因を分析するとともに、途上国の人々の生活にどのような影響を与えているかを見る。初めに、途上国がどれほど一次産品に依存し、価格の下落が途上国にどれほどの損失を与えているかを明らかにする。次に、低価格の原因を分析し、構造的な供給過剰がその根っこにあることを見る。次いで一次産品市場をより節度あるものにするための試みを振り返り、フェアトレードの成果と限界および一次産品協定の歴史に焦点を当てる。最後に変革のための行動計画を挙げ、一次産品を扱う新しい組織と、一次産品市場を国際的に管理する新しいアプローチについて、オックスファムとしての提案を行なう。

一　一次産品に依存するリスク

この三〇年、石油を除く一次産品が世界の貿易に占めるシェアは、絶え間なく下落してきた。そのせいで経済成長の雲行きが怪しくなり、国際収支が圧迫されるなど、途上国の国家経済は窮地に陥っている。家庭レベルでも、世界市場の圧力は人々の生計を痛打し、安心した生活を送れなくしている。

●長期低落する一次産品貿易

一九九〇年代の世界の一次産品貿易の伸び率は、工業製品貿易の三分の一にも届かず、その差は拡大している（UNCTAD 1999 b）。その結果、一次産品に依存する国は他の輸出品を持つ国に大きく遅れをとっている。輸出額の半分以上を三品目以下の一次産品に依存する途上国は五〇カ国以上もある（International Task Force 1999）。依存率が目立って高いのはサハラ以南のアフリカで、石油以外の一次産品が輸出額の七五％以上を占める国が一七カ国もある。エチオピアとブルンジはコーヒーだけで輸出全体の六〇～八〇％を占め、ブルキナファソは綿花が輸出額の約半分を、ガーナはココアが四分の一近くを占めている（UNCTAD 2001 a；World Bank data 1999–2000）。

一次産品への依存に端を発する典型的な病状としては、すこぶるリスクの大きい債務問題がある。輸出を持続できない上に、一時的な価格高騰に気をよくして過剰な借入れをしたことは、途上国を再起不能にするほどの結果を招いた。世銀／ＩＭＦが重債務貧困国（ＨＩＰＣ）に分類した国のうち三七カ国は、商品輸出額の半分以上を一次産品に依存していた。うち一五カ国は輸出額の九〇％を一次産品に頼っていた（International Task Force 1999）。ＨＩＰＣ諸国は世界のココアの半分以上とコーヒーの四分の一以上を生産している。これらの数字が示すように、多く

表6.1　下落する一次産品の実質価格（1980〜2000年）

下落率０〜25%		下落率25〜50%		下落率50%超	
バナナ*	-4.4	アルミニウム	-27.2	ココア	-71.2
肥料	-23.1	ココナツ油	-44.3	コーヒー	-64.5
鉄鉱石*	-19.5	銅	-30.9	鉛	-58.3
燐鉱石	-21.6	綿花	-47.6	ヤシ油	-55.8
紅茶	-7.5	魚粉	-31.9	米	-60.9
		落花生油	-30.9	ゴム	-59.6
		トウモロコシ	-41.6	砂糖	-76.6
		大豆	-39.0	スズ	-73.0
		小麦	-45.2		

＊は1980〜99年
出典：IMF, *International Financial Statistics Yearbook*, various issues

図6.1　途上国の５大一次産品の実質価格の推移

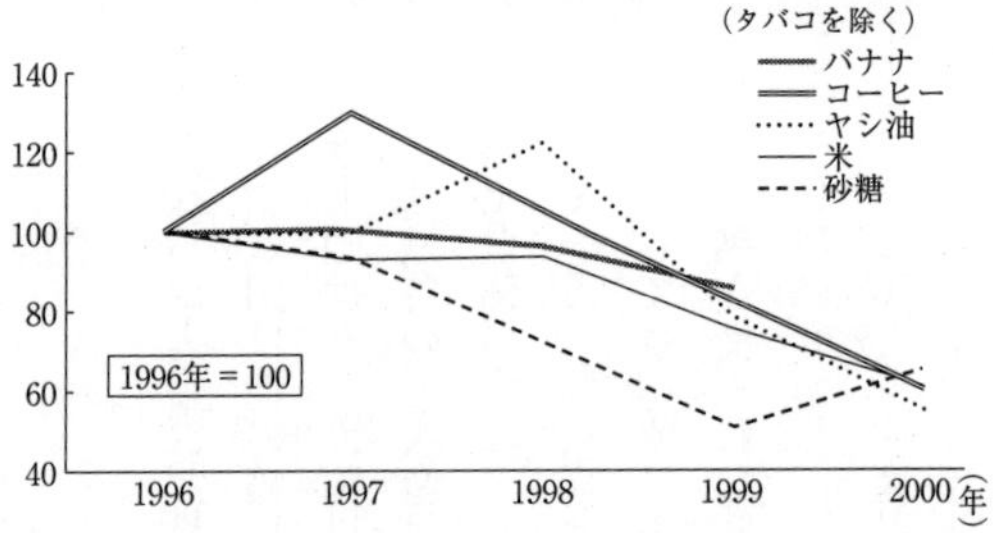

の貧困国では石油、技術、農業投入財といった必需品の輸入に必要な外貨を一次産品から稼ぎ出さねばならない。したがって、一次産品の輸出価格は、世界市場への統合から途上国が利益を得られるかどうかを大きく左右するのだ。

一次産品のほとんどは、時々価格が持ち直したことはあっても間違いなく低落傾向を示している。国際市場で取引される一八の主要一次産品の価格は、一九八〇〜二〇〇〇年の間に実質二五％下落した。そのうち六品目は半分以下になった（表６・１）。また図６・１が示すように、一九九〇年代は石油を除く五大一次産品が大幅に値下がりした。特に最後の二年間の下落が激しく、国連貿易開発会議（ＵＮＣＴＡＤ）の総合指数は三分の一も下がった（UNCTAD 2000 b）。中でも飲料品が最悪だった。世銀が毎月発表する指数によると、飲料品価格（コーヒー、ココア、紅茶価格の平均）は一九九七〜二〇〇〇年の間に七一％も暴落した。鉱物はそれほどひどくなかったが、銅のように九六〜〇一年にかけて価格が半分になったものもあった（World Bank 2002）。

価格の低迷がもたらす損失は甚大だ。二〇〇〇〜〇一年に途上国のコーヒー輸出量は一九九七〜九八年より二〇％近く増えたが、稼いだ外貨は四五％も減少した。せめて九七〜九八年の価格と同じだったら、外貨収入は八〇億ドルも多かっただろう。中には損失が巨額なあまり、せっかくの債務救済の恩恵が吹き飛んでしまった国もある。その典型がウガンダだ。九四〜九五年はコーヒー価格に恵まれ、ウガンダは四億三三〇〇万ドルの外貨を獲得できた。が、二〇〇〇～〇一年は輸出量はほぼ同じだったものの、獲得できた外貨は一億一一〇〇万ドルに過ぎなかった[†1]。損失は、同国が〇一年にHIPCイニシアチブ〔六四頁参照〕によって救済された債務額の三倍以上だった。コーヒー発祥の地エチオピアもまた苦汁をなめた。価格と生産が同時に下落したため、九九～二〇〇〇年から二〇〇〇～〇一年のわずか一年で、同国がコーヒー輸出で得た外貨は二億五七〇〇万ドルから一億七六〇〇万ドルに減った。それ〔八一〇〇万ドルの減収〕に対して、〇二年にエチオピアがHIPCイニシアチブその他の救済策によって得られる恩恵は、推計五八〇〇万ドルどまりである。

図6.2　先進国と途上国の交易条件

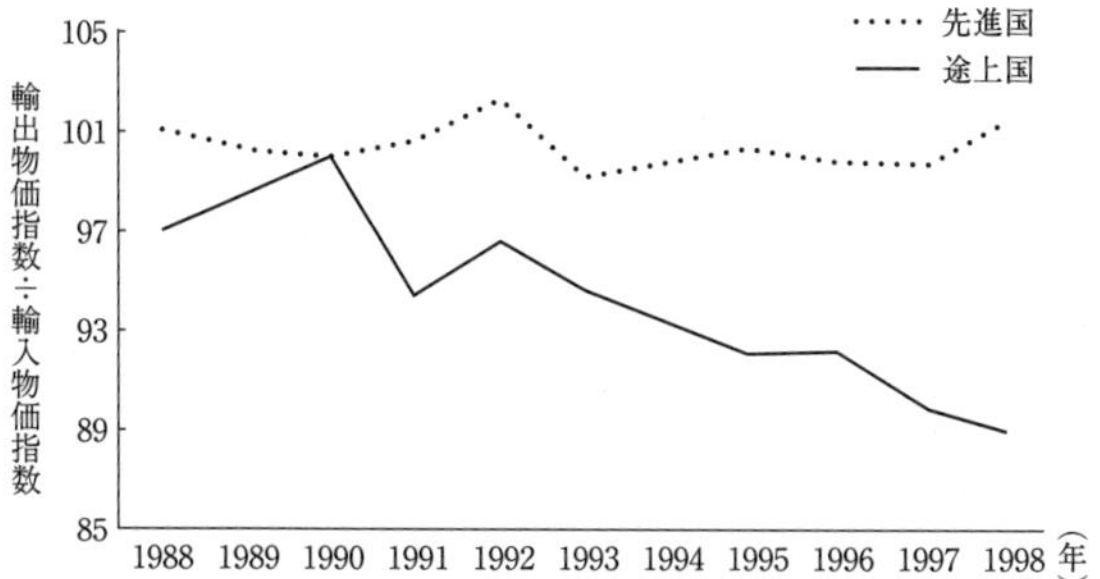

出典：IMF, *International Financial Statistics Yearbook*, various issues

これだけ見ても損失は明白だが、価格だけでは一次産品に依存する経済が直面する問題の全体像は見えてこない。一次産品の輸出国にとって問題なのは、価格以上に購買力である。それは、外貨の獲得を一次産品に大きく依存している国について特に言える。購買力を知る一つの方法は交易条件、つまり輸出品価格と輸入品価格の比を見ることだ。**図6・2**が示すように、先進国と比べると、一次産品を輸出する途上国の交易条件の悪化ぶりには目を覆うものがある。一九九〇年代だけで相対価格は一〇％も減少した。しかもそれは、一九三〇年代に始まる長期低落の延長線上にあるのだ（Maizels 2000 b）。どうりで、途上国の大多数が世界貿易のシェアを伸ばせずにいたわけだ。交易条件の悪化はまた、国際収支悪化の一大要因でもある。

交易条件悪化で最も苦しめられたのはサハラ以南のアフリカだ。国連の推計によると、同地域は一九七〇年代初め以降、獲得した援助の半分相当を交易条件の悪化で失ってきた（UNCTAD 2001 b）。交易条件が悪化しなければ、現在の世界貿易に占める同地域のシェアは二倍になっていただろうという。一人あたりの所得も五〇％多かっただろうから、一人あたり一五五ドルの損失になる

図6.3　コーヒーの在庫量と国際価格（1992〜2001年）

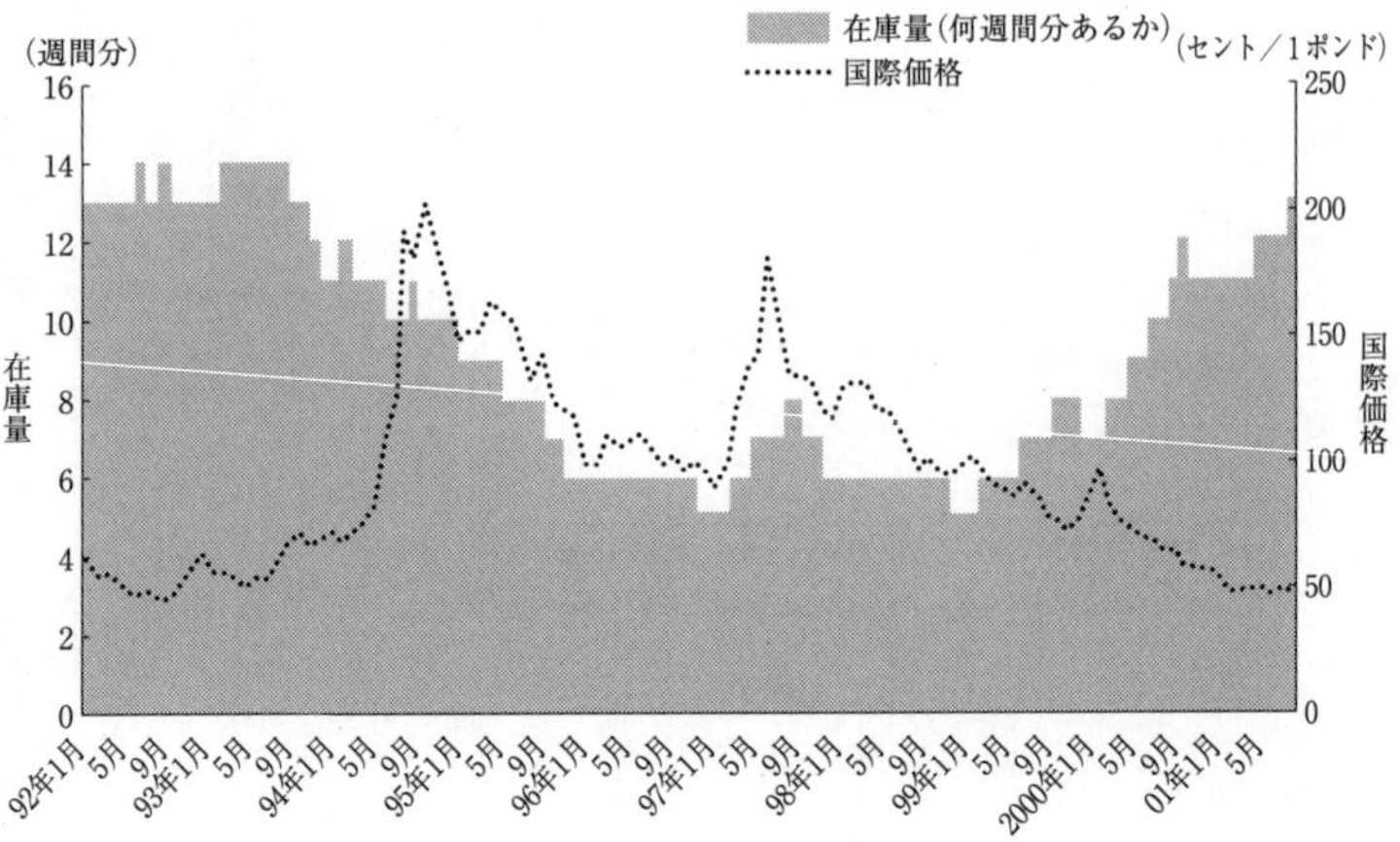

（UNCTAD 2001 b）。現在同地域に供与される援助は一人あたり二〇ドルだから、交易条件の悪化による損失は援助の七倍以上ということになる。それが、どれほどの貧困や病気、脆弱性をもたらしたか知る由もない。しかし、生身の人間を大変な苦境に追い込んだことだけははっきりしている。

交易条件の悪化で国際収支に深刻な影響をこうむったのが石油を輸入する途上国である。最近でこそ原油価格は下落したものの、低所得国が依存する他の一次産品ほどの下落ではない。ウガンダの場合、コーヒー（輸出品）と石油（輸入品）の間の交易条件悪化による損失は、一九九九〜二〇〇〇年のGDPの二％に相当するという（IMF / IDA 2001）。

一次産品価格の下落と交易条件の悪化に輪をかけているのが価格の乱高下である。それは、政府にとっても家庭にとっても頭の痛い問題だ。将来計画を立てるのが困難になるからだ。来年の収入がどうなるか見当もつかないのでは、政府が将来の支出を確約したり、農家が投資したりするのは難しい。一次産品市場の変動は極端に走ることがある。一九八〇年代と九〇年代の平均価格を見ても、一年で半分以下になったり、二・五倍以上になったりがザラにある。さらに憂慮すべきなのが、一次産品のほとんどは、価格の低迷期の方が高騰期よりも長く、しかも低迷期の価格下落率の方が、それに続く高騰期の上昇率よりわずかだが大きいことである（Cashin & McDermott 1999）。コーヒーの価格変動を表した図6・3を見ると、九四〜九五年に価格が四倍になり、その後二年間に半分になり、翌年二倍になり、九七年以降は続落していることが分かる。

ココアもまた激しい価格変動を経験してきた。一九九八～二〇〇〇年にかけて国際価格は半分近くにまで下がり、世界第二のココア生産国であるガーナは輸出収入の一五％を失った。綿花も九〇～九二年にかけて急落し、ベニン、チャド、マリは輸出収入の約四分の一を失った（OECD 1997）。そのため、政府も一般家庭も困窮し、収入が減った分、支出や消費を抑えざるを得なかった。

一次産品への依存と価格の乱高下は、輸出収入の変動と債務問題を引き起こした。債務返済額が同じでも、輸出による外貨収入が減れば、返済に回す外貨の割合（いわゆる債務返済比率）は上昇する。それが、一九七〇年代にアフリカで起きた債務危機の元凶だった。

最も債務の重い国の多くにとって問題なのは、債務返済能力が一次産品市場の動向にかかっていることだ。一次産品価格が下落基調に入って大きく変動すると、どの時点で債務の返済が国の発展をむしばむようになるか、見極めが非常に難しくなる。現在のＨＩＰＣイニシアチブが債務の持続性を測定・評価する方法は役に立たないからだ。同イニシアチブによって世銀／ＩＭＦが債務の持続性を測るとき、主に使うのは債務返済比率、つまり輸出収入のうち債務返済に消える割合である。しかし、一次産品価格の予測が甘いため、彼らが立てる輸出成長率予測（＝債務返済能力予測）は極めて楽観的なものになる。世銀／ＩＭＦが公式に発表する予測を見ると、債務持続性の分析が実態に裏打ちされていないことが分かる。ある研究によれば、世銀／ＩＭＦが分析した二八カ国のうち、二一カ国では、輸出成長率が世銀／ＩＭＦの予測を下回っていた（Martin & Alami 2001）。それは、世銀／ＩＭＦが体系的に債務返済能力を過大評価し、債務救済の必要性を過小評価していることを物語っている。

●家庭レベルの貧困と脆弱性

一次産品価格に関するデータは、一次産品輸出国が置かれた逆境を明らかにするとともに、なぜそれらの国々が世界市場への生き生きとした統合を果たせなかったかを説明してくれる。しかし、忘れてならないのは、一次産品の価格変動の重圧を身をもって引き受けるのは一般家庭だということである。一次産品を生産する人々にとって、一次産品の価格破壊は購買力の下落とリスクの増大を意味する。国連の推計では、世界で一〇億人以上の人々の生計が一次産品にかかっている。その多くは零細農民で、女性が生産の中心的役割を担っている。価格変動は、国際市場で一次産品を取引する者にとってはコンピュータ画面上の数字の点滅と大儲けのチャンスを意味するが、一次産品の生産者にとっては生活の質を左右するものなのだ。

国際市場価格が貧困と密接に結びついている途上国は多い。アフリカから中南米、アジアに至る二〇〇〇万世帯がコーヒーを栽培し、そのほとんどが零細農家である。ウガンダでは、全人口の四分の一がコーヒーで生計を立てている。ココアは、西アフリカを中心に二五〇万の零細農家が栽培している。ガーナでは、耕作面積の半分近くをココアが占め、八〇〇万人もの人々の生計が直接的・間接的にココアにかかっている。インド南部やフィリピンでは、数百万の零細農家の生計がココナツにかかっている。さらに数百万人もの日雇い労働者が世界市場向けのココナツの摘み取りに従事し、最貧層を形成している。インドやスリランカの茶畑では、主として女性労働者が先進国市場向けに紅茶を摘んでいる。ペルーやチャド、マリでは、出稼ぎ労働者が綿の作付けや摘み取りをしている。グアテマラでは、コーヒー農園が最貧層にとって主要な働き口となっている。世界市場の動向は、良きにつけ悪しきにつけ、こうした零細農家や労働者の生活に多大な影響を及ぼしてやまないのだ。

国家の場合と同じく、乱高下する国際市場は人々の生活を大きなリスクにさらす。一次産品価格の下落は、生活を良くしようと粉骨砕身する人々の営みを一瞬にして吹き飛ばしかねない。オックスファムのパートナー団体は、インドのニルギリ高原地帯で、商業生産農家が占拠した共有地へのアクセスを部族共同体が回復できるよう、活動を支援してきた。共有地での茶の栽培は成功し、輸出によって部族社会の所得も向上した。しかし、一九九七年に事情は一変した。地域社会に何かがあったわけではなく、東アジアの金融危機が触発したものだった。金融危機でインドネシアの通貨ルピアが暴落した結果、インドネシア産の紅茶の方がニルギリ産よりもずっと安くなり、つられてニルギリ産紅茶の輸出価格も急落せざるを得なかったのだ。生産量も二〇〇〇年までに四〇％も減り、部族の人々の生計に大きなダメージを与えた（Thekaekara 2001）。

国際市況の悪化は、一次産品輸出国の中でも紛争状態にある国にとりわけ大きなダメージを与えうる。ブルンジ〔中部アフリカの内陸国。一九九〇年代にフツ族とツチ族の間で内戦があり二〇万人以上が死亡した〕では、一九九七～二〇〇〇年にかけて起きたコーヒー価格の下落と軍事衝突による生産量の減少で、コーヒーの輸出収入は、GDPの一二％に相当する一億ドルも減少した。経済的な重圧と政府予算の減少、それに政治的な緊張が相まって、すでに問題が満ち満ちていた国に新たな不安定要素が生まれた（IMF 2001 c）。

国際市場の危機的状況が長引くことで最も影響を受けたのはコーヒー農家だ。一九九八～二〇〇〇年にかけてコーヒー価格は三分の一になり、実質価格は大恐慌時代のレベルにまで落ち込んでしまった（World Bank 2002）。その結果、おびただしい数の零細農家が苦境のどん底に落ちていった。国際的なコーヒー経済の危機は、世界貿易システムを通じて社会的・経済的な危機へと姿を変え、何千万という人々を貧困の渦に巻き込んでいった。

キリマンジェロ山麓の緑に包まれたタンザニアの村キシムンドゥは、一次産品危機の縮図である。村の経済の主柱はコーヒーで、人々はコーヒーを売ったお金で子どもの教育費や医療費を払い、食用油などの日常必需品を買うのだ。シャンバと呼ばれる零細農家は、急峻な斜面を農地にしてコーヒーとバナナ、豆、野菜を間作している。コーヒーの根は深く、土をしっかりつかまえて土壌流出を防いでいる。何世代にもわたって受け継がれてきたこの持続可能なシステムは、今コーヒー価格の崩壊によって危機にさらされている。オックスファムのスタッフは、国際的な調査研究の一環として二〇〇〇年の終わりに現地を訪れ、地元の研究者とともにキシムンドゥ村などでコーヒー栽培農家の聞き取り調査を行なった。最貧層に入るタトゥ・ムセイニさん（三七歳）は一五歳と一三歳の子を持つ未亡人で、二人の子どもはまだ小学校に通っている。彼女の畑にはコーヒーの木が三〇本あり、一九九八年には一ポンド（四五四グラム）あたり一ドルの収入を得ていた。それが、聞き取り調査をした時には一ポンドあたり〇・三ドルにしかならず、収入は三五ドルだった。彼女は次のように語っている。

「今のコーヒーの値段では生活はメチャクチャです。村全部がそうです。子どもに食べものもやれないし、服も着せてやれない。学校にだって、どうやって通わせられるって言うんです。教育は大事です。いい生活が送れるようになるから。でも、学費や本を買うお金だってないんです。学費が払えなくて学校から追い出されることだってある。コーヒーの稼ぎがこんなに少ないんでは、金もうけで農業をやってる大農家で草刈りとか草むしりの仕事をさせてもらわなくてはね。」

彼女の言葉は、一次産品の価格低迷がいかに現地社会を破滅的な状況に追い込んでいるかを物語っている。価格の暴落で農家の女性たちは、すでに労働超過であるにもかかわらず、ほかに収入を得ようとさらに時間とエネルギーを費やし、子どもの面倒を見る時間も減らさざるを得ないでいる。家族の健康や教育が女性の肩にかかっていることから、家庭所得の減少は女性に大きな犠牲を強いている。

絶対的な貧困層が多い上に一次産品への依存率が極めて高いことが、サハラ以南のアフリカをとりわけ脆弱にしている。しかし、途上国問題イコールアフリカの問題と見なすのは間違っている。一次産品価格の下落はアフリカ以外の様々な国に広く影響を及ぼしており、その中には産業の多様化をかなりの程度成し遂げた国も多く含まれているからだ。

メキシコがそうだ。この一〇年でメキシコは、ハイテク製品の輸出国として最も速く成長を遂げた国の一つとして名を上げた。しかし、同国にはなお二五万以上の零細なコーヒー農家が存在する。そのほとんどは先住民族のインディオで、チアパス州、プエブラ州、ゲレーロ州をはじめとする、いわゆる南部の「貧困ベルト」に大半が住んでいる。収穫期にはさらに五〇万人分の季節労働が生まれる。南部諸州では、人口の三分の一以上が貧困ライン以下の暮らしをしている。貧困はコーヒー生産地域に顕著で、そこはインフラの整備や政府の基本的サービスが遅れた地域でもある。男は町に出稼ぎに行くため、村には女性を戸主とする家庭が増え、残された女性たちはコーヒー栽培のほか、労働者として働いて収入を得ている。

オックスファムのパートナー団体は、二〇〇一年にコーヒーの主産地チアパス州で大規模な聞き取り調査を行なった。同州でのコーヒー栽培は零細農家が中心で、農地の八〇％以上は五ヘクタール未満である。ほとんどが急な傾斜地だが、インディオの人々は極めて洗練された農業システムを発展させ、その一部としてコーヒーを取り入れている。コーヒーは根が深く、土をしっかりつかまえるため、傾斜地での生産に非常に適している。コーヒーとともに間作されるのは、空気中の窒素を取り込んで地中に固定して土を豊かにする豆や、赤、黄、白のトウモロコシである。グアナバナの果実やマカデミアの実、レモン、それにコーヒーが現金収入源となっていて、それらを売って得たお金で食料や農機具、その他の出費がまかなえている。

聞き取り調査を行なったのは二〇〇〇年の収穫が終わった直後で、チアパス州のコーヒー経済は深刻な危機の真っ只中にあった。農家が仲買人に売り渡した価格は二年前の三分の一以下だった。多くの農民にとってコーヒー栽培は、もはや経済的に成り立つ話ではなかった。農民の一人は次のように話している。

「今じゃ仲買人が払ってくれるのは一ポンド四〇セントだよ。とても足りやしない。我々コーヒー農家にとっちゃ、冗談みたいな話だね。もうコーヒーなど栽培する価値もない。家族も養っていけないし。だからみんな畑を手放してるんだ。見るだけで悲しいよ。これまでどんなに手入れしてきたことか。手放さないところも、男たちは畑をやめて北の方に働きに行ってるよ。ここには貧乏人の仕事なんかありゃしないからね。」

コーヒー価格の暴落は、チアパス州をはじめとするコーヒー栽培地域の社会生活全体を一変させている。人々は教育費や医療費を払えず、家の修理もできないと話している。男たちは出稼ぎに出ざるを得ず、残された女性と子どもにも労働の重圧がのしかかっている。家庭の収入は減り、ただでさえ貧困と社会的疎外のひどい地域に深刻な影響を与えようとしている。コーヒーの生産が続くとしても、それは女性の労働と時間の安売りに支えられたものとなるだろう。メキシコでは、国際的なコーヒー価格の下落が貧困と格差に大きな影を落としている。貧困が最も集中する地域の家庭収入を減少させ、様々な格差を拡大している。南部の貧困ベルト地帯の州と北部の高度成長に沸く州、インディオと非インディオ、農村部と都市部の間の格差を拡大しているのだ。

●農業労働者

途上国の中でも最も貧しく、最もひどい搾取にあえいでいるのが農業労働者である。彼らが置かれた状況をさらに悪化させているのが一次産品価格の下落で、特に農業労働者の基本的な権利が守られていない国に顕著だ。

貧困は、国際取引の対象となる一次産品産業で雇用される人々の間に際立って多い。そうした一次産品市場は季節的である（収穫期に労働需要が高まり、収穫が終わると需要が急減する）ため、労働も極めて一時的かつ季節的である。労働者の賃金と待遇は一次産品の国際価格に密接にリンクしている。価格が上昇すれば賃金が良くなるという保証はないが、価格が下がればもともと低い賃金はさらに切り下げられ、雇用条件が悪化する可能性が非常に高い。例えばペルーでは、綿花の国際価格が下がったことで、高地から出稼ぎに来ている極貧の季節労働者の賃金と働き口が削られてしまった。

一次産品の生産現場で働く人々にとって低賃金は当たり前になっている。紅茶産業がよい例だ。インド、バングラデシュ、スリランカだけで一五〇万人の労働者が紅茶産業で働いており、国際労働機関（ＩＬＯ）によるとそのうち五～一〇％が子どもだという。国際価格が最高潮にある時ですら、農園での賃金は底なしに安い。インドでは平均賃金が一日六〇セントである。オックスファムがスリランカで聞き取り調査した一九九九年、女性労働者の純賃金は月一二・九ドルでしかなかった。有数の製茶会社であるタタ・ティーの農園で働く女性は、その賃金で六人を養わねばならなかった（Oxfam 2001 a)。

低賃金がもたらす脆弱性に輪をかけているのが労働者としての権利の弱さだ。中でも若い女性が搾取の的となっている。インドのアンドラプラデシュ州の綿花産業は、推定約二五万人の女子を綿花の摘み手として雇っている。彼女たちは教育の機会を奪われているだけでなく、危険な農薬を吸い込むリスクにもさらされている。インドの茶畑では大勢の茶摘みが臨時雇いされている。茶摘みの仕事は季節的で、収穫期には月三〇日も働かされるが、それが終わると二〇日も働けない。臨時雇いには雇用の保障や社会保険、産休などなく、常雇いには認められた教育や住宅に関する権利もない。二〇〇〇年に紅茶の国際価格が下落した時、その矢面に立たされたのは臨時雇いの労働者で、解雇や賃金切り下げの憂き目にあった。

グアテマラのコーヒー農園のように、労働者の権利が公式には認められていることもあるが、その場合でも雇用者は権利を尊重せず、政府も権利を順守させようとしていない。グアテマラの輸出収入の四分の一以上を占めるコーヒーは、ほとんどが大規模農園で生産されている。宿舎があてがわれる常雇いのほかに、収穫期には出稼ぎ労働者が雇われるが、彼らはだいたいが貧しい北部からやってきたマヤ系先住民だ。グアテマラの法律は、農園所有者に対して教育の提供や医療へのアクセス、最低賃金の支払いなどを義務づけている。が、法律違反は日常茶飯事だ。二〇〇〇年に行なわれた第三者による調査では、法に定められた一日二・四八ドルの最低賃金を得ていた労働者は半分しかいなかったという（Neuffer 2001）。

インドでも同じようなことが報告されている。農園の労働者は、建前としては一九五一年に制定された農園労働法によって権利が守られている。が、法はほとんど活かされていない。アッサム地方や西ベンガル地方で、同法を一〇〇％順守している茶畑は一つもない。法による季節労働者の権利擁護が不十分なケースもある。スリランカの紅茶産業で働く三〇万人の高地タミール人労働者は、市民権が認められていないため、移動の自由や政治的な参加がはなはだしく制限されている（Oxfam 2001 a）。

搾取的な労働慣行は、労働者の権利に関する法の不整備や不執行も原因だが、一次産品の国際価格も原因となっている。たとえ清く正しい心根を持った雇用者でも、国際価格が貧困レベルでは、まともに生活できるだけの賃金を支払うのは不可能だ。劣悪な労働条件と国際価格とが相まって、世界貿易への参加から得られる利益が貧困国の何百万、何千万という零細農家や農業労働者にまで行きわたるのを妨げているのだ。

二　国際市場はどうなってしまっているのか

一次産品の生産者が国際市場に参加する時、二つの密接に結びついた問題に直面する。一つは、多くの一次産品分野で生産が需要を大きく上回り、過剰な在庫と価格の下落を招いていること。もう一つは、一次産品が農場を離れて輸出され、加工され、販路に乗り、スーパーの棚に並び、消費者に届くまでに付加される価値のうち（つまり最終価格のうち）、生産者の取り分があまりに少ないことだ。価値のほとんどが付加される中間の過程を、力に勝る企業が支配しているからだ。

●構造的な供給過剰——低価格の元凶

どんな市場でもそうだが、一次産品市場も需要と供給に左右される。しかし、ほかの市場と比べると、そこでの需給関係は多くの点で異なっている。その一つは一次産品の特質に由来する。ガーナの農家がカカオの木を植えても、実がなり始めるまでに三年かかり、生産性が高まるには五年かかる。同様に、ペルーの農家がコーヒーを植えても、最初の収穫まで二年かかり、最適な生産ができるまでには五年かかる。農家は肥料を増減させて生産レベルを変えることはできても、国際価格と生産量の連動性は弱い〔大きな時差がある〕。国際価格の騰落に関係なく、植物は実をつけるのだ。ココアやコーヒーに現金収入を依存する農家にとっては、価格が暴落しても収穫する方が理にかなっているかもしれない。ほかに現金収入を得る道がないかもしれないし、あっても農場労働や食用作物からはココアやコーヒーほどの稼ぎが得られないかもしれないからだ。

供給と同様に、需要もまた他の交易品と比べて価格との連動性が弱い〔いわゆる価格弾力性が小さい〕。例えば車の場合、価格が下がればもっと売れるようになる。価格と需要の間に強い連動性がある〔価格弾力性が大きい〕のだ。一次産品のほとんどは、その連動性が非常に弱い。価格が下がっても一次産品の需要が増えないのは、一次産品の消費には限界があって〔コーヒーや砂糖が安くなったからといって、消費者は消費量をやたらに増やすことはない〕、消費額全体に一次産品が占める割合も非常に小さいからである。したがって、紅茶やコーヒー、ココアの価格が大幅に下がっても、消費者価格や需要はごくわずかしか変動しない。一九九〇年代末のコーヒー価格は九五年の四分の一にまで下がったが、世界の需要には何の変化もなく、それまでと同じく年一・五％の割合で増えただけだった。

生産性向上の問題もある。需要が価格に反応しない場合、生産性を上げて生産量が増えると価格を押し下げることになる。一次産品のほとんどは生産性を大幅に向上させた。輸出向け主要農産物の平均生産量は一九八〇年代初めより約三分の一増加した。供給が需要を上回り続ければ在庫過剰となり、価格を押し下げることになる。価格が下がっても生産量は直ちに減少しないので、需要と供給のアンバランスは何年も続くことになる。二〇〇一年の綿花の価格は一九九〇年の半分以下に落ち込んだが、生産量は一〇％増えた。コーヒーも価格は下落傾向だったにもかかわらず、二〇〇〇年の生産量は一九九〇年より二五％多かった。

需要と供給のアンバランスは必然的に過剰な在庫を招く。国連が一九九〇年代末の全世界の在庫量と年間消費量を比べたところ、多くの一次産品の在庫が尋常でないレベルに達していた[†2]（UNCTAD 2001 a）。在庫レベルは価格に大きく影響する。過剰な在庫は、自然現象（たとえば悪天候や害虫）によって供給が落ち込んだり、政府が生産を制限したりといったことがなければ、確実に将来価格に影響する。

市場価格が下がった時に収入を維持する方法の一つは増産で、それこそまさに多くの一次産品輸出国が行なってきたことだ。問題は増産によって悪循環が完成することだ。生産者が生産を増やすと価格が下がり、下がった分を補おうと増産するとまた価格が下がる、という悪循環だ。一次産品輸出国は、外貨収入を維持するために走り続けなければならない。が、多くの場合、減収に追いつくほど速くは走れない。ガーナは一九九六〜二〇〇〇年の間にココアの生産量を三二万トンから四五万トンに増やした。三分の一強の増産だ。しかし、価格が四〇％も下落したため、結局輸出収入は五分の一の減少となった。

供給過剰へと駆り立てる原因は品目によって違うが、主な原因は次のようなものである。

①市場への新たな参入　多くの一次産品市場に低コストの生産国が参入した。わずかしかココアを生産していなかったインドネシアは、一九七〇年代半ばから毎年二〇％の割合で増産し、今では世界第三のココア輸出国になった。西アフリカよりインドネシアの方がカカオの木が若いため、生産性は西アフリカよりはるかに高い。一九九七年の金融危機でインドネシアのルピアが安くなったことも追い風になり、輸出をさらに一五％押し上げた。コーヒー価格が九〇年代に下落する中で、ベトナムは世界第二の輸出国にのしあがった。九七〜二〇〇二年にかけて生産量は倍近くに増え、世界市場のシェアも七％から一一％へと伸びた（World Bank 2002）。

②**代替品とバイオテクノロジー（生物工学）**　先進国の製品基準も、途上国の一次産品輸出の先行きを直撃しうる。EUは二〇〇〇年五月、チョコレートの定義を変えて、カカオバターの代わりに他の植物性油脂を部分的に使うことを認める指令を採択した。これが実施に移されると、輸出国は二〇〇〇年の価格にして五億ドルの損失をこうむるかもしれない。[†3] バイオテクノロジーの発展も脅威である。主要菓子メーカーは、ココア特有の香りを作り出すタンパク質の遺伝子情報を特許として取得した。その一つマーズ社は、西アフリカのココアの中でも最高級の部類に入るアメロナド種のタンパク質の遺伝子情報について特許を取った。それらのタンパク質を人工的に合成できれば、天然のカカオバターを使わずに済むだろう。

③**先進国の農業補助金**　先進国政府は一日あたり一〇億ドルもの補助金を出して農業生産を下支えしており、それが砂糖、穀物、酪農品、肉類などの供給過剰と過剰在庫、価格低下を引き起こしている（第4章参照）。

④**乏しい情報**　一次産品価格が激しく乱高下するということは、生産者にとっては将来価格を予測する手立てがなく、将来の生産量をどの程度にすれば採算が合うかを決める情報に乏しいことを意味している。

⑤**先進国の経済成長パターンの変化**　一次産品の中でも鉱物の輸出は、先進国内の二つの変化に影響されてきた。一つは、技術革新によって金属の代替品を作るのが可能になったことだ。例えば電話事業では光ファイバーが銅線に取って代わり、産業用プラスチックはアルミの代替品となっている。もう一つは、先進国の成長センターが、遠距離通信、情報処理、コンピュータ、分析機器など、知識をベースにした産業に移っていることだ。そうした分野は、従来の製造業と違って鉱物をあまり必要としない（Page & Hewitt 2001）。

これらの中には元の状態に戻すのが不可能なものもあるが、農業補助金やバイオテクノロジーなど、政府が影響力を行使できるものもある。一次産品の生産者・生産国のために影響力を行使するかどうかは、もちろん政治的選択の問題である。

●流通連鎖（marketing chain）——コーヒーとココアの場合

「次にネスカフェを飲む時は、あなたが新しい一日のスタートを切るのに、コーヒー産業に関わる人々が一億人以上も力を合わせていることを、ちょっと考えてみて下さい。」（Nestlé 1998）

このネスレのPRは、ある意味で一〇〇％正しい。同社は毎年世界のコーヒー生産量の一〇％以上を買い入れ（Nestlé 1998）、毎秒三三〇〇人もの人がネスカフェを飲んでいる。国際コーヒー市場でネスレが最大の影響力を握っていることは疑いようもない。コーヒー以外の分野も含め、何億人という途上国の零細農家、農業労働者と先進国の消費者を結びつける流通連鎖（marketing chain）は、先進国に本拠を置く超国籍企業（TNC）が支配している。この連鎖における力関係によって、途上国で生まれた富は先進国、そしてTNCの手へと流れているのだ。

一次産品のほとんどは途上国から未加工の形で輸出されている。と言うことは、加工による付加価値が先進国に落ちているということだ。ココアを例に取ると、途上国は、カカオ豆の生産では九〇％以上のシェアを占めているものの、カカオバターの生産では半分以下、粉末ココアでは三分の一、チョコレートにいたっては四％のシェアしかない（UNCTAD 2000 c）。この見事な下り階段は、最終価格のうち途上国の取り分がどれほど少なくなるかを示している。加工の各段階で価値が付加されるからだ。途上国はココアの生産を支配しているかもしれないが、カカオバターの生産は三分の二が先進国で行なわれている（Landell Mills 2000）。ドイツは世界一のココア生産国コートジボアールよりもカカオ豆を多く挽いているし、イギリスはガーナよりも多く挽いている。ココア生産国の輸出額は年約二〇億ドルだが、製菓会社のチョコレートの売り上げは年六〇〇億ドルを超す。コーヒーでも事情は同じだ。コーヒーの世界貿易はほとんど「グリーン・コーヒー」、つまり乾燥も洗浄も皮むきもされていない状態で行なわれている（Ponte 2001）。最も利益率の高い煎《い》ったコーヒーの一大輸出者はEUで、一五％のシェアを持つ。ココアと同様、コーヒー貿易でも付加価値のほとんどは先進国が獲得しているのだ。

そうした図式をさらに強めているのが貿易障壁だ。一次産品が加工されるにつれて関税が上がっていく、いわゆる傾斜関税によって、先進国政府は、生産物から得る価値を高めようとする途上国の努力を体系的に妨害しているのだ。傾斜関税は途上国を深く傷つけている。労働集約的な工業への投資を阻害し、価格変動が激しく付加価値の低い一次産品への依存状態から抜け出せなくしているのだ。それはまた、貿易が生む利益を途上国から先進国へ、貧しい農家から力を持った食品会社へと移転させる効果を持つ。第3章で述べたような世界規模の格差と貧困を悪化させているのだ。

主要一次産品の世界市場は、ほとんどが一握りのTNCによって支配されている。先進国の消費者は、加工、後方支援、マーケティングといった複雑なシステム（零細農場からスーパーや「デザイナーズ・コーヒーショップ」までをつなぐ）を通して途上国の生産者とつながっている。市場を支配する力が一部に集中しているから競争がないというわけではない。世界に分散した生産者（売り手側）は、強力な企業グループ（買い手側）との競争を強いられているのだ。

コーヒーを例に取ると、世界市場の鍵を握る二つのプレーヤーがいる。貿易会社と焙煎会社である。貿易会社は三社（ノイマン、ヴォルカフェ、カーギル）で世界市場の三分の一を支配し、六社で半分を支配する（Ponte 2001）。焙煎業界の集中度はもっとすごい。ネスレとフィリップ・モリスの二社だけで、世界の焙煎コーヒーとインスタントコーヒー市場の半分を支配しているのだ。それにサラ・リー、プロクター・アンド・ギャンブル、チボの三社を加えると、市場支配率は三分の二を超える。

世界のココア市場も、この一〇年間にM&A（合併と買収）を通じて様変わりした。一九八〇年には、大規模な買い付けをする貿易会社がロンドンだけで三〇以上あった。それが今では、四大企業（アーチャー・ダニエル・ミッドランド、バリー・カレボー、カーギル、ホスタ）だけで世界のココア加工の四割を占める（ICO 1998）。これにネスレ、チャドベリー・シュベップス、マーズなどの大きなチョコレート会社を加えると、九企業で七割を超える。

貴重な現金収入を得るために生産物を売る零細農家、それを輸出する途上国の業者といった売り手側は、買い手のTNCを相手にとてつもなく不利な交渉に臨んでいることになる。売り手側は、交渉を有利に進めたり、価格の行方について市場が発するシグナルを理解したりするのに必要な情報へのアクセスも限られている。何百万、何千万の零細農家と巨大な食品飲料会社との力のアンバランスはあまりに大きい。

市場での力関係は貿易が生み出す利益の分配にも反映されており、そこでも生産者の影は薄い。オックスファムは二〇〇〇年にタンザニアのキリマンジェロ地方で零細コーヒー農家の聞き取り調査をした。それによると、農家の売り渡し価格は一ポンドあたり二八セントで、アメリカの小売店で売られているコーヒー（煎って挽いたコーヒー）の平均価格の九%、ブランドものの「キリマンジェロ」コーヒーの小売価格の四%に過ぎなかった（Oxfam 2001 b）。カフェで出されるコーヒーの価格に占める農家の取り分は、恐らく一%に満たないだろう。[†4]

国際市場価格の下落は貧しい生産者に壊滅的な打撃を与えるが、下落した分だけ消費者価格が下がったためしはほとんどない。この五〇年、数々の一次産品価格が暴落したが、消費者価格は上がり続けているのだ。

原材料の価格は、マーケティングや小売段階のコストに比べるとわずかなのが常だ。企業が市場シェアを拡大するために採る主要な戦略は、宣伝や包装でもってブランド力をつけるべく多大な投資をすることだ。コーヒーやココアを国際市場向けに生産する零細農家は、「買い手主導のサプライチェーン（供給連鎖＝原材料の調達から製造、流通、販売までの連鎖的なつながり）」と呼ばれる一連のつながりの出発点に位置する。このサプライチェーンには三つの特質がある。

①生産者の多さと買い手企業の少なさ　現金収入を必要とし、他に生計手段を持たない大勢の零細農家が一次産品市場に殺到する。その結果、大勢の生産者、しかも市場情報に欠けた生産者が少数の買い手企業と対峙することになる。そうした状況下では、買い手主導のサプライチェーンの中で生産する以外に道はないのだ（Gibbon 2000）。

②市場主導の価格決定　途上国政府は、欧米の農業政策をまねて、農家の所得を守るためのマーケティング機構（marketing board）を設けて最低価格を決定していた。それが解体されてしまったことで市場は支えを失い、貿易会社が低価格で一次産品を買えるようになった。

③新規参入を図る買い手企業・流通業者への高い壁　売買規模と垂直統合〔ある生産工程の前後の工程を取り込んで一体化すること〕がもたらす規模の

経済や、ブランド化にかかるコスト、市場情報の収集コストなどが、国際取引や先進国の小売市場に買い手企業や流通業者が新規参入するのを阻んでいる。

この三つの特質の相互作用が、グローバルなサプライチェーンにおける生産農家の立場を著しく弱くしている。ある研究によると、コーヒー農家の取り分は下落傾向にある。一九七〇年代は最終価格のうち平均して約二〇％がコーヒー農家の取り分だったが、九〇年代の前半には一三％に下落した。逆に先進国側の取り分は八〇％近くに増大した（Talbot 1997）。ただでさえ貧しい者から豊かな者へと、大規模な所得移転が起きているのだ。

一次産品価格の下落は、何百万、何千万という零細農家にとっては大きな災いを意味するが、サプライチェーンの安全な所にいる企業にとってはむしろ支配力の強化と利潤の増大を意味する。コーヒーの場合、勝者は主として焙煎業者であり、なかんずくネスレである。同社はインスタントコーヒーの世界市場の五七％を占有し、第二位の企業を三倍近く引き離している。利益率は二六％にも上ると推定されている。コーヒーセクターを最近分析したドイツの銀行によると、「食品飲料業界全体を見回しても、ネスレほど業績の良い企業はない」という（Deutsche Bank 2000）。二〇〇〇年末のネスレの文書は、「一次産品価格が好都合だったため、営業利益は一五％増え、利益率も上がった」ことを明らかにしている（Nestlé 2000；Crawshaw 2001）。つまり、コーヒー価格の下落は、途上国の貧困層にはマイナスだが、ネスレにとってはプラスなのだ。

●マーケティング機構の自由化

一次産品をめぐる問題は、そのすべてが世界市場に根ざしているわけではない。零細農家は、国内でも貧弱なインフラや投入財への限られたアクセスなど、いろいろな面で非常に不利な立場に置かれている。それを一層不利にしたのが、世銀／ＩＭＦの構造調整プログラムのもとで実施されたマーケティング機構の自由化である。

ただし、自由化以前のマーケティング機構も、途上国の発展を損なう悲劇的な結果をサハラ以南の多くのアフリカ諸国にもたらしてきたことは認識しておく必要がある。もともと植民地時代に導入されたマーケティング機構は、独立後の途上国政府によって零細農家を苦しめる道具として使われてきた（Bates 1981）。そこから利益を得たのは、多くの場合、有力者集団だった。一九八〇年代以降、世銀／ＩＭＦのもとでマーケティング機構の活動は大幅に制限された。しかし、同機構の自由化は新たな問題を引き起こし、時として世界貿易に関わる問題を悪化させたり、零細農家の生計を脅かしたりするようになった。

自由化前、零細農家は政府が定めた価格でマーケティング機構に産品を売ることを義務づけられ、その価格は輸出価格よりずっと低く設定されていた。ガーナのココア生産農家は、一九八〇年代初め頃は輸出価格のわずか六％しかマーケティング機構からもらえず（Frempong 1991）、ウガンダやタンザニアのコーヒー栽培農家も一〇～一五％しかもらえなかった（Oyejide, Ndulu, & Gunning 1997）という。マーケティング機構は生産農家から所得を奪っただけでなく、生産や投資の意欲も奪ったという意味でも破壊的なシステムだった。アフリカが主要一次産品の輸出市場に占めるシェアを失い、大損害をこうむった責任の一端は、マーケティング機構にあった。

マーケティング機構自由化のメリットは大きかった。輸出価格に占める生産農家の取り分は増加した（Akiyama et al. 2001）。ガーナやカメルーンのココア農家は輸出価格の四〇～七〇％、ウガンダやタンザニアのコーヒー農家は六〇～八〇％も得られるようになったという（Gilbert 1997）。ただし、国際市場価格が下落したため、実際に農家が得る利益は限られていた。同機構の自由化のどこに問題があったかというと、自由化がもたらす利益を損なうことなく、農家の搾取とシステムの腐敗という問題を正す戦略が不在だったことにある。マーケティング機構は、多くの国で農家に融資をしたり、肥料その他の投入財を供与したりする重要な役割を果たしていた。そのため、タンザニアでコーヒーのマーケティング機構が解体されると、投入財を供給する仕組みが崩壊し、貧しい栽培農家は新たに生まれた市場機会を活かそうにも活かせなかった。と同時に、政府の地方分権政策によって課税権限が地方に委譲されたため、地域によって税が重くなったり、バラツキが出たりした。その結果、輸出から農家が得る利益は、同機構を自由化する以前の段階とあまり変わらなくなってしまったという（World Bank 2000 b）。

そのほか、マーケティング機構の自由化によって生じた問題には次のようなものがある。

ゴミ山の上で遊ぶ子どもたち（ボリビアの首都ラパスのスラムで／撮影：Julio Etchart/Oxfam）

■公的な農業普及サービスの崩壊、融資アクセスの喪失、急騰した肥料価格などのため、生産が減少した。
■零細農家は独占的な民間買い取り業者と取引せざるを得なくなった。
■まともに機能する保険市場や融資市場がなくなったため、以前にも増して価格の乱高下に対する脆弱性が強まった。
■全国をカバーする価格システムとマーケティング・システムが崩壊したため、最貧層の農家や最も遠隔地にある農家は、売り渡し価格が大幅に下がったり、市場アクセスを失ったりした。
■品質管理システムも解体されたため、輸出品の品質が下がって輸出価格はさらに低下し、世界市場に悪評が立った。

マーケティング機構は零細農家の利益を最優先して作られたなどと言う人間はいないだろう。しかし、政府の介入がなくなったことで、零細農家は世界市場において極めて不利で無防備な立場に立たされることになった。政府は、市場を規制することによって一次産品価格の極端な乱高下から零細農家を守ったり、経済力の集中に伴うリスクから零細農家を守ったりする代わりに、彼らを裸で放り出したのだった。

コラム6・1

西アフリカのココア市場の規制緩和に伴う問題

ココア市場の規制緩和は、生産農家が輸出価格から得る取り分を増やしたものの、あまりに急激な自由化だったため、短期的にせよ零細農家に大きな損害を与えた。長期的に見ても、融資、投入財、品種改良・品質管理へのアクセスなどの問題が未解決のまま残っている。規制緩和は零細で脆弱な生産農家にはとりわけ有害で、ココア生産地帯の貧困削減にも恐らく悪影響を及ぼすだろう。ココアの栽培は男が仕切っているため、輸出の拡大は女性に不利に働いた。なぜなら、彼女たちの生産活動は生産性の低い限界地に追いやられ、食用作物に対する農業普及サービスや融資、マーケティングへの支援などが削られてしまったからである（Stichele 1998）。

　コートジボアールでは、規制緩和に先立って何の準備も対策も取られなかったため、市場は大混乱に陥った。以前はマーケティング機構が買い取り量を一年を通じて均《なら》し、農家が生産したココアを最大三分の二まで先物買いするシステムがあった。このシステムが解体された結果、生産農家は収穫したカカオ豆を一度に売りに出し、市場を氾濫させた。国際価格は暴落し、国内価格も一九九九～二〇〇〇年の一年間で四〇％も下落した。あまりに無謀な自由化を行なった政府に生産農家は怒り、社会騒乱が起きた。

　自由化は、品質や生産の低下も招いた。国際市場で割増し《プレミア》金付きで取引されていたナイジェリアやエクアドル、カメルーン産の高級ココアはプレミアを失った。ナイジェリア産ココアには一九八〇年代トン当たり五〇～一〇〇英ポンド（一英ポンド＝約二〇〇円）のプレミアが付いていたが、九〇年代にはゼロになってしまった。というのも、市場の自由化によってマーケティング機構の品質管理機能が停止したため、小さなカカオ豆まで市場に出回るようになったからである。

（出典：Oxfam 2001 C, pp. 21–3）

三　公正貿易（フェアトレード）の台頭と一次産品協定の崩壊

　一次産品の生産者が直面する問題の解決に向けて大きな働きをしてきたのがフェアトレード運動だ。それは消費者に、たとえわずかでも貧困層のプラスになるよう自分たちの購買力を活かす機会を提供する。フェアトレード運動は、国際商品協定〔二二七頁参照〕によって一次産品価格を妥当なレベルで安定させ、世界市場を管理しようとした試みの産物でもある。協定が一九八〇年代に事実上崩壊して以降、国際社会は、一次産品生産者が直面する問題に力を合わせて取り組もうとする姿勢を失ってしまった。責任を持って市場を管理しようという新たな努力なくしては、公正貿易が達成できることにも限界がある。

●フェアトレード――その成果と限界〔この項で登場するフェアトレード団体については、巻末四一四頁の「フェアトレード活動団体リスト」を参照〕

ガーナのココア生産地帯の心臓部に位置するアシャンテ州の州都クマシには、今の一次産品貿易システムに挑戦する世界でも有名な取り組みがある。一六〇の地域組織と三万人以上のメンバーからなるクアパ・ココー（ココア協同組合）だ（Ransom 2001）。一九九三年に設立されたクアパ・ココーの役割は、ココアの買い取り、メンバーのための資産運用、それにマーケティングである。クアパ・ココーは、イギリスを本拠地とするフェアトレード団体の一つトゥイン・トレーディングの仲介も得ながら、ガーナのココア生産農家と先進国の消費者を結びつけている（Twin 2000）。フェアトレード運動は、消費者に対して、自らの購買力を行使する際の選択肢を提供しようとするものである。つまり、本章で述べたような問題について消費者によく知ってもらい、問題を正すための具体的な方法を提供しようとするものである。

　クアパ・ココーがフェアトレード市場にココアを売る時は、最低価格が保証されている。国際市場での価格が下がれば下がるほど、フェアトレードの割増し金《プレミア》は大きくなる。一九九九年を例に取ると、フェアトレード価格は国際市場価格より七五％も高かった（Oxford Policy Management 2000）。国際市場価格がフェアトレード価格を上回った時は、先進国のパートナー団体が「社会的割増し金」を上乗せする。割増し金は、学校建設や保健医療サービス、水供給、衛生事業といった共同体の開発事業に投資される。フェアトレードはまた、より付加価値の高い市場の開拓を支援してきた。現在クアパ・ココーは、小売チェーン店の「ザ・ボディショップ」にカカオバターを供給しているほか、トゥイン・トレーディングとともにデイ・チョコレート社との共同事業を行なっている（Oxford Policy Management 2000）。フェアトレードへの参加を通して先進国の消費者は、ココア生産者を苦しめてきた「低価格」、「価格の不安定性」、「低付加価値」という三つの中心課題に取り組む市場を育むことができるのだ。

　フェアトレードを推進する団体には、様々な一次産品や活動に関わる団体がある。オックスファムやトレードクラフト、トゥイン・トレーディングのように、生産者グループと密接につながり、自ら小売店舗を持っている団体もあれば、オランダのマックス・ハベラーやイギリスのフェアトレード財団のように、途上国の生産者にとって良い取引、つまり公正貿易であることを証明する「フェアトレード・ラベル」の認証を行なう団体もある。さらに、アメリカのイコール・エクスチェンジのような協同組合もあれば、大手企業のザ・ボディショップ、チョコレート会社のグリーン・アンド・ブラックスからNGOが支援するカフェ・ディレクトまでを含む倫理的企業、各種のネットワーク団体などがある。フェアトレードのこれだけの広がりは、消費者の関心が高まっている証と言える(Twin 2000)。フェアトレード団体やスーパーを通してヨーロッパで販売されるフェアトレード商品の売上高は、今や二億六〇〇〇万ユーロ〔約三四〇億円〕を超えると思われる。

零細農家はフェアトレードから目に見える利益を得てきた。中米の国ベリーズのトレド地方にあるマヤ系先住民の農業協同組合は、グリーン・アンド・ブラックスにカカオ豆を卸している。同社が販売する「マヤ・ゴールド」という名のチョコレートには「フェアトレード・ラベル」が貼られている。同社は、マヤ系先住民の農業協同組合と毎年更新が可能な五年契約を結び、同社の品質基準を満たすカカオ豆はすべて買い取ることを保証している(Fairtrade Foundation 2000)。そうした取り決めは生産農家の生活を目覚ましく変えている。生産農家の一人クリスティーナ・ペックさんは次のように語っている。

「カカオ豆を売って得たお金で、土間だった床もコンクリートにできたし、子どもたちも中学校に通えるようになりました。ちゃんとした値段で買ってくれるのはフェアトレードだけです。」(Fairtrade Foundation 2000)

フェアトレード運動はまた、コーヒー価格の長期下落に苦しむ農家が苦境を乗り切る手助けをしてきた。タンザニアでは、キリマンジェロ現地協同組合連合（KNCU）などの協同組合が、割増し金の恩恵だけでなく、技術的な支援や品質向上の助言を受けることができた。アメリカでは、トランスフェア・USAという名の商品認証組織が、グルメ級のコーヒー豆の焙煎業者や大規模スーパーチェーンと関係を築いてきた。中南米のコーヒー生産農家は、トランスフェア・USAの働きかけのおかげで一九九九年末には国際市場の二倍の価格でコーヒーを売ることができた。もし、目標通りアメリカ市場（一八〇億ドル相当）の五%のシェアを獲得できれば、零細コーヒー農家が得る利益は非常に大きなものになるだろう（Carlton 1999；Alden 2000）。

そうした数々の成果はあるものの、フェアトレード運動が実現できることには限りがある。フェアトレード市場は急速な成長を遂げたものの、まだまだ大海の中の孤島のようなものである。クアパ・ココーですら、メンバーが生産するココアのうち、フェアトレードのルートで売れるのは五％未満だ。フェアトレードは、その中核的存在の飲料セクターですら、まだ世界貿易を根本から変えるまでには至っていない。紅茶、コーヒー、ココアを合わせても、フェアトレードされているのは一％に満たないのだ（Oxford Policy Management 2000）。パーム油やココナツ油をはじめとする他の多くの一次産品セクターでは、フェアトレードは皆無に等しい。

フェアトレード運動は、おびただしい数の人々を貧困に閉じ込めている世界貿易の中では脇役に過ぎない。消費者に割増し金を払うよう働きかけ、フェアトレードのシェアを高めることは、貧しい生産者にとっての一助にはなるが、彼らの市場への参加を阻む壁は恐ろしく高い。また、少なくともヨーロッパではフェアトレードの成長が鈍っている。公正貿易の原理が現在の孤島から世界貿易全体に広がることがない限り、貧困国も貧しい生産者も、供給過剰という構造の中で強まる一方の市場圧力にさらされることになるだろう。

大企業の中で自らフェアトレードを名乗る企業が出てきているのは、フェアトレード運動が成功している証拠だ。コーヒー市場では、ネスレが自らを世界最大のフェアトレード組織として市民に売り込んでいる。同社の文書は、「私たちは公正な対価を払うことを信奉し、途上国の生産者のパートナーとして働くという政策を遂行してきた。…複雑かつ時に不完全な世界貿易システムの制約条件の中で、私たちは公正貿易を現実のものにしようと努力している」と述べている（Nestlé 1995）。ネスレが「公正貿易」をしていると主張するのは、世界のコーヒーの一〇分の一を扱う同社が、国際的な取引業者から買うよりも、生産農家の協同組合から直接買い入れる方へと比重を移しているからだという。しかし、公正貿易で大事なのは生産者に払う対価なのだ。現在の国際市場価格は、ほとんどの生産農家がかけた原価をカバーできず、ましてや生産農家がまともな生活を送れるだけの価格ではないのだ。

●供給過剰の管理――一次産品協定の崩壊

各国政府は一九七〇年代半ば、世界貿易から得られる利益を南北間でより公平に分配する「新国際経済秩序」という概念を受け入れた。そこでの大きなテーマは一次産品問題だった。一次産品価格の下落が最貧国の多くで長期的発展の展望を揺るがしていることが認知されたからだった。問題に対処すべく〔六〇年代から〕始まったのが、次に述べる国際一次産品市場を管理するための及び腰の実験だった。しかし、その実験も政治的な無関心、資金不足、設計のまずさのために挫折した。この経験は、本章で取り上げた危機的状況に取り組む際の教訓となる。

一九六四年の国連貿易開発会議（UNCTAD）の開設によって新たな政策段階が始まった。その第一回の会議で先進国側は、途上国の開発ニーズに取り組むには一次産品に関する一貫性をもった行動計画が必要であることを初めて認めた。その行動計画が一九七六年にUNCTADのもとでスタートした「一次産品総合プログラム（IPC）」だった。IPCの目的は、消費国の利益も考慮に入れながら、一次産品価格を生産国が報われる安定した価格にするための市場メカニズムを築くことにあった。そして、その目的達成のために「共通基金」が設けられた。共通基金は緩衝在庫を維持するためのもので、一次産品の価格が下がった時には産品を買い入れて在庫を増やし、価格が上がった時には在庫を取り崩すという操作をする（Singer & Amjari 1992）。

価格安定のために結ばれた数々の国際商品協定（ICA：一次産品協定と通称される）も、その寿命は短かった。一九七〇年代末には、スズ、砂糖、ゴム、コーヒー、ココア、ジュート（黄麻）など多数の一次産品をカバーしていたが、八〇年代末までに、ゴムを除くすべての協定が崩壊ないし価格安定機能の停止に追い込まれ、ゴム協定もその後崩壊した（Gilbert 1996）。コーヒーとココアに関する協定は残っているものの、今では情報共有と事務的なことを話し合う場でしかなくなっている。

ICAが崩壊した理由については徹底した分析が行なわれてきた。産品による違いはあるが、共通点もいくつかある。その一つは、先進国政府が、ICAとは価格を必要以上に吊り上げるための仕組みであると見なし、市場介入に反対する姿勢を取ったことだ。もう一つは、途上国側が、基準価格を市場の実態からかけ離れた高いレベルで維持しようと狙ったことだ。緩衝在庫の規模もあまりに小さく、コーヒーやココア、砂糖などが市場にあふれた時も吸収できず、市場価格の下落を抑えられなかった（Gilbert 1995）。途上国間の南南協力が失敗したのも大きな要因だった。コーヒーとココアの場合、アフリカや中南米諸国が供給を抑えて価格を引き上げたのに対して、低コストで生産する東アジア諸国は生産を抑えようともせず、アフリカ・中南米の努力で上昇した価格の恩恵をかすめ取ったのだ。

ＩＣＡの歴史には落胆させられるが、その根底をなす原理・原則は間違いなく健全なものだ。生産者がもっと報われるような価格を実現するには、供給の管理が大きなカギを握っていることを明確にしたのは特筆すべき点だ。一方で、価格の騰落をやわらげるためではなく、価格引き上げのために緩衝在庫を使おうとする姿勢は、まったくもって誤っていた。緩衝在庫を維持するための資金が慢性的に欠乏した状態ではなおさらだった。欧米の農業政策責任者が高い授業料を払って経験したように、国際市場価格を無視し、人為的に高く設定した価格で買い上げることに公的資金を使おうとするのは、破綻への道をまっしぐらに進むようなものだ。

国際市場価格が容赦なく下落する中で、一次産品生産国の中には供給管理の原則を見直す動きがある。世界のココア生産量の八五％を占める国々で構成する「ココア生産国同盟」は二〇〇〇年、基準に満たない豆を市場に出さない（それによって約一〇％の供給減となる）ことで価格を上昇基調に乗せる計画を立てた（Stainer 1999, 2000）。そのメッセージを国際市場に伝えるべく、ガーナ、ナイジェリア、コートジボアール政府は、二〇〇〇〜〇一年に収穫するカカオ豆のうち最大八％を焼却する計画を発表した。慢性的な供給過剰に悩むコーヒー生産国の間でも同じような動きがある。「コーヒー生産国連合（ＡＣＰＣ）」は、ブラジルをはじめとする中南米の生産国が提案した「自制」計画を二〇〇〇年五月に採択した。そこでの目標は、採択時一ポンドあたり〇・五ドルだった市場価格が〇・九五ドルに上がるまで、在庫の二〇％を市場に出さないよう自制することである（Oxfam 2001 d）。

しかし、どちらの計画も実効性のある行動につながっていない。問題は今までとまったく変わっていない。輸出国は、たとえ価格が下がっても外貨獲得に必死になる。またほとんどの国は出荷しない産品を在庫として保管しておく能力に欠け、生産者から産品を買い取る資金もないため、輸出せざるを得ない。さらに途上国間の根深い対立がある。東アジアのコーヒー生産国は、価格を高めに誘導しようとするブラジルの提案を、東アジアを犠牲にして中南米の市場シェア拡大を狙う大きな戦略の一環と見なしている。一方、中南米とアフリカの生産国は、東アジアの「タダ乗り」（他国が輸出を自制することで上昇させた価格の恩恵だけをかすめ取ること）を非難している。

ＩＣＡの歴史と一次産品市場への介入の歴史を振り返ると、とても楽観的にはなれない。先進国政府は市場介入の失敗こそ自由貿易の正しさを証明するものだと主張する。しかし、その主張は二つの点で誤っているし、不誠実だ。第一に、ＩＣＡが失敗に終わったとは言え、現状維持は受け入れがたい。本章で明らかにしたように、一次産品の国際市場は大規模な貧困と社会不安を生み出している。先進国が推進する自由貿易は、貧困国と貧困層に背を向けているのだ。

第二に、ＩＣＡを崩壊に導いた責任の一端は先進国側にもあるにもかかわらず、頬かむりをしている。途上国が報われるような価格にすることには無関心で、力を持った食品会社が安く原料を手に入れるのを優先してきたことが一次産品市場を今のありさまにしているのだ。さらに、市場の管理を目的とする取り決めはそもそも失敗を運命づけられているという主張は歴史的裏づけに欠ける。国際スズ協定は、いろいろ問題があったにせよ、崩壊するまでの四半世紀近くにわたって価格を安定させてきた。石油輸出国機構（ＯＰＥＣ）は、一九七四年以降の一〇年間、原油価格をコントロールするのに成功した。さらに言えば、先進国政府は自らの利害が脅かされそうな市場（例えば為替市場）では介入しているのだ。

一九七〇年代のＩＣＡに戻ることは現実的でないし、現状のまま放っておくことも現実的でない。一次産品市場が提示する古い問題に対して新しい創造的な解決策を見つけ、解決に向けて世界が一丸となって協力することが焦眉の急となっている。

四　進むべき道と一次産品貿易についての提言

一次産品市場の危機的状況が一つの山場を迎えた一九八〇年、最初のブラント委員会報告書〔ブラント元西独首相を長とする委員会が国連に提出した『南と北―生存のための戦略』〕は、ブレトンウッズ機構〔世銀／ＩＭＦのこと〕の創設者たちが提起したビジョンに回帰し、かのケインズと同様に、世界の貧困と社会不安の核心をなす問題に取り組むため、国際的な行動を起こすよう呼びかけた。その核となるのは、「一次産品の価格を生産者に報いるレベルで安定させる」ための行動だった（Brandt 1980）。しかし、不幸にもブラント委員会報告と時を同じくしてＩＣＡに対する組織的な攻撃が始まった。ＩＣＡが先進国にインフレをもたらすというのがその理由だった。

それから時代は変わった。しかし、途上国の大半を飲み込む危機的状況の深刻さにもかかわらず、途上国の発展をめぐる国際的な議論から一次産品問題は姿を消してしまっている。この課題に取り組まずにいることは、何億人という途上国の生産者がグローバリゼーションのもたらす繁栄から取り残されることを意味している。現存する体制と貿易のルールはこの課題に応えられないままにいる。

●変革への行動計画

危機的状況にある一次産品問題に対して、ツギハギ的な対応や、先進国政府の常套手段である、問題そのものの無視という対応で済ます時代は終わった。輸出国同士が時折思い出したように協力し合うのも不十分だったし、これからも不十分だろう。世界貿易は体系的な危機に直面しているだけに、それを解決するにも体系的な対応が必要だ。それは何か。新たな体制作りであり、新たな市場規制のアプローチであり、ＴＮＣによる新たな行動である。

一次産品貿易を変革するためのオックスファムの提言は、大別して次の三つである。概要を述べた後、それぞれについて詳しく説明することにしよう。

①一次産品機構の創設　創設されるべき一次産品機構は次の機能を果たす。

- 市場への介入と長期的な供給管理
- 一次産品の多様化と輸出国における付加価値の向上
- 価格崩壊のリスクに対応するための農家への保険
- 上記を達成するための資金供与

②企業戦略の変革　企業は生産者家庭が貧困から脱却できるような対価を払う。長期的な契約に基づいて公正な対価を支払い、より安定した、生産者が報われるような市場の形成を支援する。

③一次産品貿易に関するWTO作業グループの設立　WTOは作業グループを設立して、途上国を豊かにし、その経済成長を促進する上で死活的に重要な役割を果たしうる一次産品貿易の問題に取り組む。

一次産品機構　一般市民向けのキャンペーンは一次産品問題をWTOの議題に載せるための重要な第一歩ではあるが、それを補う国際的な行動が必要である。それが、オックスファムが新たな国際機構の創設を提言する理由である。オックスファムは国連事務総長に対して、一次産品に関する高レベルの作業部会（タスクフォース）を設けるよう求める。作業部会は一次産品市場を危機に陥れる諸原因を分析するとともに、勧告をまとめて一年以内に国連とG8に提出する。勧告には、短期的・長期的な資金需要や資金源の見通しを盛り込む。勧告はまた、HIPCイニシアチブを改組して、一次産品の輸出に依存し、借金にあえぐ途上国の債務を持続可能なレベルにまで削減するための戦略を立案する。

勧告をどれだけ詳細なものにするにせよ、一次産品問題の国際的な解決のためには、次の三つの基本的事実を認知するところからスタートしなければならない。第一に、一次産品市場の危機は体系的なものであること。危機は一次産品市場の性格に根ざしており、様々な一次産品に存在する。第二に、一次産品の問題は、そのほとんどが構造的な供給過剰と価格の不安定さにあること。第三に、国際市場は、力の極端な格差と企業への極端な力の集中に彩られていること。各国政府は、そうした格差によって貿易の果実が貧困国や貧困層から人為的に奪われてしまわないよう保証しなければならない。

本章で明らかにした諸問題に取り組む上でICAは重要な役割を果たす。ICAに関する現在の議論は、過去の失敗を槍玉に上げ、「自由市場」こそ良いものだと決めつけるだけの不毛な議論だ。前世代のICAが失敗に終わったことは疑いようもない事実だ。しかし、現状の維持が未来永劫にわたって可能であると考えるのは、まったく現実離れした経済学者か企業経営者だけだろう。一次産品市場を大規模な貧困と格差を生むに任せ、遂には共存共栄の未来を脅かすのを放置したままにするだけの余裕は、世界にはない。

新しい機構の枠組み…一次産品に関する国際的な行動を担うのは誰か。その担い手は生産国と消費国の双方から信頼される者でなければならない。また、一次産品問題の規模に見合った資金力を持ち、各国政府や他の国際機関への影響力を持つ者でなければならない。

既存の組織の中には、途上国が得るに値する利益を図るような、大胆な思考と行動ができる組織はない。これまで一次産品問題が最貧国の開発目標にとっての中心課題と見なされたことは滅多になく、一次産品に関する行動が取られたとしてもあまりにも限定的で成果にも乏しかった。一次産品貿易の問題と、それが開発目標に与える影響に取り組む新たな機構が求められるのはそのためだ。新機構は一次産品に関わる既存の組織を取り込んで、生産者が報われるような安定した価格を保証する政策と、生産国が一次産品のワナから抜け出せるよう支援する長期的な計画を管理監督する。

そうした行動に対して世界が資金を提供する必要がある。一次産品に依存する国が持続的に債務を返済できるよう、債務救済のための資金も別途必要である。資金源はいろいろ考えられる。資金源が開拓できるかどうかは大胆な思考をいとわない政治的意思にかかっている。EUや援助国政府、国際金融機関が持つ既存の資金を振り向けることも可能だが、もっと幅広く資金を創出する必要がある。一つの方法は、危機的状況にある一次産品の輸出入に対して課税することだ。産品の価格が暴落した時に輸入税をかけ、急騰した時に輸出税をかけるのだ。そうして得られた資金は困窮した国に供与する。そのような仕組みを作るにはもちろん国際的な合意が必要だ。さもなければ大規模な闇市場《ブラック・マーケット》を生んでしまうだろう。課税するのは限られた期間だけで、しかも市場の需給関係が極めて逼迫した時に限るべきだろう。

市場への介入と供給の管理　…　一次産品価格は全般的に長期低落しているが、特定の産品はとりわけ深刻な危機を迎えている。コーヒーがその一つだ。国際市場価格は生産原価を大幅に下回り、零細農家の間に苦痛と窮乏を蔓延させている。そうした場合、市場への介入が唯一理にかなった道だ。供給過剰分のコーヒー、中でも品質の悪いコーヒーを市場から相当量引き揚げるべきで、そうすることで価格は回復し、品質も全体的に向上するだろう。

　より長期的には、一次産品全般について、より体系的に供給と需要のバランスを打ち立てるべく、生産国と消費国がともに心機一転努力することが必要だ。そのために欠かせないのは、価格の安定とその引き上げを峻別することだ。前世代のＩＣＡが失敗した理由の一つが、この二兎を追ってしまったことにあるからだ。新世代の一次産品協定は、生産国と消費国の両方の利益となるようにすべきだ。コーヒーの場合、品質基準を設けて供給過剰を抑えるという革新的なアプローチが問題解決の歩みを速めるだろう。

　一次産品協定はまた、そうした市場の改革によって疎外され、競争力を失った生産国や生産者のための戦略を持たねばならない。貧しい生産農家には、先進国の農家に対するのと同様に、他の選択肢や安全網《セーフティ・ネット》を提供しなければならない。

　最後に、一次産品の貿易と小売を支配する企業は、より持続的で安定した市場の形成に協力しなければならない。コーヒーなどの原材料価格が崩壊すれば企業の利潤は増大するかもしれないが、生産し供給する者が窮地に陥ってなお繁栄する産業などない。市場が崩壊して何百万、何千万という犠牲者が出ているのを拱手傍観することは、まさに企業の自己利益が許さないのではないだろうか。

価格の乱高下と保険　…　生産者にとって最大の問題は価格の乱高下である（Varangis & Larson 1996）。生産農家は将来計画が立てられず、融資も得られず、低価格でも生産物を売らざるを得なくなってしまう。コーヒーの場合、ＴＮ

Cや取引業者は価格の変動に備えて資金ヘッジ〔資金的なリスクの回避〕の仕組みを利用している。最も零細な生産者は、市場から得る対価が最も少ないにもかかわらず、最も高いリスクを負わされている。したがって、貧しい生産者が突然の価格暴落のリスクに耐えられるような包括的な仕組みが必要である。その可能性を探る試験的な事業が行なわれているが、そうした仕組みを推奨し、大々的に実施するための資金が必要だ。政府は、生産農家に持続的に生産する誘因を与え、かつ開発目標が達成できるよう、補助金を使った保険の導入を考えてもよい。現場レベルでは、既存の金融仲介業者を使って保険や先物売りを始めることもできる。そうした仕組みは、保険料の分担をきっかけに生産者組合や協同組合を組織する誘因にもなる。

それらの仕組みが貧困削減にもたらす効果はかなりなものになりうる。自分が作った作物からどのくらい収入が得られるかが分かれば、農家は生活必需物資の購入に必要な借入れをしやすくなるだろうし、あくどい買付業者に無理して作物を売り渡す必要もなくなるだろう。投資した分が回収できるかどうか分かることで、換金作物の栽培と自家消費用の農業の間で時間や労力をどう配分するかとか、肥料などの投入財をどのくらい買うか、といった重要な意思決定もしやすくなるだろう。

産品の多様化と付加価値の向上：一、二種類の非石油一次産品のみの輸出に依存し、付加価値をつける能力に限界がある途上国は、貧困と不安定さから逃れることのできない恐れが強い。付加価値をつけることは大きな利益を生み出しうる。UNCTADがイギリスのスーパーを調べたところ、泥がついて形も不ぞろいなニンジンと、きれいに洗ってスティック状に切ったニンジンとでは、価格に一五倍もの開きがあった（Humphrey & Oetero 2000）。そうした付加価値が生産国に落ちることは滅多にない。

他の産品や経済活動へと多様化できるか否かは、その国の地理的、社会的、経済的条件によって決まってこよう。多様化は時間もかかるし、骨の折れるプロセスである。ある産品へと多様化する際には、他の産品の市場も考慮しなければならない。付加価値をつけるには、資本へのアクセス、インフラ・固定資産への投資、後方支援やマーケティング面での新たな能力が必要とされる。そうした条件をすべて備えているのはTNCだけであることがあまりに多い。途上国における多様化と付加価値の向上を推進する国際的な行動は、先進国の強固な既得権益の問題に対処しなければならない。

■TNCが圧倒的な力を使って途上国の生産者を搾取することがないよう、TNCを、競争の制限を禁じた法律〔反トラスト法など〕の厳格な監視下に置くべきである。TNCは、自国内で加工することで付加価値の高い産業を興そうとする生産国の努力を支援すべきだ。

■先進国政府は、付加価値をつけた途上国からの輸入品を痛めつけるような悪質な関税や非関税障壁を撤廃すべきである。

■世界の援助機関は、貧困問題と闘うための、信頼性のある多様化計画を立てている途上国を支援すべきである。

企業の行動様式の変革…大勢の生産者が生計手段を失うのをTNCが黙殺していることは許されない。コーヒーをはじめ、いくつかの一次産品は破廉恥なほどの低価格である。おびただしい数の人々をいつまでもそうやって極貧に捨て置いていられるだろうなどと企業が思っているとしたら大間違いだ。貧困層を痛めつける市場からTNCが利益を上げるようなことを許してはならない。

企業には、次の三つの行動を積極的に取ることが求められている。第一に、生産農家が生活できるような対価を支払うことである。生産農家の協同組合と長期の契約を結び、貧しい農家が負うリスクを軽減すべきだ。

第二に、一次産品市場が生産者にとっても消費者にとっても安定して公正であることこそが、結局は企業の自己利益にかなうのだ。したがって企業も、市場を安定的で公正なものとするよう、政府や国際機関に働きかけることである。

第三に、責任ある調達を行なうことである。第三者が客観的・総合的にモニターできるようなサプライチェーンを確立すべきだ。消費者には企業が買い入れる作物がどのような状況下で作られているかを知る権利があり、企業は消費者が求める情報を提供すべきだ。企業は慢性的な供給過剰問題の責任の一端を負っており、問題解決の一翼を担わねばならない。また、作物の品質を向上させようとする生産者の試みを妨害してはならない。

ＷＴＯの作業グループ…ＷＴＯは一次産品問題に真剣に取り組まねばならない。一次産品貿易はほとんどの途上国にとって死活的な問題であり、それをＷＴＯが無視していることが、言葉に尽くせない苦痛と窮乏をもたらしているからだ。ＷＴＯの作業グループは以下のことに取り組むべきである。

■ＧＡＴＴおよびＷＴＯのルールに照らしてＩＣＡに正当性があることを再確認すること。

■農業の多様化を目指す途上国の意欲をくじくような貿易障壁（補助金、非関税障壁、技術移転の妨害など）を撤廃するよう働きかけること。

変革の妥当性　これらの行動計画に対して様々な反対の声が上がることは容易に予想がつく。先進国政府は、新たな機構の創設は多国間主義の不当な拡大だと言うだろう。が、その言葉に説得力はない。自らの利益に沿うと見なした時にはＩＭＦや世銀の権限を拡大してきたからだ。ＷＴＯの権限内に投資や金融サービス、知的財産権を入れたのがその良い例だ。そもそもＷＴＯの前身であるＧＡＴＴは、一次産品市場に介入することの妥当性をはっきりと認めていたのだ。

先進国政府はまた、力を持った食品業界に加勢して、供給を管理することは市場に逆らう行為であり、ビジネスにとっても悪いことだと主張するだろう。ならば、国内で農業分野の供給を管理するためになぜあれだけの税金を使うのか、胸に手を当てて考えてみたらどうだろうか。また、「自由市場」を信奉するアメリカ政府に対して、なぜ自国の製鉄産業の過剰生産危機に際して国際的な供給管理を求めるのか、聞いてみたらどうだろうか。

供給の管理がビジネスにとって悪いことかどうかは、ビジネスがどのように行なわれているかによる。食品業界では、低価格は供給の安定性と質を脅かすという認識が高まっている。ほとんどの場合、製品の最終価格に占める一次産品のコストが微々たるものであることを思えば、生産者が報われるような対価を払うことでビジネスにならなくなるとか、大変なインフレになるとかいったことは、とても考えられない。産業界に問われているのは、短期的（かつ近視眼的）な利潤を選ぶのか、それとも利潤と持続可能性を両立させる長期的なあり方を選ぶのか、という選択の問題である。

結局のところ、教科書に載っている経済理論を引用して、「市場への介入は損失を生む」と説明するのは難しくとも何ともない。しかし、失敗した市場に不介入を決め込むこともまた損失を生むのである。最終的な選択は、「夢のような自由市場」と「悪夢のような市場介入」の二者択一ではない。最終的に選ぶべきなのは、貧困を増幅させるような市場に生産者と消費者を閉じ込めようとするのか、それとも共存共栄という共通の利益を生むよう世界市場を変えるのか、のどちらかなのだ。

第7章　超国籍企業（TNC）——投資、雇用、マーケティング

スラムを背にそびえる高層ビルとコカコーラの大広告（ボリビアの首都ラパスで/撮影：Julio Etchart/Oxfam）

超国籍企業（TNC）はグローバリゼーションの牽引車となっている。その生産、貿易、投資活動を通じて世界の国々を一つの世界市場へと統合している。TNCはまた、資源をコントロールする力、市場へのアクセス、新技術の開発を通じて貧困削減に大きく貢献する潜在可能性を秘めている。が、その潜在可能性は失われつつある。弱体な国際法、途上国政府の劣悪な政策と貧弱なガバナンス、長期的な人間開発より短期的な利潤を優先する企業の行動が、貧困国および貧困層から、世界貿易が生み出す利益にあずかる力を奪っている。

TNC側も自らの役割を見直しつつある。「企業市民」という概念が深く根をおろすようになった（McIntosh 1998）。企業も一般市民と同じように権利と責任を有するという概念だが、彼らが主張する権利はビジネスに関わるものである。国家間の貿易協定が増え、外資を呼び込む途上国間の競争が激しくなる中で、企業のビジネス面の権利は劇的に拡張している。それに比べ、TNCの経済的、社会的責任の方は概して自発的、自律的なものだ。政府による規制ではなく自己規制なのである。途上国政府の多くは、投資家を引き寄せるために労働者を保護する政策を後退させてきた。本章で明らかにするように、企業市民という言葉で言い表される権利と責任のバランスは、

途上国の発展にとって有利なものではなかった。

本章は、途上国の発展におけるＴＮＣの役割を三つの側面から検証する。その第一は、先進国から途上国への資金の流れとして現在最も太くなっている海外直接投資（ＦＤＩ）である。紙面を華々しく飾るＦＤＩは、実は向かう先がごく一部の国に限られていて、資金の純移転額も報道されているよりずっと少ない。それでも、質の良い投資であれば途上国の経済を活性化させるような貢献ができる。技術移転を促進し、外国企業と国内企業を結びつけることで、国内企業に新しい技術や市場へのアクセスを提供できるのだ。しかし、ＦＤＩのほとんどは良質な投資とは言えない。第3章で明らかにしたように、途上国を低付加価値の貧民窟に閉じ込めているのだ。とりわけ資源採掘型産業への投資は、紛争下にある途上国などで大きな問題を引き起こしてきた。

第二は、雇用面でＴＮＣが果たす役割である。ＴＮＣが途上国で直接雇う労働者の数は増加傾向にあるとは言え、全体から見ると少ない。しかし、間接的な形ではグローバルな調達や投資活動を通して大勢の労働者を雇っている。ＴＮＣはまた、雇用条件にも大きな影響を及ぼしている。本書で訴えたいのは、ＴＮＣの自発的な自己規制は貧困層に背を向けるものだということである。自己規制は貧困レベルの賃金とひどい搾取をもたらし、特に女性労働者を最大の被害者にしている。

第三は、企業の行動基準である。マーケティング（流通販売）におけるＴＮＣの役割もざっと検証する。大企業のマーケティング戦略は消費者の好みを変えてしまう力を持ち、時には粉ミルクやタバコのように、人々の健康まで害している。本章の最後では、改革に向けた行動計画を掲げる。

一　海外直接投資（ＦＤＩ）の役割

政府や国際金融機関のほとんどは、世界経済にうまく統合するカギを握るのはＴＮＣによる海外直接投資（ＦＤＩ）だと考えている。貿易自由化や税の減免、投資家の権利の強化などを通してＴＮＣを引きつけることが、この一〇年間の開発政策の中心テーマだった。多くの途上国がＦＤＩの質に目を向けることなく、その量が多ければ多いほど良いという単純至極な戦略を採ってきた。

途上国政府がＴＮＣを呼び込もうとするのは、資本、技術、技能といった資源をもたらしてくれると思うからだ。しかし、ＦＤＩには功と罪がある。生き生きとした経済成長を生み出して社会を潤すこともあれば、そうでないこともある。熱狂的なＦＤＩの擁護者たちは経済的なプラスを強調し、質の悪い投資がもたらすマイナスを過小評価しがちである。

●ＴＮＣの投資がもたらしうる利益

ＴＮＣは、途上国の企業にはないような資本、技術、市場へのアクセスを持つという点で、おのずから有利な立場に立っている。ＴＮＣが持つ利点としては、次の四つが挙げられる。

①資金へのアクセス　ＴＮＣは重要な資金源となりうる。外貨が欠乏している国にとって、ＦＤＩは技術を輸入するのに必要な資金を提供する。ＦＤＩは、証券投資貸付といった他の民間資本と比べると安定性があり、寸断される恐れが少ない。一九九七年に東アジアを襲った金融危機の引き金は、商業銀行や機関投資家が貸付金を引き上げて巨額な資金が国外流出したことにあった。その規模がＧＤＰの一〇％を超えた国もあった（IMF 1999bのデータより）。それとは対照的に、ＦＤＩは金融危機の間も安定していた。

②技能と技術　国内企業と比べてＴＮＣは、技能、技術、その他の専門的な能力を高めるのに必要な有形無形の貢献ができる。ＴＮＣは、研究開発への投資や特許権を通して、世界市場での競争力の源である技術革新を握っている。今日では、企業内移転によってしか手に入らない技術の割合が高くなっている。多額の投資をした研究開発の結果生まれた新技術が特にそうだ。ＦＤＩが途上国内の系列会社に提供できるのは新技術や市場アクセスにとどまらない。ビジネスを成功させる上で重要な組織の管理運営法や品質管理基準、マーケティング戦略なども提供できる。

③市場へのアクセス　途上国の企業は、TNCのネットワークに参加することで企業内貿易（第1章参照）に代表される巨大な内部市場や、小売網を通じた消費者市場へのアクセスを手に入れることができる。途上国の中小企業は先進国市場に参入するのに必要なマーケティングの力や知識に欠けていることが多いのだ。

④研究開発　豊富な資金を持つTNCは、研究開発の世界でも支配的な立場に立てる。途上国が研究開発の成果を国内の技術水準の向上に使うことができれば、その分先進国とのギャップを埋めることができる。世界経済がますます知識をベースにしたものとなっている中で、技術的なギャップは世界貿易に格差を生む主な要因となっている。研究開発への支出額は、アメリカでは一人あたり六七四ドルに上るのに対して、メキシコやブラジルでは一二～一五ドル、低所得国では一ドルにも満たない（Lall 2000b）。FDI誘致が研究開発への投資に結びつくのは選ばれた途上国だけだ。シスコ・システムズやテキサス・インストルメンツ、ヒューレット・パッカードはそろってインドにソフトウエアの研究開発施設を作った。ソニーがデザイン部門など九つの研究開発部門を設けたのもアジアだった。

ここで強調しておかねばならないのは、以上の利点はあくまでも潜在的なもので、FDIが自動的にそうした利益をもたらすわけではないことだ。潜在的な利益を実際に手にすることができるかどうかは、途上国政府の政策と企業の戦略にかかっている。

●FDIの量と地理的分配

一九九〇年代の初め頃は、途上国へのFDIの流れと援助の流れは量的にほぼ等しかった。しかし、今ではFDIの流れが援助をはるかに凌駕している。援助は、二〇八〇億ドルに上るFDIの四分の一にも満たず、しかもその差は拡大している。債券や株式への投資といった他の民間資本の流れも九〇年代に強まったが、FDIは資本の流れ全体の三分の二を占めている。

援助の減少は多くの途上国にとって痛手だ。援助が減少する一方でFDIが急増したとは言え、民間資本のうち最貧国へ向かうのはほんのわずかだ。中国やタイ、インドネシア、マレーシア、ブラジル、メキシコなど一五カ国に、ＦＤＩ全体の八〇％以上が流れ込んでいる。ほぼ完全に無視されているのがサハラ以南のアフリカで、ＦＤＩ全体の一％がしたたり落ちているだけだ。世界貿易システムに首尾よく参入するための資金を最も渇望している国々が置き去りにされているのだ。

ＦＤＩによって途上国が貿易から裨益する力を高めるにつれて、途上国間の格差は広がっている。ＦＤＩが南北間の格差を縮小させているという主張にも十分注意する必要がある。先進国に向かうＦＤＩよりも途上国に向かうＦＤＩの方が伸び率が高いとは言え、まだ先進国向けの方が圧倒的に多いのだ。先進国向けは、今もＦＤＩ全体の四分の三以上を占めている。金額で見ると、一人あたりのＦＤＩが途上国では二八二ドルであるのに対して、先進国では三六二六ドルに上る（UNCTAD 1999 c のデータより）。中南米ですら一人あたり一〇〇〇ドルに届かず、先進国の三分の一以下なのだ。とは言え、途上国におけるＦＤＩの役割は大きくなっている。今日では途上国内の固定資産への投資額の一一％をＦＤＩが占め（一九八〇年の一〇倍）、製造業への投資額の三分の一近くを占めている。

ＦＤＩの純移転額

先進国から途上国への資金移転という点から見ると、ＦＤＩのもたらす利益はかなり誇張されてきたと言わざるを得ない。それは単純計算しただけで分かる。ＦＤＩの流入量そのものが資金の純移転額と見なされがちだが、それは違う。本国に還流する利潤は資金の流出となるので、その分を流入量から差し引かねばならない。流出の規模は半端ではない。途上国に一ドル投下されても、そのうち〇・三ドルは利潤として出て行くのだ（図７・１）。サハラ以南のアフリカからは〇・七五ドルも流出している（World Bank 1999）。

利潤の本国還流率が高いということは、ＦＤＩの収益率が高いことを示している。国連貿易開発会議（ＵＮＣＴＡＤ）によると、一九九〇年代後半のＦＤＩの収益率は平均約一五％（アフリカではその二倍）で、ソブリン・ローン（政府や中央銀行に対する貸付）の金利の二倍に当たる（UNCTAD 2000 e）。したがって、長期的に経済成長率を高めるなどの大きな恩恵をもたらさない限り、ＦＤＩは非常にコストの高い資金だということになる。

利潤の還流は外国為替にとっても大きな圧迫要因となる。ＦＤＩにともなって増えるモノとサービスの輸入も時には国際収支を圧迫する。メキシコの場合、一九九五年末の金融危機までの間、ＦＤＩがらみの輸入が国際収支の中の経常収支にもたらした赤字はＧＤＰの二％を超えていたという（Woodward 2001）。ＵＮＣＴＡＤによると、タイで九〇～九七年にかけて輸入の対ＧＤＰ比が二五％から四九％に増大したのも、主としてＦＤＩにともなって輸入が増加したからだという（UNCTAD 1997）。ＦＤＩで始まった生産に必要な機械類の九〇％以上、原材料の半分以上を輸入に頼っていたのだ。ＵＮＣＴＡＤによると、ＦＤＩにともなう輸入の増加と利潤の本国還流は、トータルとして見ると国際収支にマイナスに働くという。メキシコもタイも、輸入集約的なＦＤＩが国際収支に加えた圧力と金融界の圧力とが相まって金融危機を招いたのだ。

　ＦＤＩのすべてが外国からの資本移転の形を取るわけではない。在外の資本だけでなく、途上国内に蓄えられた資本が使われる場合もあるからだ。例えば、アメリカのＴＮＣがブラジルやメキシコで行なう投資は、四分の一以上が留保利益〔投資などのために分配せずに企業内にとどめおいた利益〕でまかなわれている。それは、アメリカ企業がフランスやドイツで投資を行なう場合の三倍から四倍に相当し、国際的な水準からすると異常に高い（US Department of Commerce 1998）。利潤の本国還流と留保利益からの投資とを足し合わせると、ＦＤＩにともなって中南米に流入する純移転量は、報道される数字の半分以下になる（図７・２）。

図7.1　本国に還流する FDI
（1991～97年）

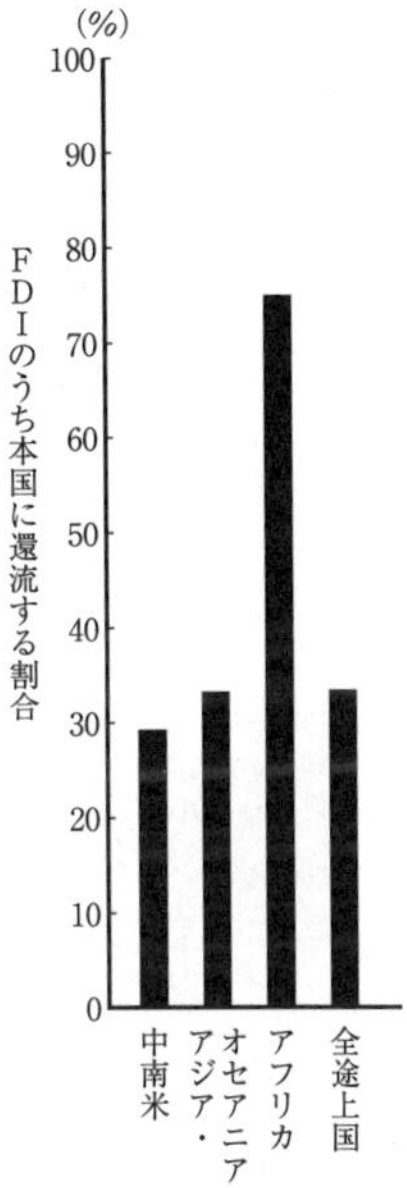

図7.2　中南米における FDI
（1998年）

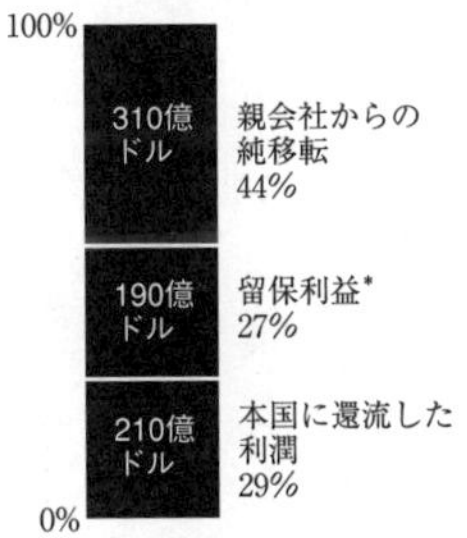

＊メキシコの30％とブラジルの24％の間をとった。
出典：図7.1、7.2とも UNCTAD（1999 c）

FDIを呼び込み、国内にとどめるためのコストもまた比較考量する必要がある。途上国政府の多くは、金融面で優遇するなどして外資の誘致に並々ならぬ努力を払っている。大きなTNCになると政府同士を競わせることもできる。例えば一九九〇年代後半、ブラジルのリオグランデドスル州とバイア州の州政府は、ゼネラル・モーターズとフォードの工場を誘致するため、それぞれ三〇億ドル相当の融資パッケージを提供したという（Hanson 2001）。それ以外にも、様々な税制優遇や課税猶予期間（tax holiday）の供与にともなう損失がある。そうしたコストは政府予算には現れるものの、国際収支には現れないため、FDIの損得勘定からは見えなくなってしまう。しかし、隠れてはいても損失は損失なのだ。

FDIがもたらすコストの中には数字化できないものもある。TNCが巨大な内部市場を持つということは、国際的な取引のかなりの部分が途上国の監視の目をくぐりぬけて行なわれることを意味している。途上国内の系列会社にサービス料や特許使用料、技術輸入代金などを過剰に請求すれば、系列会社の利潤＝課税対象額が圧縮され、途上国政府の税収は減る。課税逃れはアメリカで大問題となっている。そこで、アメリカの連邦課税当局は、企業が世界全体で獲得した利潤に対して課税するようになった（UNCTAD 2000 e）。しかし、途上国の中で、巧妙な税金逃れを摘発して税の減収を防げるほどの行政能力を持った政府などほとんどない。そうした税金逃れによって途上国が推計で年に最大五〇〇億ドルもの税収を失っていることは、経済協力開発機構（OECD）も認めている（Oxfam 2000 a）。

投資の質　FDIは途上国の発展にとってプラスであり、世界貿易で成功するための確かな道だという思い込みが、重要な政策課題から人々の注意をそらしている。途上国政府も、先進国政府も、国際金融機関も、生産力を高めるような質の高い投資をどうやって戦略的に増やしていくかに注意を向けるかわりに、投資の量に目を奪われている。その結果、国内企業との結びつきは弱いが低賃金かつ生産性の低い雇用との結びつきが強い、いわゆる質の悪いタイプの投資が優勢となっている。

ＴＮＣは、先進国に投資する時は、先進国内の企業と緊密な関係を結んで新しい技能や技術を提供し、能力向上に貢献する。それが質の良い投資というものである。良質な投資は、技能や技術、生産力を移転して、より生産性の高い労働力とより高い賃金を生み出しうる。また、新しい市場の創出を通じて国内企業との強い結びつきを実現しうる（Lall 2001 c）。しかし、一九九〇年代に爆発的に増加したＦＤＩは、そうした良質の基準を満たす投資ではなかった。

ＦＤＩ誘致のプラス面としてよく挙げられるのがＴＮＣによる輸出拡大だ。輸出拡大へのＴＮＣの貢献が非常に大きかったことは、多くの国から収集された証拠が示している。ＵＮＣＴＡＤによると、中国、メキシコ、インドネシア、バングラデシュ、マレーシアなどでは、ＴＮＣによる輸出が輸出全体の四分の一以上を占めている（UNCTAD 2000 e）。輸出の増加は、多くの途上国でＴＮＣが国内経済の柱になりつつあることを示している。国連によると、中南米で売上高上位五〇〇社に入るＴＮＣの割合は、一九九〇年代初めの四分の一から九〇年代末には半分近くに増えた（ECLA 2000 d）。しかし、第3章で見たように、輸出の「成功」は発展の成功と同義語ではない。

メキシコの「マキラドーラ」モデル　…　ＦＤＩの質よりも量を重視するアプローチの象徴がメキシコだ。一九八〇年代の終わり頃からＦＤＩは、北米自由貿易協定（ＮＡＦＴＡ）を通して北米経済との統合を図ろうとする同国の国家開発戦略の中心に据えられてきた。歴代の政府は様々な規制を緩和して、ほぼすべての経済セクターにＦＤＩを招き入れた。結果はある意味では華々しいものだった。ＦＤＩの流入は、九〇年代後半には年平均一〇〇億ドル以上に達した。その半分以上は、製造業の中でも自動車、電子製品、コンピュータなどのハイテク分野に向かった。輸出は急拡大し、ＧＤＰに占めるシェアも九〇年代末までに三分の一近くに達した。輸出の半分以上はＦＤＩが流れ込んだマキラドーラ（保税輸出加工区）からだった。今日メキシコの輸出に占める外資の割合は三分の二に及んでいる（ECLA 1999）。

ＦＤＩ主導のメキシコ経済の成長は、ＮＡＦＴＡが提供した機会を利用して生産体制を再構築した企業戦略を反映していた。ＴＮＣはメキシコを北米市場向けの再輸出基地として利用しようと、生産に使う部品や技術のほとんどを輸入して組立操業を始めた。北部チワワ州にあるフォードの最先端エンジン組立工場は製品の九〇％を輸出しているが、地元から調達する投入財は労働力以外にはほとんどなかった。フォルクスワーゲンも、「ニュー・ビートル」の生産をメキシコでだけ行なうことを決めたが、中南部プエブラ州に置かれた生産工場は、基本的には輸入した部品を組み立てるだけだった。

メキシコから車と自動車部品の輸出が急増したのは、生産体制の再構築を図るTNCが大規模な投資を行なった結果だった。それは、世界貿易のデータ上はメキシコの自動車輸出の急増として現れるが、実態はフォードのチワワ工場からデトロイト工場への輸出という企業内貿易がほとんどだった。メキシコ国内の納入業者にとって、TNCが要求する水準まで技術力を高めるのは難しかった。その一因は、技術水準の向上を支援したり、TNCと地元企業の結びつきを強めたりするような、信頼に足る国家戦略がなかったことにある（Mortimore 1998 a）。

同じことはコンピュータなどの他のハイテク分野にも見られる。アメリカ市場が近くて輸送時間が短いことや、優先的な市場アクセス、安い労働力、投資家に優しい規制環境などがFDIを引きつける磁石の役割を果たした。IBM、ヒューレット・パッカード、NECといった巨大TNCがメキシコに莫大な投資をした。サンヨーも一九九七年末に、携帯型コンピュータの生産基地をすべて日本からメキシコへ移した。IBM、日立、富士通用の携帯型コンピュータを組み立てるエイサー〔本社台湾〕の工場はメキシコで最大規模を誇る。九四〜九八年にかけてコンピュータ製品の輸出を一五〇万ドルから六五億ドルへと激増させた中西部のハリスコ州は、メキシコのシリコンバレーと呼ばれるようになった。同州に最大規模の投資をして、メキシコ一、二の輸出企業となったのがIBMである。九八年に二五億ドル以上を投じ、年一〇〇万台以上のラップトップ・コンピュータを組み立ててアメリカ市場に輸出するIBMにとって、ハリスコ州は最重要の海外投資先の一つとなった（ECLA 1999）。が、それだけの投資と輸出の急拡大にもかかわらず、地元企業との結びつきはごくわずかなものにとどまっている。

そのメキシコと東アジアを比べてみると良い。韓国や台湾の大手企業は地元との結びつきが極めて強く、輸出は著しく多様化し、技術も高レベルに達し、世界市場での競争力も非常に強い。それに比べてメキシコの「成功」は、地元に落ちる付加価値が極めて少なく（マキラドーラでは二%未満）、一つの市場（アメリカ）に大きく依存し、国内との結びつきは弱く、外国の資本と技術に依存し、安い労働力に頼っているのだ。

輸出加工区　：　メキシコは、グローバリゼーションのもとで行なわれたFDIの様々なパターンの一例である。途上国政府が輸出主導の経済成長戦略へとシフトするにしたがって、多くの国がFDIを引きつけようと輸出加工区を設けた。そこでは、インフラ面での広範な支援、生産基地確保のための補助金、長期の課税猶予期間などを投資家に提供した。しかし、一、二の特殊な例外を除いて、輸出加工区は輸出成功の礎を築けなかった。

輸出加工区は労働集約的な製品の輸出拡大に中心的な役割を果たしてきた。しかし、輸出加工区に流れ込む投資のほとんどは「質の悪い」部類に入る。輸入部品の組み立てにあたる労働力が安価なことに引かれてやってきた投資家たちは、労働者の技能向上や地元企業との結びつきを強めることにはほとんど無関心だった。

輸出加工区タイプの輸出主導の経済成長は、成功しても長続きしないことが多い。ドミニカ共和国は、一九八〇年代にアメリカ市場向けの縫製品の生産を拡大することで、農産物輸出への依存から脱却することに成功した。しかし、北米市場のシェアを拡大できたのは、競争力を高めたからというよりも、アメリカ資本の子会社や下請会社が輸出加工区に来てくれたからだった。労働者の賃金が上昇すると、投資家たちは他の中南米諸国へと生産基地を移してしまった。輸出加工区の企業は、国内企業とまったく関わりを持とうとせず、供給基盤も築かなかったため、輸出が拡大しても国の長期的な発展力の向上にほとんど寄与しなかった（Vicens et al. 1998）。

輸出加工区の問題は、国内との結びつきが弱く、低賃金で未熟練の組み立て作業が中心というだけではなかった。途上国政府は様々な税制優遇措置を取ったため、歳入を増やしたくてもなかなか増やせなかった。輸出加工区では五年から一〇年の課税猶予期間を設けるのが通例で、ホンジュラスのように永久に非課税とする国もあった（Agosin et al. 2000）。バングラデシュでは、輸出加工区の税制優遇による歳入の欠損が年八四〇〇万ドルに上る。[†1] それは同国の初等教育予算の七分の一に相当する。FDIを引きつけるために行なう税制優遇は板ばさみ状態を生み出す。貧困国が輸出とFDIの質を高めたいと思うなら、経済インフラや人的資本〔教育や健康など〕に投資する必要がある。しかし、国内で最も躍動的な成長センターが輸出加工区である場合、そうした公共投資を行なうのに必要な歳入を得ることが難しくなってしまう。

研究開発 … ＦＤＩに潜在する利点の中でも重要度が高いのが国内の技術力の向上である。技術の向上には、国内の研究開発への投資が重要だ。しかし、ＦＤＩは逆に研究開発能力の衰退を引き起こすことがしばしばある。中南米がいい例だ。ブラジルでは、一九九六～九七年に多数の外資ＴＮＣが、メタル・レヴェ、フレイオス・ヴァルガ、コファップといった大手の自動車部品会社を買収したが、その後それらの会社の研究開発施設は縮小ないし閉鎖されてしまった。ハイテクの電話交換システムの分野では、フランスのアルカテル社が中南米有数のエレブラ・マルティテル社を買収した。ゼタックス社とバティク社も買収された。

どのケースを取っても、買収されたブラジル企業の研究開発事業は縮小され、事業の中心も新製品の開発から親会社のＴＮＣが開発した製品やプロセスの現地向けアレンジへと移っていった（Cassiolato & Lastres 1999）。国内の技術力衰退を反映して輸入品の流入も激しくなった。一九九〇年代の初め頃は、ブラジルで使われる自動車部品のうち輸入品の割合は一〇％程度だったが、今では二五％を超えている。ハイテク製品に占める輸入品の割合も同時期に倍近く増えた。アルゼンチンでも事情は同じだ。外資ＴＮＣが買収した公共事業体を調べたところ、研究開発部門が残っていたのは電話会社一社しかなかった。それも、親会社の研究開発部門とまったく無関係な部門だったからだ（Chudnovsky 1999）。自動車産業は、以前は研究開発投資の花形だったが、外資ＴＮＣに買収された企業が今行なっている技術開発と言えば、主として親会社が開発した車を譲り受けて国内向けにアレンジするだけだ。

合併と買収（M&A） … 一口にＦＤＩと言っても十把ひとからげにすることはできない。途上国に最も恩恵をもたらす可能性が高いのは、「ゼロからの投資」〔greenfield investment：合併・買収などによらず、原野（greenfield）にゼロの状態から生産拠点を築くような投資〕だ。途上国に新たな生産力をもたらすからだ。しかし、一九九〇年代半ば以降のＦＤＩを引っ張ってきたのは合併と買収（Ｍ＆Ａ）で、それは特に民営化事業に顕著だ。Ｍ＆Ａの結果は様々だが、長期的な発展への貢献は過大評価されている。

一九九〇～九五年にかけて、Ｍ＆Ａは世界全体で四倍増となった。中南米では、Ｍ＆ＡタイプのＦＤＩが九〇年代末にＦＤＩ全体の半分を占めるに至った。その矛先は、製造業よりも銀行や長距離通信、公共事業体へと向かった。有名なのが二〇〇億ドルを投資した「ベロニカ作戦」である。同作戦では、スペインのテレフォニカ・エスパーニャ社がアルゼンチン、ブラジル、ペルーの諸会社を買収したほか、スペインの大手銀行が金融機関やエネルギー関連会社を買収した（ECLA 2000 d）。その結果、国営企業が民間独占資本の手に渡ることもあった。Ｍ＆Ａが、資源に乏しく、規制や組織体制の弱い国で効率性を向上させるとは立証されておらず、恐らく向上させることはないだろう。

東アジアでは、一九九七年の金融危機の後にＦＤＩが急増したが、それは質の良い投資の流入というよりも、国内企業の叩き売りの産物だった。外国の投資家は、通貨切り下げにもうまく便乗して、バーゲン価格で買収することができたのだ。Ｍ＆Ａは九九年には二五〇億ドルに達し、ＦＤＩ全体の四分の一以上を占めた（Zhan 2001）。

質の良い投資を引きつける　…　現在のＦＤＩにはいろいろ問題があるとは言え、裾野の広い経済成長や貧困削減を目指す国家開発戦略にＦＤＩが大きく貢献する可能性を秘めていることまで否定すべきではない。ＦＤＩのそうした潜在的可能性を引き出す方法に王道はないが、うまく引き出せた国々から学ぶべき教訓が二つある。一つは、人的資本の向上に本腰を入れない国に質の良い投資が向かうとは思われないこと。もう一つは、ＦＤＩに対する受け身の姿勢を捨て、新たな資本の流れを積極的に呼び込み、管理する姿勢を持つべきことである。

輸出加工区ですら威力を発揮させることができる。例えばモーリシャスは、輸出加工区を基盤とした輸出の急拡大を二〇年以上も維持してきた。メキシコやホンジュラスなどと違って、モーリシャス政府の政策は輸出加工区と国内企業との間に強い結びつきを生み出した（Subramanian　2001）。輸出向け生産は生産性の向上と実質賃金の上昇をもたらした。最低賃金は、輸出加工区であるとないとにかかわらず、全国一律に適用された。コスタリカの経験も示唆に富んでいる。同国政府は、一九九〇年代半ばに安い労働力を武器にしたＦＤＩ誘致をやめ、新しい技術や技能の育成に向けた長期的な投資に意欲的なＴＮＣと組む道を積極的に模索した（コラム7・1参照）。

コラム7・1 FDI誘致戦略の成功——コスタリカの例

コスタリカ政府は、FDIに対する受け身の政策を捨て、一九九〇年代半ばから新たな路線を歩み始めた。狙いは、新たなハイテク市場に参入するための国家戦略にFDIを取り込むと同時に、安価な労働力ではなく人的資本を比較優位とすべく、国内の技術力を高め新たな技能を獲得することにあった。海外投資家なら誰でもどうぞ、という従来の「門戸開放」政策に替えて、選択的かつ狙いを絞った対FDIアプローチを採用した。

それは、低賃金と未熟練労働に頼っていたのでは、メキシコその他の中南米諸国との競争に勝てないという認識を強めたからだった。縫製をはじめとする従来の輸出加工産業に取って代わるものとしてコスタリカ政府が狙いをつけたのが電子産業だった。その分野に必要な技能を獲得するため、政府はコスタリカ技術研究所の拡充に多大な投資を行なった。と同時に、政府と民間セクターの「開発インセンティブ連合」とが一致協力して、電子産業などの知識集約型の産業分野で戦略的パートナーとなりうるTNCを探し始めた。

FDIの質の転換を促す触媒として候補に挙がったのがインテルだった。当時中南米で工場の立地先を探していたインテルは、ブラジルとメキシコを有望視していた。投資を引きつけようと、両国がたっぷりとアメを用意していたからだった。コスタリカが用意したインセンティブ（誘因）は違っていた。コスタリカ技術研究所に新設した超小型電子技術のコースに多大な投資をしたのだ。インテルとの話し合いを受けて、政府は輸送インフラを改善し、電力供給を増やし、インテル専用の長距離通信施設を建設する計画を立てた。

一九九六年にインテルは、ブラジルとメキシコからの誘いを断り、コスタリカに三億ドルを投じて半導体の組み立て・テスト施設を建設する決定を下した。その後インテルは、組み立てやテストだけでなく、ソフトウエアの開発や半導体の設計を行なう新センターへの投資を始めた。インテルはまた、スタッフの研修や、コスタリカ技術研究所や大学教育研究施設の拡充に多額の投資を行なった。

インテルの計算の中に資金的なインセンティブが入っていなかったと言ったらウソになるだろう。コスタリカ政府も電気代を補助したほか、他の外国投資家と同じ六年の課税猶予期間を認めた。それでも、コスタリカのような小国が提供できるインセンティブは、ブラジルやメキシコに比べれば豆粒ほどのもので、課税猶予期間も中南米の標準からすると短いものだった。コスタリカは、安い労働力を武器にして世界経済に参入する道ではなく、より活力に満ちた比較優位を打ち立てる道を選んだのだ。

その成果には人を感銘させるものがある。今日中南米において、一人あたりのソフトウエア輸出額でコスタリカの右に出る者はない。また、年率一〇％を超えるコスタリカの輸出拡大は、メキシコの場合とは違って、熟練労働への需要を増やし、実質賃金の上昇をもたらした。

（出典：Spar 1998；ECLA 1999；Reinhardt 2000）

これら最近の事例に加え、東アジアの経験からも教訓を学ぶことができる。今から三〇年前、シンガポールに進出したＴＮＣが生産したのは、繊維製品や単純な電子製品といった低価格で労働集約的な製品が中心だった。それらの外資が他国に移転していくのをシンガポール政府は喜んで見送った。賃金の上昇につれてＴＮＣはほかの東アジア諸国に生産拠点を移したのだが、入れ替わりに精密機械や航空関連設備、超小型電子機器を生産するＴＮＣが入ってきた。シンガポール政府は専門教育に多大な投資をして転換期をうまく乗り切った。「職業・産業訓練機構」のもとで、より付加価値の高い市場に食い込むのに必要な技能の礎を築いたのだった（Lall 2001 c）。

他の東アジア諸国も同じようなアプローチを採ったが、違いもあった。例えば台湾は、シンガポールと比べるとＴＮＣの活動を制限したり、「ローカル・コンテンツ」を義務づけて後方連関を持たせたりするなどして国内企業の育成に力を入れた。ローカル・コンテンツというのは、外資企業に対して投入財の一定割合を国内で調達するよう義務づけるものである。その一方で台湾政府は、ＴＮＣとの関係強化にも積極的だった。「コンピューティング・アンド・コミュニケーション・ラボラトリー」を通じて、新しい超小型演算装置の技術の移転、普及、開発を後押しし、国内企業が新しい半導体技術を独自に開発する能力をつけさせた。また、国内企業に代わってＩＢＭやモトローラとライセンス契約交渉を行なったりした（UNCTAD 1999 c）。

●資源採掘型産業が強いる大きな犠牲

世界の最貧国の多くが鉱物資源の輸出国として世界経済に統合されている。貿易と投資の自由化が進むにつれて、鉱物資源の探索、採掘、輸入に携わるＴＮＣが増えている。この分野への外国からの投資は、何十億ドルという外貨を途上国にもたらしている。しかし、資源採掘型の産業は、質の悪い投資を集中的に引きつけるとともに、社会紛争や環境破壊を頻繁に引き起こしている。

鉱物資源の探索や輸出に海外から投資が集まってくることは、途上国政府にとって魅力的であることは間違いない。「棚からボタ餅」式に歳入と外貨が入ってくるからだ。しかし、長期的な経済合理性の観点からすると疑問がある。鉱物資源が生み出すのは、まったくもって一時的な比較優位でしかない。採算が取れる場所に採算が取れるだけの埋蔵量があるかないかで比較優位が決まってくるからだ。問題は、短期間に比較優位を食いつぶして、長期的には大きな犠牲を払うことになりかねないことだ。鉱物資源によるにわか景気をうまく乗り切るだけの組織的な力に欠けた、弱体かつ紛争に満ちた国ではなおさらのことだ。

鉱物資源依存の経済

鉱物資源の生産と輸出への投資は、長期的な発展に悪影響を及ぼし、人間開発にとっても得るところの少ない、にわか景気と大不況という輸出パターンに途上国を閉じ込めかねない。

資源採掘の問題点の一つは、労働集約的であるよりも資本集約的になりがちなことだ。鉱物資源の採掘は多くの雇用を生み出しうるが、雇用創出にかかる資本のコストが製造業や農業よりもはるかに高くつく。そのため、大規模な鉱物採掘事業は、巨額の資本を投下しながらも労働者はわずかしか雇用しないのだ。

政府の歳入という面で短期的にどれだけプラスであろうと、一次産品輸出への依存は経済にダメージを与えうる。鉱物資源に過剰に依存する国は、低成長と交易条件悪化のかたまりのような貿易パターンの中でしか貿易できず、長期的な発展の展望は暗くならざるを得ない。不安定な価格ももう一つの問題だ。鉱物資源のほとんどは価格が周期的に大きく変動する。価格が暴落すれば政府の歳入は底をつき、基本的な公共サービスすら提供できなくなる恐れがある。価格が急騰した時も、気を良くした政府が借入れを大幅に増やすという悪い副作用がある。エクアドル政府は一九七〇年代の石油景気の時に巨額の借入れをした。同国の借金は今でも一六〇億ドルを超え、政府歳入の三分の一以上が返済に消えている。石油から得た収益が債務返済を通じて外国に流れていくという構図だ。原油輸出の急拡大にもかかわらず、エクアドル国内の貧困層の数は七〇年代半ばよりも増えているのだ。

鉱物輸出の急増は為替レートを上昇させる。レートの上昇は輸入品を安くし、輸出品を高くする。その結果、国内の製造業者や農産物生産者は輸入品との厳しい競争にさらされ、輸出産業は国際市場で不利な立場に立たされることになる。その典型がナイジェリアだ。一九七〇年代の石油輸出景気で為替レートが上昇したため、ココアや食用油を生産する零細農家は国際市場でのシェアがガタ減りし、食料輸入が急増した。ナイジェリア経済全体としては棚からボタ餅式に外貨を得られたかもしれないが、何百万人という零細農家は辛酸をなめることになった（Andrae & Beckman 1985）。

鉱物資源の搾取と公金の略奪が表裏一体になっていることも多い。鉱物資源の採掘が生み出す富が、その国全体の富よりもはるかに大きなことすらしばしばある。鉱物から得られる歳入を不心得者の官僚が簡単にごまかせるとしたら、当然汚職が起きやすくなる。インドネシアでは、鉱物採掘権がもたらした歳入がスハルト政権〔一九六八〜九八〕によって容赦なく略奪された。取締りが緩く、財政的なアカウンタビリティが弱い国では、巨額の歳入がガバナンスの問題を悪化させる。一九九八年にアンゴラ政府は、石油会社のＢＰ・アモコ、エクソン・モービル、エルフが支配する地域に石油採掘権を与えた見返りに、「署名ボーナス」として八億七〇〇〇万ドルを受け取った。署名ボーナス自体は違法と言えないが、そうした一回限りの支払いは財務省や中央銀行を素通りすることが多く、記録にも残らない。アンゴラの外相によると、その金は「戦争努力」に回されているという（Human Rights Watch 2000）。

鉱物資源から得られた歳入がどう使われたかを明らかにする国際的な努力は徒労に終わることが多い。アンゴラの場合、ＩＭＦが同国に好条件の融資を行なう過程で、ＩＭＦ自身やＮＧＯが石油会計の監査を要求したが、アメリカの商業銀行が四億五五〇〇万ドルの融資をしたため、水の泡に終わった。このケースは、いかに私的な利益（私益）が公的な利益（公益）をないがしろにしうるかを示している（Seymour 2001）。

紛争、環境破壊、先住民族の権利

資源の採掘は、途上国のほとんどの地域で、紛争、環境破壊、人権侵害に密接に結びついている。鉱物資源採掘への巨額のＦＤＩが、民族対立や地域紛争に彩られた国で行なわれてきた。アンゴラからリベリア、コロンビアに至るまで、長引く紛争の中心に鉱物資源の支配権をめぐる熾烈な争いがあった。採掘は先住民族が住む地域でも頻繁に行なわれている。先住民族が土地に対する権利を主張しても通らない所では、住み慣れた土地から暴力的に追い出される事態も頻発している。

鉱物資源から得た収入をそのまま内戦に使うこともある。アンゴラでは、政府が石油収入を軍事費に回せば、対するアンゴラ全面独立民族同盟（ＵＮＩＴＡ）もダイヤから得た収入で武器を手に入れている。石油収入は歳入全体の九〇％を占めるにもかかわらず、それだけの富が国の発展ではなく、破壊のために使われているのだ。一九九〇年代末、同国の歳入の四〇％が軍事費につぎ込まれたのに対して、教育と保健医療に使われたのはたったの七％だった（Oxfam 2001 e）。スーダンでは、年三億六五〇〇万ドルに上る石油収入が醜悪な内戦の遂行に使われている。スーダン政府は、石油採掘権を与えたタリスマン（カナダ）やペトロナス（マレーシア）といった企業の露払いをするため、採掘地域に住む人々を武力で追い出していると糾弾されている（Christian Aid 2001）。反対に、石油会社が作ったインフラを政府が戦争目的に使う可能性もある。

たとえ企業が誠心誠意努力したとしても、事業を内乱の影響外に置くのには時として困難が伴う。ＢＰ・アモコが石油探査に多額の投資をしたコロンビアのカサナーレ地区は、政治的な暴力やはなはだしい人権侵害の多発地帯だった。同社は会社の施設やスタッフを守るための安全対策に乗り出した。自前の治安組織だけでなく、国の治安部隊も増強された（Inter-Agency Group 1999）。それでも、石油が発見されて採掘が始まると、ゲリラや民兵組織が活動を活発化させ、一帯で暴力事件や人権侵害が増加した。

鉱物の埋蔵場所が生態学的に脆弱な地域であったり、社会的に疎外された人々が住む地域であったりすることもある。疎外された人々は、鉱物がもたらす外貨などから裨益するのは一番最後だが、採掘が引き起こす環境破壊の影響をこうむるのは一番最初ということがしばしばある。埋蔵場所が先住民族や政治的な力の弱い人々が住む地域にある場合、利潤追求第一主義は深刻な環境破壊や人権侵害を引き起こす可能性がある。

オックスファムはインドネシアの東カリマンタン州で活動しているが、そこでは沖合にあるユノカル社のガス・石油田から排出される石油混じりの廃棄物が、零細なエビ養殖者の生計を破壊している。別の場所では銅の採掘が大きな環境問題を引き起こしている。操業する巨大TNCは、弱い立場にある人々の利益を踏みにじる地元の政治構造からも恩恵を受けている。銅鉱山の下流に住む人々は、TNCの傍若無人な廃土投棄が引き起こす土砂の堆積や洪水によって生計を破壊されている（コラム7・2参照）。鉱物採掘の中には人々の健康に大きな脅威を与えるものもある。ガーナでは、金の採掘地域の水に水銀その他の有毒物質が極めて高いレベルで含まれているのをオックスファムのパートナー団体が見つけた。国の取締り当局の力が弱く、外貨をできるだけ多く獲得することに目が向いているため、人々の健康を守ることなど後回しにされているのだ。

コラム7・2　インドネシアにおける銅の採掘と環境破壊

「私たちの環境は破壊され、森や川も廃土で汚染されてしまった。私たちの大事な食糧源になっているサゴヤシの森も乾ききって、食べ物を見つけるのが難しくなっている。」

これは、ニューギニア島西部のインドネシア領イリアンジャヤ州の山岳地帯で操業するフリーポート社の銅鉱山から深刻な影響を受けてきたパプアニューギニアの共同体を代弁して、トム・バナル氏が語った言葉だ。アメリカを本拠地とするTNCフリーポート社の銅鉱山は、これまで発見された中で最大級の銅鉱床に鎮座する。一九九一年の操業開始以来、採掘量はぐんぐん増大し、今では一日二〇万トン以上に上る。

鉱山から出る膨大な廃土（一日一〇万トン超）は川に投棄され、下流の社会と環境に甚大な影響を及ぼしている。膨大な土砂が堆積して川の水位を上げ、土手を越えた水は洪水となってカモロ族の人々が住む低地の森林地帯を襲った。森という森、耕作地という耕作地が破壊された。以前は少なかったマラリアも蔓延状態になった。

自分たちの生計を守ろうと、人々は必死になって銅鉱山に抗議し、これまでこうむった損害を補償するとともに、破壊的でない廃土処理方法を取るよう要求した。しかし、彼らの抗議行動は残忍さをもって迎えられた。一九九五年の全国人権委員会の報告によると、治安部隊によって三七人が殺害され、何十人もの人々が拷問を受けた。フリーポート社は治安部隊の行為を非難しただけだった。

(出典：Atkinson 2001 a)

鉱物の採掘に道を開き、歳入増に重きを置く途上国政府は、地域に住む人々を進んで追い出すことすらしばしばある。それは人々にとって大変な脅威だ。エクアドル、ペルー、ボリビアでは、未採掘の鉱物埋蔵地域が古《いにしえ》からの先住民族の生活地域とかなりの割合で重なり合っている。エクアドルでは、アマゾンの森林を伐採するプロジェクトに世界銀行が融資しようとしているが、それは外国企業が石油を採掘し、産油量の倍増を可能にする新しい石油パイプラインを建設するためである。ＴＮＣは、あからさまな人権侵害から距離を置こうと慎重な構えを見せることもあるが、他方では暗黙のうちに人権侵害を支え、奨励することさえあるのだ。

サハラ以南のアフリカ　あらゆる発展途上地域の中で、豊富な鉱物資源に払った代償が最も高くついたのがサハラ以南のアフリカである。アフリカ大陸には世界の全鉱物資源の約三分の一が眠ると推定されている。アフリカはオイルガス〔中油や軽油を加熱分解して得られる燃料ガス〕、ダイヤ、ウランの一大生産地である。アフリカに流れ込むＦＤＩの四分の三以上が資源採掘を目的としている。

鉱物の採掘は、アフリカのほぼ全域で内戦や腐敗汚職、経済運営の失敗と密接に結びついている。ボツワナや南アフリカを除けば、鉱物資源の輸出が生み出した富が人間開発に果たした役割は微々たるものだった。アンゴラやスーダンなど、人々に大変な苦痛と窮乏をもたらしたケースもあった。アンゴラの反政府勢力ＵＮＩＴＡが一九九二～九八年の間に産出したダイヤは三七億ドル相当に上った。収入は政府への攻勢に使われ、九二年と九八年の二度の和平を失敗に終わらせた（Seymour 2001）。紛争の原因を悪化させるのはＦＤＩによる資源採掘だけではない。フランス企業によるリベリアからの材木輸入は、同国のテーラー大統領に年一億ドルもの国庫収入外の資金をもたらした（Global Witness 2001）。二〇〇〇年に国連の調査チームが調べたところ、その資金は隣国シエラレオネの反政府グループの支援に使われていた。〔テーラー大統領は二〇〇三年八月、反政府勢力に追われて失脚。〇六年一月アフリカ初の民選女性大統領が就任〕

国連の専門家パネルは戦時経済に関する詳細な報告書を出し、それに手を染めている企業を名指しして非難した。また、紛争に関与する政府や反政府組織が産出したダイヤを市場から締め出そうと、政府や企業が協力して素性のしっかりしたダイヤを認証するシステムを作り、ダイヤ取引が武力紛争の資金とならないようにした成功例もある。が、ほとんどの鉱物資源の場合、供給ネットワークが複雑だったり、儲けが巨大だったり、輸入国の政府や企業にその気がなかったりで、有効性を持った監視が難しいのが現状である（Seymour 2001）。

弱体な政府と豊富な鉱物資源という組み合わせが猛威を振るう例として、コンゴ民主共和国〔旧ザイール〕に勝るものはない。旧宗主国ベルギーの国王レオポルド二世がこの地を自分の財布代わり〔＝私領〕にして象牙やゴム、鉱物を収奪して以来、コンゴはあくどい取引と貧弱なガバナンスの犠牲になってきた。今なお続く内戦は二五〇万人の命を奪ってきた。内戦を継続させている原因の一つが天然資源〔ダイヤ、コバルト、銅など〕の支配権をめぐる争いである。同国の鉱物採掘産業は、社会・経済インフラの再構築に必要な収入を生み出す代わりに、強欲な個人や周辺国によって牛耳られているのだ（Oxfam 2002）。

コンゴの政治地図と鉱物資源の分布図は重なっている。反政府勢力を支援する隣国ルワンダは、ダイヤを産出するキサンガニや銅・コルタン（鉱石の一種）を産出するカタンガに軍を集結させている。内戦に介入して以来ルワンダは、世界的な超小型電子産業の成長で需要が急増したコルタンの輸出を八三トンから一四四〇トンへと急増させた。それだけの輸出増を国内生産だけで達成することはあり得ない。ルワンダ軍はまた、国境から奥深く入った北キブやルウェンゾリといった地域にまで展開しているが、それらの地域は鉱物や森林資源が豊富なところだ。反政府勢力を支援するもう一つの隣国ウガンダは、コンゴに介入してから金の輸出を驚異的に伸ばした。イツリなどの鉱区で産出された金の輸送はウガンダ軍が支配している。ウガンダはまたダイヤの輸出国としても台頭している。一方のコンゴ政府側も他の勢力と組んで資源の収奪を行なっている。ジンバブエの与党ジンバブエ・アフリカ民族同盟愛国戦線（ZANU‐PF）の高官たちが経営陣に名を連ねる同国の会社は、恐らく世界最大の森林伐採権をコンゴ政府から獲得した。伐採が許可された面積は、スイスの国土の一〇倍にあたる三三〇〇万ヘクタールに上る。同社とパートナーを組んでいるのがコンビエックスというコンゴの会社で、その株式の過半数を握っていたのはカビラ前コンゴ大統領である〔カビラ前大統領は二〇〇一年一月に暗殺され、息子が新大統領に就任〕。

国連事務総長が設置した専門家パネルはコンゴ内戦の要因を調査し、部外者の利害が内戦に直結していることを確認した。そして、鉱物が生み出した富の持ち出しを暗黙のうちに、また時には堂々と許したルワンダ、ウガンダ両政府を非難した。コンゴの内戦が自国の安全を脅かすという口実で介入を始めた両国は、国の安全とはまったく関係のない鉱物埋蔵地域にまで軍を展開して内戦と貧困を激化させたのだった（Oxfam 2002）。それら隣国だけでなく、世界貿易システムも収奪に弾みをつけた。鉱物資源への需要の増大が金儲けと外貨稼ぎのチャンスを生み出したからだ。世界市場とは、紛争と貧弱なガバナンスという問題を悪化させかねないものなのだ（コラム7・3参照）。

コラム7・3　コルタン戦争——便利な携帯電話の代償

コルタンは、超小型電子産業では「魔法の粉」と呼ばれている。この粉のおかげで携帯電話などが機能するのだ。コルタンは耐熱性が極めて高く、携帯電話やプレーステーション、軍用機などの電子部品の表面加工に使われている。その原石は金と同じくらい重く、価格も金ほどではないにせよ高い。国際市場では二〇〇〇年一二月に一ポンドあたり三八〇ドルの最高値をつけた。

オーストラリアからカナダに至るまで、コルタンは巨額の富と繁栄をもたらしてきた。世界の埋蔵量の五％近くを占めるとされるコンゴ民主共和国にも富と繁栄をもたらすことは理論的には可能だ。しかし、コルタンが眠るコンゴ東部地域は内戦の真っ只中にある〔二〇〇二年一二月に和平成立〕。血で血を洗う内戦は十何万という人々を死に至らしめたほか、飢餓、疫病、流民問題を引き起こしている。コルタン採掘を支配しているのがルワンダ軍で、採掘した鉱石はルワンダの首都キガリに送っている。そうして得た富は、ルワンダの総輸出額を上回る二億五〇〇〇万ドルに上ると専門家は分析している。ウガンダもまたコルタン略奪に手を染めていて、採掘地域の確保を図る同国軍による住民虐殺も報告されている。
十何万という死者と二〇数万もの流民を出した恐るべき内戦の元凶はコルタンがもたらすお金だ。コルタン貿易を非難した国連の専門家パネルが言うように、「コルタンをめぐるビジネスで唯一敗者になっているのはコンゴの人々」なのだ。コンゴ東部で収奪されたコルタンが、その後どのような経路をたどるのか明らかではないが、私たちが使う携帯電話、コンピュータなどの電子機器に使われている可能性はある。アメリカで使われるコルタンのうち、八％近くはコンゴ産かもしれないという報告もある。

（出典：Essick 2001；McGreal 2001；Oxfam 2002）

二　ＴＮＣと労働者の権利

労働者の賃金と雇用条件は、世界貿易が生み出す利益の分配に大きく関わっている。第3章で見たように、多くの国で賃金が低く雇用条件の悪いことが、貿易が拡大しても期待されたような成果を人間開発にもたらせなかった理由となっている。[†2]この二つの問題で名前が出てくるのがＴＮＣである。

ＴＮＣとサプライチェーン（供給連鎖）

「企業の社会的責任（ＣＳＲ）」〔企業は経済利益の追求だけでなく、社会や環境に与える影響にも配慮して行動する責任があるという考え方〕運動のリーダーたちは、良い雇用の実践を強調してやまない。石油会社ＢＰの会長は次のように語っている。

「世界のどこであれ、労働者を不当に扱う企業は文明に弓を引くものだ。そうした企業は、自らの影響力が直接及ぶところで無責任な行動を取っていることになる。透明性が増し、情報伝達手段がグローバルに発達した世界において、そうした企業の行動は馬鹿げてもいる。」（Sutherland 1997）

ＢＰ会長の言葉からは、企業の責任について二つの大きな問いが生まれてくる。ＴＮＣの労働者とは誰を指すのか、不当な扱いとはどのような扱いを指すのか、という問いである。

第一の問いに対する自明な答えは「TNCそのものの労働者」かもしれない。それは部分的には正しいだろう。生産や投資がグローバルに拡大するにつれ、TNCが途上国で直接雇用する労働者も増えている。が、それは労働者全体のほんの一部に過ぎない。TNCそのものの労働者の数を正確に言うのは知っての通り非常に難しいが、一七〇〇万～二六〇〇万人という数字がよく挙げられる（UNCTAD 1999 c）。国によるバラツキも多く、インドでは全労働者数の一％に満たないのに対して、ベトナムやメキシコ、ブラジルでは一〇～一五％、マレーシアやシンガポールでは四〇％以上に上るという。

先の答えが部分的にしか正しくないのは、TNCが生み出す雇用の大半がグローバルな生産ネットワークの中で創出され、時として長大かつ複雑なサプライチェーン（供給連鎖）を通して創出されているからだ。スポーツ用品会社のナイキは、正規には世界全体でも二万人しか雇用していないが、生産現場では約五〇万人が雇用されていると推計している。IBMやモトローラといった超小型電子産業は数多くの国に工場を持っているが、それらの工場はまた下請契約を通して他の多くの会社とつながっている。ギャップ社のような衣料小売業は複雑なサプライチェーンの終点に位置しているが、サプライチェーンを通して下請工場、さらにその先の刺繍や縫い付けをする在宅労働者にまでつながっているのだ。

サプライチェーンに属する企業すべてが先進国に本拠を置くTNCとは限らない。台湾の企業は、バングラデシュやホンジュラスでヨーロッパの小売店向けの衣料を生産したり、メキシコでコンピュータ用の半導体チップを生産したりしている。香港を本拠地とする企業は中国全土で三〇〇万人もの労働者を雇用していると推定されており、ウォルトディズニー向けのプラスチック人形からヒューレット・パッカード向けのコンピュータ用回路基盤まで作っている。食品業界でも、欧米の一つ一つのスーパーが何千、何万という生産者と結びついている。イギリスのスーパーチェーンのセインズベリーズも例外ではない。同社は、自社ブランド製品を納入する業者を約二〇〇〇抱えているが、納入業者は独自の供給ネットワークを通じて世界中の何百万という農家とつながっているのだ

(ETI 2001)。セインズベリーズは、個々の農家、あるいは同社の缶詰の缶に使われるスズを採掘する労働者についてまで責任を引き受けるのだろうか。

この問いに答えるのは決して容易なことではない。しかし、規模そのものが巨大で世界市場を支配する力を持つＴＮＣは、雇用条件を左右する力もまた巨大なことは確かだ。それだけの影響力には、自社の工場の敷地を越えた範囲に対する責任も伴ってくる。たとえ雇用条件に関する最終的な責任が企業ではなく、政府にあるとしても。

二つ目の問いもまた答えるのが難しい。ＴＮＣの経営者たちは、間髪おかず途上国の国内企業より高い賃金を払っていると言うだろうし、一般的に言ってそれは正しい。彼らはまた、国際労働機関（ＩＬＯ）条約にうたわれた原則を奉《たてまつ》った模範的な行動基準があると言うだろう。しかし、世界経済での競争をますます激しいものへと駆り立てているのもＴＮＣなのだ。外資を引きつけようと途上国同士が張り合う中で、多くの国が最低賃金制度を緩めてきた。低賃金と並んで目につくのが劣悪な労働条件であり、貧弱な労働組合権であり、社会保障の欠如である。それらがまた賃金を低水準に抑える手助けをし、労働者を脆弱なものにするのだ。それは、女性労働者に顕著だ。

法的には、そうした悪条件を生み出している責任がＴＮＣにあると言えないにしても、先進国の消費者と途上国の極めて脆弱な労働者を結びつけているのはＴＮＣである。さらにＴＮＣには、賃金の切り下げや労働者の権利弱体化の圧力を生み出した直接の責任が部分的にせよある。ＴＮＣから契約を勝ち取ろうと、納入業者や代理業者、ライセンス生産者などが激しい競争を頻繁に繰り広げ、格安の入札価格を提示する。それは、労働条件、最低賃金、労働者の基本的な権利などにきちんと配慮した価格ではない。工場所有者の多くが、苛酷な板挟み状態に置かれているとこぼしている。先進国のファッション街向けに衣料を生産しているバングラデシュの大手工場の所有者は次のように語っている。「毎週のように誰かやって来て、もっと窓をつけろだとか、託児所を増やせとか、病休を増やせとか、休み時間を増やせとか言う。かと思うと今度は、『中国と競争していることを忘れるな。低価格を維持しろ』と言う。禿鷹の舞う市場で操業しているようなもんだ。価格や賃金を決めるのは私たちじゃない。製品を買っていく企業だ。利益が全然出ないような生産をさせておいて、どうやって労働者にいい待遇をしてやれるというんだ。」

TNCの役割をめぐる論争は次の二つの問題、すなわち賃金と雇用条件に集約される。

賃金をめぐる大論争 TNCと途上国の賃金水準をめぐる論争には空虚な響きがある。批判的な立場に立つ者は、先進国と比べて極めて低い水準にあることを槍玉に挙げ、TNCは労働者を搾取していると非難する（Featherstone & Henwood 2001）。TNCのトップやその擁護者は、賃金が安いのは生産性が低く、教育も足りず、インフラが貧弱であることの所産だと言い返し、地元企業より高い賃金を払っていると言って聞かない（*Economist* 2001 a）。批判者たちは貧困レベルの賃金ではなく、生活できる賃金を払えと要求する。それに対して企業のトップや著名な国際経済学者たちは、自分たちが「市場の現実」と呼ぶものについて木で鼻をくくったような講釈を垂れて反撃する（Srinivasan 2001；Bhagwati 2000）。が、両者とも問題の本質を突いていない。

低賃金は途上国の貧困の一大要因である。貿易の拡大が未熟練労働者（特に女性）の賃金引き上げにつながっていないのも貧困の一因だ。FDIが支配する輸出部門の労働者の賃金は、先進国との比較において安いだけでなく、絶対的にも安い。バングラデシュの輸出加工区の縫製産業では、女性労働者の一日の稼ぎは一・五〜二ドルである。一日一・五ドルは同国の貧困ラインを少し割り込み、二ドルは少し上回る程度だ。そのことが、まさにこの一〇年間のバングラデシュの異様な経験（高い経済成長率と絶えざる貧困の奇妙な共存）の一つの理由となっている。輸出拡大によって平均賃金は一九九〇年代に年約二％の割合で上昇したにもかかわらず、貧困はわずかしか減少していないのだ。

輸出産業で働く労働者が得る賃金は、多くの場合、貧困ラインに近い。エルサルバドルでは、一日一二時間働く女性労働者の日給は五ドル未満、時給にすると〇・六ドルで、四人家族が生きていくのに必要な額の三分の一以下だ（コラム7・4参照）。ホンジュラスの最低賃金はさらに低く、時給〇・五ドル以下だ。それは国際的な水準から見て極端に低いだけではない。一九九八年にアメリカ商務省が行なった調査は、やんわりとした表現ながら「ホンジュラスの最低賃金は、まともな生活を送るには不十分であると考えられる」と結論づけた（Pitts 2001）。

コラム７・４　エルモサさんが語るエルサルバドルの賃金

三人の子どもを持つシングルマザーのエルモサさんは、エルサルバドルの縫製工場で働いている。工場では、アディダスやプーマ、ナイキといったスポーツ用品メーカー向けのシャツや短パンを作っている。二〇〇〇年の初め、彼女の所得や支出について聞き取り調査をした。彼女の生活は次のようなものだった（諸経費は一日あたりの額で、アメリカドルに換算している）。

・通勤のバス代	一・一四ドル
・朝食と昼食	二・二八ドル
・一家の夕食	一・九五ドル
・長屋の賃料	一・六八ドル
・ガス代・電気代	〇・六三ドル
・合計	七・六八ドル

このほかに、三人の子どもの教育費が毎週五・五七ドルかかり、臨時の出費もある（子どもの靴代一足一一〜一七ドル、医療費が公営診療所で一回三・四三ドルなど）。

生きていくために彼女は目いっぱい時間外労働をしなければならず、普通一日一二時間のシフト勤務をしている。工場での彼女の基準賃金は、公式の最低賃金と同じ一日八時間労働あたり四二コロンである（四・八ドル、一時間あたり六〇セントに相当）。割増しの時間外手当がなければ一日一二時間労働で七・二ドルとなる。これと先の一日の支出を比べると、臨時の出費はおろか、最低限の支出すらまかなえない。

彼女の一日は朝四時半に始まる。水を汲み、子どもたちを学校に送る準備をする。一二時間のシフト勤務を終えて家に帰り着くのは、夜八時一五分過ぎになることもある。貯金があるかどうかを聞くと、「ありません。でも借金だったらありますよ。家賃が払えないことだってあるんですから」という答えだった。

エルサルバドルのＮＧＯ「国家開発財団（ＦＵＮＤＥ）」によると、一家四人がまともに生きていける賃金は、月約五〇〇〇コロン（五七〇ドル）、一日あたり一六五コロン（一八・八一ドル）だという。それには食費、住居費、医療費、被服費、教育費、交通費は含まれているが、娯楽費といった不要不急の支出や貯金は含まれていない。

（出典：Ministry of Labor, Monitoring Report on the Maquila and Bonded Areas, USAID/SETEFE/Ministry of Labor, July 2000）

メキシコでの調査も結果は同様だった。マキラドーラの工場で働く労働者一二〇万人の賃金は絶望的な低さだった。労働者の多くが受け取る一日四ドルという賃金は政府が定めた最低賃金と同じで、それでは一家の基本的なニーズを満たせないとされている。調査を行なったオックスファムのパートナー団体「マキラドーラに正義を！連合」の報告書は次のように述べている。

「どの町、どの村を訪ねても、マキラドーラで働く労働者は、水も電気もない急ごしらえの小屋にしか住めない。栄養のある食事を摂ることすら贅沢な話なのだ。世界有数の企業のために長時間一生懸命に働いてもなお、一家の最低限のニーズを満たせずにいる。自由貿易で利益を上げる外国企業には、生活が維持できるだけの賃金を労働者に払う道徳的な責任がある。」

賃金には生産性が関係することは言うまでもない。しかし、メキシコとアメリカの賃金格差は生産性の格差よりずっと大きい。メキシコのマキラドーラやホンジュラス、バングラデシュなどの輸出加工区の賃金が農業労働者の賃金より高いことは事実だ。農村に貧困が蔓延していることが、貧困レベルの賃金でも働く労働者の絶えざる供給を支えている。しかし、ここで問いただすべきなのは、労働者の賃金を多少とも引き上げるためにTNCは何もできないのか、ということである。TNCの多くはできないと答える。彼らは、低賃金は比較優位の一部であり、賃金の上昇は資本の逃避や雇用の喪失を招く、と口癖のように言う。そうした企業の姿勢を端的に表しているのが、二〇〇一年にナイキの主席報道官が、アジアの労働者にもっと賃金を払えないのかと聞かれて答えた次の言葉だ。「労賃を大幅に引き上げれば生産コストに跳ね返る。そうすると小売価格が上昇し、製品が売れなくなる」（Atkinson 2001）。それが、トレーニングウェア上下を六五ドルで売りながら労働者には二ドルしか払わない企業の答えだった。労働者の賃金を二倍に引き上げたところで小売価格は三％上昇するだけなのだが…。

企業が得る利潤と途上国の労働者に支払われる貧困レベルの賃金の落差は驚嘆ものである。バングラデシュやカンボジアの女性労働者が、ギャップ社などのために縫製作業をして得る賃金は月四〇ドルに満たない。カンボジアの女性労働者は、家族の基本的なニーズをまかなうために一日一ドルから二ドルに賃上げして欲しいというささやかな要求をした。それに対して会社のトップは即座に、そんなことをして生産コストが上がったら職を失うことになる、と答えた。しかし、二〇〇〇年に最高経営責任者に三九〇〇万ドル超もの報酬を払ったギャップ社がそんなことを言うとは針小棒大以外の何ものでもない。その巨額報酬をバングラデシュの縫製工場で働く女性労働者に分配したら一人一日四ドルとなり、現在の日給を四倍に引き上げることができるのだ（Global Exchange 2001 b）。

途上国の低賃金を説明する要因としては、生産性と同じくらい重要な要因がほかにもある。女性労働者への差別、労働組合権の制限、雇用に付随する社会保障の後退などが低賃金をもたらしているのだ。途上国政府の多くが、輸出加工区では通常よりも「柔軟な」労働政策を採り、団体交渉権などを制限している。労働時間や最低賃金に関する規定を適用しないとか、無視しても構わないといったケースもある。バングラデシュで女性労働者が輸出加工区の縫製工場で働きたいと思うならば、労働者の権利を捨ててから工場の門をくぐらねばならない。労働組合への加入は禁止され、最低賃金の規定はなく、社会保障を要求しようにもそれを受けつける仕組みがないのだ（コラム7・5参照）。ＴＮＣ自体がそうした労働条件を設定しているわけではないが、設定するよう政府に働きかけることもよくあるし、設定させることで利益を上げているのだ。さらに、ＴＮＣが輸出加工区で操業したり、輸出加工区から製品等を調達したりする際、すでに確立している賃金や雇用の基準に縛られたくないと意思表示することで、賃金切り下げの圧力をかけることもある。

コラム7・5　権利を持っているのは投資家だけ――バングラデシュの女性労働者たち

バングラデシュは世界の最貧国の一つだが、多くの経済学者の目には、グローバリゼーションの際立った成功例と映るようだ。同国には世界有数の成長率を誇る縫製産業がある。海外からの投資も輸出ブームを後押しし、経済成長や雇用をもたらしてきた。富の創出という観点から見るとグローバリゼーションの恩恵は否定できない。しかし、女性労働者にとってどうだったかとなると、一言では言い表せない。

輸出加工区にある縫製工場では一〇〇万人以上の女性が働き、ウォルマート、マークス・アンド・スペンサー、アディダス、ギャップといった先進国企業向けの製品を作っている。織機工は一日一四時間働いて一ドルから一・五ドルと、極めて低賃金である。それでも、建築現場などで働いて得られる賃金よりはいい。女性労働者のほとんどは、コミラやファリドプール、バリサルといった貧しく、農外雇用の機会も限られた田舎から、縫製産業の中心地ダッカに出稼ぎに来たのだ。彼女たちが学校に通った期間は平均四年で、四人に一人はまったく通ったことがない。

彼女たちが輸出加工区の工場で働きたいと思うならば、労働者の権利を捨ててから工場の門をくぐらねばならない。労働組合への加入や最低賃金、社会保障といった労働者としての基本的な権利は憲法にも法律にもうたわれている。しかし、輸出加工区を設置するための法律は、それらの権利を同区内では認めないことを規定した。労働組合への加入はご法度だ。不平不満があれば、輸出加工区管理委員会が任命した産業関係管理官に訴え出なければならない。最低賃金法を守るかどうかは雇用者に任されており、たいていは無視されている。バングラデシュ政府はまた、輸出加工区の工場所有者に対して他の法的義務も免除している。例えば、工場監督官が輸出加工区内で衛生や環境、安全面の査察を行なうことを認めていない。

輸出加工区の外では、繊維縫製産業に対する様々な基準が設けられている。先進国の大規模小売チェーンとつながりのある工場などは高度な基準を満たしている。が、そうした工場への納入業者などは基準を満たしていない。政府が作った法律には、形の上では最も厳しい国際基準に沿ったものもある。しかし、実際にどれほど国際基準が守られているかは分からない。バングラデシュ全土で工場監督官が五四人しかいないのだ。労働者の健康・安全対策の遅れは命に関わる問題を引き起こしている。二〇〇〇年一一月にはチョードリー編物縫製工場が火に包まれて四七人の労働者が死亡し、数百人がケガをした。避難路が不十分だった上、操業中はドアに鍵がかけられていたため逃げ出せなかったのだ。死者のほとんどは二五歳以下の女性で、そのうち八人はまだ子どもだった。

社会保障に関する権利も縫製セクターでは大概が無視されている。オックスファムの聞き取り調査に対して女性たちは、時間外労働の強制や工場監督による虐待、不当な解雇などを口々に訴えた。産休中の賃金支払いを避けたい雇用者は、妊娠した女性労働者を多数解雇した。二人の子どもを持つ二三歳のアジザさんは次のように話している。

「最初の仕事は、監督に妊娠しているのが見つかって解雇された。そんな権利は彼らにはないはずだ。私は妹と一緒にダッカに来て韓国の会社に仕事を見つけた。仕事はきつかったけれどペイは良かった。お手伝いさんや肉体労働をするよりもずっと良かった。でも条件はあまり良くない。監督は怒鳴りつけるし、どついたりもする。それに何の保障もない。二年前に一〇日間入院して、そのあと三カ月仕事を休んだことがある。会社は医療費を補助するって約束したけれど全然払ってくれなかった。医療費のせいで借金までした。休んだあと仕事には戻れたけれど、一カ月後に妊娠しているのが監督に分かってクビになった。失業保険なんか全然もらえなかった。今は別なところで働いているけれど、気の休まるヒマがない。」

オックスファムのパートナー団体カルモジビ・ナイリは、縫製産業の女性労働者を支援し、労働関係の法律や健康、安全などに関する研修を行なっている。労働条件の改善に必要な知識と自信を持ってもらおうとしているのだ。カルモジビ・ナイリの代表は次のように話している。「皆さんに知って欲しいのは、縫製産業で働く女性の多くがとても弱い立場にいることです。彼女たちはほとんど教育を受けておらず、孤独で、女性が声を上げることへの文化的な反感も強くあります。輸出加工区管理委員会や操業する会社が彼女たちを搾取しようと思えば簡単ですし、彼女たちの法的な権利がこれほど弱ければなおさらです。」

ＴＮＣが現地企業よりも高い賃金を払っている、という主張はどうだろうか。データからは一概にそうとも言い切れない。よく引用される調査結果によると、アメリカのＴＮＣ系列会社が途上国の労働者に払った賃金は、平均して現地の賃金の二倍だという（Graham 2001）。インドネシアで行なわれた調査でも、外来の工場が払った賃金は地元の民間工場の賃金より六〇％高かったという（Lipsey & Sjoholm 2001）。ＴＮＣは高い賃金を払うだけの余裕があるという誰の目にも明らかな点は別にして、賃金の違いを説明する重要な要因はほかにもある。一般的に言って、途上国で操業する外資系列会社はハイテク分野にかたよっていて、雇用する労働者の教育水準も高い。労働集約型の産業など、比較可能な分野で国内企業より高い賃金を払っていることを示す証拠はほとんどない。インドネシアの場合、国内投資が行なわれる分野（食品、繊維、皮革など）に比べて、海外投資が行なわれる分野（卑金属など）は、生産量が多く生産性も高いという特徴がある。

雇用条件 劣悪な雇用条件、労働者の健康や安全の軽視、不十分な社会保障が輸出産業で働く労働者を脆弱にしている。第3章で見たように、縫製産業、超小型電子産業、輸出向け農業といった、雇用条件を切り下げる市場圧力が強い分野に女性労働者の雇用が集中している。TNCはサプライチェーンを支配する立場にいるだけに、どのような雇用条件が形作られるかを決定づける上で大きな役割を果たしている。

労働者の権利が十分に保護されていない国で、下請け企業に余裕を与えないまま納期の厳守を迫れば時間外労働の強制につながる。二〇〇〇年三月にオックスファムは、ナイキ社にスポーツシューズを納めているインドネシアの工場の労働者を対象に聞き取り調査を行なった。女性労働者の話では、週七〇時間働くよう経営者側から要求され、それを拒むと解雇されることがあったという（Atkinson 2001 a）。中国の調査でも同様のことが分かった。中国の労働法は週六日四四時間労働を上限としているにもかかわらず、注文が殺到する時期は一日一〇～一二時間労働が当たり前だという（HKCIC 2001；Labour Rights in China 1999）。時間外労働の強制は耐えがたいストレスを与え、女性労働者の場合はまともな託児施設を見つけるのが難しいなど、深刻な問題を生じさせる可能性がある。

労働組合が機能していれば労働者は声を上げることができる。しかし、多くの国が労働コストの削減を優先して労働者の声をかき消そうとしてきた。それを正当化するために様々な政治的イデオロギーが利用されてきた。中国政府は一九八二年に憲法からストライキ権を削除したが、その理由は、政府が「プロレタリアート階級と企業経営者の間の問題を根絶できた」から、というものだった。マレーシア政府は労働組合権を制限したが、理由は、そうすることで「国の経済発展」を促進できるから、というものだった。法律上は労働者の権利が認められていても、実際は守られていない国もある。ドミニカ共和国の法律は労働組合への加入権を認めているが、輸出加工区で操業する企業五〇〇社のうち、組合と協定を結んでいるのは八社しかない。TNCの反組合工作は、ほとんどが非公式な形を取る。エルサルバドルの労働省は二〇〇〇年七月の報告書で、「マキーラ（保税輸出加工区）の企業には反組合方針が見られる。組合を作ろうとする動きはことごとく抑圧される。…組合に所属する労働者や、少しでも組合作りの動きを見せた労働者を脅そうと、監督官や人事責任者が発砲したりする事件が日常化している」ことを明かした。ＴＮＣは、反組合的な法律を作ったのは自分たちではないともっともらしく抗弁するが、そうした法律を変えようとする企業はほとんどなく、むしろうまく利用しているのだ。

最低賃金法は、最低の賃金水準を定めるとともに、貿易が生み出す利益から労働者が妥当な分け前を得るのを可能にする。先進国でもそうだが、最低水準をどのレベルに置くのが適切かをめぐっては論争がある。最低賃金の規定は、それをきちんと順守させることができれば、雇用を損なわずに貧困層を守ることができるという確かな証拠がある。にもかかわらず、いまだに多くの政府が最低賃金は外国からの投資を阻害するものであると見なし、ＴＮＣの多くもそうした見方を助長している。マレーシアなど一部の途上国は最低賃金法の適用を拒否しているし、部分的にしか適用しない国もある。ＴＮＣの下請け企業が最低賃金を守らないのも日常茶飯事だ。ある調査では、バングラデシュの繊維産業で働く労働者のうち一日一・五ドルの最低賃金と同じかそれ以上を得ていたのは五人に一人しかいなかった（ICFTU 2001）。中国の法律は最低賃金を保証している。しかし、二〇〇〇年に香港のキリスト教産業委員会が広東省の一二の工場の労働者を対象に聞き取り調査したところ、確かに週四〇時間労働分の最低賃金は受け取っていたものの、実際の労働時間は五〇時間以上ということが頻繁にあったという（HKCIC 2001）。

労働者の権利が弱く、労働組合が存在しないことは、往々にして危険な労働環境を作り出す。中国の経済特区では火事や産業災害が日常化している。あまり表ざたになっていないのが超小型電子産業で働く労働者の健康リスクだ。電子工場のメッキ部門で働くマレーシアの女性労働者によると、流産や呼吸困難などの健康被害が出ているという。正当な保護を受けられない労働者がこうむるケガ、リスク、長期的な健康被害といった労働コストは、輸出価格には反映されていない。

在宅労働者と直接契約を結ぶＴＮＣなどほとんどないが、セクターによっては下請け作業の大半を在宅労働が占めている。在宅労働には低賃金がつきものだ。労働者の大半は女性で、出来高払いが普通だが、最低賃金よりはるかに低いレベルに設定されている（ICFTU 1999）。縫製産業を対象にした調査では、出来高払いを時給に換算すると最低賃金の半分以下だったという。不良品はまったく許されず、その分手取りが削られるケースもある。女性たちには極端に厳しい納期が課され、長時間労働を余儀なくされることも頻繁にある（Yanz et al. 1999）。家が貧しく手取りが少ないため、在宅労働者が子どもを働きに出さねばならないこともしばしばある。若い女の子たちが母親の手助けをするために学校に行けないことも日常化している。インドのグジャラート州で在宅労働者を対象に行なった調査によると、繊維工場の下請けをする女性と子どもは一日九時間以上働いているという（Jhabvala 1992）。

三　行動基準——その効用と限界

世界貿易が先進国の消費者を途上国の生産者と強く結びつけるにつれて、受け入れがたいほどの労働者の権利侵害を何とかしようという気運が高まってきた。消費者が低価格以上のものを求め始めているのだ。人々の耳目を引くキャンペーンが展開され、価格だけでなく企業の社会的責任にも消費者が関心を示し始めている。多くの機関投資家も消費者の関心を意識するようになった。そうした動きにＴＮＣ側は、自主的な行動基準を設けることで応えようとしている。行動基準は、国際的に共有された価値観に根ざした基準を設けて実践しようとするものだが、これまでの実績は、政府による基本的な権利の実現に取って代わられるものではないことを示唆している。

ＴＮＣによる取り組みの中心は自主的・自発的なガイドライン作りである。一九九一年に〔ジーンズで有名な〕リーバイ・ストラウス社が端緒を切って以来、行動基準を設ける動きがＴＮＣ全体に広がった。行動基準のほとんどは、労働者の安全、社会保障の提供、時間外労働などに関する国内法の順守などについて守るべき基準を定めている。今や多くのＴＮＣが、社会的責任や行動基準の実践に一部局全体を割くようになっている。企業自身が行なう報告には第三者による社会監査（social auditing）を加えるのが当たり前になっている。行動基準の中にはセクター全体で取り決めたもの〔いわば業界基準〕もある。ヨーロッパ繊維労働者組合と雇用者側の集まりであるユーロテックスが、全会員企業を対象にした行動基準を設けたのがその一例だ。

行動基準の中でも強力なものは成果を上げている。サプライチェーン全体に最低基準を守るよう働きかける企業もある。ドミニカ共和国では、自由貿易地域最大の雇用者である縫製会社のグルーポＭが、リーバイ・ストラウスが定めた行動基準を満たそうと、一九九〇年代半ばから雇用条件の大幅な改善に取り組み始めた。今日グルーポＭは、通勤サービス、託児所、医療・歯科サービス、識字教育、充実した社会保障を労働者に提供している。それは会社の利益にもなっている。従業員の辞職や欠勤が減ったほか、優良な会社であるという評価が高まったことで、リズ・クレアボーン、ナイキ、バナナ・リパブリックなど、リーバイ・ストラウスにならって行動基準を設けた他の大手衣料会社と契約が結べるようになったのだ。

●強力な基準と貧弱な監視

企業が設けた行動基準の内容と実践状況を見ると玉石混淆である。ほかより内容が充実しているものもあるが、ほとんどが実践面での弱さという問題を抱えている。

まず、行動基準によって守るべき権利とは具体的に何かという点で不一致がある。ほとんどの基準は、労働者の健康と安全、児童労働、契約条項について定めている。しかし、ＩＬＯ（企業の代表もその意思決定に参加）が定めた中で最も核心的な労働基準すら取り入れていない行動基準もある。ウォルマートやリズ・クレアボーンの行動基準には労働組合への加入権や団体交渉権が入っていない。中には、労働組合活動を敵視するものすらある。アメリカを本拠地とするＴＮＣサラ・リー・ニット・プロダクツの行動基準は、「法的要請ないし文化的な要請がない限り、労働組合のない環境が良いと我々は信ずる」とうたっている（SLKP 2000）。

たとえ基準そのものが強力でも、実践状況のモニタリング（監視）や基準執行の仕組みが不備では効果を発揮できない。モニタリングと執行をめぐる問題は深刻だ。全体として監査に関する基準が弱い。社会監査を実効あるものとするための「いろは」としては、監査担当者の訪問を事前に知らせてはならないとか、労働者やその代表に聞き取り調査をする時は秘密を守るとか、特定の産業が抱える問題について豊富な知識を持つ、といった決まりがあるが、そうした約束事が無視され、結果として行動基準に反していても分からずじまいに終わることがあまりに多すぎる。二〇〇〇年に監査会社のプライスウォーターハウス・クーパーズが、中国、韓国、インドネシアの工場で行なわれたモニタリングの結果を監査したところ、モニタリングの担当者が数多くの基準違反を見逃していたことが分かった。違反は、有害化学物質の使用から、労働組合活動の制限、時間外労働に関する法令違反、最低賃金法違反まで、多岐にわたっていた（O'Rourke 2000）。

ＴＮＣに製品を納入する会社がＴＮＣの行動基準を自ら実践することも、基準を絵に書いた餅に終わらせないためには欠かせないことだが、そうした実践にはなかなかお目にかかることができない。行動基準の順守が契約につながるという保証がなければ、納入業者も基準を守るために投資しようという気にならないだろう。もう一つの問題として「基準疲れ」がある。多数の小売企業向けに納入する工場には、それだけ多くの監査や報告の義務が発生する。中米では、行動基準の順守をまったく無意味なものと見なしている工場が数多くあるようだ。一九九八年にアメリカ商務省が、ホンジュラスとドミニカ共和国で行動基準がどれだけ効果を上げているかを調べたところ、「中には行動基準について知らない工場や、基準が記された冊子を置いていない工場もあった」と報告している。工場経営者がそうなら、現場で働く労働者も、その多くが行動基準の存在そのものを知らず、それを労働条件の改善に活用できることも知らない。基準を作った企業側が分かりやすく現地語で労働者に周知しないことや、労働条件改善の交渉材料として基準を使うのに必要な雇用保障や労働組合権が労働者に与えられていないこともその要因となっている。先にグループＭが大きな成果を上げたことを紹介したが、それでも同社は労働組合権を容認する考えはまったく持っていない。多種多様な行動基準について押しなべて言える最大の問題は、行動基準が守る対象としている当の労働者によって基準が作られたり、実施されたり、モニタリングされたりしていないことにある。

子ども用のおもちゃを売る小売企業は、先進国のショッピングセンターで非常に目につく存在であり、評判を落とすわけにはいかないことから、最も進んだ行動基準を設けている。アメリカのマテル社が作った「地球規模の製造原則」は、最低賃金から労働者の健康と安全、結社の自由に至るまで、労働者の権利を幅広く網羅し、きめ細かく規定している。製造原則は、監査の専門家と会社から独立したモニタリング委員会とによって運用されている。

やはりおもちゃを大量に輸入するアメリカのウォルトディズニーやマクドナルドも詳細な行動基準を作っている。それでも、実践となると疑問の余地がある。

中国は世界一のおもちゃ輸出国で、年間の売り上げ高は推計で六〇億ドルを超える。輸出向けのおもちゃ工場は六〇〇〇カ所もあり、そのほとんどが、世界のおもちゃの首都と呼ばれる広東省にある（Kwan & Frost 2001）。ウォルトディズニーのキャラクター人形「バズ・ライトイヤー」や、マクドナルドが景品用に仕入れるプラスチック製ディズニー人形、マテルのバラエティーに富んだおもちゃは広東省で生まれている。これらのおもちゃ小売業は雇用実態の監査に多大な投資をしてきたが、行動基準の実践には大きな疑問がある。香港キリスト教産業委員会が二〇〇〇年に行なった調査によると、工場経営者は監査官の訪問をかなり前から知らされ、労働者たちも質問にどう答えるか指導されていたという。監査官が合格と認定した工場の労働者を対象に同委員会が聞き取り調査したところ、行動基準の違反だけでなく、法定休日の無視や、時間外労働の強制とタダ働き、最低賃金法の違反など、中国国内法の違反も数多く見つかったという（HKCIC 2001）。そうした違反はおもちゃ産業に限ったものではない（コラム7・6参照）。

コラム7・6　輸出主導が生む中国労働者の搾取

中国の経済特区ほど自主的な行動基準の限界をあらわにしているところはない。先進国のTNCは経済特区内の納入業者を幅広く活用しているが、その多くは労働者の基本的な権利を踏みにじっている。ニューヨークに本拠を置くNGO「中国労働ウォッチ」が、広東省の東莞経済開放区で操業する企業を対象に行なった二つの調査が問題点を明らかにしている。

エレガント・トップ・シュー社の工場は、リーボック、クラークス、フィラといった靴会社と契約している。労働者六〇〇〇人を雇用し、うち九〇％は女性だ。労働者のほとんどは四川省、雲南省、陝西省の出身で、小学校以上の教育を受けた人はほとんどいない。中国労働ウォッチは一年にわたって彼らの労働条件を調べ、労働者数百人からも聞き取りをした結果、次のように報告している。

■労働者が工場で過ごした時間は平均週七一時間で、そのうち六〇時間仕事をしていた。中国の労働法は、週四〇時間労働と四時間までの時間外労働を規定している。したがって、労働者たちは法が許す範囲を週一六時間も超えて働いていたことになる。

■法が定める最低賃金は月五五ドルであるのに対して、実際に支払われていたのは四九ドルだった。

■エレガント・トップ・シューは、法の定めにもかかわらず、年金、雇用保険、医療保険の制度を設けていなかった。また、労働者のほとんどは短期契約だった。

■労働者が仕事中に犯した小さなミスに対しても罰金を払わせるシステムがあった。

■女性労働者は、男の工場監督者によるセクシュアル・ハラスメントや虐待を訴えていた。

■仕上げ工程では、有毒性の非常に高いトルエンを含む接着剤が使われていた。

■リーボックは苦情処理手続きを公式に設けていたが、労働者は苦情申し立てに対する報復を恐れていた。リーボックによる監査は事前に知らされていたため、経営陣は労働者に対して、労働条件に関する質問にどう答えるか指図することができた。

東莞経済開放区の桑園工業団地で操業するマートン社の工場でも調査が行なわれた。マクドナルド、ディズニー、マテル、ワーナーブラザーズなどにおもちゃを納入しているこの工場でも同様の問題が起きていた。色づけ工程で働く女性労働者は一日平均一四時間働いていた。一九九九年七月当時、「バズ・ライトイヤー」の色の吹きつけをする労働者の賃金は時給平均〇・一三ドルだった。聞き取り調査に対して女性労働者たちは、薄め液で手にやけどをしたり、慢性的なめまいに襲われたりしていると訴えた。

こうした調査結果が会社に対する圧力となり、いくらか改善が見られた。例えば、リーボックはエレガント・トップ・シューの工場で働く労働者には組合加入権があることを周知させ、改善につながったという。

ＴＮＣが自主的に設ける行動基準には何らかの効用があるにせよ、基準の規定も精神も中国の納入業者によって明らかに踏みにじられており、ＴＮＣが責任を負う範囲について大きな疑問を投げかけている。

（出典：China Labour Watch 2001 a, b）

この中国の例は、自主的な行動基準について回る諸問題を明らかにしている。たとえ最強の基準であっても、労働者の基本的な権利を実現しようとしない政府のもとでは、成果を上げられるとは思えない。労働条件改善の戦略として有効なのは国内法だけなのだ。だからといって、ＴＮＣにまったく責任がないというわけではない。前にも述べたように、ＴＮＣの行動基準が目指すものとＴＮＣが作り出す市場の現実との間には大きな矛盾が存在する。下請け企業に対する値下げ圧力と厳しい納期は、生活できる賃金や妥当な労働条件の実現を不可能にしている。グローバル・エクスチェンジ〔人権、社会的公正、環境に関する企業調査や提言活動を行なっているＮＧＯ。本部アメリカ〕がナイキの行動基準を評価した報告書が、その相克を簡潔に言い表している。報告書は、ナイキが労働者の教育に投資していることを歓迎しながらも、「教育プログラムは拡充されたが、賃金があまりに安いため、工場労働者の大半は時間外労働をして得られる収入をあきらめてまで教育プログラムを受けようとはしない」と指摘している（Global Exchange 2001 a）。

●行動基準を超えて――貿易の制裁策と奨励策が果たす役割

労働者の権利をＷＴＯの社会条項の中にうたい、貿易制裁をちらつかせて権利の実現を図るべきだ、という提案をめぐって熱い論争が繰り広げられてきた。実際のところ、貿易の奨励や制裁はすでに広く行なわれているのだが、効果はほとんど見られない。先進国の中には一般特恵関税制度（ＧＳＰ）〔途上国から輸入される一定の農水産品や鉱工業製品に対して一般の関税率より低い特恵税率を適用する制度〕を使って雇用慣行の優れた国を優遇してきた国もある。ＥＵは二〇〇一年に、ＩＬＯが定めた主要な労働基準をパキスタンが守ろうと努力したのに報いるという名目で、関税削減対象国のリストに同国を加えた。同様にアメリカも一九九九年末、カンボジアが国内の労働条件を改善したことに対し、輸入割当を五％増やすことで報いた（Elliott 2001 b）。ＮＡＦＴＡも労働者の権利を規定し、合意された労働基準を実現しない国に対しては制裁金を課すとしている。

しかし、以上のアプローチは信頼性に欠ける。ＧＳＰは、労働者の権利擁護への関心よりも戦略的・外交的配慮から適用する場合が多い。ＥＵがパキスタンを優遇したのは、アメリカ主導のアフガニスタン介入に協力したからというのが本当の理由だった。ＮＡＦＴＡの場合、法的文書として成文化されているという大きな長所があるが、問題はパンチに欠けていることだ。労働者の権利侵害に対する制裁金は雀の涙ほどで、どの分野であれ、貿易額の〇・〇〇七%までしか認められておらず、権利侵害を思いとどまらせる効果は限られている。ルールそのものも全体を網羅しておらず、ルールの執行もお寒い限りだ。団体交渉権は審査の対象にすらなっておらず、児童労働を除いては国内法をＩＬＯの基準に合わせて整備することも義務づけられていない（Elliott 2001 a）。

先進国で主流になっているのが、労働基準を守らせるために貿易制裁を行なうという考え方だ。一九九〇年代初め、アメリカのトム・ハーキン下院議員は、児童労働で作られた製品の輸入を禁止する法案を議会に提出した。その結果、バングラデシュでは制裁を恐れた工場が子どもたちを追い出したのだが、行き場を失った子どもたちは、今まで以上に搾取的なレンガ作りなどの仕事につかざるを得なかった。そうした結末とならないよう、ＴＮＣや国連機関、先進国政府が力を合わせた例もある。アディダスやナイキ向けにサッカーボールを作る下請け企業が大勢の子どもを使っていることが明らかになった際、両社は子どもを使わずに生産するよう要求しただけでなく、仕事を失った子どもたちに教育の機会を与える国連児童基金（ＵＮＩＣＥＦ《ユニセフ》）の活動を支援した。それは良いとして、貧困家庭の多くが収入を失ったことは疑う余地がない（Crawford 2000）。

貿易制裁は、はなはだしい人権侵害があった時には正当化できるかもしれない。しかし、貿易制裁は、一国の社会的、経済的、政治的な構造に深く根ざした問題に対する荒っぽい対応法と言える。子どもたちが劣悪な労働に追い込まれるのも貧困ゆえだ。彼らの稼ぎがあるかないかで、一家が飢え死にするか生きながらえるかの違いが出てくるかもしれない。そうした状況では、貿易制裁が狙ったのとは逆の結果を招き、問題を悪化させかねないのだ。

四　マーケティングの力

企業というのは金儲けのためにビジネスをしている。原材料を買って加工し、できた製品を売って利潤を得るのだ。利潤を得ること（＝金儲け）は、繁栄のもととなる富を生み出すという意味で、どんな社会であれ極めて重要な働きである。グローバル化した経済にあって、利潤を得る上で今まで以上に重要性を増しているのがマーケティング（流通販売）である。しかし、マーケティングの中には長期的な発展の行方をもろに脅かすものがある。

●ブランドの力

ブランド力をつけるための投資は、グローバルな市場で成功する上で不可欠な要素となっている。ブランド力が需要を生み出し、消費者の忠誠心を獲得するのだ。市場がグローバル化するにつれて、企業はグローバルなアピール力があるブランドを創出しようと躍起になっている。アメリカのプロクター・アンド・ギャンブル〔「P&G」の名で知られる、洗剤や化粧品など一般消費財の巨大企業〕は世界中で五〇億ドルもの広告費を使っており、ネスレは二〇億ドルを投じている（White 1999）。ブランド力をつけることが企業に対する世間の評価を守り、高めるのだ。石油企業シェルのグローバル・ブランド・コミュニケーション局担当の副社長ラウル・ピネル氏は、「ブランド力があらゆるものに付加価値を与える」と話している。企業は世間の評価をもとに活動している。また、企業のブランドイメージは消費者や投資家の判断材料になる。ナイキの「Just do it（躊躇せずやれ）」というキャッチフレーズは個々人の自己実現のイメージを売り、携帯電話会社オレンジの「未来はオレンジ」は明るい未来の、製薬会社アヴェンティスの「私たちは命に挑戦する」は健康と幸せのイメージを売っている。企業がブランド力に投資する時、それは真にお金になる資産を創造している。そして企業が他企業を買収する時は、目に見える資産だけでなく、ブランド力の獲得も目指しているのだ。

ブランドの力は強い。しかし、企業の行動が日頃市民に売り込んでいるイメージと異なる時には、かえってブランドが弱みとなる。ネスレの商標（ロゴ）は、親鳥が巣で二羽のヒナに餌を与えている構図だ。それによって子育てや家族といった価値観に同社がコミットしていることを表そうとしている。が、それは同社が実際に行なっている広告や販売活動にはどう見ても似つかわしくない。国連の推計によると、途上国で毎年約一五〇万人の子どもが不適切な摂食のために死亡しているが、多くの場合、哺乳びんを使って粉ミルクを飲ませたことによる感染症が原因となっている（WHO 2001）。粉ミルクを与える際、きれいな水や、きちんとした説明書きがない場合がほとんどだからだ。金儲けのために粉ミルク会社が行なう宣伝の悪影響から母親や赤ちゃんを守ろうと、一九八一年、WH

Oとユニセフの呼びかけのもとに世界中の政府が「母乳代替品の販売に関する国際基準」を採択した。基準は、健康管理の専門家が粉ミルクを販売するのを制限したり、ゼロ歳児向けに直接販売するのを禁止したり、取り扱いについて現地の言葉できちんと説明するのを義務づけたりしている。しかし、十分には順守されておらず、特にネスレは最大の違反企業の一つとして名指しされてきた。一連の調査で、コートジボアールやパキスタンでは健康管理の専門家に粉ミルクのお試し版をタダで配ったり、マレーシアやメキシコでは若い母親向けに大幅な値引きをしたり、中国やガーナでは哺乳びんを使って新生児にミルクを飲ませるよう勧める大々的な宣伝をしたり、といった同社の実態が明らかになっている（Association for Rational Use of Medication in Pakistan 2001 a, b；IBFAN 2001）。ネスレは国際基準を一〇〇％守っていると主張するが、その主張は一九九九年にイギリス広告基準機関によって否定された（IBFAN 2001）。

ネスレの例が示すように、マーケティングは消費者の行動を、生活の最も根本的な部分から変えてしまいうる。ネスレの場合、消費行動の変化は貧困家庭に生まれた赤ちゃんの命に関わるようなものだった。効果的な宣伝とブランド化は消費パターン全体を変えてしまいうる。グローバリゼーションの象徴マクドナルドを例に取ってみよう。この一〇年の成長に次ぐ成長で、同社は今や世界一一七カ国に進出して毎日新たに五店をオープンし、全部で一万五千もの店を出している（Schlosser 2001）。北京からデリー、リオデジャネイロに至るまで、世界各地で同じマクドナルドの旗がはためき、同じ味を提供している。マーケティングの対象は食品にとどまらない。マクドナルドが途上国で売り込んでいるのは、アメリカのファーストフード業界の価値観であり、味覚であり、商売のやり方なのだ。今やそれは世界の隅々まで輸出されている。北京の小学生を調査したところ、ほぼ全員がマクドナルドおじさんの名前と姿を知っており、彼らの目には、「面白くて、優しくて、親切で、子どものことを分かってくれるおじさん」と映っていたという。しかし、マクドナルド流のファーストフード文化が人々の健康に及ぼす影響はそれほど「優しく」はない。同社が人々に勧めているのは脂肪分と塩分の多い食習慣である。それはアメリカ人の健康を大きく損なっており、子どもたちは今や野菜摂取量の四分の一をポテトチップから得、かからずにすむ病気の原因の第二位に肥満がランクされているのだ（第一位は喫煙）。宣伝が子どもたちに与える影響をEUで調べたところ、食品に関する宣伝の九〇％以上が砂糖、塩、脂肪分の多い食事を勧めるものだったという（Schlosser 2001）。

●マーケティングの悲劇——途上国におけるタバコの販売促進[†3]

「タバコは、その気になれば消費者の半分を死に至らしめることのできる唯一の商品である。」（WHO事務局長グロ・ハルレム・ブルントラント〔一九九八～二〇〇三在任。右は就任演説での言葉〕）

途上国の喫煙人口は、世界全体の四分の三近い八億人に達すると推計されている。喫煙者のまわりには何億、何十億という受動喫煙者がいて、タバコがらみの病気にかかるリスクにさらされている。喫煙常習者になる若者が世界で毎日八万～一〇万人いると見られているが、その約八〇％を途上国の若者が占めている。こうした数字の陰で、公衆衛生の静かな危機が日一日と深まっている。

危機的状況の全体像は十分理解されていない。人を死に至らしめる要因の中で阻止可能な最大の要因がタバコである。エイズ（HIV／AIDS）と並んで、天寿をまっとうできなくする最大の要因でもある。タバコで命を縮める人は今も増え続けており、特に途上国での増え方が激しい。先進国ではタバコの需要が頭打ちなのに対して、途上国では年三％の割合で増え続けている。アフリカでは年五％以上に上る。タバコが原因で死ぬ人のうち、途上国が占める割合は現時点では約半分の二〇〇万人だが、今の勢いでいくと二〇三〇年までには世界全体の四分の三近い七〇〇万人に達すると見られている（WHO 1999；World Bank 1999）。

タバコで死ぬ人の数を前にすると、紛争や病気で死ぬ人の数など取るに足らないものとさえ思える。中国では、喫煙で死ぬ人の数は一九九〇年に八〇万人だったが、二〇二〇年までには二〇〇万人に達し、喫煙を減らせなければ死因全体に占める割合が今後三〇年で倍増すると予測されている。サハラ以南のアフリカはもっとすごいことになるだろう。タバコで死ぬ人の数は、今のままいけば二〇年内に、エイズ、マラリア、妊娠が原因で死ぬ人を合わせた数に並ぶだろう。

そうした予測だけでも十分衝撃的だが、まだ問題の全体像を照らし出してはいない。喫煙は、冠状動脈系の心臓病や呼吸器系の疾患、肺病、肺ガンなど、長い闘病生活を強いる様々な病気を引き起こす。それは、特に貧困家庭に大きな打撃を与える。病気によって収入を失い、生産性が低下し、脆弱性が高まるからだ。生産の減少や医療費の増加など、社会全体に与える損害も計り知れない。

貧困と同様に、喫煙は避けることのできる病だ。貧困と違うのは、積極的かつ洗練された販売戦略によって蔓延させられている病だということだ。世界のタバコ市場は、BAT（ブリティッシュ・アメリカ・タバコ）、フィリップ・モリス、RJレイノルズの三社が支配していて、各社とも販売促進に多額の投資をしている。フィリップ・モリスだけを取っても一九九六年に三〇億ドル以上を宣伝広告に費やした。宣伝広告費の中でも途上国向けの割合が増えている。主な販売戦略には次のようなものがある。

■女性の喫煙者を増やす　途上国では男性の半数近くが喫煙するのに対して、女性の喫煙者は七％に過ぎない。タバコの広告ポスターは、特にアジアで女性をモデルに多用している。フィリップ・モリスは、「バージニアスリム」という若い女性に的を絞ったブランドを開発した。

■若者を狙う　タバコ会社は、若者の喫煙者を増やすことで将来の市場を開拓しようと多額の投資をしている。BATは、スリランカや中国でディスコ大会のスポンサーとなり、若い女性を使って一〇代の若者に無料サンプルを配らせている。皮肉なことに同社のタバコ「555」の広告は、「世の中のわずらわしさから自由になろう」とうたっている。RJレイノルズは、同社のタバコ「キャメル」を宣伝するにあたって、漫画の主人公「ラクダのジョー」を使うことで規制をうまくかいくぐった〔タバコ自体を表に出さずにキャメルのイメージを売り込んだ〕。同社の内部文書は、「最も若い層に食い込むのが大事で、若い成年喫煙者に狙いを絞る」とカツを入れている。

■新しい生活様式を売り込む　「アフリカの子どもたちは二つの夢を持っている。一つは天国に行くこと、もう一つはアメリカに行くことだ」とケニアの医師が書いたことがある。タバコ会社はタバコを〔子どもたちが夢見る〕アメリカの生活様式に結びつけようと力を入れており、中でも有名なのがマルボロである。

■密輸による販売促進　タバコ会社は、国境で課税されなければ自社製品を安く売ることができる。大手のタバコ会社数社に密輸の疑いがかかっている。中国や香港で摘発された密輸事件では、タバコ会社の幹部が有罪判決を受け、ＲＪレイノルズとＢＡＴはアメリカ商務省とイギリス貿易産業省の取り調べを受けた。

■中毒になるよう仕掛ける　ブラジル南部の農家は一九八〇年代の終わりから、遺伝子操作でニコチン含有量を倍増させたタバコを栽培している。その種を配っているのはソウサ・クルスというＢＡＴ系列のブラジルの会社である。一九九七年にアメリカ司法省は、その種を無許可で輸出したとしてＢＡＴ系列のアメリカの会社（ブラウン・アンド・ウィリアムソン）を刑事告訴した。この事件の法廷で、ＢＡＴ社内でタバコの葉をブレンドする部局の責任者が宣誓陳述し、遺伝子操作したタバコの葉をアジア・中東向けのタバコに混ぜていたことを認めた。証言を受けてアメリカ連邦当局は、同社がタバコに含まれるニコチンの量を意図的に操作していたと見て取り調べを開始した。が、それでも懲りないのか、その後同社は、タバコに砂糖とハチミツを混ぜていた疑いでＷＨＯの調査を受けた。ＷＨＯによると、砂糖やハチミツを混ぜたのは若者の喫煙者にもっとアピールする味を開発するためだったという。

タバコの販促活動を規制しようとする動きに対してタバコ会社は、科学者やロビイストたちに何百万ドルもの金を払って喫煙の害を示す証拠の信頼性をおとしめようと画策するなど、猛烈な反撃を繰り広げてきた。フィリップ・モリスの内部文書は、「タバコに反対する社会的、法的な動きに戦いを挑む」と記している。同社の「戦い」は一定の成果を上げ、セネガルやエクアドルで広告禁止措置の緩和に成功したことを誇っている。政府は、一般市民の健康や医療費といった長期的な利益よりも、税収という短期的な利益を優先するあまり、公益を守ることに及び腰になることがしばしばある。

しかし、それも変わろうとしている。ＷＨＯの最高意思決定機関である世界保健総会は一九九九年、「タバコ規制枠組み条約」の策定を求める決議を全会一致で採択した。現段階の条約草案は、喫煙防止プログラムの策定、タバコへの課税の強化、タバコの販売と使用の制限などをうたっている。しかし、宣伝広告の規制に関する条文はまだ弱く、力を持った利害集団がさらに骨抜きにしようと画策している。条約をめぐる交渉は二〇〇三年に終わると期待されている。これが、健康に対する二一世紀最大の脅威を回避する最後のチャンスかもしれない〔同条約は二〇〇三年五月に世界保健総会で採択された〕。

五　改革のための行動計画

一九九九年の世界経済フォーラム（ダボス会議）〔スイスのダボスで毎年開かれる国際会議。世界の政・財・官のトップが集まる〕で、国連のアナン事務総長は、「グローバルな企業市民」という概念を推奨した。そして、国際的に合意された基準を企業の行動指針として受け入れるようビジネス界に呼びかけて、「世界市場を人間的なものにする世界共通の価値や原則に基づいた『グローバル・コンパクト〔地球規模の契約という意味〕』」を提唱した。

世界が共有する価値はほかにも数多くある。ＩＬＯは一九九八年に、先進各国の強い支持を得て「労働における基本的原則および権利に関する宣言」を採択した。この宣言は、次の四つの労働基本権をうたっている。

①**結社の自由と団体交渉権**（ＩＬＯ条約八七、九八号）
②**平等な待遇と同一価値労働に対する同一賃金**（雇用と職業における差別の排除：ＩＬＯ条約一〇〇、一一一号）
③**最低労働年齢**（児童労働の実効的な廃止：ＩＬＯ条約一三八号）
④**あらゆる形態の強制労働の禁止**（ＩＬＯ条約二九、一〇五号）

ＯＥＣＤの「多国籍企業ガイドライン」は、より規範的な内容となっている。ＯＥＣＤ加盟全二九カ国と非加盟の四カ国が署名〔二〇〇五年末現在は加盟三〇カ国と非加盟九カ国が署名〕したこのガイドラインは、ＩＬＯ条約の中核をなす諸原則を押し立てるとともに、社会、経済、環境分野の様々な政策目標を盛り込んでいる。同ガイドラインが他と違うのは、世界の主だったＴＮＣが本拠を置く先進国政府が賛同している点である。しかも重要なことに、企業の行動を監視し、違反事案を調査する仕組みを持っている。

労働に関する世界共有の価値や規範の問題点は、政府やＴＮＣがそれらに反しても何のとがめも受けないことにある。ＩＬＯ条約が産業界や多くの政府にとって魅力的なのは、法的な拘束力がないからだ。国連事務総長が提唱する「グローバル・コンパクト」も同じ理由で魅力的と言える。労働問題の御目付役であるＩＬＯは、条約の順守状況について毎年二〇〇以上の報告書を出しているが、ＩＬＯから勧告を受けた政府は、古くからの伝統にのっとって無視を決め込んでいる。

現状を変えるには、労働者の権利は世界貿易に関わる問題だ、と認識するところから出発しなければならない。実際問題、労働者の権利は、投資の権利や知的財産権以上に世界貿易と関わりのある問題なのである。だからと言って、労働基準の向上のために先進国がＷＴＯを使って貿易制裁を発動するのが正当であるとか、労働問題に対する先進国のアプローチの根幹にある保護主義指向に対して途上国が不安を抱くのは不当であるとか言おうとしているわけではない。ここで言いたいのは、きれい事を並べて裏ではそれに反した行動を取るのではなく、世界共有の価値をきちんと法律にうたってそれを現実のものとする責任がすべての政府にある、ということである。

世界貿易が生み出す利益をより公正に分配するには、次のような行動が必要である。

■各国政府はＩＬＯ条約をはじめとする国際基準に合致した国内法を整備し執行する　すべての政府は、結社の自由と団体交渉権を法に規定するとともに、適正な社会保障を提供する義務がある。真に労働基準を高めるための基礎となるのは実効性のある国内法をおいてほかにない。

■輸出加工区における労働権を強化するとともに国際的な規範に合致させる　政府および投資家は、輸出加工区への規制は緩くするといった労働権に対する「二股」アプローチを放棄すべきである。

■ＷＴＯの貿易政策レビューで貿易ルールや貿易慣行が雇用基準に与える影響を報告する　レビューは、関税、非関税障壁、貿易協定などについて報告するだけでなく、貿易が雇用基準に与える影響についても報告する。また、ＩＬＯは雇用状況について報告する。

■ＩＬＯを強化する　貿易と労働にはつながりがあることを認識し、ＩＬＯに対してＷＴＯへのオブザーバー参加を認めるべきである。と同時に、国内法をＩＬＯ条約に合致させるための途上国政府の努力を支援できるよう、ＩＬＯの指南および能力強化の役割を強化すべきである。ＩＬＯの「グローバリゼーションの社会的側面に関する作業部会」は、輸出産業で働く女性労働者が置かれた状況を優先課題として調査すべきである。

■**各国政府は国連のもとに紛争地域の天然資源の生産・貿易・消費に関する国際議定書を策定する**　議定書が目指すのは、透明性、人権擁護、国家責任の向上である。また、輸出信用〔輸出（入）業者が輸出（入）のための資金を借り入れる際、公的金融機関が輸出業者の債務を保証すること〕の供与にあたっては紛争に与える影響の評価を義務づけるべきである。議定書には法的拘束力を持たせるべきである。

■**ＯＥＣＤの多国籍企業ガイドラインに沿ってＴＮＣは途上国の社会的・経済的発展を支援する積極的な行動を取る**　ＯＥＣＤ加盟国の政府は、同ガイドラインの適用を加盟国間で均一にすることによって、調査、監視、報告をより効果的にし、ＴＮＣの責任を追及できるようにすべきである。政府がＴＮＣと契約を結ぶかどうかを決めるにあたっては、ガイドラインを順守しているか否かを基準にすべきである。

■**ＯＥＣＤの同ガイドライン実施のためにＴＮＣは積極的な行動を取る**　ガイドラインはＴＮＣに人権擁護を義務づけているが、天然資源貿易が紛争を起こしたり悪化させたりする場合には、天然資源貿易にも人権擁護義務を適用すべきである。

■**企業（特に採掘型の企業）が紛争地域で操業する時は政府への支払いがすべて透明に行なわれるよう一致協力する**　これは、市民社会が政府の責任を追及できるようにするため、ならびにＯＥＣＤの汚職防止協定と腐敗防止ガイドラインの順守を確保するためである。

第8章　途上国の発展を阻害する世界貿易ルール

世界貿易のルールは重要な意味を持っている。貧困削減を可能にする環境も作り出せるし、不可能にする環境も作り出せるからだ。良いルールがそのまま自動的に人間開発にプラスに働くわけではないにしても、貧困層にとってプラスになる政策を後押しすることはできる。逆に、悪いルールはそうした政策を違法扱いしてしまう。WTOで定められたルールの多くは後者に属し、格差に満ちた世界貿易システムの中で、途上国と最貧層をさらに片隅へと追いやってしまう恐れがある。

WTOの権限は、貧困削減に死活的な重要性を持った公共政策の分野にまで拡大している。WTOの使命は、加盟国間の貿易関係のあり方を規定する共通の枠組みを提供すること以外の何ものでもない。しかし、WTOでの決めごとは、貿易にとどまらず他の重要な公共政策の分野にまで影響力を及ぼしている。問題なのは、多くのWTOの取り決めとその実施のあり方が、交渉力にたけた北の先進国政府や強力な超国籍企業（TNC）の意向に左右されていることである。分野によっては、私的利益の追求や途上国の先進国への服従という内実を覆い隠す煙幕のような役目さえWTOが果たしている。

トウモロコシの実を鳥から守るため布をかける女性（モーリタニアのロッソ町近郊で/撮影：Ami Vitale/Oxfam）

それは誰の利益にもならない。すべての国にとって利益になるのは、ルールに根ざしたシステムが安定をもたらす時であり、その最大の受益者となるのが途上国である。自己の要求を貫くだけの経済力や報復力を持たない途上国は、有効に機能する多国間システムを必要としている。しかし、多国間システムが機能するには、公正でバランスの取れたシステムであることが肝要だ。一部の裕福な先進国の手に力を集中させるのではなく、経済力の悪用から弱い国々を守る必要がある。にもかかわらず、多くの点でＷＴＯは落第だ。

本章では、落第点しか取れない多国間システムの三つの側面を検証する。まず最初に、「知的財産権の貿易関連側面に関する協定（ＴＲＩＰｓ）」を取り上げる。かつてアダム・スミスは政府に対して、交易を行なう者の本能に気を緩めることなく公共の利益が守られるよう、次のように警告した。「同業者というものは、親睦や気晴らしのためであれ、一堂に会することなど滅多にない。しかし、仲間うちで話し合って価格を吊り上げたり、公益に反する謀議をめぐらしたりする」と言うのだ。彼のこの言葉はまるでＴＲＩＰｓについて述べたかのようだ。ＴＲＩＰｓは、ＴＮＣが支配する技術や製品の価格を上昇させるような貿易ルールを作ろうと、企業が激しいロビー活動を繰り広げた結果生まれたものだ。その犠牲となるのは公共の利益であり、中でも途上国である。技術移転の費用が上昇し、技術格差が広がり、結果として所得格差も拡大するからだ。

公衆衛生の分野でＴＲＩＰｓは、必須医薬品の価格をいやが上にも上昇させることで人々の健康をもろに直撃するだけでなく、先進国と途上国の格差をさらに拡大する恐れがある。農業分野では貧困層の食糧安全保障を損なうことになろうし、貧しい農家が種子を保存したり、売ったり、交換したりする権利（それは彼らの生計だけでなく生物多様性にとって極めて重要）を脅かしてもいる。つまりＴＲＩＰｓは、少数の勝者（とりわけアメリカと各種業界）に莫大な利益をもたらす一方で、おびただしい数の敗者を生み出す仕組みなのである。その敗者が途上国に集中するのは言うまでもない。

次に、サービスに関するＷＴＯの取り決めを検証する。ここでいうサービスには、銀行業や保険業だけでなく、保健医療や教育などありとあらゆる経済活動が含まれる。サービスに関するＷＴＯの取り決めは、その根本からバランスを欠いていて、途上国が比較優位を持っているであろう分野（例えば労働）には目もくれず、先進国や強力なＴＮＣが提供するサービス（例えば銀行業や保険業）ばかり重視している。さらに、政府が貧困層に基本的なサービスを提供するのを制約しているかのように解釈できることも問題である。

本章の最後では、途上国政府が世界経済にうまく参入するのに必要な政策を策定する力をそぐことにＷＴＯのルールが利用されている実態を見る。東アジアの高成長国が最初のころ用いた政策のほとんどは、現在のＷＴＯルールのもとでは違法扱いされるだろう。現在のルールは、途上国政府が投資の質を高めたり、より付加価値の高い新しい貿易分野に参入したりするのを妨げているのだ。

一　知的財産権の貿易関連側面に関する協定（ＴＲＩＰｓ）

ＴＲＩＰｓは、ウルグアイ・ラウンドが生み出した最も革新的なルールの一つである。知的財産権を保護し実現するための最低基準を初めてグローバルに打ち立てたのだ。それには、特許権を最低二〇年認めることや、工業意匠、商標、著作権、その他の知的財産権を保護することなどが含まれている。新しいルールは、先進国だけでなく途上国も対象としている。一般の途上国は二〇〇五年までに、後発途上国は二〇一六年までにルールを完全実施するよう求められているのだ（Correa 2000）。

ＴＲＩＰｓは、貿易を専門とする弁護士にとっては正夢かもしれないが、それ以外のほとんどすべての人々にとっては悪夢の到来と言える。知的財産権に関する法律が極めて複雑で、協定文が水も漏らさぬほど緻密であることが、一般の人々がＴＲＩＰｓについて議論する上でとてつもなく高い障壁になっている。知的財産権に関する法律は途上国の発展にとって非常に大きな意味を持っている。本章は、知的財産権の中でも大きな論争を呼んでいる特許権に焦点を当てる。

知的財産権保護の基本原理はどちらかと言えば単純なものである。大ざっぱに言うと、知的財産権の保護が目指しているのは、技術革新を促すためのインセンティブ（誘因）の提供と社会への技術革新の普及という二つの社会的な利益をうまくバランスさせることである。保護が必要だという論理は「市場の失敗」から来ている（Maskus 2000）。研究開発によって技術革新を行なうのは大概高くつくが、真似するだけならば安い。新たな技術が市場に出たとたんに競争相手が真似するのを許すと、研究開発に投資する意欲を失わせ、技術革新が止まってしまうだろう。そうした事態を避け、技術革新への投資を促すために、技術革新を行なった者に新技術の排他的な販売権を一定期間与えて高い価格で売ることを認める、という論理なのである。

公益と私益のバランスは、一五世紀末にベネチア人が水に関する技術革新を奨励すべく特許権というものを導入して以来の難題である。ヨーロッパの絶対王政のもとで特許権は、一般市民を犠牲にして国王とその取り巻きを富ませる仕組みへとねじ曲げられていった（Ryan 1998）。特にイギリスでは、特許権システムがエリザベス一世とその後継者によってあまりにも堕落させられたため、議会は特許期間を抑制し、新しくかつ社会に恩恵をもたらす技術革新にだけ特許を認めるよう規定した法律（一六二四年の専売条例）の制定を余儀なくされた（Kaufer 1989）。WTOのルールは、まさにこの一六世紀のエリザベス朝の特許権システムを彷彿とさせる。

●TRIPsが生む「勝者と敗者」

個々の国が技術革新を奨励することに意味があるからといって、世界共通の普遍的な特許権システムを設けることがすべての国にとって有益であるとは限らない。発展段階が異なり、ニーズが異なる国々は、利害もまた異なっているからだ。どの程度知的財産権を保護するのが妥当なのかは発展段階によって異なってくる。特に最貧国は、知的財産権の厳格な保護が生起するコスト〔特許使用料など〕を負担できない。支払った特許使用料などが国内の技術革新者の手に渡るのではなく、先進国に流れ出ていく場合はなおさらだ。

技術革新の先頭を走る国は、知的財産権を保護することで他の国々が追いつくのを阻止しようとしてきた（Chang 2001）。最初に工業国となったイギリスは、新技術と熟練労働の流出を抑えようと、自国の特許権を尊重するよう他の欧米諸国に要求した。それは総じて失敗に終わったが、後発の工業国も同じようなことを試み、その試みもまた後を追う国々によって拒否された。第三代大統領ジェファソンが署名したアメリカ初の特許法は、外国人に特許権を認めないことを明記した。当時、技術の純輸入国だったアメリカは、産業の発展に必要な技術に対して余計な金を払いたくなかったのだ（Ryan 1998）。同国がごくわずかながらも外国人に特許権を認めるには、なお一〇〇年の歳月を要した。今は発展を遂げた他の先進国も、そのほとんどはアメリカと同様、発展途上にあった間は特許権を認めるのを拒否してきた。一九世紀のアメリカとドイツ、二〇世紀の日本、韓国、台湾は、輸入した技術を真似し、応用することで産業の基礎を築くことができたのだ。フランス、ドイツ、カナダ、日本といった先進国が特許権を体系的に保護するようになったのは、実に一九六〇年以降のことなのである（UNDP 2001 a）。

経済理論は、市場の失敗のために特許権の保護が必要になると説明するが、保護する期間や範囲については何も教えない。技術先進国に追いつきたい国々は、厳格な特許権保護のために輸入技術が高くなるのは願い下げで、安く模倣したいと考える。同じ基準を適用しても、保護すべき知的財産をほとんど持たない国は、技術輸出国に比べて得るものは少なく失うものは大きい。逆に知的財産の所有者は、それが広く社会の利益になるものであっても、可能な限り多くの金銭収入を得たいと考える。知的財産権の保護対象となりうる技術革新は、その圧倒的多数が先進国で生まれていることから、ＴＲＩＰｓは世界貿易のルールを先進国にとって決定的に有利なものにしている。

特許権に見られる格差

ＴＲＩＰｓは、一言で言えば、今日の世界経済で最も価値の高い資産である技術を支配する国や企業にとって、技術から得られる金銭的な見返りを増大させるものである。知的財産権の厳格な保護によって得られる排他的な販売権は、新技術の輸出者には高い収入を、その輸入者には高いコストをもたらす。

ＴＲＩＰｓによって潤うのは誰かを明らかにするのに、小難しい経済理論など必要ない。世界の特許の九七％を握るのは先進国であり、途上国が認める特許権のほとんどは外国企業のものである（UNDP 1999）。特許権を持つ最貧国の企業や個人など皆無に近い。一九九八年にアフリカ地域産業所有権機構（ＡＲＩＰＯ）が受け付けた特許申請のうち、アフリカ企業／人からの申請はわずか〇・〇二％だった（World Bank 2000 c）。〔中進国の〕メキシコでさえ、特許申請者のうち自国民／企業の割合は一％程度に過ぎない（World Bank 2002）。以上の例で分かるように、ＷＴＯのもとで特許権の保護を厳格にすれば、そのツケはほとんどが途上国に回るのだ。

先進国が特許技術を支配できるのは研究開発を支配しているからだ。研究開発の中心を担うＴＮＣは、新技術の市場でますます支配的な地位を築いている。途上国は世界の人口の八〇％を占めるにもかかわらず、世界の研究開発費のシェアは四％以下で、しかもそのほとんどが東アジアに集中している（Lall 2000 b）。それとは正反対に、次のような状況が見られる（United Nations 1999による）。

■先進工業国は世界の研究開発の九〇％以上を握っている。
■研究開発費を最も多く投じているのはアメリカで、世界の四〇％を占めている。
■研究開発はＴＮＣの手に握られている。アメリカでは上位五〇社が研究開発費の半分を占め、オランダでは上位四社が四分の三近くを占めている。

途上国は、知識をベースにした世界経済の端役に甘んじることで、すでに高い代償を払わされている。世界貿易への参入に技術力が必要となる度合いが高まるにつれて、途上国が先進国の特許保有者に払う特許使用料やライセンス料は一九八〇年代半ば以降急増している。九八年に途上国が技術移転の対価として払った特許料は約一五〇億ドルに達し、八〇年代半ばの七倍にもなった（United Nations 1999）。世界最大の特許技術創出国であるアメリカがその大部分を獲得している。九七年に同国が獲得した特許料は、一〇年前の五倍増の三三〇億ドルに達し、技術移転料の受け取りと支払いを相殺した額が巨額の黒字を記録した唯一の国となった。

ＴＲＩＰｓは新技術の輸入にともなうコスト負担の増大に輪をかけることになるだろう。世界銀行の委託で行なわれたシミュレーションによると、知的財産の貿易でかなりの利益を上げている六大先進工業国は、ＴＲＩＰｓによってさらに四〇〇億ドルも収入を増やし（World Bank 2002）、その約半分をアメリカ一国が獲得するという。すでに先進国が特許権を厳格に保護していることからして、増収分のほとんどは途上国の負担であると見て良いだろう。

シミュレーションが示唆する途上国の負担はとてつもなく大きなものだ。途上国が支払う技術ライセンス料は、ＴＲＩＰｓ成立前から急増していた（図8・1）が、ＴＲＩＰｓによって加速度的に増大することになるだろう（図8・2）。途上国がＴＮＣに支払うライセンス料は、現在の一五〇億ドルから四倍近くに増えるだろう。増加額はインドの一〇億ドル弱からメキシコの二〇億ドル強、中国の五〇億ドル以上まで幅があるが（World Bank 2002）、国際収支を大きく圧迫するだろう。インドやメキシコの場合、増加額は輸出収入の二～三％に達し、国際収支への悪影響は必須だ。国際収支が慢性的に赤字で、外貨準備が少なく、輸出収入が不安定な国、特にサハラ以南のアフリカ諸国にとって、ＴＲＩＰｓは技術発展を大きく阻害するものとなるだろう。技術が貿易にともなう富の分配に及ぼす影響力をますます強めている今、ＴＲＩＰｓは技術市場を先進国に一層有利なものにしようとしている。

長期的利益の幻想

ＷＴＯの擁護者たちは、途上国が直面する「今そこにある負担」を無視して、長期的には途上国にとって利益になると主張する。利益は様々な形を取ってやってくると言う。ＴＲＩＰｓは国内の技術革新を促す下地を作るとともに、途上国に投資するインセンティブをＴＮＣに提供すると言うのだ（Maskus 1997；Gould & Gruben 1996）。特許が保護され、技術盗用の心配がないと確信できれば、外国人投資家は安心して新技術を移転するようになるだろうと主張する者もいる。

図8.1　途上国が支払う技術ライセンス料

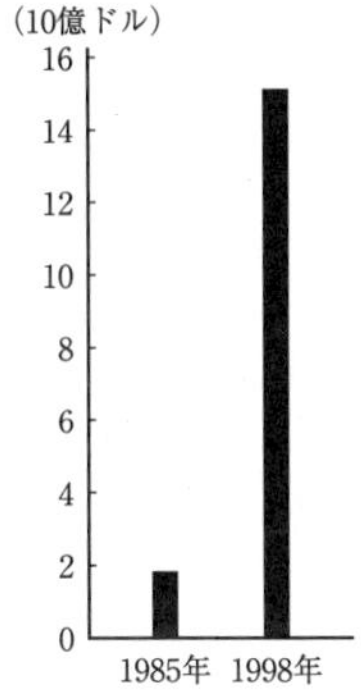

出典：UNIDO

図8.2　TRIPsの勝者：ウルグアイ・ラウンド後の年間特許料収入の増加額（推定値）

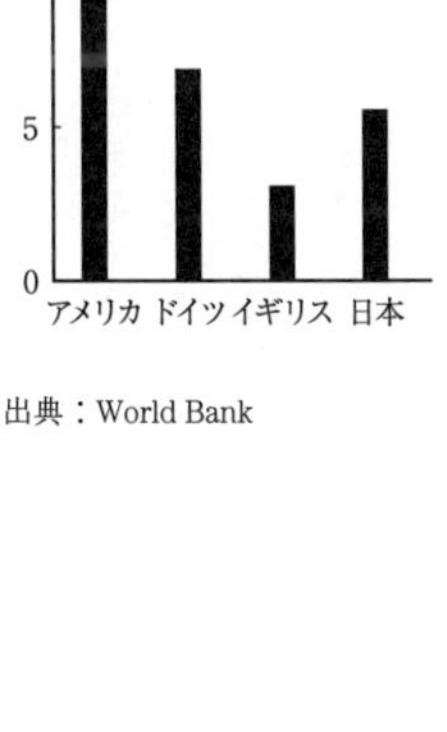

出典：World Bank

そうした主張を数値化するのはそもそも困難だ。生まれたばかりの協定が将来どのような結果をもたらすか予測するのは不可能だし、主張は希望と推測に満ちているからだ。一つだけ確かなことは、技術革新に特許を認めることが先進国をどれだけ潤そうと、途上国にもたらす利益はずっと少ないだろうということだ。大多数の途上国で技術革新を阻害している主因は、特許の保護が不十分なことにではなく、資金、インフラ、技能にあるからだ。保護を強化して輸入技術を真似する余地を狭めれば、さらに技術革新を阻害することになるだろう。

知的財産権を十分保護すれば、外国からの投資が増えるとも広く信じられているようだが、確実な証拠はない。中国、タイ、アルゼンチンなど、アメリカが知的財産権の重大な侵害国として頻繁に名指しする国々の多くでは、実はこの一〇年盛んに海外投資が行なわれているのだ。新しい投資は新しい技術を呼び込むという主張について言えば、現実はその逆を示している。第7章で見たように、外国企業は途上国内の系列会社の研究開発活動を縮小する傾向にあり、ブラジルのように特許の保護に比較的熱心な国でもそれは起きている。

特許の保護が活発な経済成長の呼び水になることで、途上国も他のすべての国とともに利益を享受する、という主張はどうだろう。問題は、経済成長の呼び水になるということの証明自体まだまだ不十分なことにある。先進国内ですら特許システムの悪用に対する懸念が広がっている。この一〇年の特許申請の急増は、企業による「ゴールドラッシュ」、つまり研究開発を支配することで市場を支配しようとする企業心理が背景にあると見る向きが多い。アメリカだけを取っても、特許申請件数は一九九〇年の倍の年三〇万件に達している。ＩＢＭなどは、毎日新たに一〇の特許を獲得している。同社は九〇年代後半に特許収入を三倍増の一五億ドルに伸ばし、全利益の五分の一を特許から上げるまでになっている（*Economist* 2000）。

特許は、技術革新を刺激し、革新に報いるために活用することもできれば、競争を制限するために悪用することもできる。最近ではありふれた企業行動となっている製品のマイナーチェンジや、アイデア段階の未成熟な技術にまで特許が認められるようになっている。全研究分野を独り占めしてしまおうという戦略的な目的のもとに、そうした手法が多用されている。それは、たくさんの構成要素がそれぞれ特許の対象となりうる複雑な技術分野では、とりわけ大きなダメージを与える。いくつかのセクターを調査した研究者は、特許によって経済成長や技術革新は、刺激されるよりも後退させられていると報告している（Kingston 2001）。

特許がもたらす長期的な費用と便益のバランスがどうであれ、中期的な結果についてはほとんど疑う余地がない。強大な企業が強力に繰り広げたロビー活動と、アメリカが途上国に浴びせかけた外交圧力の申し子であるＴＲＩＰｓは、首謀者たちに莫大な利益をもたらすだろうということである。そこでの敗者は途上国である。技術の入手にかかる費用の増大は技術格差を拡大させ、世界市場への参入によって途上国が得る利益を縮小させると思われるからだ。

特異なケース――薬と公衆衛生　クレディ・スイス・ファースト・ボストン投資銀行は、ウルグアイ・ラウンドを振り返って、ＴＲＩＰｓの「最大の受益者」は製薬業界だったと述べた（Oxfam 2001 f）。言葉を続けていたなら、「最大の敗者は医療費が増えて脆弱性が高まった途上国の貧困層だった」と述べていたかもしれない。途上国側が最後になってＴＲＩＰｓを受け入れたのは、貿易制裁の脅しを受けたのと、市場アクセスなど他の分野で譲歩が得られると（誤って）信じたからだった。今になって多くの途上国政府が、公衆衛生（人々の健康）にとってＴＲＩＰｓが脅威であることを認めている。

製薬業界はＴＲＩＰｓの勝者だっただけでなく、首謀者でもあった。ファイザー、メルク、デュポンといった製薬会社が知的財産権委員会を通じて当時のレーガン政権に働きかけ、ＴＲＩＰｓをＷＴＯの交渉テーブルに載せさせたのだ（Weissman 1996）。ファイザーのプラット前社長は、世界最強の政府と世界有数の業界団体の同盟関係について次のように書いている。「我々が力を合わせたことでグローバルな企業＝政府間ネットワークが構築され、それによってＴＲＩＰｓの礎を築くことができた」（Drahos & Braithwaite 2002 に引用）。そのネットワークは今も機能していて、特許権の行使から公衆衛生を守ろうとする途上国に、貿易制裁の脅しをかけている（Oxfam 2001 g）。

薬価への影響　…　一九九〇年代の初めまで、約五〇の途上国が薬を特許の対象から外したり、特許期間を短くしたり、特許権の行使を制限したりしていた（Lanjouw & Cockburn 2001）。ＴＲＩＰｓのもとでは、そうした特例措置は一切認められない。後発途上国は二〇一六年までに、それ以外の途上国は二〇〇五年までに新薬の特許権を保護するよう義務づけられているのだ。その年以降は、特許を得たすべての薬に対して知的財産権を認めて保護しなければならなくなる。すでに多くの途上国が、特許の保有者に排他的な販売権を認める法律を制定ずみか制定途中にある。

後発薬を売る少年（ハイチで／撮影：Toby Adamson / Oxfam）

ＴＲＩＰｓが実施に移されれば、途上国の薬市場には革命的な変化が起きるだろう。現在多くの途上国では、後発医薬品（ジェネリック医薬品）を製造する国内企業の製品か、輸入された後発薬が薬の大半を占めている。インドなど有力な後発医薬品会社を持つ国は、後発薬を作る力のないサハラ以南のアフリカなどに薬を提供している。後発医薬品会社というのは、ブランド品の薬や特許を取った薬の模造品を、もとの薬の何分の一という低価格で提供する会社のことである。後発医薬品会社の製品が市場に出回れば競争が起き、薬の価格は下がる。ＴＲＩＰｓは、特許権が消滅するまで後発薬が市場に出回るのを防ぎ、競争を起こさせないことで薬の価格を上昇させる。

ＴＲＩＰｓが薬価に与える影響がどの程度かは国によって違う。しかし、特許薬と後発薬の価格差が大きいことを考えると、影響は極めて大きいだろう。インドでは平均でも最低二六％、特許新薬であれば二〇〇〜三〇〇％も薬価が上がるという予測がある（Watal 1999, 2000）。

知的財産権の保護が薬価に与える影響をめぐって議論が集中・白熱したのがエイズ（ＨＩＶ／ＡＩＤＳ）治療薬だ。エイズ治療薬をめぐる議論は、薬価維持のために特許権を保護することの意味と、価格を下げる上で後発薬が果たす役割を明確にしたという点で示唆に富んでいる。先進国で抗ウイルス特許薬を三種併用した治療は、一九九九年時点で患者一人あたり年間一万〜一万五千ドルもかかったが、インドで後発薬を使えば一五〇〇ドルで済んだ

（Oxfam 2001 g）。今は二九五ドルにまで下がっている。タイでは、エイズが誘発する髄膜炎の治療薬の価格が、特許の消滅後は消滅前の一％以下に下がった。後発薬が薬価を下げたのはエイズ薬だけではない。インドの後発医薬品会社は、赤痢の抗感染薬として重要なシプロフロクサシンという後発薬を、パキスタンで売られている同一のブランド薬の一〇分の一の値段で市場に出している。バングラデシュの後発医薬品会社は、気管支炎の抗感染薬として有名なセプトラクソンという薬の大衆版を、同一のブランド薬の三分の一の値段で売っている。[†1]

途上国が特に懸念するのは、現在の治療薬に対する細菌の耐性が危険なレベルにまで高まって薬が効かなくなった時、次世代の治療薬の価格が特許によって跳ね上がってしまうことである。エイズに次いで世界第二の病死者を出している肺炎の場合、多くの国で使われている抗生物質が患者の最大七〇％に対して効かなくなっているという。下痢を起こす細菌では複数の治療薬に対する耐性が発達していて、年に最大二〇〇万人が命を落としているという（WHO 2000 a）。そうした病気に対して、先進国では研究の結果有効な薬が開発されているが、特許のせいで途上国の貧しい人々にはとても手が出ない価格になってしまう恐れがある。

家庭への影響　…　ＴＲＩＰｓによって薬の価格が少しでも上がることは、人々の健康、中でも貧困層の健康に重大な影響を及ぼす可能性がある。家庭で病気を治す力が失われ、死活的重要性を持つ薬を政府が提供する力も失われてしまう。特に女性は病気にかかりやすい立場に置かれ、家庭内の健康に目配りする第一義的な責任を負っていることから、薬価上昇のしわよせを一番受けることになるだろう。世界保健機関（ＷＨＯ）が言うように、貧困国の三人に一人が保健医療サービスを利用できないでいる状況を考えると、ＴＲＩＰｓは重大な脅威である。

貧困層にとって問題なのは薬価ではなく、薬そのものと保健医療サービスが欠けていることだと説く者も中にはいる（Bale 2001）が、その主張は根本から間違っている。貧困層が様々な理由から保健医療サービスを利用できないことは事実だが、薬価は貧困層にとって大きな意味を持っている。先進国と途上国の医療費制度の違いをざっと見ただけでもその理由が分かる。先進国では、病気になっても治療費のほとんどは公的な制度や本人が加入している民間の保険でまかなわれ、個人負担は少額で済む。アメリカやイギリスでの個人負担割合は全医療費の二〇％未満だ。それに対してタンザニアやベトナムでは、個人負担が八〇％近くに上っている（Filmer, Hammer, & Pratchett 1997）（図8・3）。

途上国の貧困層が病気になれば、治療費を負担するのは政府ではなく、本人というのが当たり前になっている。富裕層と比べると、職場の健康保険に入ったり、政府の補助で安価な保健医療サービスを受けられたりする可能性は低い（WHO 2000 b）。貧困家庭の医療費の大部分を占めるのは薬代で、五〇％から九〇％に上る（WHO 1998）。図8・4に示したブルキナファソのケースは決して例外ではない。これでも薬価は関係ないと言うのだろうか。

人口の大部分が貧困ライン以下の生活をしている国では、薬価のわずかな上昇がとんでもない結果を招きうる。オックスファムがウガンダの農村部二カ所、都市部一カ所で調査したところ、貧困家庭が直近の病気を治すのに使った治療費は一度病気にかかっただけで、家庭の収入や資産の相当部分を治療に費やさねばならないこともある。オックスファ月収の最大三分の一に達していた。人口の約四分の三が一日一ドル以下の生活を送っているザンビア東部の州では、雨季に子どもが肺炎にかかって死ぬことも多い。肺炎を治すには、普通の薬では耐性ができているため抗生物質を使わなければならず、薬代に七ドルもかかると貧困家庭の母親は訴えた。オックスファムの聞き取り調査に対してある医師は、「そんな高い薬を処方するのは死亡宣告書を書くようなものだ。貧しい家庭がそんなに払えないのは分かっているし、払えなければどうなるかも分かっている」と語った。

他の多くの国で行なわれた調査も、貧困家庭にとっては薬を買うお金がないことが大問題であることをすべからく物語っている。最初から医者や薬局に行くのをあきらめたり、行ってもずっと後になってからだったり、薬を買って飲むにしても中途半端に終わったりすることもある。病魔に襲われた貧困家庭は、薬を買うためになけなしの資産を売り払ったり、借金したりせざるを得ない。[†2] 家族の面倒を見る立場にある女性にとっては一大事だ。病気という緊急事態に対処し、高い薬代を何とかするために、長時間看病したり、生活費を切り詰めたり、小銭稼ぎの労働をしたりしなければならないからだ。薬価のわずかな上昇が貧困層の健康に深刻な影響を及ぼすとはそういうことなのだ。ＴＲＩＰｓによって見込まれる薬価の上昇は、病気への抵抗力が最も弱い人々の多くを適切な治療から遠ざけずにはおかないだろう。

政府支出への影響：　貧困家庭と同様、途上国政府も国民の健康問題に対処する上で大変な資金難に直面している。世界的に見ると、保健医療分野への政府支出と国民の健康ニーズは反比例の関係にある。かかる必要のない病気にかかって天寿をまっとうできない人口が圧倒的に多い低所得国では、保健医療分野への一人あたりの政府支出額が年五～七ドルに過ぎない（先進国は一六〇〇ドル）（WHO 1998）。そのうち薬代が占める割合は高く、二〇％を超えることもよくある。もっとも、割合が高いとは言え、金額にすればアフリカや南アジア諸国の大部分では一人あたり〇・五ドルにしかならない。

　そうした状況にあって、ＴＲＩＰｓが引き起こすであろう薬価の上昇は、ただでさえ逼迫した保健医療分野の政府予算をさらに圧迫しよう。例えばコロンビアの場合、ＴＲＩＰｓによって政府の保健医療分野への支出は二〇％増えると予想される。コロンビアには、職場の健康保険では十分カバーされない人々を対象に、政府が補助金を出して全国連帯保証基金という福利厚生

図8.3　医療費に占める個人負担割合

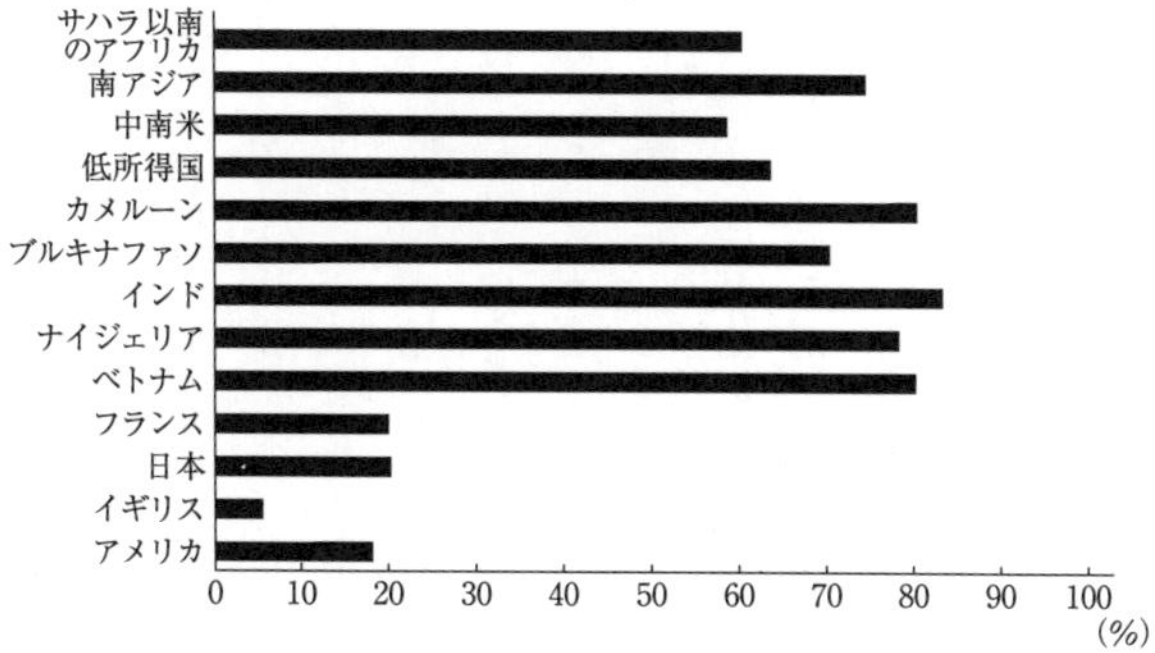

図8.4　医療費に占める薬代の割合
（ブルキナファソ、1995年）

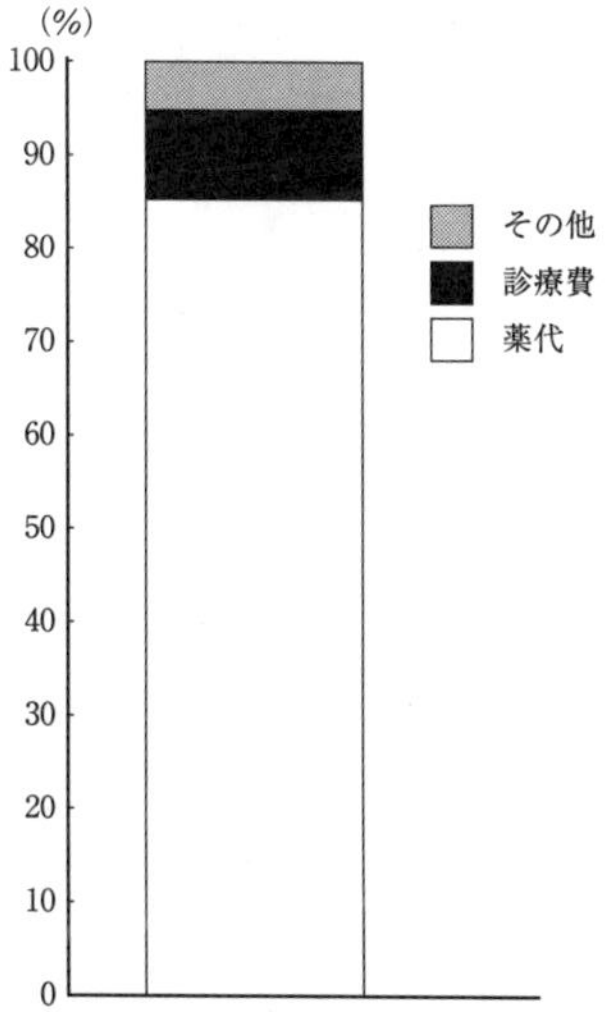

出典：図8.3、8.4とも WHO

システムを設けているが、基金の加入者九〇〇万人にとって死活的に重要な薬を政府が提供し続けられるかどうかはＴＲＩＰｓが大きく左右するだろう。

不十分な保護条項…ＴＲＩＰｓをめぐる交渉では、特許権の乱用から公衆衛生を守るための暫定的な保護条項（セーフガード）がいくつか協定に盛り込まれた。ＴＲＩＰｓの第八条は、協定に適合する限り、「加盟国は公衆の健康を守るために必要な措置を取ることができる」と定めている。そうした保護条項の一つに第三一条で認められた「特許強制実施」（強制的なライセンス生産のこと）がある。もう一つは「並行輸入」である。並行輸入というのは、特許の保有者が他国での市場価格より高い価格で薬を販売している場合には、政府が他国から輸入するのを認めるというものである。しかし、並行輸入が認められるのはあくまでも特許に基づいて生産されている薬だけで、後発薬は輸入できない。

保護条項の実施をめぐって論争が起きているのは、協定文に何が書かれていようと、協定の精神がすでに踏みにじられているからだ。協定に盛り込まれた保護条項の精神と現実との間のギャップをよく示しているのが南アフリカのケースだ。一九九七年一一月、公衆の健康を守ろうと南アフリカ政府は並行輸入を法制化した。その目的は、四五〇万人に上る同国のエイズ患者の手が届く価格の薬を提供することにあった。法律ができるやいなや、三九の製薬会社がＷＴＯの原則を破ったとして提訴した。それに対してオックスファムや「国境なき医師団」〔一九七一年にフランスで設立された、医療援助活動を中心に行なうＮＧＯ〕、「治療行動キャンペーン」〔南アフリカにおけるエイズ治療・政策提言活動を行なうＮＧＯ。一九九八年設立〕などが一丸となって国際的な抗議キャンペーンを繰り広げた結果、製薬会社は提訴を取り下げた。それにしても、エイズによって五〇万人の子どもが孤児になり、毎日三〇〇人以上が死亡し、エイズに感染した新生児が毎年五万人も生まれる国で薬価を引き上げればどれだけの人命を奪うことになるかを考えた時、ＴＲＩＰｓとは一体何なのかという根源的な問いを発せざるを得ない。

南アフリカに続いて再び公衆の健康に弓を引く事件が起きたが、最後にはより劇的な政策転換をもって幕を閉じた。二〇〇一年三月ブラジル政府は、エイズ薬を生産するロシュ社とメルク社が価格の引き下げに応じないならば、重要なエイズ薬二種の生産を国内の製薬会社に認める〔＝特許強制実施〕と発表した。その二種類の薬の購入にブラジル政府はエイズ対策予算の三分の一も費やしていたからだった。国内の製薬会社は半分以下の値段で生産する力を持っていた。最終的に二社は価格の引き下げに応じたが、その過程でアメリカ政府は、ブラジル政府には公衆の健康を理由に特許権を無視する権利はないとしてＷＴＯに提訴した（Oxfam 2001 h）。しかし、再び起きた国際的な抗議の嵐の前にアメリカ政府は政策転換を迫られ、提訴を取り下げざるを得なかった。

南アフリカとブラジルの事件は有名になったが、それほど大きく報道されてはいないものの、社会的な責任感を欠いた同様の圧力にさらされた国はほかにもある。アメリカ通商代表部（ＵＳＴＲ）は、アメリカ企業の特許権行使を認めていないと見なした国に対して、包括通商法「スーパー三〇一条」を使って一方的に貿易制裁を発動するという脅しをかけた。その中にはインド、エジプト、アルゼンチン、ドミニカ共和国などが入っていた。アメリカがそうした行動に出たのは、ファイザー、メルク、ブリストルマイヤーズ・スクイッブといった、そうそうたる製薬会社が名を連ねる「アメリカ薬学研究・製薬会社連盟」が苦情を申し立てたからだった（Oxfam 2001 *g*）。脅された国は、特許強制実施と並行輸入を行なうことを法に定めた国だった。この一件は、ＴＲＩＰｓの実施にあたって大企業が不当な影響力を行使し続けていることを雄弁に物語っている。

ＴＲＩＰｓプラス──富裕層のためのルール　先進国は、途上国に対して適用する基準とは別の基準を自国内で使ってきた。そうした二重基準はＴＲＩＰｓの正当性に疑問を投げかけるだけでなく、ＷＴＯの信頼性をも疑わしいものにしている。

二〇〇一年にアメリカ政府は、テロリストが一般市民を対象に炭疽菌を使った攻撃を仕掛けてきたのに対応するため、炭疽菌に最もよく効く薬を製造していたバイエル社に対して、価格を引き下げなければ同社の特許権を認めないという方針を明らかにした（Fushrum & Winslow 2001）。カナダ政府はさらに踏み込んで、国家非常事態を宣言して国内の製薬会社に薬をライセンス生産させる、と同社に脅しをかけた（*Financial Times* 2001）。それらはまさに、南アフリカ、ブラジル、ケニア、インドの政府が権利として主張してきたことだった。つまり、特許保有者の私益よりも公衆の健康という公益を優先する権利である（*Economist* 2001 b）。確かにカナダと違って途上国のほとんどは、必要な薬を自国内で生産するだけの力を持っていない。問題なのは、生産能力のない国に他国が後発薬を供給することがＴＲＩＰｓによって制約されるとの解釈が取られてきたことだ。

ＷＴＯのもとでの保護条項はもともと不十分なものである上に、ＷＴＯの枠組みの外にある地域協定や二国間協定に盛り込まれた「ＴＲＩＰｓプラス」という、知的財産権をもっと強力に保護する内容を含んだ条文によって一層弱められている。例えば北米自由貿易協定（ＮＡＦＴＡ）には、ＴＲＩＰｓの第七条や八条のような、特許権よりも公衆の健康を優先する条項がまったくない。アメリカとヨルダンの間で結ばれた二国間協定も、企業の独占的な行動に対抗すべく特許強制実施に訴える権利を弱めている。協定を結んだ結果、ヨルダンの法律にあった、特許保有者は公衆の健康にとって欠かせない薬を「大量かつ妥当な価格で」供給しなければならないという条項は削除されてしまった。二国間協定内の表現がずっと弱められたことで、ヨルダン政府が強制実施に訴えることは難しくなり、逆に製薬会社は政府を訴えやすくなるだろう（Drahos 2001）。

ＷＴＯと並行してＴＲＩＰｓを強化する「ＴＲＩＰｓプラス」は重大な意味を持っている。ＷＴＯのルールは、加盟国が貿易相手国によって特別扱いするのを禁じている。と言うことは、ある国との二国間協定に盛り込んだ基準は他のすべての国に適用しなければならないのだ。したがって、ＷＴＯのルールがもたらす影響の全体像が明らかになる前に、途上国はＷＴＯのルールをはるかに超えた基準を守るよう迫られているのである。

空虚な約束…これまで、ＴＲＩＰｓは短期的には貧困国／貧困層に負担増を強いるかもしれないが、長期的には利益をもたらす、と喧伝されてきた。そしてその利益は、製薬会社に新薬を開発するインセンティブを与えることによってもたらされるという。さらに製薬会社や先進国政府は、特許を保護することで、貧困層がかかる病気の研究も進むだろうと主張する。そうした研究が緊要であることは言うまでもない。途上国は世界の病気の八〇％以上を背負っているにもかかわらず、研究開発費のシェアは一〇％未満（アフリカは二％未満）だ。子どもの三大死因であり、世界の病気の二割を占める肺炎、下痢、結核を克服するための研究開発費は、全体の一〇％未満である

（Gwatkin & Guillot 1999）。研究開発の遅れによって新薬の供給も遅れている。一九九七年までの二〇年間に市場に出た一二三三の新薬のうち、熱帯地方の病気を治す新薬はわずか一三しかなかった（Pecoul et al. 1999）。

問題は、特許の保護を強めても現状が改善されるとは思えず、後発医薬品会社が独自の研究開発を行なうインセンティブになるとも思えないことにある（Oxfam 2001 f）。新薬を市場に出すまでにかかる研究開発費は五億ドルに上ると推計され、どんなに大きな後発医薬品会社であってもとても手の届く額ではない。そうした中で特許権を強化することは、後発医薬品会社を閉鎖に追い込むか（特許薬を真似して作った後発薬の販売が認められないため）、グローバルな大手製薬会社との提携に追い込むかのどちらかになるだろう。ＴＲＩＰｓによって大手製薬会社は、貧困層がかかる病気を治す薬の開発に関心を持つようになるだろうという主張は、良くて希望的観測、悪ければただの夢物語に過ぎない。貧しい国の人々の購買力が極めて限られていることを考えれば、彼らを対象とした研究開発を進める気など製薬会社に起きそうもない。豊かな先進国の消費者は、花粉症治療薬のクラリティンに年二二億ドル以上も費やしている。その額は、サハラ以南のアフリカで人々が一年に費やす薬代全部を足した額よりも多い。貧しい人々を死に至らしめる病気の治療薬を開発するよりも、先進国の豊かな人々の軽いアレルギーを治す薬を開発する方がずっと儲かるのだ。他の市場と同じく製薬市場でも、人々のニーズが最も高い分野よりも、購買力のある消費者の需要が高い分野へと投資は向かうのである。

途上国の病気と闘うのに必要な薬を開発・提供する上で製薬会社は重要な役割を果たしうるが、ＴＲＩＰｓはそれにブレーキをかけてしまう。ＷＨＯの「マクロ経済と健康に関する委員会」が報告したように、新薬開発への投資に地球規模の大きなギャップが生じている問題を正すには、援助の増額や官民パートナーシップの推進といった国際的な一大努力を欠かすことはできない（Commission on Macroeconomics and Health 2001）。

特許の保護を強化することが研究開発や将来の薬の供給にとって重要である、という製薬会社の主張は疑ってかかる必要がある。製薬業界が他の業界よりも特許に大きく依存しているのは疑問の余地がない。新薬の研究開発が高くつくのに対し、特許薬を真似した後発薬はたいていの場合非常に安く作れるからだ。特許薬と後発薬の価格差は非常に大きい。特許を持つか持たないかは、製薬会社に対する投資家の判断にも密接に関わってくる。二〇〇〇年八月にアメリカの製薬会社エリ・リリーは、ベストセラーの抗うつ剤プロザックの特許期間を六カ月延長するよう求めていた裁判に負けた。すると、何日もしないうちに同社の株価が三分の一も下落し、資本は三八〇億ドルも目減りしてしまった（*Economist* 2000）。

製薬会社が問題視されるのは、特許システムの欠陥をつくのが非常にうまいからでもある。特許期間が終わりに近づいた薬の成分を微妙に変えるなどの手練手管を尽くして特許期間の延長を勝ち取り、市場への新規参入を妨げて高い価格を維持してきたのだ。時には後発医薬品会社と取り引きすることもある。アメリカ連邦取引委員会は、大手製薬会社数社が低価格の後発薬を市場から不法に締め出しているという訴えを受けて、二〇〇一年に大がかりな調査を開始した（Spiegel 2001）。

特許当局が怪しげな申請を安易に認めてしまうのもう一つの問題だ。二〇〇〇年四月にグラクソ・スミスクライン社は、一九八一年に初めて特許を取得した強力な抗生物質オーグメンチンについて、一五年の期間延長を勝ち取った。薬の成分の一つに対する特許が切れる前に、七〇年代に発見していたもう一つの成分について「サブマリーン特許〔公表せずに潜水艦のように水面下に隠れていてある日突然浮上してくる特許〕」を勝ち取ることで独占的権利の延命に成功したのだ。「一粒で二度おいしい（一回の研究開発で二つの特許を取る）」をやってのけたわけだ（Pilling & Wolfe 2000）。それは、途上国には縁もゆかりもない問題のように思われるかもしれない。しかし、強力な製薬会社が特許期間を延長できれば、死活的な重要性を持つ薬の価格をずっと高止まりさせ、途上国の人々の健康を害する効果を持ちうるのだ。

貧困問題と世界貿易への影響：ＴＲＩＰｓを薬に適用することによって真っ先に影響をこうむるのは途上国の一般家庭だろう。途上国では、毎年一四〇〇万人ないし毎日三万人もの人々が感染症によって命を落としている。その大半が貧しい人々で、半数が子どもだ（UNICEF 2000）。ＷＴＯは、貧困層のニーズの充足よりも力を持った製薬会社の利益を優先するよう設計されたシステムを押しつけることによって、死者数に示されるような人々の危機的健康状態を何とかしようとする努力に待ったをかけているのだ。

影響は家庭レベルを超えて、全国レベル、さらには国際レベルに及ぶだろう。貧しい人々は肉体労働によって生計を立てている割合が圧倒的に高く、いざ病気となった時に頼れる財産も限られているため、病気から受ける打撃は豊かな者よりずっと大きい。ＴＲＩＰｓは貧困層の医療費を押し上げることによって、市場の機会を活かそうとする貧しい人々の力を一層そぐことになるだろう。

影響は経済全体に広がっていくだろう。病気は人々の収入を減少させ、経済成長を鈍らせる。健康は生産性の土台を成しており、どんな生計を営むのにも、学校で学ぶのにも不可欠である。国民経済にとって健康は、発展のための一大要素だ。家庭にとって健康は、貿易がもたらす機会を人々が活用して市場に参加できるかどうかに大きく関わってくる。女性への影響は特に大きい。女性は病気への抵抗力が弱く、家族が病気になった時には何時間も看病するという二重のハンディキャップを負っているからだ。

バイオテクノロジー、特許、食糧安全保障

「私たち零細農家が生き延びていくには、種《たね》が命だから大事にしないとね。でも、ＴＲＩＰｓとやらのせいで、今じゃ種を取っておいたり、交換したり、売ったりしちゃいけないんだとか。種を分けあったり、子孫に伝えていっちゃいけないなんて、命を奪われるようなもんだ。どこの誰だか知らないが、急にやってきて、種は自分のものだなんて何で言えるんだい。」（レオポルド・ギラランさん、フィリピン・ネグロス島の稲作農民）

二一世紀が幕を開けた今、生命に関する科学が私たちの住む世界を一変させようとしている。ＤＮＡの神秘が解き明かされたことで、医療、産業、農業が進歩する機会が広がった。遺伝子を解読し操作する力は、賢く使うことができれば人類に大きな恩恵をもたらすだろうが、科学の革命的進歩は人類にとって脅威ともなりうるのだ。

バイオテクノロジー（生命工学）や品種改良に関わる産業の主要な原料となる生物学的遺伝資源は、農村部の貧困層の生計にとっても、家庭から国家レベルまでの食糧安全保障にとっても重要な基盤となっている。フィリピンの小農が言うように、知的財産権を植物や遺伝資源に適用することは食糧安全保障を崩壊させかねない。世界の貧困層の四分の三が農村部に住んでいることを考えれば、農業を営むための種やその他の投入財のコストを引き上げ

る動きは破壊的な力を持ちうる。農家が翌年の栽培に必要な種を取っておく権利を制限することも同じだ。

●TRIPsとその先

TRIPsを種子や植物に適用しようとする際の基本原則は、知的財産権全般に対するのと同様に、比較的単純明快である。が、実施する段になると、TRIPsをどのように適用すべきかの解釈をめぐって深刻な問題が生じてくる。TRIPsは、加盟国が特許権やその国固有の仕組み（例えば育成者の権利）を使って植物種を保護するよう義務づけている。TRIPsはまた、微生物や微生物学的なプロセスをすべて特許の対象とするよう義務づけている。[†3]微生物学的なプロセスが動植物の生産や改良に使われた場合は、その動植物そのものも特許の対象となりうる。特にアメリカとEUは、WTOのルールが動植物に対する特許の保護を認めていると解釈している。

生物学的な海賊行為（バイオパイラシー）…どこの国から採取してきた遺伝資源であっても、欧米で特許が認められればその資源が生み出す経済価値を実効支配できるということが誘因となって、企業はお金になりそうな薬や種の材料になる遺伝資源を探し回っている。全世界の生物学的資源の九〇％が途上国に存在すると見られていることから、当然途上国が狙われることになる。そこで、「生物学的な海賊行為《バイオパイラシー》」の懸念が生じてくる。途上国の農家ならとうの昔から知っていたような生産物や方法が、欧米で特許として認められてしまうのだ（Mayne 2002）。有名になった例としては、アメリカの企業がメキシコ原産の黄色い豆に社長の妻のエノラという名を冠して特許を取得した例や、インドとパキスタンが原産地で香りが良いことで有名なバスマティ米の数品種について特許を取得した例、トウモロコシの遺伝子の特許を取った例などがある（GRAIN 1998）。また、インドの農家なら何百年も前から知っていたニーム（インドセンダン）の木から薬となる成分を抽出するプロセスを、ヨーロッパ企業が特許として取得した例がある（UNDP 2001 a）。

以上の例から明らかなように、他国の公有地や農地や村から取ってきた資源に対して特許を認めるということは、その地に先祖代々伝わってきた共有知識から得られる利益を私物化して良い、と見なすことなのだ。地域の人々の知識は、西洋の実験室で記録されたものではなく、口述伝承されてきたという理由だけで報われないのだ。地域共同体の権利が尊重され、得られた利益が地域共同体と共有されるならば、ＴＲＩＰｓが生み出す不公平を多少は正せるかもしれない。国連の試算では、薬になる植物だけに限っても、途上国の地域共同体によって開発された遺伝資源に先進国が特許を認め、その結果得られた利益に対して二%の使用料を課せば、五〇億ドル以上になるという（UNDP 2001 a）。ＴＲＩＰｓは民間企業の投資を保護する仕組みであり、それに対して国連の生物多様性条約（ＣＢＤ）も有効に対応できていない。問題は地域共同体に報いる枠組みがないことだ。

種子の支配権　零細農家にとって特許の最大の脅威は、種を取っておいたり、交換したり、売ったりする権利が制限されることである。そもそも特許は、他者によるそうした行為を阻止するためのものだからだ。問題は、途上国の食糧安全保障や生物多様性の保護にとって、種子への支配権が不可欠なことだ。支配できなければ、種子や薬草といった土着の遺伝資源を伝統的に守ってきた女性たちに極めて大きな影響を及ぼす。

ＴＲＩＰｓは、人々の利益を守るために途上国がその国固有の保護措置を取ることを認めている、と先進国政府は主張する。それは、ひいき目に見ても真実の半分しか述べていない。確かに途上国は植物種を保護する独自の法律を作ることができるとされているが、それには「育成者の権利をきちんと守る限り」という条件が付いている。また原則的には、途上国が育成者の権利保護の期間を短くしたり、地元の人々も裨益できるような仕組みを導入したり、特定の植物種を除外したりできることになっているが、それは見せかけだけのように思われる。

アメリカ、ＥＵ、それに産業界は、途上国に対して「植物の新品種の保護に関する国際条約（フランス語の頭文字を取ってＵＰＯＶと略称される）」に規定された育成者の権利を国内法に盛り込むよう圧力をかけている。この条約は何度か改正されてきた。一九七八年に改正された時はまだ、農家が種を取っておいて独自に品種改良する権利を認めていた。しかし、「ＵＰＯＶ１９９１」と呼ばれる新規定がそれに取って替わった。通常の特許法より緩やかであるにせよ、ＵＰＯＶ１９９１は新品種に二〇年間の排他的権利を認めるよう締約国に義務づけており、農家の権利は各国政府の裁量に任せている。条約の運用にあたってアメリカとＥＵは、ＵＰＯＶ１９９１に基づいて育成者に特許権を与えるよう圧力をかけている。

　そうした背景に照らすと、ＵＰＯＶによって企業が農家への種子の提供を支配することになるという危惧が現実味を帯びてくる。それは遠い将来の話ではない。すでに特許という企業の魔手が種子を捕らえ始めている。イギリスのＮＧＯアクション・エイド〔提言活動にも熱心な国際協力団体。一九七二年設立〕によると、世界の食糧の四分の三を占める五大主食作物に対してすでに九〇〇以上の特許が認められており、その半分近くをたった四社のＴＮＣが握っているのだ（ActionAid 1999）。特許を認めているのはほとんどが先進国だ。したがって、特許の保護を一層強化すれば、企業は途上国に対して一層強く権利を主張する恐れがある。

ＴＲＩＰｓプラスの植物への適用：植物に対する知的財産権を強化する動きがＷＴＯの外で起きている。先に公衆衛生分野で見た「ＴＲＩＰｓプラス」を植物の分野にも持ち込んで、地域協定や二国間協定に盛り込むのが当たり前になってきているのだ。ＴＲＩＰｓ強化の飽くなき追求を象徴するのがＮＡＦＴＡだ。ＮＡＦＴＡは、メキシコに対してＵＰＯＶ１９９１を実効性あるものとするよう義務づけるとともに、特許の対象から除外できる植物、動物、生物学的プロセスの幅を狭めた。ＥＵも、メキシコとの自由貿易協定（ＦＴＡ）の締結交渉でＮＡＦＴＡの規定を持ち出した。締結された協定の第一二条は、両者がＵＰＯＶ１９９１を含む知的財産権を「最高水準」で保護することを義務づけている。北米、中南米、カリブ海地域を覆う「米州自由貿易地域（ＦＴＡＡ）」構想を提唱するアメリカは、ＮＡＦＴＡの規定を全域に広げようと画策している。

　二国間協定でも事情は同じだ。アメリカは二〇〇〇～〇一年にベトナム、ヨルダン、ニカラグアの各国と投資に関する協定を交渉した際、ＵＰＯＶ１９９１の順守を求め、特にヨルダンに対しては一年以内の順守を要求した。ヨルダンとの二国間協定は、チリや他の国々との二国間協定の下敷きとして使われている（Drahos 2001）。以上のことは、ＷＴＯのもとで結ばれたＴＲＩＰｓがもはや〔それ以上厳しいものはないという〕最高レベルではなく、今では〔それ以上緩いものはないという〕最低線となっていることを物語っている。ＴＲＩＰｓより少しずつ条件を厳しくした多数の地域協定や二国間協定を積み上げることで、グローバルに見た知的財産権の保護は時を追って強化され、厳格化されているのだ。

バイオテクノロジー革命とＴＲＩＰｓ

種子や植物に対する知的財産権を強化する動きは大論争を巻き起こした。企業側は、特許の保護を強化することによって、バイオテクノロジー革命がもたらす利益を社会に行きわたらせることができると主張する。それが本当なら、遺伝子操作の安全性は別にしても、ＴＲＩＰｓの正当性が説得力を持ってこよう。害虫や旱魃《かんばつ》に強い品種が開発されれば途上国に大きな利益をもたらすだろうし、貧しい農家に新品種を提供できるだけのインフラを持った途上国ならばなおさらだ。しかし、企業側の主張を裏づけるものとして出された証拠のほとんどは、私的利益の追求を覆い隠す煙幕でしかなかった。

農民は、新石器時代の昔から良質な品種を掛け合わせたり、繁殖させたりしながら主食農産物や家畜の遺伝子を操作してきた。小麦、大麦、トウモロコシといった作物や、牛、ヤギなどの家畜は、そうした選択的な品種改良によって先祖とは違うものになった。が、それとバイオテクノロジーは違う。特定の遺伝子情報を見つけて良い品種を速く、狙い通りに作り出せるだけでなく、自然界では交配できないほど遠くかけ離れた種の間でも遺伝子を組み換えられるからだ。

まだ証明されてはいないものの、生産性を向上させる潜在可能性は、技術的には非常に大きいものに見える。科学者たちは、以前は不可能だった方法を用いて新たに遺伝子を加えたり、植物の遺伝子情報（ゲノム）を書き換えたりして、害虫や病気に強い品種を作り出すことができる。それによって、生産の増大、害虫への耐性の向上、殺虫剤や肥料の使用量の削減、栄養の改善（ミネラルやビタミン含有量の増強などを通して）、病気の抑制といった効果が期待できる（National Research Council 2000）。

綿花につくワタキロバガという虫は殺虫剤などへの耐性を強めている。中国でそのワタキロバガを抑制するＢｔ毒素を組み込んだ綿を栽培している農家を調査したところ、遺伝子組み換えが行なわれたその綿花は、殺虫剤を撒く必要が大幅に減っても生産量が変わらず、経済、環境の両面で大きな成果を上げていたという（Pray et al. 2000）。ビタミンＡの欠乏によって世界で約二億三〇〇〇万人の子どもが失明や呼吸器感染症の危機にあるが、ビタミンＡのもとになるベータカロチンを遺伝子操作で組み込んだコメが出てきている。遺伝子操作されたコメは「金の米」

と呼ばれているが、額面通り行けば栄養改善の一つの手段となりそうである。

遺伝子組み換えがもたらす結果をめぐる科学的な擁護論と反対論は枚挙のいとまがない。反論する人々は、遺伝子操作はまだ揺籃《ようらん》期にあり、生物体内の遺伝子は変異し、増殖し、他の生物体と交配するものであって、遺伝子を組み換えた生物体は野生の動植物の遺伝子構成に悪影響を与え、潜在的に有害な結果をもたらすと主張する。それに対して産業界は、遺伝子組み換えは生産性の向上や栄養の改善をもたらすと主張する。しかし、その主張を裏づける証拠には疑問の余地がある。たとえ実験場で素晴らしい成果を出したとしても、灌漑その他の投入財へのアクセスが欠けた農地で同様の成果を出せるかどうか疑問視する向きも少なくない（Lappe et al. 1998）。また、技術革新は貧困問題を部分的には解決できても、その根源にある構造的な問題は解決できない。農村部の人々が飢えるのは、農地や融資をはじめとする生産財へのアクセスが不十分といった構造的な要因に原因があるのだ。格差に満ちた社会環境に新しい技術を持ち込めば、かえって一部の豊かな者の手に利益を集中させてしまう恐れがある。

「金の米」といった作物がどれだけの恩恵をもたらすにせよ、栄養不足の問題を解決するには、貧しい農家が野菜を栽培できるようにするなど、ほかにもっと費用対効果の高い方法がある。確かに、生産性の向上が貧困削減に寄与することに疑問の余地はない。「緑の革命」〔一九六〇年代後半以降、国際稲作研究所（ＩＲＲＩ）などが開発した改良品種の導入によって、途上国の農業生産を大幅に向上させたこと。共産主義革命（＝赤）を阻止すべく、革命的な食糧増産（＝緑）による貧困問題の解決を目指してアメリカなどが主導した〕がその初期には大規模農家に有利に働いたり、その技術が一部の人々が指摘するように環境に負荷をかけたりしたのは事実にせよ、インドの農村部に収入と雇用という大きな貢献をしたこともまた事実だ（Frankel 1978）。原点に立ち返って言うならば、バイオテクノロジーに貧困層の福祉を向上させる可能性が潜在することを頭から否定する理由はない。

市場の論理優先…問題は、バイオテクノロジー研究や特許獲得を突き動かす力と、グローバルな貧困削減の努力が断絶していることにある。イギリスのナッフィールド生命倫理協議会によると、遺伝子組み換え作物分野でビジネス目的の研究をするのに必要な技術は、わずか六つの企業グループによって押さえられている（Nuffield Council 1999）。農業関連ビジネスに従事する巨大ＴＮＣの研究開発を前にしたら、遺伝子操作技術を農業分野に活用しようとする政府の研究開発など小人のようなものだ。企業の農業分野の研究開発費は一九九〇年代半ばに一〇〇億ドルを超えたのに対して、農業分野のバイオテクノロジー研究を行なう国際機関として中心的存在である国際農業研究協議グループ（ＣＧＩＡＲ）の研究開発費は現在でも二五〇〇万ドルに過ぎない（Cohen 2001）。

　研究開発費にそのようなかたよりがあるために、企業の利害と市場の論理が技術革新を支配し、将来の方向性や優先順位をも決定づけることになるのだ。途上国で栽培される遺伝子組み換え作物の世界シェアは、一九九七年の一四％から二〇〇〇年の二五％へと急拡大しているが、栽培は一部の比較的豊かな輸出指向の途上国と一部の換金作物に集中している。企業の関心は除草剤に強い大豆とトウモロコシに集中し、コーリャンやキャッサバをはじめとする〔途上国の人々にとって〕主食の根菜類は見向きもされない（Juma & Watal 2000）。現在生産されたり、市場に出たりしている新しい遺伝子組み換え種子の中で、農村部の貧困層の食糧ニーズに応えたり、零細農家の生産性を高めたりすることを目的としたものは、まったくと言ってよいほどない（Lipton 1999）。

　企業の研究開発の矛先が、利潤を増やし株価を上場させる作物へと向いていることに市場の論理が現れている。その一例が、モンサント社〔アメリカを本拠とする農業ビジネス企業〕がラウンドアップ仕様の作物（大豆、トウモロコシ、綿花、砂糖など）の特許を取得していることだ。この作物の一番の特徴は、同社で最もよく売れている除草剤ラウンドアップの主成分グリホサートに耐える遺伝子を組み込んであることだ。そのため、ラウンドアップを大量に使用して雑草が枯れても作物は影響を受けず、その分ラウンドアップをたっぷり使えるというわけだ。特許はモンサントに二重の利益をもたらしている。特許によって種子の価格が上がると同時に除草剤もよく売れるからだ。今やアメリカ全土の大豆畑の約半分、綿花畑の五分の一がラウンドアップ仕様の種子を使っているという（Lappe & Bailey 1999）。

ラウンドアップ仕様は、企業が特許を通して種子をはじめとする農業投入財への支配を強めている好例だ。ＴＲＩＰｓは独占的な力の台頭を抑えるのは不得意で、むしろその台頭を助けているとも言える。特許権の拡大は、数多くの途上国で一部の種子会社に力が集中するのを助長している。ブラジルでは、特許支配がもたらす利益拡大を競う企業間で合併買収が相次いだ。その結果、今ではブラジルのトウモロコシ市場の四分の三をモンサントとデュポンの二社が牛耳っている（Wilkinson & Castelli 2000）。そして、特許法の強化と競争の減少によってトウモロコシ価格が跳ね上がっているという。

　企業の種子支配力が強まったことで、価格への直接的な影響だけでなく、生物多様性が失われることへの懸念も強まっている。遺伝子組み換え作物を植えた農地が急増すると伝統的な作物種が市場から締め出され、将来病気が発生した時に重大な結果を招く恐れがある。ＴＲＩＰｓは生物多様性を守ろうとする努力の前に立ちはだかる。国連の生物多様性条約は、自国の生物資源に対して政府が持つ権利を明確に規定しているが、ＴＲＩＰｓはそれを間接的に否定し（Mayne 2002）、生物資源に対する企業の権利を認めて保護するよう各国政府に義務づけているからだ。したがって、改革にとって必要不可欠なのは、一国ないし国際的な遺伝子銀行（germplasm bank）〔遺伝資源を保存する施設〕から得られた植物をベースに開発した作物に対して特許を認めるのを、ＴＲＩＰｓ第二七条で禁ずることである。

二　サービス貿易に関する一般協定（ＧＡＴＳ）

「どんなサービスが開放されたのだろうか。それは金融サービスだった。では、金融サービスの最大の輸出国はどこだろう。それはアメリカだ。逆に開放されなかったのはどんなサービスだろうか。それは建築や海運、それに途上国の関心が高い未熟練労働によるサービス分野だった。」（二〇〇一年一〇月、ノーベル経済学賞受賞者で世界銀行主席エコノミストだったジョセフ・スティグリッツ）

　「サービス貿易に関する一般協定（ＧＡＴＳ）」は、アメリカン・エクスプレスやクレディ・スイスといった巨大金融複合企業をはじめとする世界最強のＴＮＣが、一致団結して繰り広げた激しいロビー活動のたまものである。その先頭に立ったサービス産業連合（ＣＳＩ）は、ＧＡＴＳは「サービス分野における貿易自由化の憲法」であると賞賛する（Vastine 2000 a）。が、そのように熱狂的になれない人々もいる。ＧＡＴＳを総合的に分析したあるＮＧＯは、ＧＡＴＳが「自国の最も貧しく最も力の弱い人々のニーズに応えようとする政府の努力を無にしかねない」

と結論づけている（World Development Movement 2001 b）。

ＧＡＴＳは、ＷＴＯの仕組みの中でも極めて複雑なものだ。法廷で争うことになった場合、同協定は審判を導き出す手助けになりそうもない。最重要な条項の多くが多様に解釈できるからだ。協定にはまた、様々な除外規定や抜け穴、免責条項が含まれている。にもかかわらずＧＡＴＳは、途上国にとって大きな脅威となっている。脅威の源泉は、水の供給といった貧困削減に死活的に重要な意味を持つ基本的サービスの供与に対して、自由市場の論理を単純に当てはめようとするところにある。ＧＡＴＳがもたらす利益は、その成り立ちゆえに限られたものとなろう。労働市場の自由化で途上国にも利益が及ぶかもしれないが、ＧＡＴＳは先進国生まれのＴＮＣが支配する金融サービスを利する協定となっているのだ。

●サービス産業とＷＴＯ†4

サービス産業とは、「足の上に落とすことのできないあらゆるもの」と表現されてきた（World Development Movement 2000）。それには銀行業から保険業、専門サービス業まで含まれ、水、電気、保健医療、教育などの公共サービスから観光業、理髪業まで含まれる。

この一五年間、世界経済の中で最も目覚しい成長を遂げたのがサービス産業の分野だ。その間にサービス貿易は三倍増の年一兆二〇〇〇億ドルと、世界貿易全体の四分の一を占めるまでになった（World Bank 2002）。途上国もサービス貿易拡大の一翼を担っている。情報コミュニケーション技術の発展がサービス輸出の幅を広げ、アメリカからはテレビアニメ「ザ・シンプソンズ」のゲームソフト、バルバドスからは会計・銀行サービス、インドやメキシコからはデータ入力や発券・請求サービスが提供／輸出されている。サービス輸出のサクセスストーリーとして最も華々しいのはインドのコンピュータソフト産業で、一九九〇年代の初めには二億二五〇〇万ドル程度だった輸出額が、九〇年代の終わりには一七億五〇〇〇万ドルにまで急拡大した（Mattoo 2000）。途上国からの輸出が増えたとは言え、今も世界のサービス貿易の八割以上を押さえているのは先進国である。途上国全体で見るとサービス貿易は三三〇億ドルの入超で、黒字なのは五カ国だけだ（South Centre 2000）。それに対してアメリカは八〇〇億ドルもの黒字を記録している（Coalition for Service Industries 2001）。

協定に盛り込まれたルール

GATSは、相互に関連する原則、セクター固有の取り決め、それに自由化約束で構成される極めて複雑なシステムである。一九四五年以降の多国間貿易システムとして最も重要な成果、というのがWTOの公式見解である（WTO 1999）。

協定はあらゆる分野を網羅している。例外扱いする唯一の分野は、政府だけが非商業的に〔金儲けを目的とせずに〕[†5]提供するサービス分野、ないし民間セクターに提供者がいないサービス分野で、そんな分野は事実上存在しない。この協定が持つ極めて重要な意味合いは、「より高いレベルの自由化を漸進的に」達成する交渉プロセスに、すべての国を縛りつけることにある。たゆまぬ自由化プロセスに各国政府をコミットさせるという点で、GATSは他に例を見ない壮大な協定である（Dhanarajan 2001）。

GATSには三つの大原則がある。その第一は非差別ないし最恵国待遇の原則で、あるサービス提供者に何かしらの特典を与えたならば、全サービス提供者に同じ特典を与えねばならないことを意味する。第二は内国民待遇の原則で、外国のサービス提供者も国内のサービス提供者と同等に扱わねばならないことを意味する。第三は市場アクセスを制限する政策を採ってはならないという原則である。海外からの投資を制限したり、サービス提供者の数やサービスの量を制限したり、サービス提供者の法人格を限定したりする政策がそれに該当する。

GATSをめぐる交渉は、他のWTO協定をめぐる交渉とは大きく異なっていた。モノの貿易をめぐる交渉と違って、政府がリストに載せない分野は自由化の義務を免除されるという「ポジティブ・リスト」方式で行なわれたのだ（Dhanarajan 2001）。それは理論的には、政府がどの分野を自由化交渉の俎上に載せるか自由に選べることを意味している。しかし実際には、途上国に対して様々な分野をリストに載せるよう圧力がかかっている。

サービス貿易がモノの貿易と異なるのは、サービスという商品に質的な違いがあるからだけでなく、市場形態にも違いがあるからだ。サービスのやりとりの中には、サービスの提供者と利用者が同じ場所にいることを必要とするものもあれば、サービス提供者が国境を越えることを必要とするものもある。ＧＡＴＳが対象とするサービスの提供には四つの態様（モード）がある。

態様①　越境型サービス提供　サービスを購入するという点でモノの貿易と最もよく似た態様だ。ある国の消費者が他国の企業が提供するサービス、例えば保険やコンピュータプログラムを購入するなどのケース。

態様②　海外消費　ある国の人が他国を訪れて娯楽や教育、医療などのサービスを利用する、といったケース。

態様③　商業的な進出　ある国の企業が他国に進出（業務上の拠点を設立）して銀行や遠距離通信といったサービスを提供するケース。

態様④　人の移動　サービス提供者（法人ではなく自然人）が他国に行ってサービスを提供するケース。

迷路のように複雑なＧＡＴＳにあって革命的な条項が一つある。企業が他国に進出してその国の人々にサービスを提供する権利を確立したことである（WTO 1999）。これはサービス業界の圧力団体がかねてから要求し、その意を受けたアメリカとＥＵがウルグアイ・ラウンドで強く主張したことだった。それは投資家の権利を大きく広げる一方、途上国政府の政策主権を狭めるものだ。

振り返って見ると、先進国政府はＧＡＴＳをめぐる交渉を使って、態様③のサービス提供を深化させようとしてきた。銀行や保険をはじめとする金融サービスの提供者と、水や電気といった公共サービスの提供者にとって、ある国の市場で競争していくには、その国への商業的な進出（業務上の拠点の設立）が欠かせない要件だからだ。それに対して途上国政府は、態様④の方にずっと力を入れてきた。ソフト開発や建設など、（自国の）労働力の越境移動を伴うサービス提供権を保証するものだからだ。

現在、世界のサービス貿易がアンバランスなのは、金融サービスの世界市場と比べ、労働力の世界市場に対してはるかに多くの規制が設けられているからで、その結果途上国の利益が損なわれている。現在、世界のサービス貿易全体のうち、他国に進出したＴＮＣが提供するサービスが三三％を占めているのに対して、労働力の越境移動によるサービス提供は一％を占めるに過ぎない（McCulloch, Winters, & Cirera 2001）。途上国に流れ込む海外直接投資（ＦＤＩ）全体のうち、半分がサービス提供のための投資と推定され、その大半が民営化された銀行や、水・電気などの公共サービスに向かっていると見られる。

途上国が態様④に力を入れるのは的を射ている。途上国にとって労働賃金が最も比較優位に立てる分野だからだ。が、労働市場に対しては最も厳しい貿易規制が設けられている。この分野で先進国の行動を規定しているのは自由市場主義ではなく、移民政策である。グローバルかつ非常に移動性の高い金融市場と、移動性に欠ける労働市場の間には、とてつもない不均衡が存在する。金融資産の利益率が国によって二倍以上違うことは滅多にないが、労働賃金の差は国によって一〇倍にも、それ以上にもなる。

途上国にとって、サービス提供者が越境移動できることは非常に大きな意味を持っている。インドでは、国境を越えた電子商取引の発展にもかかわらず、輸出額の三分の二近くは他国に短期間移動した労働者によって支えられている。熟練労働者より未熟練労働者の移動に対して高い障壁が設けられていることで、途上国は何十億ドルもの損失をこうむっている。先進国の労働者総数の三％にあたる数の人々が、途上国からの移動を認められて先進国で働くことができれば、年二〇〇〇億ドルもの賃金が得られるという試算もある（Rodrik 2001 e）。その大半が本国へ送金されれば、金融その他のサービスで入超になっている途上国の収支は改善されるだろう。それ以上に、賃金を手にするのは労働者であり、貧困層が潤うことになるだろう。

【ＧＡＴＳ２０００】 サービス貿易の漸進的自由化に関するＷＴＯの交渉（ＧＡＴＳ２０００）は二〇〇〇年二月にスタートした。その推進役は、力を持った様々な企業グループに突き動かされたＥＵとアメリカだった（コラム８・１参照）。交渉の行方がどうなるか定かではないが、当初の合意内容は先進国と企業の市場拡大にとって有利なものへと徐々に変質させられている。

コラム８・１　企業の利益に奉仕するＷＴＯ

「アメリカン・エクスプレスやシティコープなどアメリカの金融サービス業界からの強力な圧力がなければ、サービス貿易に関する協定は成就できなかっただろう」ＷＴＯサービス貿易局のデーヴィッド・ハートリッジ局長の言葉が端的に示すように、ＧＡＴＳは、力を持った企業には自己の商業的な利益を多国間貿易交渉に反映させるだけの力量があることを示す、生き証人と言える。

ＧＡＴＳの牽引車はサービス産業だった。アメリカン・エクスプレスやシティコープをはじめとする金融複合企業は一九八二年にサービス産業連合（ＣＳＩ）を設立した。その目的は、各国政府を縛るグローバルなルールを作り、政府が企業活動を制限できないようにすることによって、海外市場をアメリカのサービス産業に開放することだった。

途上国政府の頑強な抵抗にもかかわらず、ＣＳＩはサービス貿易の自由化をウルグアイ・ラウンドの議題の最上段に押し上げることに成功した。ＣＳＩは、歴代のアメリカ政府の交渉文書作りに影響力を行使しただけでなく、交渉文書を起草さえした。業界の利益とアメリカの国益は明らかに重なっている。アメリカは世界最大のサービス輸出国で、年八〇〇億ドルもの黒字を稼ぎ出しているのだ（それがモノの貿易の赤字を部分的に埋め合わせている）。

ヨーロッパでは、サービス分野の主要五〇社からなる欧州サービス産業ネットワーク（ＥＳＮ）がＥＵに働きかけている。英バークレーズ銀行会長のアンドリュー・バクストン率いるＥＳＮは、ゴールドマン・サックス（証券）やサンアライアンス・インシュアランス（保険）、ＨＳＢＣホールディングス（銀行）といった大企業を統率している。欧州各国政府に対する影響力も強く、ＥＵの執行機関である欧州委員会（ＥＣ）にも太いパイプを持っている。イギリスでは、前のＥＣ通商担当委員だったレオン・ブリタンが、サービス産業のもう一つのロビー活動団体であるロンドン国際金融サービス（ＩＦＳＬ）を率いている。

巨大企業が自らの利益拡大のために組織立って行動するのは驚くに値しないが、その力と影響力は並外れている。アメリカでは、企業と政府の高官が頻繁にポストを入れ替わっており、財務省の元次官補が率いるＣＳＩは政府と深く結びついている。ヨーロッパでは、ＥＳＮとＩＦＳＬが、サービス分野を担当するＥＣの主要な委員会会合に出席する特権を持っている。それに対して、公共の利益を追求する団体、とりわけ途上国の貧困層の利益を代表する団体は、そうした特権や影響力をほとんど持っていない。

（出典：Dhanarajan 2001；Vastine 2000 b）

先進国は市場アクセスを深化させるとともに、さらに多くの分野を協定の中に取り込もうとしている。業界の圧力団体もまた、GATSを利用して金儲けの権利を拡大しようとしている。アメリカを本拠地とするCSIは、「外国市場に業務上の拠点を設立する権利、業務上の拠点の全株式ないし過半数の株式を保有する権利、業務上の拠点が地元企業としての待遇を受ける権利を認めるなど、自由化を幅広く約束すること」を求めている（Vastine 2000 a）。そうしたサービス産業の要請に応えようと、先進国政府は協定の対象分野を広げるべくGATSの拡大解釈を提案するとともに、一層の市場開放を各国に約束させようとしている。

表向きは技術的な交渉であっても、交渉には途上国の発展を左右する重要問題が関わっている。例えば、先進国は従来の「リクエスト（要請）―オファー（提案）方式」（要請に応えて自由化の分野・内容を提案する）をやめて、フォーミュラ方式を採用するよう提案している。それは、最低限自由化すべきレベルを例外なく全分野に適用しようとする方式で、それが認められると、途上国政府が国民の福祉にとって死活的に重要と見なす分野を、自由化の対象から外したくても外せなくなってしまう。その結果、保健医療や教育といった分野まで自由化することを余儀なくされ、そうした分野で政府は外国のサービス提供者と競争させられることになる（World Development Movement 2002；Corner House 2001）。規制する力が弱い国では、基本的な公共サービスが分断される危険がにわかに現実味を帯びてくる。例えば民間の保健医療サービス提供者は、ニーズが高い分野ではなく、購買力の高い分野にサービスを集中させるかもしれないからだ。

交渉の対象範囲は拡大している。GATSを扱うWTOのある委員会では、EUがサービスの定義そのものを拡大するよう求めている。具体的には、対象外となってきた「人々が利用するための水」を、交渉対象である「環境サービス」の中に含めるよう求めている。この要求が通れば、途上国は水道事業民営化の圧力に加えて、水市場そのものの自由化を求める強力な圧力にさらされることになるだろう。そうしたGATSの拡張によって利益を得るのはヨーロッパ企業である。テムズ・ウォーター、オンデオ（旧スエズ・リヨネーズ）、ヴィヴェンディといった世界有数の水企業は、新たな民営化の機会を虎視眈々と窺っているのだ（Tremolet 2001）。

ＧＡＴＳは、何らかの規制をしようとする政府にとって枢要な問題だ。国内のサービス市場へのアクセスを規制しようとする政府は、「必要性のテスト」と呼ばれる規定に従って、その規制がＷＴＯの原則に合致していることを証明するよう義務づけられている。ＷＴＯの言葉を借りれば、「貿易を制限する度合いが最小限」で「親競争的」であることを証明しなければならないのだ。別の言い方をすれば、規制の枠組みが、該当するセクターの政策目標に合ったものであることを客観的に示すとともに、サービス提供企業に最大限のアクセスを認めるものであることをＷＴＯに納得してもらわねばならないのである。

客観的な証明を義務づけることは、ＧＡＴＳの前文で保証された開発セーフガードに真っ向から反している。前文は、「加盟国は：国家の政策目的を実現するため、自国の領域内におけるサービスの提供に関して規制を行ない、または新たな規制を導入する権利を有すること、および：途上国にはこの権利を行使する必要が特にあることを認め」ているのだ（WTO 1999）。前文の規定に反しているかどうかを判断するにあたっては、ＷＴＯの協定の文言と協定運用の精神との間に大きなギャップがあるという問題がある。貿易専門の法律家は文言の正確な意味に固執する。それに対して、銀行、保険から、保健医療、教育、水供給に至るサービス業界の強力な圧力団体は、ＧＡＴＳを使って市場をこじ開けようとする。ＧＡＴＳをめぐる議論に公益の視点を取り入れることがなぜ正当化されるのかと言えば、それは先進国政府が交渉力を振りかざして、政治力のある支持層（＝業界）に有利なように協定を解釈しようとしているからだ。

開発政策への潜在的な脅威　ＧＡＴＳが貧困削減にどのような影響を与えるかを推し量るのは難しい。協定の運用が一人歩きすることはないだろう。すでに数多くの途上国が、銀行、電気、水道、教育、保健医療、長距離通信といった公共サービスを民営化したり、外資の参入を認めたりしており、ＧＡＴＳはそうした実施状況と影響し合うことになるだろう。どのような条件のもとで協定が運用されるのか不明なままなことも問題である。

ＧＡＴＳに対しては様々な側面について懸念が表明されている。一部の評論家は、サービス分野の障壁の撤廃は他のどんな貿易障壁の場合ともまったく同じ次元のことで、政府が介入するよりも市場の自由な力に任せた方が効率的だと主張する（World Bank 2002）。が、それは間違っている。水、保健医療、教育などの市場は、テレビや自動車の市場と同じ次元のことではなく、したがって同じ原則を当てはめるべきではない。それらのサービスは公共財であって、個々人の福祉だけでなく社会全体の福祉にとって死活的な重要性を帯びているのだ。例えば、きれいな水にアクセスできないことに起因する健康リスクを免れうる者など一人もいないし、大勢の人が読み書きできないために経済成長が遅れることで損をするのはすべての社会層なのだ。

ＧＡＴＳを批判する者も擁護する者も、ＧＡＴＳが民営化を促進する力になると見る点では一致している。サービス提供をより大きな視点から見ると、民営化が本来的に貧困削減に反するものだと決めつけることはできない。人々が手軽に利用できるような公共サービスを政府が提供できていない場合はなおさらだ。アルゼンチンでは、長距離通信を民営化したことで料金が下がり、都市部に住む貧困層は前よりも気軽に利用できるようになった（農村部に住む貧困層はまだだが）。ペルーでは、一九九〇年代の前半は電話が一〇〇人あたり三台もなかったが、民営化によって一〇台にまで増え、料金も下がった（Ugaz 2001）。途上国はまた、民間のサービスが提供されることで輸送インフラの効率が改善するといった利益を得ることができるだろう（McCulloch et al. 2001）。

問題なのは、政府の統制力が弱い国で自由化を強行した場合、効率性と貧困削減の両方に深刻な長期的ダメージを与えかねないことだ。公共サービスの民営化によって中南米諸国で何が起きたかと言えば、公的な独占事業体に民間の独占事業体が取って替わっただけだった。統制の任にあたる政府当局が産業界の言いなりというケースが多かった。遠隔地までサービスを提供するよう義務づけるなど、貧困層の利益に配慮して民営化を統制することに、政府は完全に失敗してきたのだ。先進国政府やＴＮＣ寄りの解釈に立つことで、ＧＡＴＳは質の悪い民営化が生み出す諸問題を一層悪化させかねない。

その好例が、ボリビアが実施した水道事業の自由化だ。同国では、人口の三分の一にあたる約二五〇万人が今もきれいな水にアクセスできず、大きな問題となっている（UNICEF 2000）。アクセスの欠如によって感染性の病気が蔓延し、乳幼児の一〇人に一人が五歳になる前に命を落とすという劣悪な衛生状態を生んでいる。他の途上国と並んで水道事業を民営化したボリビアだが、プラスと同時にマイナスも多かった。都市部では、民営化によって水道管にアクセスできる人口が一九九〇年代後半に一五％増えた。問題は水道料金も同時に上がったことで、それは貧困層を圧迫した。コチャバンバ市では、民営化の仕方がまずかったために水道料金が急上昇し、暴動まで起きた。それでも、民営化がプラスかマイナスかは都市部の議論に過ぎず、農村部はほとんど取り残されたままだった。

ＧＡＴＳは、水道サービスを拡充しようとするボリビア政府の意気込みをくじくものとなりかねない。貧困層にまで水を供給する方法として政府が取っているのが水道市場を二分することだ。ビジネスとして成り立つと思われる地域については、水道料金を統制しつつ民間事業者に水道事業権を与えている。一方、ビジネスとして成り立ちにくいと思われる地域については、地方政府が水道事業を担っている。中央政府には、水道利用者への補助ないし地方政府への助成によって非ビジネス地域全体に水が行きわたるよう財政措置を取る選択肢が残されている（Ugaz 2001）。そうした選択肢がＧＡＴＳのもとで差別的でないと認められるかどうかは分からない。水道料金の統制も、外国の事業体にだけ適用すれば差別的と見なされる可能性がある。ほかの選択肢も閉ざされてしまうかもしれない。例えば、貧しい地域にまでサービスを行きわたらせるために、豊かな地域から高いサービス料金を取って貧しい地域へのサービス提供のために使うという手法（cross subsidization＝内部補助）を採っている国がある。しかし、豊かな地域にサービスを提供するのが外国企業である場合、そうした行為は差別的でＷＴＯのルールに反すると見なされる可能性がある。

水道事業についてＷＴＯがどんな立場を取るかが懸念されるのはもっともなことだ。政府が提供する水道サービスがどれほど非効率にせよ、水道事業を民営化し市場に任せることは、貧しさゆえに市場から排除されてしまう人々のニーズに応えるものとはなりそうにない。途上国政府に対してはすでに世銀やＩＭＦが民営化の圧力をかけてきたが、強力な企業がＷＴＯを使って一層圧力を強めることが危惧される。ＩＭＦが二〇〇〇年の融資案件を無作為に選んで調べたところ、一二カ国について水道事業の民営化が融資条件になっていたという（Dhanarajan 2001）。

ＧＡＴＳを利用して途上国政府が採れる政策の範囲を狭め、外国企業の利益を図ろうとすることは、国際社会に課せられた一大開発課題〔安全な飲み水を継続的に利用できずにいる人々の割合を二〇一五年までに半減させるという国際課題。二〇〇〇年に国連で採択されたミレニアム開発目標の一つ〕の解決を困難なものとしかねない。安全な水にアクセスできない人々は世界に一三億人もいると見られ、その数は二〇一五年までに倍増するかもしれないのだ。貧しい家庭の女性や女児にとって、水と衛生の危機的状況を終わらせることは切実な願いである。彼女たちは、時には何時間もかけて水を運んでくる役目を負わされ、安全な水道水が利用できずに病気になった家族の面倒を見なくてはならないといった、水にまつわる様々な問題を一身に背負っているのだ。

ＷＴＯの事務局は、現段階のＧＡＴＳの草案には水市場の規制緩和に使えそうな条項はないと主張する（WTO 2000）。しかし、水事業への適用を妨げる条項がないこともまた事実なのだ。ＥＵは、自由化のスケジュールの中に「人々が利用するための水」を含めるようはっきり要求している。その理由は想像に難くない。ヨーロッパの企業が世界の水市場を支配しているからだ。中でもヴィヴェンディとオンデオが双璧で、それぞれ一億を超える家庭に水を供給している。両社はカンボジア、ウルグアイ、ベネズエラなど、まだ完全開放されていない途上国の儲かりそうな水市場を狙っているのだ。

ＧＡＴＳによる規制緩和は金融セクターにも大きな影を落としている。金融セクターの自由化を加速すると、実際に東アジアで起きたような金融不安を引き起こしかねないからだ。ＧＡＴＳで危惧されるのは、政府が自らの統制力に見合わない自由化を推し進めることだ。自由化を早まると、中小の金融業に決定的なダメージを与えかねない。他の市場の場合と同様に、サービス市場の自由化も、効率化を実現することで消費者のプラスになりうる。しかし、自由化は必ずしも競争的な市場をもたらすとは限らない。サービス市場の多くは大企業の寡占状態にあるからだ。それほど力が集中するのは、世界的なネットワークや資金力、高度な情報技術、規模の経済を有しているからだ。途上国のサービス事業者はその大半が中小企業で、政府の支援や一定の保護なしには競争できる状況にない（South Centre 2000）。が、そうした支援や保護を行なって市場に介入することは、ＧＡＴＳのもとでは差別的であると見なされ、禁止されかねないのだ。

ＧＡＴＳには自由化の無理強いを認める条項はない、と主張することは可能だ。ＧＡＴＳの擁護者は、「ポジティブ・リスト」方式を採っているため、途上国政府には何を自由化するか選ぶ権利が与えられている、と言う。この方式を骨抜きにする動きがあることはさておき、擁護派が目をつぶっているのは、ある政権が約束した自由化をのちの政権が取り下げようとしても、そう簡単にはいかないという事実だ。少なくともＧＡＴＳは、将来の政策選択の幅を狭めてしまうだろう。インドの元ＧＡＴＴ担当大使が書いているように、「途上国は、経験に基づいて政策を将来変更したくても、変更するだけの柔軟性が失われてしまう」のだ（Das 2001）。

三　開発政策への制約

ＷＴＯのシステムは、自由市場とその一環としての貿易自由化こそが最も効果的に経済成長を達成する道である、とする哲学に立脚している。政府が市場に介入することは本質的に非効率的で、その国だけでなく世界全体の利益にもならないと見なす。ＷＴＯは、政策決定者にいわばガイドブックを提供するが、それは一風変わったガイドブックである。言うことに従わないと貿易制裁という罰を食らうのだ。ＷＴＯの定めに従うよう求められる途上国に対しては、多少アメが用意されている。しかし、ＷＴＯのルールは裾野の広い経済成長をもたらす政策とは相容れず、世界経済にうまく参入するための政策とも相容れない。

●政府による介入の制限

四〇年前、韓国と台湾は技術力の低い貧困国だった。それが今は、途上国世界の工業製品輸出全体およびハイテク製品輸出全体の約五分の一のシェアを誇っている。そして、あらゆる途上国の中で最も奥行きの深い技術インフラを有している。先駆者の日本と同様、両国は極めて介入的だった。国内企業の育成、外資の制限、輸出セクターと他分野の結びつき強化を明確に打ち出していた（Wade 1990; Lall 1998, 1999）。両国が採った政策のうちでも枢要なのが次の政策である。

■選択的かつ時限的な輸入規制　両国とも国内市場を自由貿易にさらすようなことはしなかった。国内企業が力をつけるのに必要な余裕を与え、長期的な視野に立った投資を奨励するため、輸入品に対してかなり高い関税をかけ、様々な非関税障壁を設けた。保護貿易主義につきまとう悪影響を打ち消すため、輸出市場で競争させ、国際的な競争に勝てるよう強力な奨励策を採った。

■TNCの国内市場参入・投資の制限　両国はTNCの活動を制限した。外国からの投資が全投資額の二%以上を占めることは一度もなかった（メキシコでは一五%以上だった）。中でも韓国は、新しい技術へのアクセスを提供したり、輸出を促進したりする場合しか海外直接投資を受け入れなかった。韓国は「分解模倣（reverse engineering）」、つまり輸入した技術を模倣し、アレンジし、国内で発展させることに力を入れた。両国が心を砕いたのは、輸入技術への依存を避け、国内企業が研究開発に取り組む環境を創出することだった。

■技術深化の支援　韓国の産業開発政策の中でも特筆されるのが「チェボル」と呼ばれる民間の大規模複合企業（＝財閥）の育成だった。これら財閥に対しては、技術集約的な事業への投資を条件に、融資や外貨、インフラ支援といった様々な形の支援が行なわれた。外資に依存せずに、複雑な技術を吸収／開発するだけの力を持った産業システムを創り出すことが財閥育成の目的だった（Stiglitz 1996）。

■知的財産に関する柔軟なルール　両国政府は、輸入した技術を国内企業が模倣し、アレンジするのを可能とする知的財産政策を採ったため、企業はライセンス料を減らして技術移転にかかる費用を削減することができた。

■ローカル・コンテンツ（現地調達）と輸出ルール　両国政府は、海外直接投資を認めた場合でも、TNCに対して国内企業との結びつきを強めるよう義務づけた（Lall 1999）。ミシン製造会社のシンガーは一九六四年に台湾への進出を認められたが、それは世界市場で競争するだけの技術が台湾企業に欠けていたからだった。進出にあたって台湾政府がシンガーに義務づけたのは、一年以内に部品全体の八〇%を国内で調達すること、製品の相当部分を輸出すること、部品を納入する国内企業向けに統一仕様を設けることだった。その結果、台湾企業は六〇年代末までに世界有数のミシン輸出企業に成長し、国内の繊維産業にとっても主要なミシン供給源となった（UN 1999）。

ＷＴＯのルールに従えば、こうした政策の多くは採用が困難か事実上禁じられてしまう。途上国政府がＷＴＯに忠実であろうとすれば、知的財産権の扱いや外資の規制、関税政策など、重要な分野で自由を失うことになろう。途上国に対する「特別かつ差異のある待遇」という原則の後退もまた、途上国の自治権をさらに縮小させることになろう。

途上国に技術力を高める政策を採れなくさせている実例の最たるものがＴＲＩＰｓと言えよう。ＴＲＩＰｓは、技術移転の費用を引き上げ、輸入した技術を模倣したりアレンジしたりする権利を制約することによって、東アジア諸国がうまく活用してきた諸政策をもはや使えないものにしてしまうだろう。

一九九五年に採択された「貿易に関連した投資措置に関する協定（ＴＲＩＭｓ）」も同様の効果を発揮する可能性がある。ＴＲＩＭｓは、投資に関するどのような政策であれ、非差別の原則に合致しない政策を採ることを禁じている。確かに、産業政策の中にはＴＲＩＭｓに合致しうるものが残されていることは事実だ（Amsden 2000）。例えば、既存のローカル・コンテンツ政策は、ＷＴＯに通告することを条件に維持することが認められており、ブラジルやインドネシアは自動車産業で活用している。しかし、これからはそうした融通は利かなくなるだろう。ＴＲＩＭｓが掲げる差別的政策の実例リストにローカル・コンテンツの義務づけが含まれているからだ（UNCTAD 2000d）。南米南部共同市場（メルコスル）に加盟するブラジルやアルゼンチンは、自動車産業分野の規則を改正して、投入財の一定割合を国内企業から調達するよう外資に義務づけるローカル・コンテンツ条項を将来廃止することにした（ECLA 1998）。チリも、自動車の輸出や国内部品調達を義務づけた政策をＷＴＯのルールに合致するものへと変更した。そうした義務づけをなくすことは、第3章で論じたように、途上国の技術力をさらに弱めたり、輸入への依存を高めたりする恐れがある。

ＷＴＯのルールは、外資と国内企業の結びつきを活力あるものとし、輸出価格のうち国内に落ちる割合を高めようとする政策を採れなくさせてしまう恐れがある。ルールが提示するのは、韓国や台湾型の発展ではなく、メキシコやバングラデシュに見られる、低付加価値で労働集約的な生産を持続させる輸出加工区型の発展なのである。

ＷＴＯは、輸入規制に関しては行動の自由をいくらか認めている。ウルグアイ・ラウンドの交渉期間中に、ほとんどの途上国が、認められていた関税率より低い関税率を適用していた（先進国からの圧力で）ため、ＷＴＯ交渉が実際に貿易自由化に果たす役割は大きくなかった。中国、カンボジア、ベトナムなど、これからＷＴＯ加盟を目指す途上国は、多くの場合世銀／ＩＭＦから、加盟に先だって関税率を大幅に削減するよう義務づけられている。国内産業を一時的に守るためのセーフガード（緊急輸入制限）〔予見されなかった輸入急増によって国内産業に悪影響が及ぶのを防ぐためにＧＡＴＴ一九条で認められた措置。ＷＴＯ下でセーフガード協定が結ばれ、細目が定められた〕や、国際収支が危機的状況に陥った時の関税引き上げは認められているものの、あくまで一時的な措置でしかなく（UNCTAD 2000 d）、それら例外措置の範囲や期間には限度がある。幼稚産業を保護育成する産業政策の一環として関税を用いることは認められていない。関税は時とともに引き下げることが前提だからである。

政府の権限に枠をはめる国際的な取り決めはＷＴＯに限らない。地域的な取り決めがますます重要な制約要因となっている。ＮＡＦＴＡは企業の権利を大幅に拡大して、国内の環境関係法令に異議を唱えることを可能にし、政府が取れる行動の範囲を狭めている（コラム８・２参照）。アメリカ政府はＮＡＦＴＡをひな型にして、他の地域協定や二国間協定に同じような条項を持ち込もうとしている。

コラム８・２　北米自由貿易協定（ＮＡＦＴＡ）――海外投資家の権利偏重

海外投資家が享受する権利の幅と範囲は、この一〇年間に劇的に拡大した。しかし、海外からの投資呼び込みを狙って企業に様々な権利を認めることが、開発政策に悪影響を及ぼす懸念が強まっている。

そうした懸念の的となっているのがＮＡＦＴＡの第一一条である。第一一条は協定締結国（アメリカ、カナダ、メキシコ）政府の権利と海外投資家の権利を規定している。それが重要な意味を持つのは、ＮＡＦＴＡにとどまらず、他の地域貿易協定や一八〇〇を数える二国間投資協定を交渉する際の下敷きになっているからである。以前の投資協定にはなかった海外投資家の保護策として、第一一条は次の四つを規定している。

①**内国民待遇および最恵国待遇**　海外投資を受け入れる国の政府は、その投資家に対して国内や他国の投資家よりも不利な扱いをしてはならない。

②**投資家処遇に関する国際最低基準の順守**　この条項が何を規定しているのか不明確だが、これまでなかったような権利を海外投資家に認めさせるものと解釈されている。

③**輸出義務づけ等の禁止**　受け入れ国政府が、海外投資家に一定割合を国内から調達するよう義務づけたり、輸入に費やした外貨を穴埋めするために輸出を義務づけたり、技術移転を義務づけたりすることを明確に禁止しており、ＷＴＯのルールをはるかに超えている。

④**収用の禁止**　どんな投資協定であっても恣意的な収用を制限しているが、第一一条はその上を行っている。第一一条が制限する「間接的な」収用に相当する措置や「収用に等しい」措置は範囲があまりに広いため、事実上、課税や環境基準を含む、ありとあらゆる公共政策が収用と見なされる可能性がある。

第一一条は、受け入れ国の規制を破る手段を企業に提供することで、消費者や環境を守り、国の産業を発展させようとする受け入れ国の主権を脅かしている。すでに企業は収用の概念を拡大解釈し、企業の利益追求の妨げになるあらゆる措置をＮＡＦＴＡの紛争解決機構に持ち出して、受け入れ国政府が設けた様々な規制を排除しようとしているのである。紛争解決機構そのものも、直接政府を訴えるのを認めるという、今までにない権利を企業に与えている。

一九九六年にカナダ政府は、石油に添加されている化学物質ＭＭＴ（メチルシクロペンタジエニル・トリカルボニル・マンガン）の輸入を、環境および健康上の理由から禁止すると発表したことがあった。化学的に見てマンガンが持つ有毒性と大気汚染の可能性が憂慮されたからだった。それに対して、世界で唯一のＭＭＴ生産会社であるアメリカのエチル・コーポレーションは直ちに異議を唱え、争った。カナダ政府は争いに破れ、同社がこうむった損害として一三〇〇万ドルを支払わねばならなかった。

メキシコでも、ガダルカルサール市の有害廃棄物処分場の建設をめぐって、メキシコ政府が環境影響調査の結果を踏まえて建設を中止させたのに対して、アメリカのメタルクラッド社が直ちに第一一条をタテに異議を申し立てた。メキシコ政府は投資家処遇に関する国際最低基準を順守せず、同社を収用したというのである。紛争解決機構はメタルクラッドの訴えを認め、メキシコ政府に対し一六〇〇万ドルの損害賠償を命じた。アメリカのカリフォルニア州政府もまた、世界一のメチルアルコール生産会社であるメタネックスから訴えられた。水質汚染を懸念した州政府が、メチルアルコールから作られる石油添加物の使用を二〇〇二年末以降禁止する政令を出したからだった。
どのケースを取っても、NAFTAの第一一条は、民主的に樹立された政府が公衆衛生や環境に関する法令を制定し執行しようとするのを、企業が妨げることを許している。
産業界の強力なロビイストたちに支持されたアメリカのブッシュ政権は、米州自由貿易協定（FTAA）を通してこの第一一条の網を中南米全体にかけようとしている。現在策定中のFTAAの文言を見ると、草案段階よりも投資家の権利を幅広く規定しており、ロビイストたちの思惑通りになりそうである。そうなれば、中南米諸国は質の悪い投資の受け入れ国から抜け出すことができず、国内の公衆衛生や環境に深刻な影響が出る恐れがある。

特別かつ差異のある待遇

WTO全体の長所としては、世界一律のルールを設けることによって、二国間の力関係で物事が決まるのを不十分ながらも抑制していることが挙げられる。しかし、世界一律というのが、ある重要な点で短所にもなっている。WTOに加盟する国々の経済力が同等ではなく、直面する問題も同一ではないからだ。そうした中でとりわけ途上国は、多くの国が許容できる統一ルールを基本としつつも、自国の経済成長と貧困削減に不可欠な政策を採ることを可能とするような多国間貿易ルールを必要としている。

「関税と貿易に関する一般協定（GATT）」の時代、途上国には特別な地位が認められていた。一九六〇年代半ばに「貿易と開発」という新たな一章が追加され、「貿易交渉において先進国が行なった関税その他の貿易障壁を削減ないし撤廃する約束に関して、先進国は（途上国から）互恵的な約束を期待しない」ことが明記された（Fukasaku 2000）。つまり先進国は、貿易自由化が途上国に与える影響は、自国の市場に与える影響とは異なるものであることを認めていたのだ。

だが、この「特別かつ差異のある待遇」は、先進国が途上国を貿易交渉の相手にしないという弱点を持っていた。互恵的な貿易自由化を途上国に要求する権利を放棄した先進国は、関税切り下げ交渉を先進国間だけで行ない、途上国に対しては高い関税を維持したのである。途上国は「特別かつ差異のある待遇」を得た代わりに、交渉における立場が弱いものとなってしまった。その一方で、先進国市場へのアクセスの改善といった特別な待遇は、掛け声ばかりでほとんど実質を伴わなかった。

事態はウルグアイ・ラウンド交渉でもって劇的に変化した。「特別かつ差異のある待遇」という原則そのものは生き残ったが、実態は原形をとどめないほど変化した。ＷＴＯのもとで結ばれた諸協定が途上国に認めた特別扱いは、本格実施までわずかばかりの猶予期間を与えるというものでしかない。諸協定がカバーする範囲や、実施のための態勢作りなどを考慮に入れると、それは極めて限定的な特例措置でしかない。世銀が行なった調査によると、ＴＲＩＰｓだけを取っても、低所得国が実施に移すのに必要な初期費用は約一五〇万ドルで、その後も毎年二〇〇万ドルの費用がかかるのである（World Bank 2002）。

「特別かつ差異のある待遇」に対する現在のＷＴＯのアプローチには、大きな問題が二つある。まず、はるか上の経済発展段階に到達した先進国に課される義務と同程度の義務を途上国も果たす力がある、という前提そのものに根本的な誤りがある。本章の初めの方で述べたように、例えば知的財産権に関する先進国の基準を途上国にも当てはめようとする議論は、経済的な面から見ても長期的な発展の面から見ても論拠が薄弱だ。と同様に、先進国よりペースは遅くとも、先進国と同じ基準で途上国も自由化すべきだという議論は、適応能力や開発ニーズに大きな差があることを無視している。途上国が農業や製造業を保護するのには、ただ雇用の確保や食糧安全保障のためという理由だけでなく、活力に満ちた比較優位を確立するという正当な理由があるかもしれないのだ。

もう一つの問題は、ＷＴＯのルールが認める市場介入策が先進国に有利なものになっていることだ。例えばＷＴＯのルールは、農業補助金（第４章参照）や製造業への補助金を大幅に認めている。先進工業国は、控えめに見積もっても年五一〇億ドルもの補助金を製造業界に直接供与している（UNCTAD 2001 c）。資金難の途上国にはとてもそんな芸当はできない。ふんだんに補助金を振舞うことのできない途上国にしてみれば、自国の力を高めるために残された道は貿易政策だけかもしれないのだ。

「特別かつ差異のある待遇」という概念は、世界貿易システムに欠かせないものである。それは、国々の経済的、財政的、技術的発展段階が異なっていれば、おのずとその能力やニーズも異なるという基本認識に根ざしている。ウルグアイ・ラウンド以降、「特別かつ差異のある待遇」という原則はなし崩しにあい、途上国は、貧困削減とは相容れない政策の実施を義務づけられている。もう一度、「特別かつ差異のある待遇」という原点に立ち返って、WTOのルールを経済成長と貧困削減のための政策を否定しないものとすることが焦眉の急となっている。

四　政策提言

ウルグアイ・ラウンドが終わってこのかた、WTOの権限は拡大強化されてきたが、そのことは貧困国や貧困層に大きな影響を及ぼしている。世界貿易のルールは、市場アクセスといった途上国にとって積年の課題を放置しているだけでなく、貧困削減に死活的な重要性を持つ様々な分野の政策を途上国が立案・実施するのを妨げている。本章で明らかになったように、今の世界貿易ルールは、貿易を通して格差が広がるのを助長し、貿易を貧困削減に結びつけるのを阻もうとしている。

●知的財産権

貿易ルールの改革は、まず、画一的な知的財産権保護の廃止から始めなければならない。その国の発展段階、中でも技術的なニーズや能力を考慮したルールへと変えるべきである。中所得国であれば低所得国より保護のレベルを引き上げるのも理解できるが、先進工業国の基準をすべての国に当てはめようという議論は合理性に欠ける。

TRIPsを定期的に見直すにあたっては、途上国が特許権保護を完全実施するまでの猶予期間を長くしたり、保護の範囲や期間をもっと自由に決めたりできるようにすべきである。特に薬に関して次のような提言をしたい。

■途上国における特許権保護の範囲や期間を狭める　これについては様々な提案がなされてきた。一つは地理的範囲を限定することで、製薬会社に先進国での保護か途上国での保護かを選ばせ、世界規模での特許権保護を認めないとするものだ（Lanjouw 2001）。ほかには、途上国が、自らの発展段階や保健医療の状況に応じて特許権の保護期間を〇～一〇年の間で自由に選べるようにするといった提案もある。

■公衆衛生を至上の基準とし、企業の特許権よりも人々の健康な生活への権利を優先する　公益を守るための保護条項（セーフガード）が不十分なＴＲＩＰｓ第八条を改め、「公衆衛生を守るための措置はどのような状況においても妨げない」という条文に置き換えるべきである。ドーハのＷＴＯ閣僚会議で採択された政治宣言は、すべての国の政府は特許権よりも公衆衛生を優先する権利を持つと明言したことで正しい一歩を踏み出した。しかし、この宣言には法的拘束力がない。これを、特許強制実施や並行輸入の権利を揺るぎないものにすべく、法的拘束力を持ったものにしなければならない。

■すべての途上国が最も廉価な供給源から薬を調達するのを認め、国内生産能力に欠ける国に対しては特別の配慮をする　ＴＲＩＰｓ第二八条は、後発医薬品会社が特許薬を生産したり、コピー薬を輸出したりすることを禁じている。ある国が同第三一条に基づいて、特許権よりも公衆衛生を優先して特許強制実施をしても、生産は国内向けでなければならず、輸出向けに行なうことはできない。例えば、インドやブラジルの政府が後発医薬品会社に対してアフリカ向けのコピー薬生産を認めることはできないのだ。この規定によって、頼りになる後発医薬品会社を国内に持たない国が薬を安く手に入れる道は極端に狭められうる。したがって、公衆衛生問題を抱えて苦悩する途上国向けに後発医薬品会社を持つ国が薬を輸出できるよう、現在の規定を改めるべきである。

薬の場合と同様に、食糧や農業、生物多様性分野の遺伝資源にＴＲＩＰｓを適用する場合も、従来とは根本的に異なったアプローチが必要である。貧困層のために十分な食糧安全保障を図り、彼らの生存がかかっている遺伝資源および生物学的資源を守るには次の措置が取られるべきである。

■食糧や農業分野の植物遺伝資源については特許権を認めない　食糧安全保障と生物多様性保護という、途上国にとって死活的に重要な利益を守るのを認める。

■植物種に関して途上国固有の知的財産権保護システムを設ける権利を認める　先進国は、UPOV1991や米州自由貿易協定に見られるようなTRIPｓプラスを途上国に適用しない。

■TRIPｓを国連生物多様性条約（CBD）や食糧農業植物遺伝資源に関する国際条約（PGRFA：通称、国際種子条約）に合致させる　遺伝資源に関する特許は、原産国／地域社会の事前のインフォームド・コンセント（十分な説明と同意）および原産国／地域社会との利益共有なしには認めない。

サービス貿易

GATSをもっとバランスの取れたものとし、サービスの定義を狭めて、先進国やTNCの利益よりも途上国の利益を重視したものとすべきである。

■GATS2000の交渉にあたっては開発目標を優先する　先進国は、労働者の一時的な移動など、途上国が利益を得る分野の自由化を推し進めるべきである。

■自由化の約束から公共サービスを除外する　GATS第一条三項を改定して、政府がサービス提供においてどのような役割を果たしているかに関係なく、あらゆる公共サービスを自由化約束から除外すべきである。

■国家主権に関する規定を強化し、交渉範囲を限定する　GATSを改定して、政府が国の発展や貧困削減に不可欠であると見なす分野では自由化を制限する権利があることを、一切のあいまいさを排除して明確に規定すべきである。先進国は、（どの分野をGATS交渉に含めるかを途上国が選べる）現在のポジティブ・リスト方式から、（どの分野をGATS交渉から除外するかを途上国に特定させる）ネガティブ・リスト方式に変えようとする試みをやめるべきである。

特別かつ差異のある待遇

途上国は、世界市場に首尾よく参入できるような産業政策、農業政策を策定する権利を保持すべきである。

■「特別かつ差異のある待遇」を定めた規定を強化する　幼稚産業を保護する規定を設けることによって、途上国が枢要な工業セクターを保護する権利を保持できるようにすべきである。加えて、自由化約束の実施猶予期間を延長すべきである。また、貧困削減戦略に合致しない自由化約束を行なうよう途上国政府に求めるべきではない。

■海外投資家を規制する権限を保持する　ＴＲＩＭｓ第四条を改定して、海外投資家と国内企業との結びつきを強めるべく、政府がローカル・コンテンツなどに関する義務を海外投資家に課すことを認めるべきである。

第9章　貧困層が裨益できる貿易への転換

途上国が世界貿易システムにますます統合されるにともなって、貧困削減と生活水準向上のスピードが速まる可能性はある。が、それには現状を変えねばならない。先進国と途上国が貿易を貧困層のためのものとする行動を取らなければ、貿易に潜在する可能性は発揮されないのだ。その行動とは、世界レベルでの新たな協力関係とルール作り、および国レベルでの効果的な貧困削減戦略の実施を通じて、機会を再分配することである。

本章では、人間開発に寄与する貿易の可能性を解き放つための政策として主なものを概観する。まず最初に、国レベルで必要とされる政策に焦点を当てる。貧困国が世界市場にうまく参加するための環境は国際ルールによっても作り出せるが、貿易が生み出す利益を貧困層がどのくらい享受できるかを決定づけるのは各国の政策なのである。国内市場を貧困層のためのものとすることは、世界市場を貧困国のためのものとするのと同じくらい重要なのだ。

次に、貿易が生み出す利益を広く行きわたらせるには、国際社会がどのように協力したらよいのかを考える。世界貿易の問題は、援助、債務削減、資本市場の規制といった開発に関係する他の分野から切り離して議論することはできない。国際社会にとっての問題は、そうした分野での国際協力の進展具合を上回るスピードで経済統合が進

定住した遊牧民の村の学校に通う子どもたち（モーリタニアのブネッサ村で/撮影：Ami Vitale/Oxfam）

んでいることだ。

最後に、世界貿易のガバナンス（統治／協治）の問題に焦点を当てる。ＷＴＯは、その真髄から貧困国や貧困層に背を向けている。ＷＴＯの権限が新たな公共政策分野へと拡大していくにつれ、各国政府の自決権が制約されている。ＷＴＯのルールを順守せよという要請と、貧困削減策を採る必要性との間で板挟みになった政府の苦悩は増している。ＷＴＯの権限拡大の一方で、ＷＴＯが市場アクセスといった古くからの懸案事項に取り組んでいないことである。もう一つの問題は、権限拡大の一方で、ＷＴＯが市場アクセスといった古くからの懸案事項に取り組んでいないことである。さらに、世界貿易を統制するガバナンスのシステムが、企業への極端な力の集中がもたらす脅威をはじめとする、グローバリゼーションに根ざした新たな重要課題に対応できていない問題がある。

一　国レベルのガバナンスと世界貿易への参加

本書全体を通じて私たちは、グローバルなレベルで世界貿易を統制する政策、組織、ルールが、本質的に貧困国や貧困層の利益に反したものであることを見てきた。しかし、貧しい人々の生活がどうなるか、さらには貿易が生み出す機会を貧困層が活かせるかどうかは、最終的にはその国の公共支出、所得・資産の分配、教育・保健医療サービスへのアクセスといった政策や社会状況にかかっているのである。したがって、世界貿易システム改革のための行動を補う国レベルの行動は死活的重要性を持っているのだ。

●教育と保健医療

世界市場にうまく参加するための要件は、貿易政策という狭い枠の中にとどまらない。国の繁栄にとっては、関税や非関税障壁よりも、教育や保健医療サービスに関わる政策の方が本質的な問題だ。

今日のグローバル経済において、世界貿易への参加をうまく果たすのに最も重要な前提条件は恐らく教育だろう。国レベルでも家庭レベルでも、富を生み出す源として人的な資源が急速に重要性を増し、物的な資源を凌駕し始めている。貧困削減を加速するのに不可欠な、高度かつ持続的な経済成長は、教育サービスの質にますます左右されるようになっている。今後、世界の所得分配は教育機会の分配状況を反映したものとなるだろう。同様に、国内でも所得の分配と教育機会の分配の関連性が強まっている。

技術の大革新が世界経済を席巻する中で、途上国の大人の五人に一人は読み書きができずにいる。就学年齢に達した子どものうち、一億二五〇〇万人が小学校に通えずにいる。読み書きができない大人の場合と同様、これら未就学児童の三分の二は女子で、ジェンダー格差が教育にも深く浸透していることを示している。教育の遅れが最も顕著なのがアフリカだ。今のままでは二〇一五年までに、未就学児童の四分の三をアフリカが占めることになるだろう（Oxfam 2001 i）。初等教育へのアクセスが限られていることは問題のほんの一部に過ぎない。政府が発表する就学率は危機的状況の全容を表してはいない。初等教育を終えることなく途中で脱落する子どもが多数いるからだ。それは中所得国でも起きている。例えばブラジルやペルーでは、脱落する児童が全体の約三分の一に上っている。小学校を卒業しても、教育の質が低いため読み書きも満足にできない子どもが途上国には大勢いる。インドの小学校を卒業した子どもの三人に一人は読み書きが十分できずにいる。

教育の危機は一様ではない。危機的状況にあるのは圧倒的に貧困層である。インドでは、上位五分の一の最富裕層の子どもはほぼ全員初等教育を終えられるのに対して、下位五分の一の最貧困層の子どもは、その半分以上が小学校に入ることすらできずにいる。ブラジルでも、最富裕層の子どもはほぼみな初等教育を終えられるが、最貧困層では一五％に過ぎない（Filmer & Pritchett 1999）。ジェンダー格差もまだまだ大きい。南アジアでは、女児の教育年数は男児よりも平均して三年短い。アフリカの女児の就学率は男児より一〇％低い。これら富や性差に基づく格差に、他の格差が輪をかけている。例えば、ほとんどの途上国では、都市部に比べて農村部に住む人々の教育機会はずっと限られている。

教育格差が世界貿易に与える影響は奥深い。教育機会が限られ、非識字者の多い国が知識集約度を増す世界市場に参画すると、貿易や投資の世界シェアを落とす可能性がある。教育機会の欠如はまた、貿易がもたらす機会をその国や貧困層が活かす力を弱めてしまうだろう。複数の国を対象にした調査では、初等教育を終えることができれば零細農家の生産は九％増加し、女児教育を向上できればさらに増加するという結果が出た（Appleton 1996）。富裕国と貧困国、富裕層と貧困層の間の教育格差を縮める持続的な戦略がなければ、世界市場への統合は格差の拡大を生み、貧困削減を後退させるだろう。アフリカの場合、たとえ貿易政策は変えられても、子どもの半数が学校に行けないようでは、ますます世界市場の片隅に追いやられることになろう。インドの場合、孤島状のハイテク経済を急成長させ続けられたとしても、成人の非識字率が四〇％を超え、子どもの就学年数が平均五年（女児は三年）程度で、就学年齢に達した子どものうち三〇〇〇万人が学校に行けないようでは、輸出の拡大が迅速な貧困削減につながる見込みはほとんどない。

貧困層が貿易から裨益する力を高める国家戦略の中心に教育を据えるべきである。しかし、様々な課題を抱える中で、教育を「お荷物」と見なす政府が多い。今でも南アジアやアフリカの政府の多くは、初等教育よりも軍事に多くの予算を割いている。インドなど教育関係の指標が世界でも最低の国では、初等教育予算の対ＧＤＰ比が一％以下である。教育予算が少ないことは家庭の「利用者負担」が重いことを意味している。途上国の大半で教育への事実上の「課税」が行なわれているために、何百万、何千万という子どもたちが教育の機会を奪われ、貧困層は何世代たっても貧困から抜け出せず、経済成長も阻害されてしまうのだ。

同じことは保健医療についても言える。富裕国と貧困国、富裕層と貧困層との間に大きな健康格差が存在することは、不健康が貧困の所産であることを如実に物語っている。きれいな水が手に入らず、栄養も足りず、医療へのアクセスにも欠ける貧困層は感染症にかかりやすい。不健康は貧困の結果であると同時に原因でもある。一度病気にかかっただけで、貧しい人々の一大資産である労働力の生産性は落ち、女性は時間とエネルギーを病人の世話に向けねばならず、家庭全体が赤貧の泥沼へと転落していくのだ。大人が病気になれば、貧困家庭は持てる貯蓄を取り崩し、資産を売り払い、消費を削り込まねばならない。子どもが病気になれば学ぶ力が損なわれる。積もり積もって国家経済に破壊的影響を与えることもしばしばある。マラリア、結核、エイズ（ＨＩＶ／ＡＩＤＳ）などが蔓延すれば経済成長は大きく減速する。エイズの脅威は深刻で、全患者三三〇〇万人のうち三分の二がサハラ以南のアフリカに集中している（Sachs 1999）。

健康は、それ自体が開発の基本目標の一つだが、貿易がもたらす生活水準向上の機会を貧困国や貧困層が活かすための要件でもある。しかし、教育の場合と同様、途上国の保健医療政策には、その重要性に見合っただけの優先順位や予算がほとんど付与されていない。途上国に住む人々の三分の一が基本的な保健医療サービスを受けられず、廉価な薬を買えない人々の数はもっと多い。それは、資金難の問題だけでなく、公共支出の分配の問題でもある。

●農村部の貧困

貿易の拡大を通じて一国が世界市場に統合されていく時、貧困層は機会と脅威の両方に遭遇する。急速に拡大する輸出市場への完全な統合、雇用の増加、新技術へのアクセスなどを通じて大きな利益を得る可能性がある。逆に、貧困層だけが取り残されたり、搾取的な労働をさせられたり、激化する競争に生計を脅かされたりといった恐れも現実にある。結果がどう出るか予断はできない。これまでの所得、資産、教育機会の分配状況や、どのような統合を政策が目指すかによって変わってくるのだ。

貿易を人間開発に強く結びつけようとするならば、世界の貧困層の約四分の三を占める農村部の貧困層を第一に考えねばならない。彼らは貿易がもたらす機会を活かすのに必要な物的資産や金融資産に簡単にアクセスできない。ブラジル、ボリビア、南アフリカ、ケニア、それにインドの一部では、農地が一握りの者に握られている。国連食糧農業機関（ＦＡＯ）の推計では、中南米の農村人口の三分の二は土地なしか、基本的ニーズを満たせるだけの土地を持っていない（FAO 1998）。土地所有が不平等なため、輸出向け農業がもたらす機会は貧困層に不利に働く。

マーケティング（流通販売）のインフラが未発達なことも世界市場への参画を阻害している。インフラがとりわけ貧弱なのが貧困層の集中する地域である。どの途上国でも、市場まで遠く悪路なことが農村部の貧困層にとって一番頭の痛い問題だ。輸送コストが高くなるため売り渡し価格は下げざるを得ず、家庭の所得や労働機会を減少させている（Delgado 1995；Minten & Kyle 1999）。ベトナムの高地稲作農家、ペルーのジャガイモ生産農家、ケニアやタンザニアのトウモロコシ生産農家は、平均的な農家と比べて道路へのアクセスが悪く、貧困レベルが高い。アフリカにはアフリカ特有の問題がある。道路密度（一平方キロあたりの道路のキロ数）がインドの七％しかないのだ（Collier & Gunning 1999）。食用穀物の出荷費用がケニアではインドネシアより四〇％も高いというように、インフラは地元市場での競争力に大きな影を落としている。さらに農村部の貧困層は、灌漑、融資、農業普及サービスへのアクセスという面でも不利な立場に置かれている（IFAD 2001）。

こうした様々な格差の蓄積が、貿易が生み出す利益の分配を大きく左右している。市場から遠く道路へのアクセスが悪いところでは生産物の出荷費用がかさみ、売り渡し価格は下がり、肥料など農業投入財の買い入れコストは高くなる（Killick 2001）。市場が自由化されても、貧しい農家が都会の市場で輸入農産物と張り合うのは、たとえ輸入農産物が補助金で力をつけていないとしても、ほとんど不可能である。ペルーでは、輸入品に都会の市場を奪われたことで、高地での主食農産物の売り渡し価格は一層下落した。ザンビアやケニアでは、遠隔地の農家が南アフリカからの輸入農産物に太刀打ちできずにいる。農地、灌漑施設、市場の情報、インフラへのアクセスなどが欠けたままでは、輸出市場がもたらす機会を貧困層がつかむことなどできない。中南米やサハラ以南のアフリカで急成長する果物や野菜の輸出の大部分は、商売目的の大規模農園によるものだ。

農村地域の貧困が著しい国で貧困層が貿易から裨益するには、資産の再分配が欠かせない。その第一歩は農地の再分配だ。ブラジルでは「土地なし農民運動（ＭＳＴ）」が未耕作の大農園を占拠し、全国に一〇〇〇以上の農地改革入植地を作った（Wolford 2001）。入植地では、土地なしだった人々が自家消費プラス地元市場向けに食物を作っている。この運動は農村部の貧困削減にプラスなだけでなく、国全体の利益にもなっている。零細農家は効率性や雇用、成長の面で優れているからだ。零細農家は大規模農家より生産性が高く、あまり資本を使わずに労働力を使う。それでも各国政府は、資源の利用効率が悪い商売目的の大規模農園を優遇する。世界銀行は農地再分配の重要性を認識しながら、農地の売買や私有化という市場の力に任せたがる。そんなやり方は結果らしい結果を生み出せていない。当たり前のことだが、貧困層には農地を買うだけの購買力がないからだ（Palmer 2001）。

農村部の貧困を削減する戦略は、農地の再分配だけでなく、貧困層が利用するインフラへの投資にももっと力を入れる必要がある。灌漑や道路への投資は、貧困層が集中する地域より商売目的の農業地域に集中する傾向がある。農業普及サービスや研究開発も、農業限界地で零細農家が作る農産物より大規模農家が作る農産物に向かうことが多い。多くの途上国では、農村部の貯蓄貸付機関が未発達で、資金へのアクセスも限られている。

貿易を農村発展に活かす戦略では、ジェンダー格差の解消も肝要だ。多くの国でグローバリゼーションの最大の敗者となりかねないのが農村部の女性だからだ。第３章で見たように、彼女たちは土地、融資、資金などの生産資源を支配する力が男よりも弱い。換金作物の栽培を始めても、ジェンダーに根ざした分業のために生産物を販売する際に発言権を持てないケースもある。彼女たちはまた男より非識字率が高く、生活レベルの向上に必要なサービスも受けにくい。売買に関わる際も、輸送インフラが貧弱なせいで様々な難題に直面している。

都市部の貧困と雇用

第３章で見たように、世界市場への統合が雇用に与える影響は一様ではない。繊維、農業関連輸出品、超小型電子機器などの分野は、女性を中心に新たな雇用機会を生み出している。一方、高い障壁でもって輸入品から守られてきた労働集約型の産業などは雇用に打撃を受けている。それでも、統合による勝者と敗者の色分けは簡単にはいかない。雇用を創出する場合でも「柔軟な」雇用政策が採られ、労働者が相当な搾取にあうこともあるのだ。輸出の拡大は、所得面の剥奪状況は改善しても、別の面では剥奪状況を悪化させているように見える。

途上国政府は、新たな剥奪状況を正せずにいる責任だけでなく、剥奪を生む環境を積極的に作り出している責任も取らねばならない。世銀／ＩＭＦや北の超国籍企業（ＴＮＣ）は、「柔軟な」雇用形態は経済成長が不十分であることの必然的な帰結であり、柔軟にすることで輸出を拡大し、海外からの投資を増やす道が確保できる、と思い込ませようと躍起になってきた。そして、労働組合権、最低賃金、労働者の権利などに象徴される「硬直した」労働市場では競争力を失うとして、「硬直性」に難癖をつけてきた。

すでに見たように、柔軟な労働市場は新たな脆弱性をもたらした。バングラデシュ、メキシコ、中国の自由貿易地域ないし経済特区や、中南米の輸出向け農業ビジネスでは、超不安定かつ超低賃金で、臨時雇いでしかないことも多い仕事に何百万、何千万もの女性が引き寄せられていった。労働条件は劣悪なことが多く、まともな健康保険、社会保険、年金制度にも入れずにいる。輸出の急拡大が実質賃金の上昇に結びついていない国も数多い。

団体交渉権に対する容赦ない攻撃は、理由や国による違いはあっても、問題を悪化させずにはおかなかった。打撃を受けたのは、労働組合が組織された産業セクターで働く労働者だけではなかった。労働組合の力で賃金が上昇すれば、その余波は非組合員の労働者にまで及ぶことが知られている。健康、安全、保険、年金といった賃金以外の労働条件もまた、団体交渉権のおかげで非組合員労働者にまで波及すると言えよう。

労働市場は過剰なまでに柔軟になったと断言せざるを得ない。安くて脆弱な労働力は、世界市場での競争力を保証するわけではない。ましてや貧困削減を保証するものではない（OECD 1996）。労働コストが生産性に関係しているのは明白だが、政府による政治的介入が賃金と労働条件を人為的に押し下げているのが現実だ。以上のことから、国際労働機関（ＩＬＯ）が定めた主要な労働基準を政府が実現していくことが肝要だ。政府はまた、輸出加工区で働く女性や労働者の権利を弱めるといった二重基準を撤廃しなければならない。

●政府による規制と「腐敗税」

多くの途上国で、悪いガバナンスが、貿易から貧困層が裨益する力を弱めている。腐敗とお役所仕事が相まって、発展への課税（重し）になっていることが多い。しかも課税は累進的ではなく逆進的である。つまり、貧しい者の肩にずっしりと重くのしかかるのだ。それはまた、質の良い投資への障害にもなっている。

「腐敗税」の全容はよく分かっていない。「トランスペアレンシー〔透明性〕・インターナショナル」〔本部ドイツ。汚職・腐敗問題に取り組む。一九九三年設立〕というＮＧＯは、毎年「腐敗認知指数」を発表している。それは、世界一〇〇カ国以上の政府について、どのくらい腐敗していると認知しているかをビジネスマンや経済アナリスト、学者などに聞いて指数化したものである。それによると、ケニア、ボリビア、バングラデシュ、インドネシアなど最貧国の政府の多くが、けたはずれに腐敗した政府として認知されている（Transparency International 2001）。ケニアでは、庶民が日常的に賄賂を払わねばならないため、一般家庭の生活費が三分の一も余計にかかっている。役人が毎日要求する「キトゥ・キドゴ（ちょっとしたもの）」は貧しい家庭にとって大きな負担となっている。零細農家、小商い、零細企業家はみな苦しめられている（Turner 2002）。それは腹立たしい出来事というだけでなく、流通販売コストを引き上げ、貿易から得られる利益をかすめとる働きをしている。タンザニアでコーヒー取引をしようとすると、事業許可を取って輸送するのに最大一〇種類もの賄賂を支払わねばならないという。賄賂にかかる費用は、コーヒーの買い入れ価格を引き下げることで回収するという形を取るため、生産者に跳ね返ってくる。

行き過ぎた官僚主義（お役所仕事）と腐敗とが二人三脚を組んでいる国も多い。四七カ国の競争力に対する海外投資家の評価を調べた調査で、インドは熟練労働者の数で一二位にランクされたが、腐敗への取り組みでは四五位に沈んだ（International Institute for Management Development 2000）。腐敗と官僚主義とのお付き合いは、海外投資家だけでなく国内の中小企業家にとっても取引費用の押し上げ要因となる。インドの企業経営者は、自国の役人とのやりとりには中南米の役人より三倍以上も時間がかかるとこぼしており、世銀のチーフエコノミストは「役人の嫌がらせは芸術的ですらある」と表現している（Stern 2001）。

組織だった腐敗を抑制するのに必要な体制と能力の強化は、あらゆる長期的な貿易戦略に欠かせない要素とすべきである。議会や市民社会によるしっかりとした監視ももう一つの重要な要素だ。

●経済インフラ

経済インフラの質は世界市場での競争力に大きく影響してくる。それは、国内の生産者や企業が世界市場に参加する経路なのだが、最貧国の多くではその経路があちこちでほころんでいる。その結果、取引費用が上昇し、競争力は低下し、貿易から得られる利益も目減りするのだ。それが最も顕著なのがアフリカである。輸出にかかる輸送費と保険料は、途上国全体では輸出収入の六％に過ぎないが、アフリカでは一五％に上る（Collier & Gunning 1999）。しかも上昇率が他の地域よりも高い。非効率な港は輸送コストを押し上げ、競争力を低下させる。インドの港では、通関に要する時間が韓国やタイの二倍もかかり、輸送費も二〇％高い（Limao & Venables 1999；Stern 2001）。

インフラの中でもエネルギーは投資に大きく影響する。電力供給は多くの国で大問題となっている。大企業であれば自前の発電施設を持つことで回避できるが、中小企業にそんな選択肢はない。途上国で人々の大半を雇用するのが中小企業であることを考えると、発電能力が貧弱なことは貿易を貧困層のためのものとする上で障害となる。

先進国と途上国の技術格差は、途上国を一層不利な立場に追い込み、先進国を一層有利な立場に置きかねない。先進国の中には人口の半分以上がインターネットにアクセスできる国があるのに、インドでは一％にも満たない。ハイテク革命が加速する一方で、二〇億もの人々がいまだに電気を利用できずにいる。先進国では電話線が二人に一本の割合で普及しているのに対し、最貧国では二〇〇人に一本だ。グローバル化した経済においては、そうした格差が情報、機会、市場へのアクセスの格差として現れ、最終的には所得格差の絶えざる拡大へとつながっていくのだ。

●貧困削減のための総合的な枠組み

貧困層が裨益できる貿易へと転換する戦略を立てるにあたっては、体制面で克服すべき大きな問題がある。貧困と格差を減らす戦略の一環として貿易政策を改革してきた途上国などほとんどない。貧弱なガバナンスという問題は、政策決定を縦割りで行ない、信頼できる貧困削減戦略を打ち立ててこなかったことに集約される。

ペルーは一九九〇年代初めに急速な貿易自由化に踏み切ったが、それは財務省と世銀／ＩＭＦの話し合いで決めたことだった。急速な輸入自由化の中には農業分野が含まれていたにもかかわらず、農業省に意見を聞くことはほとんどなかった。自由化が農村部の生計、所得分配、貧困に及ぼすであろう影響を事前に評価することもまったくなかった。ペルーが例外的存在というわけではない。インドでも、貿易自由化は財務省主導で取りまとめた広範な改革パッケージの枠の中だった。アフリカでも、世銀／ＩＭＦが各国の財務省を相手に取りまとめた融資合意の枠組みの中で自由化戦略を立てるケースが多かった。社会開発分野〔教育、保健医療など〕の省庁に意見を聞くことは滅多になく、あったとしても自由化の実施にあたって詳細を詰めるためだった。

途上国政府のほとんどは、貿易自由化は貧困層にとって良いことだという前提に立ちつつも、貧困削減戦略の中心に貿易自由化を据えることは滅多にない。実際問題、貧困削減戦略で一貫した組織体制を取っていると主張できる国は皆無に近い。多くの国では、労働省をはじめ社会開発分野の省庁が貧困削減の責任を負わされているが、政府内での力が弱く、貿易や財務を担当する有力省庁は貧困削減を優先課題としていない（UNDP 2000）。省庁間の調整も貧弱か存在すらしないことが多い。ウガンダは例外で、財務省が国家貧困削減計画を管轄し、多省庁にまたがる計画の実施に責任を持ってあたっている。

世銀／ＩＭＦが貧困削減の新しい枠組みを推進し始めた時、政策の全領域に貧困削減が不可欠な要素として盛り込まれるのではと期待された。政府が立案し、世銀／ＩＭＦが融資や債務削減の条件として承認する貧困削減戦略文書（ＰＲＳＰ）の目的は、総合的な貧困削減のアプローチを企画することにある。しかし、第5章で見たように、実態は人々を勇気づけるものではなく、特に貿易分野には失望させられる。貿易自由化が貧困層に与える影響をしっかり評価したＰＲＳＰは一つもなく、影響評価に基づいて自由化約束を見直したＰＲＳＰも一つとしてない。

良きにつけ悪しきにつけ、貿易自由化が貧困層の生活に甚大な影響を及ぼす可能性があることを考慮すれば、理論通りに事が運んだなどと後から正当化するのではなく、事前にしっかりとした影響評価を行なうことが肝要である。自由化のタイミング、順番、範囲など、すべてを精査する必要がある。例えば、農産物によっては、零細農家の能力強化に投資する前に輸入を自由化するのではなく、投資した後に自由化する方が理にかなっていることもあるだろう。何よりも、貧困削減戦略について十分な情報に基づいた国民的議論を行なう中で貿易自由化を取り上げて論ずべきなのだ。

二　貿易を超えて——国際協力の質を高める

世界貿易をどうするかという問題は、様々な分野での国際協力の問題から切り離して論ずることはできない。世界経済の中で弱い立場に置かれている途上国は、それら他分野での支援を必要とし、グローバリゼーションの破壊的影響からの保護も必要としている。

●開発協力

一九九二年にブラジルのリオデジャネイロで開かれた地球サミット〔国連環境開発会議〕に参集した先進国政府は、途上国が世界経済にもっと対等な形で参加できるようにするには、開発協力の役割が死活的に重要であることを認めた。そして、政府開発援助（ＯＤＡ）の対ＧＮＰ比率を〇・七％にまで高めるという国際公約を再確認した。

それから一〇年、援助額はむしろ大幅に減少した。経済協力開発機構（ＯＥＣＤ）によると一九九二～二〇〇〇年にかけてＯＤＡは総額で一三〇億ドル減少し、対ＧＮＰ比率も〇・三三％から〇・二二％へと低下した。世界一の経済大国であるアメリカは世界一ケチな援助国で、ＧＮＰの〇・一％しか援助していない（OECD 2001b）。

援助の減少は最貧国に深刻な影響を与えている。サハラ以南のアフリカへの一人あたりの援助額は、一九九四年の三四ドルから九九年には二〇ドルに減少した。低所得国全体に対する援助額もその間七〇億ドル減った。これだけの減少が、途上国や貧困層が貿易から裨益する力を損なったであろうことは疑いを容れない。GNPの〇・七％を援助するという約束を守らなかったことは、途上国にとって大きな損失を意味する。先進諸国が約束を守っていれば年間の援助額は一〇〇〇億ドルも増え、人間開発を推進する重要な資金源となりえただろう（UN 2001c）。

援助はすべてが良い援助というわけではないが、狙いがしっかりした開発協力は、世界市場に参画しようとする途上国の前に立ちはだかる障壁を取り除くことができる。農業分野では、遠隔地での出荷コストを引き下げるのに必要なインフラを整備する上で重要な役割を果たしうる。開発協力はまた、輸出がもたらす機会を貧しい生産者が活用するのを可能にする。にもかかわらず、農業分野の援助は全分野の中で一番減少し、一九九〇年代末には八〇年代後半の三分の一にまで落ち込んでしまった（IFAD 2001）。

途上国で質の高い教育を無償で提供すること以上に、より公正な貿易関係の構築に寄与する手段があるとは考えがたい。教育もまた援助が重要な役割を果たせる分野である。二〇〇〇年にセネガルの首都ダカールで開催された世界教育フォーラムで、途上国政府は「万人に教育を」という目標を二〇一五年までに達成するための行動計画を立てることを約束した。それに対して先進国政府は、資金援助の不足が原因で行動計画が失敗に終わらないようにすると約束した。初等レベルの皆教育を実現するのに必要な資金は年九〇億〜一〇〇億ドルで、世界のGDPの〇・〇二％に過ぎない（Oxfam 2001 i）。その程度の投資で人間開発に大きな成果をもたらせるのだ。しかし、援助額の減少と先進国のものぐさな態度が災いして、世界規模の教育向上イニシアチブは頓挫を余儀なくされている。

途上国が貿易から利益を得るのを妨げている健康問題の解決にも、国際協力は中心的な役割を果たせる。WHOが設置した「マクロ経済と健康に関する委員会」は、先進国が保健医療分野への援助をGDPの〇・一％分増額し、途上国政府も同分野の予算を増やせば、二〇一〇年までに年八〇〇万人もの命が救えるだろうと試算している（Commission on Macroeconomics and Health 2001）。結核、マラリア、エイズといった病気のくびきから解き放たれることは、人々の福祉の向上という直接的な利益だけでなく、経済的にも大きな利益をもたらすだろう。そうして得られる経済的利益は、援助増額分の一三倍に上るという試算もある。それほど大きな潜在的利益があるにもかかわらず、保健医療分野の援助は一九九〇年代に減少してしまった。

●低所得国の債務の持続可能性

債務問題をコントロールできなければ、貿易が利益をもたらす芽は、大きく二通りの方法で摘まれてしまうかもしれない。第一に、海外の債権者が返済を求めれば、輸出で得られた外貨は大部分が海外に還流してしまう。その結果、債務国の生産者は必需品を輸入できず、貿易による利益も得られなくなる。第二に、政府の歳入の大部分が返済に回されれば、保健医療、教育、農村インフラの改善といった公共投資ができなくなる。どちらにしても、持続不可能な債務は、貿易が生み出すはずの利益を減少させ、国際貿易システムに途上国がうまく参画する可能性も損ねてしまう。

返済不可能な債務という問題の解決に向けた国際協力は、持続不可能な債務のために一九八〇年代に壊滅的な打撃を受けた低所得国を主な対象に行なわれてきた。「重債務貧困国（ＨＩＰＣ）イニシアチブ」によってアフリカを中心に二三カ国の債務が削減され、それらの国は輸出で得た外貨のうち、債務返済に回す割合を平均一〇％未満に下げることができた。それでも、債権国からの返済要求は、それらの国の財政にとって今も大きな重しとなっている。ＨＩＰＣイニシアチブ対象国の政府が歳入から債務返済に回す割合は、二〇〇一年現在でも平均一二％に上っている（World Bank 2001 e）。しかも、債務返済のための予算が初等教育予算よりも多い国が半数以上、保健医療予算よりも多い国が三分の二もあるのだ（Oxfam 2001 i）。ＨＩＰＣイニシアチブは、以前の国際的な債務削減努力に比べれば大きな前進と言えるが、債務国の教育や保健医療がただでさえ低水準にあることを考えれば、そうした分野への投資よりも債務の返済を優先する公共支出のあり方は正当化しがたい。

●民間資本市場

資本市場のグローバル化が生み出した債務問題は、一九二〇年代の中央銀行や財務省の人間にとっては悪夢の再来のように思えるだろう。多くの国の経験が示すように、不安定な資本市場は、貿易から利益を得ようとする途上国の前に大きく立ちはだかっている。

一九九〇年代、途上国では海外直接投資が増大しただけでなく、株式や債券市場への投資が急増し、商業銀行も再び貸出を活発化させた。そうした民間資本市場の資金の流れは投機的で、乱高下することが多かった。アジアの金融危機が起きる前の九六年と起きた後の九八年では、途上国に対する資産運用投資が八一〇億ドルから三七〇億ドルへと急減し、銀行の貸出額はプラス一五〇億ドルからマイナス一〇三〇億ドルへと急旋回した（IMF 1999 c）。その結果起きた金融市場の崩壊は、アジア諸国に大打撃を与えただけでなく、ロシアからブラジルにまで波及した。

多くの途上国が経験した民間資本の大流入と大流出で、貿易の将来展望には暗雲が垂れこめた。金融市場への投機的関心が高まった結果起きることの多い資本の流入は、為替レートを人為的に上昇させることで途上国の輸出品価格を引き上げ、輸入品価格を引き下げる。それによって途上国の生産基盤は打撃を受け、国際収支は逼迫する。逆に、資本が流出すると貧しい国は大変な債務圧力にさらされ、政府は債務返済のために金利の引上げやデフレ政策を余儀なくされる。一九九八年にタイの経済は五％、インドネシアの経済は一二％も縮小した。タイでは、九七年の金融危機後の金利引上げで倒産する会社が月に一〇〇〇社を超えた（Bretton Woods Project / Oxfam 2001）。東アジア各地で失業と貧困が目に見えて増えた。危機が飛び火したブラジルでは、政府が社会福祉予算を削減した。

一九二〇年代の大恐慌の引き金を引いたのも金融危機だった。資本流出を前にして各国は、輸入の削減と経済の緊縮を迫られ、世界貿易は急激に縮小していった（James 2001）。今日のグローバリゼーションでは、世界貿易の崩壊は今のところ免れているが、かろうじてといったところだ。崩壊は免れても、大多数の途上国では貿易が甚大な被害にあっている。民間の債権者に対する持続不可能なほどの債務のせいで、途上国政府は身動きできなくなっている。二〇〇〇年末のアルゼンチンの債務は輸出額の九〇％を超えた（IMF 2001 d）。金融危機を回避するための努力が失敗に終わったため、政府は〇一年に公共支出を二〇％もカットせざるを得ず、同国の経済は大不況に陥った（*Economist* 2001 d）。インドネシアでも、一九九九年に政府の歳入に占める債務返済の割合が四分の一を超えた（Oxfam 2000 b）。

国レベルでも国際レベルでも、資本市場を管理する必要性に目を向けることが急務だ。国レベルで言えば、一九九〇年代にＩＭＦや先進国政府が途上国に奨励した資本市場のがむしゃらな自由化は、明らかに失策だった。インドがなぜ金融危機の影響を受けずに済んだかと言えば、それは急速な貿易自由化に踏み出した後も資本市場はあまり開かずにいたからだった。資本の流れをコントロールすることでインド政府は対外債務が膨れ上がる事態を避け、為替レートを安定的に維持できたのだ（Joshi 2001）。多くの国にとって、資本市場の開放には慎重の上にも慎重を期すことが世界貿易にうまく参入するための前提条件であると言える。

国際レベルで言えば、融資についての情報にばかり気を取られるのではなく、二つのことに早急に取り組む必要がある。一つは、途上国政府が債務返済の繰り延べや債務削減を交渉のテーブルに乗せることができるよう、債務救済の枠組みを作ることである。HIPCイニシアチブの対象となる資格がある低所得国と違って、中所得国の場合は機関投資家や商業銀行に負った持続不可能な債務を軽減するメカニズムがないため、債権者の要求がその国の貿易をはじめとする長期的な経済展望を台なしにしかねない（Grieve Smith 2000）。もう一つは、投機的な資本の流れを制限するメカニズムを作ることである。政府は貸し手の貸出コストを高めるべく、リスクの高い貸出の場合はもっと引当金を積むよう義務づけるべきだ（Griffith Jones & Cailloux 1999）。

民間資本の流れ以外に、毎日一兆六〇〇〇億ドルもの為替が取引されており、そのほとんどが投機目的である。東アジアの金融危機に火をつけたのは大規模な為替投機だった。東アジアやアルゼンチンの金融危機は、過大評価された通貨を政府が守ろうとしたことが一因だったとは言え、実体経済に関係なく通貨を投機の対象とすることが、多くの途上国の経済が脆弱性と不安定性を抱え続ける原因となっているのだ。

投機的な為替取引を抑制するために課税しようというアイデアは、東アジアの金融危機以降、先進国でも途上国でも支持を集めている。最近ではフランス政府が二〇〇一年に賛同の意を表明した。その税〔発案者の名前をとってトービン税と呼ばれる〕は短期的な取引への課税を最も重くすることで投機的な取引を抑制し、為替レートの安定に資することができる（Tobin 1994）。得られた税収の一部は援助資金に回し、教育や保健医療サービスの供与に使える。税率を〇・一％とし、税収の一〇％を援助に回しただけで、四〇〇億ドルもの資金が途上国の開発に使えることになるのだ（UN 2001 c のデータから推計）。

三　WTOのガバナンス改革

　WTOは創設されて間がないにもかかわらず老化現象を起こしている。一九九五年に「関税と貿易に関する一般協定（GATT）」を発展的に解消して創設されたWTOは、貿易を統制する国際機構の力と所掌範囲を根本から大きく変えた。WTOの権限とカバー範囲は、ある意味では世銀やIMFより大きいと言える。しかし、若い組織であるにもかかわらず、WTOは二一世紀初頭の世界貿易のニーズに対して、危険と言えるほど無神経である。WTOのガバナンスは弱く、扱う範囲は自らの能力を超え、重大な諸課題に取り組もうとしていない。

●背景

　世銀やIMFと同じく、WTOは一九二〇年代の大恐慌にその源を発する。一九四五年に戦勝国の指導者たちは、大戦にまで行き着いてしまった経済縮小と民族主義的な政治対立という轍を踏まないよう、新しい国際機関を創設することにしたのだ。

　第二次世界大戦が終わると、戦後世界の設計者たちは世界貿易を統制するための新しいルールを作った。そこでの関心事は、共存共栄を可能とする安定性を持った貿易システムの基礎を築くことにあった。第一次大戦から第二次大戦に至る間、各国は競って関税を引き上げて相手に損失を押しつけようとした。そうした血で血を洗うような競争によって通商問題の解決を図るのとは違った、より良いアプローチを模索した。そうして構想された国際貿易機関（ITO）は、貿易障壁を規制するだけでなく、一次産品市場を安定させ、グローバルな反独占の仕組みを作り、様々な地球規模の金融問題を解決するためのルールを制定し、守らせることが使命とされた（Noland 2000）。

　しかし、ITO構想はアメリカ議会の反対にあい、ついに陽の目を見ることがなかった。それに代わるものを模索する交渉が一九四七年に行なわれ、世界貿易を統治する唯一のルールとしてGATTが誕生した。が、GATT

は、要するに貿易障壁を削減するための交渉の場に過ぎない。ルールを守らせるための仕組みがなく、ルールを破ったとしても、それを罰することは何一つできなかった。それだけでなく、繊維や農業といった〔特に途上国にとって〕重要な貿易分野がＧＡＴＴの対象から除外されてしまった（Hoekman & Kostecki 1995）。

ＧＡＴＴからＷＴＯへの改組は革命的な一大転換だった。ＷＴＯの所掌範囲と権限は少なくとも三つの面で拡大強化された。その第一は「一括受諾」で、ＷＴＯに加盟しようとする国はＷＴＯの全ルールを一括して無条件に受け入れなければならない。ＧＡＴＴの時と違って、どのルールを順守するか選ぶことを許さないのだ。第二は、ルールの対象が関税や非関税障壁にとどまらず、広範囲に及ぶことだ。本書で見てきた通り、対象は投資からサービス、知的財産権にまで及び、繊維や農業もカバーしている。さらに、従来は不可侵と見なされてきた国家の政策までもＷＴＯの監視下に置かれることになった。第三は、ＷＴＯにはルールを執行する（順守させる）力があることだ。ＷＴＯには紛争処理システムがあって、加盟国は他国の政策に異議を唱えることができ、ＷＴＯのルールに違反していれば補償や貿易制裁を求めることができるのだ。

ＷＴＯのルールが重大な意味を持つもう一つの理由は、それがグローバルに適用されることにある。二〇〇一年一一月には一四二もの加盟国の貿易相がドーハに集まり、多国間貿易交渉の新ラウンドをスタートさせた。さらに、その翌月に中国が加盟したことで、世界貿易と世界人口の大半がＷＴＯのルールと執行力のもとに置かれることになった。

強力な多国間貿易ルールができることによって、途上国はある意味では大きな利益を享受できる。世界貿易システムの中で最も非力な途上国は、一対一のサシの交渉では自国の利益を追求し実現するだけの経済力がなく、貿易制裁の脅しをかける力もない。また、他国から一方的な措置を取られたり脅されたりしても、それに報復するだけの力がない。そうした意味で、貧しい国は豊かな国以上に国際的なルールを必要としているのだ。ただ、ルールの中身と、ルールを作り、守らせるガバナンスの仕組みが重要なのだが、ＷＴＯはその両方で落第だ。

●ガバナンスの仕組み——形式的な民主主義と実質的な独裁体制

外見だけ見れば、WTOは世銀やIMFよりも民主的な組織であり、加盟国を直接代表している（Helleiner & Oyejide 1999）。しかし、表向き民主的なことが、世界貿易システムの中心に陣取るこの組織が持つ極めて非民主的な実態を見えにくくしている。その非民主性ゆえに、先進国は自分たちに有利なルールを作ることができるのだ。世銀とIMFが「一ドル一票」の意思決定システムであるのに対して、WTOは「一国一票」である。世銀とIMFの業務を監督するのは理事会で、理事会での投票権は加盟国政府の出資比率に応じて割当てられている。そのため、アメリカの投票権は東アジア、南アジア、中南米、サハラ以南のアフリカ諸国の投票権を全部足し合わせたものに等しい。ベルギーの投票権はインドより大きく、イギリスの投票権はサハラ以南のアフリカ諸国の投票権の総和よりも大きい（Oxfam 2000 b）。その結果、世銀／IMFのプログラムを実行させられる立場にある国が、世銀／IMFの運営に関しては最も発言力が弱いという事態が生まれている。が、WTOの仕組みは違う。全体を統治するのは閣僚会議で、二年に一回会合を持つ。建前では全加盟国が平等な投票権を持っている。日常業務を行なう一般理事会は年に一二回ほど開かれ、ここにも全加盟国が対等な立場で参加できる。

世銀／IMFとのもう一つの大きな違いは、スタッフと政府代表の役割にある。WTOのスタッフの権限と所掌範囲は非常に限られており、主に技術的な支援に限定されている。そのため、世銀／IMFと比べると、スタッフよりも政府代表の方が大きな力を持っている。WTOの年間総予算は八〇〇億ドルに過ぎず、IMFスタッフの年間出張予算よりも少ない。

このように書くと、いかにも民主的で生き生きとした組織のように思われるかもしれないが、WTOには次のような二つの非民主的側面がある。

①代表の能力と数　自国の利益を守ろうとする先進国と途上国が置かれた状況は大きく違う。WTOの所掌および活動範囲が拡大するにつれて、加盟国の代表部〔自国を代表して交渉に臨む組織〕に求められる能力も高度化している。各国の代表が集まる会合は、公式なものだけでも五年前に〔一九九七年〕すでに週四六回あった（Blackhurst et al. 2001）。そ

れ以降会合の数が増えたことはまず間違いないだろう。ＷＴＯに加盟する後発途上国三〇カ国のうち一一カ国はＷＴＯの本部があるジュネーブに代表を常駐させるだけの余裕がなく、それ以外の途上国も九カ国が常駐させられずにいる。バングラデシュのような一大途上国でも常駐しているのは一人しかいない。途上国の中でＷＴＯ交渉に一番参加できていないのはサハラ以南のアフリカ諸国で、一九カ国はジュネーブに代表がいないか、いても一人だけだ。代表を置けないというのは問題の中でも一番目につく部分に過ぎない。アメリカやＥＵは、おびただしい数の商務省スタッフや弁護士、学者、特別顧問などからなる部隊が、ＷＴＯのあらゆる協定を微に入り細にわたって調べ上げ、代表を援護射撃している。多人数からなる何組もの支援チームが、大きな会議があるたびにジュネーブに出入りしているのだ。そうした交渉力の差は、ＷＴＯの中に格差を生み出さずにはおかない。例えば、農業分野の貿易は欧米よりもサハラ以南のアフリカや南アジア諸国の経済にとってはるかに大きな意味を持っている。しかし、農業貿易に関する交渉では、サハラ以南のアフリカと南アジア諸国は専門家でもない代表が参加するだけで、欧米の利害を代弁する大部隊を一人で相手にしなくてはならないのだ。

②非公式な力　原則は「一国一票」でも、実際の力関係はまったくもって不平等だ。それは、新たにＷＴＯの所掌範囲となった分野で顕著だ。途上国の大多数は知的財産権、投資、サービスといった分野を含めることに反対したが、その声は無視されるか、貿易制裁をちらつかす脅しの前に沈黙させられるだけだった。ＷＴＯでの意思決定は、日常業務でも閣僚会議でも、採決ではなくコンセンサス（全員一致）方式で行なわれる。コンセンサスを得るための細部の詰めは、「グリーンルーム（緑の部屋）」方式と通称される非公式協議によって行なわれる〔グリーンルームはＷＴＯ事務局長の部屋の色に由来する。事務局長室に「主要な」20～30カ国の代表が集まって交渉の方向づけを行なう〕。非公式協議を仕切っているのは、多くの場合アメリカ、ＥＵ、日本、カナダといった先進国で、途上国は脇役に過ぎない（Woods & Narlikar 2001）。例えば、ウルグアイ・ラウンドで農業分野の合意ができた時は、アメリカとＥＵがまとめた内容に他の国々が署名を求められただけだった。グリーンルーム方式をめぐる対立は、一九九九年のシアトル閣僚会議で火を吹いた。シアトルでの交渉が崩壊した原因の一つは、先進国が勝手に議題を決めたとして途上国が議題を拒絶したことにあ

る。それを受けてＷＴＯ交渉も多少は改善された。二〇〇一年のドーハ閣僚会議では、ケニアやインドが知的財産権問題で譲歩を勝ち取るなど、いくつかの交渉議題で途上国が大きな変更を獲得することができた。排他的なグリーンルーム会合も前より減ったように見える。そうだとしても、ＷＴＯ交渉での影響力が、経済力や世界貿易に占めるシェアで決まってくるという現実に変わりはない。

ＷＴＯを支配してきたのは先進国の利害だった。シアトル閣僚会議は、先進国による支配の終焉と、より対等な力関係への移行を告げたと言えるかもしれない。しかし、ＷＴＯ加盟国のほとんどは、世界人口の過半数を占めるにもかかわらず今もなお発言力が限られている。しかも皮肉なことに、発言力の限られた国は、まさにＷＴＯのルールを順守すべく抜本的な国内改革が求められている国なのだ（Schott & Watal 2000）。ＷＴＯでの力関係が今も不平等であることはドーハ閣僚会議で明らかになった。この会議で、途上国側は交渉議題を変えようと詳細な提案を行なったのだが、あえなく先進国側に拒否されてしまった（BRIDGES 2001）。

ＷＴＯでの途上国の発言力強化を狙ったこれまでの国際的な試みは、まったく不十分なものだ。主な試みに「統合枠組み」という名のプログラムがある〔正式名称は「後発開発途上国に対する貿易関連技術協力のためのフレームワーク」で、輸出能力の強化や制度作りを目的とする〕。それは貿易に関する技術支援をより効果的なものにしようと先進国が導入したものだ。世銀、ＩＭＦ、ＷＴＯ、国連開発計画（ＵＮＤＰ）、国連貿易開発会議（ＵＮＣＴＡＤ）など六機関のもとで運用される統合枠組みは、そもそも援助国主導で、内容が幅広い割に予算はわずかで、二〇〇一年で六五〇万ドルに過ぎない。

●ＷＴＯを超えて――超国籍企業（ＴＮＣ）の役割†1

ＷＴＯのガバナンスの問題は、ジュネーブで行なわれる貿易交渉中だけのことではない。ＷＴＯをはじめとする国際機関は、今までになく人々の生活に直接影響を及ぼすようになっている。国際レベルでなされた意思決定や政策決定が各国政府を拘束するようになっていることが、一般の人々の生活に大きな影響を及ぼしているのだ。以前は、政府が採った政策についてきちんと説明するよう、人々が政府に要求することができた。しかし今や政府は、

（人々へのアカウンタビリティを負わない）ＷＴＯなどに権限を委譲してしまったと追及をかわすことができるのだ。では、ＷＴＯの意思決定には一体どんな力が働いているのだろうか。また、民主的なアカウンタビリティという原則を国レベルでどのように確立できるのだろうか。

マスコミがＷＴＯについて報道する時は、街頭デモや政府―ＮＧＯ間の対立をクローズアップすることが多い。そのため、政府の行動やＷＴＯの意思決定に大きな影響力を行使しているのはデモの参加者やＮＧＯであるというイメージができあがっている。貿易政策の形成に実際に影響力を振るっている張本人が人々の目に触れることはない。ＷＴＯのルールや協定の立案・実施に大きな影響力を持っているのはＴＮＣである。二〇〇一年に閣僚会議が開催されたドーハには世界中からＮＧＯの代表が集まったが、産業界のロビイストの数はそれをはるかに上回っていた。二〇〇以上の業界団体が参集した中で、アメリカの業界団体はアメリカ政府代表団の公式メンバーの中に代表を送り込んでいた。貿易政策への企業の影響力は、先進国政府がＷＴＯに提案する政策を企業が立案するという形でまず現れる。しかし、企業の影響力は国内にとどまらない。政府は自国の国益に沿って交渉するが、ＴＮＣは国境を越えたグローバルなネットワークを組織し、力を結集してルール作りを働きかけるのだ。

企業連合の中にはルール作りに大成功を収めたものもある。サービス貿易と知的財産権に関する協定〔ＧＡＴＳとＴＲＩＰＳ〕の作者は自分たちだ、とアメリカ・サービス産業連合とアメリカ研究製薬工業協会が両協定の著作権を主張しても、あながちウソとは言えない。アメリカ政府は貿易政策の策定にＴＮＣが関与できるよう、公式のチャンネルを設けている。その最たるものが、通商政策および交渉に関する諮問委員会（ＡＣＴＰＮ）で、四五人の委員は大統領が任命している。同委員会には六つの政策諮問小委員会があって、ＷＴＯ協定や地域協定に対して政府がどう臨むべきか、詳細な分析のもとに戦略を立てている。

ヨーロッパでは、アメリカほど公然と企業の意思が最高意思決定者まで通じることはないが、その影響力は負けず劣らず大きい。フィアットやダイムラー・クライスラー、ロイヤル・ダッチ・シェル、ＢＰなどがメンバーとなっている欧州実業家円卓会議は、欧州諸国政府の貿易政策にとてつもなく大きな影響力を持っている。欧州委員会（ＥＣ）の中で各国の貿易相あてに最重要の指令や勧告を出すのは「一三三条委員会」と呼ばれる専門委員会で、ＥＣの公務員と幹部で構成されている。ビジネス界の代表が同委員会の会議に出席したり、委員会の議事録を読んだり、議題の設定に関与したりしていることが最近明らかになった。人々から選出された欧州議会の議員にはそうした特権が認められていないにもかかわらず、である。

産業界のロビー活動は、それ自体グローバリゼーションが生んだ成長産業の一つだ。ＥＣの本部があるブリュッセルだけでも約一万三千人の産業ロビイストがおり、その数はＥＣのスタッフ数に匹敵する。それ以上に産業界が影響力を行使する強力な手段が、政府・国際機関と企業との間の人事交流である。ＥＵの前の通商担当委員だったレオン・ブリテンは、今はウォーバーグ・ディロン・リード社〔スイスを本拠とする投資銀行・証券会社〕の副社長であると同時に、サービス貿易に関するＷＴＯ協定を後押しする国際的な金融企業連合体、「ロンドン国際金融サービス（ＩＦＳＬ）」のロティス（サービス貿易自由化）・ハイレベルグループの長を務めている（Wesselius 2001）。前の産業担当委員だったマーティン・バンゲマンも、サービス貿易と投資に関して猛烈なロビー活動を繰り広げるスペインの電話会社テレフォニカの重役に就いている。大統領選挙期間中にブッシュ大統領の保健医療政策の主任アドバイザーを務めたデボラ・スティールマンは今、世界有数の製薬会社を顧客に持つロビー活動会社の長である（Loewenberg 2000）。ＷＴＯに対するロビー活動が活発な企業の多くは、政党に対する大口寄付者でもある。例えば、アメリカ研究製薬工業協会は過去数回のアメリカの選挙で共和党に一七〇〇万ドルも寄付した。

ＴＮＣは政府へのロビー活動をやめるべきだ、と主張しても非現実的だろう。他の様々な利害関係者と同じく、企業にも政府やＷＴＯに働きかける正当な権利がある。また、企業ならではの財務面のスキルや世界市場の営みについての洞察を持っている。しかし、資金力があるからといって他の利害関係者よりも影響力が強いわけではない、と考えるのもナイーブ過ぎる。影響力に差があることが、ＷＴＯ改革をめぐる論争の重要な争点になっているのだ。世界規模の製薬会社と違って、病気にかかりやすい途上国の人々は、「知的財産権の貿易関連側面に関する協定（ＴＲＩＰｓ）」の策定に何の影響力も持たず、それでいながらＴＲＩＰｓのせいで高い薬代を払わされるのだ。

農業分野のルール作りを仕切っているのは欧米の穀物取引企業と大農場だ。できあがったルールを順守させられる途上国の農民の利害がルール作りに反映されることはない。そうした例を数え上げたらきりがない。ＷＴＯの場では公益よりも企業の利益の方が優先され、先進国政府も企業の力をコントロールしてこなかった、と多くの人々が感じているのは無理もないことだ。そうした人々の認識もＷＴＯを正当性喪失の危機に立たせている。

もう一つ、先進国と途上国の政府に等しく問われている問題がある。ＷＴＯに対する約束と、国民に対する透明性とアカウンタビリティを伴ったガバナンス、という二つをしっかり両立させる方法を編み出せていないという問題である。ＷＴＯへの政府代表団は国民が選び出しているわけではない。国民が選ぶのは政府どまりで、国民の声をＷＴＯの場でどう代弁するかは政府次第である。問題なのは、ＷＴＯで合意すれば国の政策が大きく制約される場合が多いにもかかわらず、国民の意見を十分考慮したり、議会のチェックを受けたりせずに合意するのが可能になっていることだ。実際ほとんどの政府がそうしている。結果として政府は、国民が選んだ立法府から力を奪い、誰から選ばれたわけでもなく、誰に対してもアカウンタビリティを負わない超国家的な組織〔＝ＷＴＯ〕に力を委譲してしまっているのだ。

ＷＴＯの権限

ＷＴＯの信頼性が損なわれているのは、先進国がＷＴＯの権限を新しい分野に拡大しようとする一方、従前からの分野でＷＴＯを有効に機能させようとしないからでもある。ＷＴＯにはまた、他の国際機関と同じく、グローバル化した経済の運営に適したグローバルなガバナンスの仕組みが作れていないという問題がある。

ＷＴＯの権限を拡大する先進国政府のやり口が、途上国と貧困削減の行方にとって差し迫った脅威となっている。投資の自由化は途上国の経済開発の優先課題と相容れない場合があるにもかかわらず、先進国はＷＴＯを利用して自由化を進めようとしてきた。ＴＲＩＰｓは途上国への技術移転の費用を引き上げ、途上国の競争力をそぐことになる。さらに、先進国は「サービス貿易に関する一般協定（ＧＡＴＳ）」交渉を使って金融セクター市場をこじ開け、公共サービス分野への投資の機会を確保し、基本的なサービスを提供する途上国政府の権利を制限しようとしてきた。いずれの場合でも、力を持った企業の利益を優先し、貧しい人々の利益を後回しにしているのだ。

以上のことから、利害の対立がある時は貧困削減のための政策を常に優先する権利が政府にあることを、ＷＴＯの大原則として全協定に掲げるべき、という提案が説得力を持ってくる。ＷＴＯは貧困削減のための政策を制約するのではなく、推進する機関となるべきなのだ。

途上国の積年の関心事に取り組むことを拒否する先進国の姿勢は、二〇〇一年のドーハ閣僚会議で明白になった。従前の会議と同様、ドーハで採択された宣言は、市場アクセスを改善する必要性をうたった美辞麗句をちりばめていたが、途上国の輸出を妨げている高い保護主義の壁をなくすための具体策については、実のあることをほとんど述べていなかった。アメリカ、カナダ、ＥＵは、繊維縫製品の市場アクセスを直ちに改善する約束もしなかったし、後発途上国からの輸入品に対する制限を全廃する約束もしなかった。にもかかわらず、ドーハ閣僚会議を「開発ラウンド」の始まりと宣伝することに先進国政府は躊躇しなかった。途上国が重大な関心を寄せる分野で交渉を大きく前進させることに先進国が優先的に取り組まない限り、開発ラウンドは名ばかりのものになるだろう。

ＷＴＯの軌跡を見れば、貿易とガバナンスの議論を他の分野に広げるべきだと主張するのは矛盾しているように見えるかもしれない。しかし、世界経済が大きく変容し、グローバリゼーションが加速する中で、大変な異常事態が起きているのだ。最も異常なのが競争に関するＷＴＯの政策である。この問題はＥＵの努力の甲斐あって、ようやくＷＴＯの議題として取り上げられるようになった。しかし力点は、国内市場での企業間競争を法令で制限することを禁じ、途上国市場を企業投資に開放することに置かれている（CUTS 2001）。それは、自己の利益にかなう方向にＷＴＯの所掌範囲を広げようという、いつもの先進国のやり口だ。本当に必要なのは、世界の経済的な力がひどく企業に集中しているという問題に取り組むのに必要な、競争に関する国際ルールである。ＴＮＣは地球規模で活動しているというのに、ＴＮＣの行動をコントロールし、独占的な力を制限する法律は国レベルにしかない。世界市場の実態とガバナンスの仕組みとの間の大きなギャップ――それを埋めるための新しい国際ルールが必要とされているのだ。現在国レベルでＴＮＣの規制に用いている原則を世界レベルに拡大するようなルールである。

国レベルでは十分原則が確立されている。先進国政府は、独占的な力の悪用を防止する法律を充実させてきた。アメリカには一八九〇年のシャーマン法以来の反トラスト法がある。シャーマン法は、大企業が「条件、富、機会の不平等」を悪用して不当に有利な立場に立つことがないよう作られた法律である（Fox & Pitofsky 1997）。企業の力が増大するにつれ、政府は一般市民の利益を守るべく企業の行動を一層注意深く監視するようになった。企業の独占的支配に目を光らすアメリカ、ＥＵ、カナダの政府当局は、二〇〇一年にビタミン剤の価格を統制したとして、メルク、ローヌ・プラン、ホフマン・ラロシュをはじめとする巨大製薬会社数社に対して二〇億ドルに上る制裁金を課した（Oxford Analytica 2001）。ヨーロッパの監視当局は、世界最大の企業統合になったであろうハニーウェルとＧＥ（ジェネラル・エレクトリックス）の合併を認めなかった。アメリカでは、反トラスト当局とマイクロソフト社が同社の独占的な振る舞いをめぐって対立を続けている。反独占に関する法律は国によって違いも大きいが、企業が人為的に価格を引き上げたり、競争を制限したり、差別的な価格設定を行なったりすることがないよう、市場の力の集中を制限することを目的としている点では一致している（Fitzgerald 2001）。

力の集中を制限する必要は、世界貿易システムにもそのまま当てはまる。多くの貿易分野で進行している企業の力の集中は、もし先進国内で起きていれば警報音が鳴り響くほどのレベルに達している。食用穀物をはじめとするほとんどの一次産品市場は、一握りのＴＮＣによって支配されている。カーギル社は一社で世界のトウモロコシ取引の四分の一以上を握っている。コーヒー市場ではネスレとクラフトの二社が三分の一を支配している。超小型電子機器などの分野でも集中が進んでいる。

世界という舞台で、ＴＮＣは独占的な力によって勝ち得た有利な立場を思う存分活用している。と同時に、企業内貿易が急拡大しているため、価格を操作して課税を逃れる機会も急拡大し、世界規模で納税額を最小化できるようになった。どちらも緊急に国際行動を取る必要のある問題だが、ＷＴＯの議題にはなっていない。

貿易制裁という強制力を持つＷＴＯのルールと、強制力がなく自発性に任せることの多い多国間環境協定（ＭＥＡ）とは対照的だ。強制力のあるなしは、二つの法体系がぶつかる時に深刻な問題を引き起こしうる。オゾン層の保護に関するモントリオール議定書、絶滅危惧種の国際取引に関する条約、生物多様性に関する条約などは、ＷＴＯのルールと相反するような条項を含んでいる（French 2002）。ＷＴＯのルールが貿易の自由化に力を入れているのに対し、環境分野の国際協定は、環境持続性の観点から貿易の規制を認める条項を含んでいるのだ。今のところ、環境協定がＷＴＯのルールに反しているとして正式に異議申し立てをした国はないが、その可能性は確実にある。ドーハの閣僚会議でＷＴＯのルールとＭＥＡの関係のあり方について交渉を始めることが約束されたが、ＷＴＯのルールよりも環境協定が優先されるべきことを、閣僚会議としてはっきり言明することが絶対的に必要だ。

四　改革のための行動計画

貧困層が裨益できる貿易へと転換するには、各国政府からＷＴＯまで改革すべきことはたくさんある。改革の対象は貧困削減のための戦略と重なる。ＷＴＯの改革としては、その非民主的性格の是正や最貧国と最貧層のニーズに応える政策の推進がある。

世界貿易の中で貧困国や貧困層が置かれた立場を改善するための具体的な提案は本書の各章で行なった。ＷＴＯの意思決定がますます非民主的になっていることから、ＷＴＯを民主的な組織へと衣がえし、透明性とアカウンタビリティを強化するための新しい道筋をつける必要に迫られている。

■**「貿易に関する能力強化のための基金」を通じて途上国に対する技術支援を強化する**　途上国の能力強化に資金を供与するメカニズムとしては、世銀、ＷＴＯ、ＵＮＣＴＡＤなどが管理運営する前述の「統合枠組み」がある。しかし、六五〇〇万ドルの予算ではまったく不十分だ。したがって、予算規模二億五〇〇〇万ドルの「貿易に関する能力強化のための基金」を設けて、ＷＴＯ交渉に途上国がもっと参加できるよう、研修その他の活動を支援し、調整すべきである。また、貿易政策に関する議論にＮＧＯも参加できるよう、ＮＧＯの能力強化に向けた資金的支援も行なうべきである。

■非公式の影響力行使を透明化する　貿易交渉に関係するすべての接触と提出された文書を開示するよう政府に義務づける法律を制定すべきである。政府は、非公式のロビー活動を重視するのではなく、重要な交渉に先立って貿易政策に関する意見を受け付け、吟味する公式のプロセスを設けるべきである。

■途上国における透明性とアカウンタビリティを向上させる　途上国内で政府とＮＧＯがより良い協議の場を持つことができるよう、最も望ましい協議のあり方に関するガイドラインをＷＴＯが作り、広めるべきである。「貿易政策レビュー」には、政府がＮＧＯと行なった協議の質についての評価も含めるべきである。また、すべての政府は、ＷＴＯにおける政府の活動とそれが貧困削減に持つ意味について毎年報告書を作成し、議会に提出すべきである。

■独占を排除するための国際的な仕組みを創る　世界経済において企業の力がますます一部に集中していることに鑑み、独占的な力の悪用が公益を脅かしていないかどうかを調べる組織をＷＴＯのもとに創設すべきである。

本書を通じて主張してきたように、世界貿易は貧困層を潤すものとすることもできるし、貧困層の利益に反するものにすることもできる。国内経済の場合と同様に、世界経済への統合は共存共栄と貧困削減の源とすることもできるし、一層の格差と疎外の源とすることもできる。世界貿易システムは、うまく管理できれば何千万、何億という人々を貧困から救い出すことができる。管理がまずければ、国ごと世界の片隅へ追いやることになるだろう。

今の貿易は、地球レベルの管理がまずく、多くの国では国レベルの管理もまずい。今の道を歩み続けることは私たちが選ぶところではない。かといって孤立主義に逆戻りすることは、貿易がもたらす機会を貧しい人々から奪い去ることになるだろうし、貧困削減を強力に推し進める力を打ち消すことになるだろう。だからこそ、私たちは新しい世界貿易秩序を必要としているのだ。新たな権利と責任のアプローチに根ざし、グローバリゼーションを貧困層のためのものとする決意に裏打ちされた世界貿易秩序を。

第10章　最近の状況と日本への期待（日本語版出版にあたっての特別寄稿）

ケニアの村の目抜き通り（マシモニ村で/撮影：Crispin Hughes/Oxfam）

本書が最初〔二〇〇二年〕に出版されて以来、世界貿易システムには様々な変化があった。一方、オックスファムの公正貿易キャンペーンも規模を拡大しており、世界貿易ルールの改革を求める請願書にホームページ上で署名して主要な意思決定者に即座に送ることができる「ビッグ・ノイズ」というキャンペーンには、世界中から五〇〇万人以上の人々が参加した。その結果、コーヒー価格の暴落で苦境に立たされたエチオピア政府に対して六〇〇万ドルもの国有化補償金の支払いを要求していたネスレ社が、要求の取り下げに合意するなど、大きな成果を上げている。公正貿易キャンペーンの課題はこのキャンペーンを一層拡大、強化し、世界貿易ルールをさらに是正することである。公正貿易キャンペーンは日本も対象にしており、日本に対する提案の詳細は本章の最後に提示する。

＊訳者注――この章は、日本語版のためにオックスファム・インターナショナルが二〇〇四年末に寄せたものである。

一　二〇〇二年四月以降の世界貿易の状況

●実績†1

世界貿易は二〇〇一年に大幅に縮小したが、翌〇二年には回復した。とは言え、年三％という実質成長率は一九九〇年代の半分に過ぎず、さらに〇三年前半はゼロ成長寸前であることから、世界貿易が急回復することへの期待は後退している。中国が〇二年にモノの貿易を二〇％も増やすなど、好調な国は一部にあるものの、世界貿易に占める途上国全体のシェアはこの二年大きく変化していない。〇二年のアフリカの貿易の伸び率は他の国々に及ばない。アフリカ五三カ国のうち、一九九九～〇二年の間に輸出拡大を持続できたのは六カ国に過ぎない。後発途上国の〇二年の世界貿易シェアはわずか〇・六％で、自国の開発ニーズを満たすだけの貿易を実現できるにはほど遠い。

最近の途上国貿易のもう一つの特徴は、途上国間の貿易が拡大していることだ。途上国間貿易は一九九〇～二〇〇一年の間に世界貿易全体の二倍の速さで拡大し、〇一年には世界貿易全体の一〇％以上に達した。しかし、その地理的分布は不均等で、六六％がアジアに集中する一方、アフリカのシェアは六％にとどまっている。

一次産品価格が多少持ち直したのは途上国にとって喜ばしいことだった。石油以外の一次産品が途上国貿易に占める割合は二〇〇一年で一二・三％と少ないものの、後発途上国のうち二五カ国は今も一次産品貿易に大きく依存しており、一次産品価格の下ぶれリスクが大きいことに変わりはない。食糧、飲料、農産物原材料の価格は九％ほど回復したものの、一九九〇年代の平均価格をずっと下回っており、一次産品に依存する国々のマクロ経済の安定と農業生産の拡大に悪影響を及ぼしている。

世界の海外直接投資（ＦＤＩ）は二〇〇一年、〇二年と連続して減少し、〇二年の投資額（六五一〇億ドル）は一九九八年以来の低い数字である。ＦＤＩは先進国、途上国ともに二一％減少した（先進国は四六〇〇億ドル、途上国は一六二〇億ドル）。中でも深刻なのが中南米カリブ海諸国で、三年連続減少し、〇二年には三三％も減った。アフリカも四一％減らした。減少幅が最も小さかったのはアジア太平洋諸国で、中国が過去最大の五三〇億ドルもの投資を引きつけて世界一の海外投資受け入れ国になったことが大きい。

●ドーハ開発ラウンド以降

二〇〇一年にWTOのドーハ開発ラウンドが始まった時、不公正な貿易ルールが最貧国や持続可能な発展にとって良い方向に変わるのではとの期待から、私たちは慎重ながらも新交渉の開始を歓迎した。しかし、それから三年間の交渉は私たちをまったく失望させるものだった。新ラウンドの中間レビュー（見直し）を行なうべく、〇三年九月にメキシコのカンクンで開かれた第五回WTO閣僚会議は、交渉の大枠（モダリティー）で合意を得るはずだったが、途上国の利益になるような改革案を先進国が示せなかったため、失敗に終わった。

先進国が現ラウンドを途上国の発展に配慮したものにできない最初の予兆は、知的財産権の貿易関連側面に関する協定（TRIPs）と公衆衛生の関わりについて問題のある合意を、カンクン会議直前の二〇〇三年八月に行なったことに見てとれた。長期にわたる激論の末、WTO加盟国は、製薬能力に欠ける国々に安い後発医薬品へのアクセスを認めるドーハ閣僚宣言を、ようやく実行に移すことにした。製薬能力を欠く数多くの最貧国にとって、合意は安い医薬品確保に向けた大きな一歩だった。この合意は、公衆衛生の見地から適切な措置を取ることを認めたドーハ閣僚宣言第六項に従って、輸出向け医薬品の特許強制実施（強制的なライセンス生産）を規制しないことを認めるもので、製薬能力の低い国々は安い後発医薬品を手に入れやすくなるはずだった。しかし、アメリカなど先進国からのかたくなな要求で盛り込まれた二重強制ライセンスなどに高い敷居が設けられたため、途上国や後発医薬品会社が新たな合意を活用するのを必要以上に困難にしているという見方が専門家の間で広がっている。特許強制実施の対象となる病気が限定されなかったことは、キャンペーンを張ってきた私たちにとっては明らかな勝利と言える。しかし、途上国に対して強制実施に踏み切らないよう圧力がかかっており、輸出向けに生産できなければ採算がとれないことから、製薬能力に欠ける途上国が医薬品を入手する道はまたもや閉ざされかねない。

この件に関してNGOは、もっと単純、公正で制約のない仕組みとするよう働きかけてきたが、合意がなされた以上、各国政府はドーハ閣僚宣言の趣旨にのっとって誠意をもって行動し、所期の成果を達成するよう求めたい。

先進国側の不誠実な姿勢は他の主要な交渉分野すべてに見られた。それがカンクン閣僚会議を失敗に終わらせ、新ラウンド開始当初の野心的な目標からずっと後退した交渉枠組みにとどまった要因である。

　農業分野では、ドーハ開発ラウンドで農業補助金の思い切った改革が合意されたにもかかわらず、ＥＵとアメリカが二の足を踏んだため交渉は失敗した。二〇〇三年三月までに決定するはずだった交渉の大枠は、ＥＵの共通農業政策（ＣＡＰ）改革が六月までずれ込み、ＥＵがそれにかかりっきりになったために決定できなかった。ＣＡＰ改革も最低限の改革に終わり、先進国による補助金つき農産物のダンピング抑制につながるかは不明だ。また、農業補助金をめぐる交渉はＥＵとアメリカの提案次第であるにもかかわらず、両者の共同提案が遅れに遅れた上、ドーハで合意した主要三分野（輸出補助金の撤廃日程、国内農業助成策の大幅削減、市場アクセス面での途上国に対する特別かつ差異のある待遇）の提案も明らかに不十分なものだった。そのアプローチは農業者の圧力団体の意に沿ったもので、青や緑の政策をうまく使って補助金の総量を維持する一方で、途上国市場へのアクセスを最大限確保しようとするものだった。アフリカ連合（ＡＵ）諸国や後発途上国、ＡＣＰ（アフリカ・カリブ海・太平洋）諸国、Ｇ20[†2]諸国にとって大幅な修正なしには受け入れがたい提案のせいで、カンクン交渉は決裂したのだった。

　交渉を暗礁に乗り上げさせたもう一つの要因は綿花だった。ウルグアイ・ラウンドでは総論として補助金削減が約束されたにもかかわらず、アメリカは綿花補助金を過去最高の三九億ドルにまで増やした。それは世界の綿花価格を押し下げ、ブラジルや西アフリカの綿花輸出国に打撃を与えた。そこで、ブラジルがＷＴＯに提訴したほか、アフリカの四カ国（マリ、ブルキナファソ、チャド、ベニン）はカンクン会議を前に世界貿易を歪める補助金の撤廃を要求し、多くの途上国、先進国が支持に回った。が、アメリカはそうした動きをあざ笑うかのように、カンクン会議で綿花補助金について具体的な約束をするのを拒否しただけでなく、繊維縫製分野のアメリカの提案とリンクさせようとしたり、綿花の生産効率が世界一高い西アフリカ諸国に対して他の農産物に転換するよう持ちかけたりした。さらに、開発援助についてもあやふやな約束しかしなかったことで全途上国を怒らせた。綿花は歪んだルールと二重基準に満ちた世界貿易システムのシンボルとなり、世界貿易の舞台では、大多数のＷＴＯ加盟国よりもアメリカの二万五千人の綿花栽培農家の方が力が強いことが明らかになった。

二〇〇四年七月のWTO一般理事会でようやく合意された農業交渉の枠組みは、少なくとも交渉の行く手を切り開くことが意図されていた。しかし、枠組みには輸出補助金撤廃の期日も示されず、貿易を歪める国内助成策の削減範囲や程度もあいまいにされた。したがって、今ラウンド中に農産物のダンピングに終止符を打てるかどうかは不透明だ。一部の先進国はまた、途上国の食糧安全保障や農家の生計を犠牲にしてまでも、金になりそうな途上国市場を開放させようと圧力をかけている。これでは、開発ラウンドとは名ばかりの茶番でしかない。

投資、競争政策、貿易円滑化、政府調達の透明性の四分野（一九九六年にシンガポールで開かれた第一回WTO閣僚会議で取り上げることを決定したことから「シンガポール・イシュー」と呼ばれる）はドーハ会議を滞らせ、カンクン会議を決裂させた。四分野を含めることには途上国七〇カ国のほか、多くのNGOや労働組合、議会が異を唱えていただけに、二〇〇四年七月の一般理事会で投資、競争政策、政府調達の透明性の三分野を除外することを決めたのは喜ばしい。貿易の核心的な問題に的を絞った方が、新ラウンドをやり遂げやすくなるからだ。

カンクン閣僚会議の失敗と七月の一般理事会の成功は、世界貿易をめぐる政治的状況が大きく変わりつつあることを示している。途上国側は、ウルグアイ・ラウンド当時よりも自らの利害をよく認識し、議論への参加も意味あるものになっている。また、ウルグアイ・ラウンドでは途上国同士が反目したために先進国の思惑通りになってしまったという苦い教訓を踏まえて、互いの立場や戦略を調和させようとしている。その中心的なグループが後発途上国であり、アフリカ連合諸国であり、ACP諸国（現在は再編されてG90と呼ばれる）であり、途上国の中でも経済発展の著しい国々が属するG20である。

●地域主義の増殖

最近のもう一つの特徴は、二国間ないし地域内の自由貿易協定（FTA）締結を優先するアメリカが火をつけた地域主義の増殖である。アメリカは北米自由貿易協定（NAFTA）を皮切りに、ヨルダン、シンガポール、チリとの二国間協定や中米自由貿易協定（CAFTA）を結び、現在は南北アメリカを網羅する米州自由貿易地域（F

ＴＡＡ）の創設や、南部アフリカ関税同盟（加盟五カ国）やタイとのＦＴＡ締結を画策している。ＥＵも南米南部共同市場（南米四カ国）や地中海沿岸諸国、アフリカ諸国と経済連携協定（ＥＰＡ）〔貿易だけでなく投資、競争政策、政府調達、知的財産権など経済分野を幅広く対象とした協定〕の交渉を行なっている。日本もそうした動きに乗り遅れまいと、メキシコとＥＰＡを結んだのに続いて、韓国やＡＳＥＡＮ諸国ともＥＰＡの交渉を進めている。途上国間で協定を結ぶ動きも加速している。そうした二国間／地域貿易協定は、ＷＴＯに通報されたものだけで二〇〇二年末までに二五九に上り、さらに約一四〇の協定が締結されたか交渉中だが通報されていないという。

確かにＷＴＯは期待された成果を上げられずにいるが、かと言って二国間主義や地域主義に走ることは経済的にも政治的にもナンセンスだ。二国間／地域貿易協定は貿易を著しく歪め、協定当事国だけでなく世界貿易全体にとっても害の方が大きいからだ。だからこそＷＴＯで最恵国待遇の大原則が打ち立てられたわけだし、ＧＡＴＴ第二四条がＦＴＡや関税同盟の創設を制限しているのである。二国間／地域貿易協定の増殖がもたらす経済効果は、まだら模様である。例えば、ＷＴＯの『世界貿易報告二〇〇三』は、地域貿易協定の多くは保護主義的要請が強い分野を自由化できないため、貿易創出効果を出せずにいることを明らかにしている。二国間／地域貿易協定はまた、規定が相互に矛盾したり、相互関係が不明だったり、運用が不透明だったりするため、関税当局や経済活動を行なう者にとって複雑で分かりづらく、不確実性の高いものとなっている。さらに、途上国と先進国の間で結ばれる二国間／地域貿易協定は、両者の不均衡な関係を一層悪化させ、不公正を助長して、発展のはしごを上っていこうとする途上国の足を引っ張るものとなっている。

二　歩むべき道

以上のことから、世界貿易システムを、持続的な発展に必要な機会を提供するものへと変えることが肝要である。それには、途上国の利益になるような貿易ルールをドーハ開発ラウンドで完成させ、ＷＴＯの組織を抜本的に改革する必要がある。

●農業分野の課題

ＷＴＯの議題の中で最も重要なのは農業をおいてほかにない。その交渉次第で、ＷＴＯが真に発展に資する改革を実現できるかどうか決まってくるだろう。世界の貧しい人々の四分の三以上が農村部に住み、そのほとんどが零細農業に従事している。だからこそ、農業分野の交渉は方向転換して、途上国の主要関心事に向き合わねばならないのだ。交渉は、途上国にとって利益となる次のような点を実現する必要がある。

【食糧と収入の保障】 世界の貧困層の三分の二にとって、農業は食糧と収入を保障する上でかけがえのない重要な役割を果たしている。自由化の仕方で分配のパターンはいろいろ変わりうるが、自由化で得をするのは裕福な農家や企業で、自由化のコストを担わされるのは貧困層であることが多い。農産物貿易に対して世界一律のアプローチを取れば途上国が割りを食い、貧困層の生計、食糧、収入が危機的状況に陥ることは明らかだ。したがって、貿易協定において農業は格別なものという認識が必要である。つまり、農産物貿易の自由化が途上国に及ぼす影響に配慮し、食糧安全保障をはじめとする開発目標を達成するために途上国が保護措置を取る権利を保証する必要があるのだ。それには、ＷＴＯで農業に関する新協定を結ぶにあたって、国内農業への助成策や輸出競争に関する規定、そして途上国にとってとりわけ重要な政策手段である市場アクセスに関する規定を一律に適用すべきではない。途上国に対しては規定や適用を緩やかにすべきだし、途上国の関税引き下げ率も低くすべきだ。食糧安全保障の観点から主食の穀物は関税削減の対象から外すとともに、輸入急増に対するセーフガード（緊急輸入制限）をすべての途上国に認めるべきだ。また、後発途上国は削減約束をしなくてもよいようにすべきだ。

【ダンピング輸出の全廃】 貿易協定をバランスの取れたものにするのなら、世界の農産物価格を押し下げて農産物市場にダメージを与えている、先進国の補助金つき農産物のダンピングをできないようにすべきだ。ダンピングを防止するには次のことを取り決めるべきである。

■すべての輸出補助金（輸出保証に隠された補助金部分を含む）の撤廃に向けた拘束力あるタイムスケジュール
■食糧援助を隠れみのにした輸出補助の全廃（ＷＴＯ協定順守のためのより具体的なガイドライン作りと、国連食糧農業機関［ＦＡＯ］のモニタリング能力強化を通じて）
■農産物の生産と貿易に影響を与える国内向け農業補助金への厳しい規制

途上国の農業生産者に対する適正な市場アクセスの保証　世界市場向けに生産する機会が得られれば、農家は収入を増やし、収入源を多様化し、雇用機会を獲得し、脆弱性を改善できることが多い。しかし、農産物貿易は自動的に貧困削減をもたらすわけではない。生産資源へのアクセスの保証や公正な所得分配といった適切な経済・政治環境を整えなければ、農産物輸出によって一次産品への依存や不平等を悪化させることもありうるからだ。農産物貿易の交渉にあたっては、途上国が開発ニーズに見合った農産物貿易のシェアを獲得できるようにすべきだ。先進国は、後発途上国と低所得国に対する関税と輸入割当を全廃すべきである。その他の途上国に対しては、傾斜関税を大幅に緩和するとともに、途上国の関心が高い農産物に対する高率関税を大幅に削減すべきである。

社会的・環境的に持続可能な農業の振興　国内向けの農業は、市場では評価されない食糧や公共財（環境の保全や農村の発展など）を社会に提供している。したがって、途上国政府にはそうした公共財の産出を確保すべく、脆弱な零細農家と環境の保護に的を絞りつつ、貿易歪曲効果を極力抑えた補助金を供与するなどの農業保護政策を採る権利があるのだ。

●農業分野以外の課題

途上国の発展にとって死活的重要性を持つ諸課題について、新ラウンドは次のような成果を保証すべきである。

【農産物以外の産品の市場アクセス】 途上国の発展にとって工業化は欠かせない。だからこそWTO交渉は工業製品分野で次のような成果を上げるべきであるとオックスファムは考える。

■不完全相互主義の原則――つまり、途上国には先進国と同等の関税削減約束を求めないこと。

■先進国は、すべての低所得国の工業製品に対する関税と輸入割当を廃止し、特に後発途上国の繊維縫製品などに対しては原産地ルールを簡素化すること。

■多国間繊維取極（ＭＦＡ）に基づく輸入割当の段階的撤廃や特恵措置の緩和の影響を受ける途上国に対して、緊急の財政・技術支援を行なうこと。

■先進国は、ダンピング防止措置などの非関税障壁を悪用した保護主義的な措置を取らないこと。

【シンガポール・イシューの除外】 ＷＴＯのもとで行なわれる他の多国間交渉を含め、ＷＴＯの議題からシンガポール・イシューを将来にわたって除外すること。貿易円滑化交渉の開始にあたっては、途上国が憂慮するコストや義務づけに配慮すること。

【ＴＲＩＰｓと公衆衛生】 オックスファムをはじめとするＮＧＯは、後発医薬品に関する二〇〇三年八月の合意が、途上国政府や後発医薬品会社にとって不必要に使いづらいものになると強く危惧している。私たちは、もっと単純、公正で無条件の規定とするよう働きかけてきた。しかし合意された以上、各国政府はドーハ閣僚宣言の精神にのっとって誠実に規定を運用し、期待された成果が確実に得られるようにすべきである。

オックスファムはまた、ドーハで認められた後発途上国向けの猶予措置、すなわち新薬の安いコピー製品が入手しやすいように少なくとも二〇一六年までは医薬品をＴＲＩＰｓに基づく特許の対象としないという措置を、後発途上国が最大限活かすよう働きかけている。

三　オックスファムの公正貿易キャンペーン——その成果と課題

オックスファムの公正貿易キャンペーンは、世界貿易ルールの変革を目指している。志を同じくする世界の人々や団体とともに繰り広げた過去二年間のキャンペーンを通じて、ＷＴＯの貿易交渉が途上国の発展や貧困の課題を無視することのないよう働きかけてきた。また、世界貿易に関する議論や交渉で南の政府やＮＧＯの影響力が強まるよう支援し、二〇〇三年のカンクン閣僚会議では一定の成果を上げることができた。さらに、貿易ルールを以下のように改善することができた。

医薬品へのアクセスの改善　オックスファム自身主要な役割を果たしてきた安い医薬品へのアクセス改善のための世界キャンペーンと、インド発の後発医薬品競争とが相まって、一人年一万ドル以上かかっていたエイズ治療薬を二〇〇ドルへと大幅に下げることができた。また、一般市民向けキャンペーンと途上国間の強力な連帯によって、ＴＲＩＰｓと公衆衛生に関するドーハ宣言に代表されるような公衆衛生への配慮を勝ち取ることができた。続いてＷＴＯのルールが修正され、途上国は重要な新薬のコピー製品を安く入手する政策が採りやすくなった。そのほかにも次のような進展があった。

■エイズ（ＨＩＶ／ＡＩＤＳ）、結核、マラリアのための世界保健ファンドの設立をはじめ、医薬品調達のための国際的な資金源が拡充したこと。

■最近のＧ８によるエイズワクチン開発支援に見られるように、公的資金を使って調査研究を支援する必要性が世界に広く認識されるようになったこと。

以上の政策変更によって、途上国でエイズ治療薬を使える人が増加した。二〇〇〇年初めには主にブラジルの一握りの人々が抗レトロウイルス薬を使えるだけだったのが、今では八八の低・中所得国の四四万人が使えるようになった。それだけを見れば大きな改善だが、エイズ治療薬を必要とする人が世界に六〇〇万人いることからすればまだわずかだし、セカンドラインのエイズ治療薬（エイズが誘発する日和見《ひよりみ》疾患の治療薬）および他の主要な感染症や非感染症を治す薬の大幅な値下げは実現できていない。加えて、薬の調達や保健医療システムの強化を可能とする援助や債務救済が不十分で、途上国内の保健医療システムが弱く、訓練を受けたスタッフも不足しているなど、安い医薬品へのアクセスを阻害する深刻な問題が残されている。それらのことが病気の予防や治療に取り組もうとする政府の政治的意思を失わせているケースもある。アメリカの貿易政策もまた、医薬品へのアクセスに大きな脅威を与えている。破壊的なＴＲＩＰｓの規定よりもずっと強力なＴＲＩＰｓプラス規定を途上国との二国間自由貿易協定に持ち込むことで、ＴＲＩＰｓと公衆衛生に関するドーハ宣言の実施を難しくし、医薬品へのアクセスを制約しているからだ。アメリカの政策はまた、後発医薬品の品質を不確かなものにし、世界保健機関（ＷＨＯ）の新薬承認の仕組みへの信頼性を失わせている。

コーヒーその他の一次産品

コーヒーをはじめとする一次産品に関するオックスファムの公正貿易キャンペーンは、イギリス生協やプロクター・アンド・ギャンブル、クラフト、ダンキン・ドーナツ、スターバックスといった企業やウーツ・カペー〔フェアトレード商品であることを認証する団体〕がフェアトレード・コーヒーの購入を増やすのに貢献してきた。その結果、コーヒー農家の総所得は一二〇〇億ドルも増加するものと予測される。それには、イギリスのコスタ・コーヒーやコーヒー・リパブリックなどの購入分は含まれていない。キャンペーンが意図しなかった成果としては、ネスレがエチオピア政府に対して持っていた六〇〇億ドルの債権を放棄したことがある。直接的な成果としては、ＥＵの一次産品貿易に対する姿勢をより途上国寄りに変えたことが挙げられるが、なお重要な部分で不十分な点がある。長期化するコーヒー市場の危機的状況に対して、企業、政府、多国間機関が同一歩調を取る「コーヒー生産共同体に関する共通基準」構想が現在進行中である。こうした動きはまだ緒についたばかりで、動きを加速させるべく圧力をかけ続ける方針である。各国政府と国際機関を、コーヒー価格の危機的状況を打開するための行動計画にコミットさせるまでに至っていないのが現状だからだ。

農産物のダンピング

オックスファムのキャンペーンは、アメリカとEUに農産物のダンピング輸出をやめさせるべく国際的な圧力を強めるとともに、途上国の懸念に世界がもっと関心を持つような環境作りをしてきた。西アフリカ諸国は綿花をカンクン会議の議題とすることに成功し、補助金に反対する途上国間に連帯感を育んでアメリカに圧力をかけた。カンクン閣僚会議の後、WTOの紛争処理パネルは、アメリカの綿花補助金に異議を唱えるブラジルの訴えを認める「報告」を行なった〔報告は判決にあたり、紛争処理機関DSBが採択すると確定する〕。この「報告」は画期的で、反ダンピングの闘いを大きく前進させるとともに、ブラジルや西アフリカなど綿花を生産する途上国の何百万人という貧しい栽培農家に希望を与えるものだ。同「報告」は、アメリカの綿花補助金三二億ドルと輸出保証（綿花以外も含む）一六億ドルがWTOのルールに反すると認定した。[†3] 二〇〇二年の同国の綿花補助金のほぼ全額と輸出保証の半分近くがルール違反と認定されたことになる。

同パネルはまた、EUの砂糖補助金はWTOルールに反すると主張するブラジル、タイ、オーストラリアの訴えを認める「報告」を行なった。不公正な農業補助金やダンピング輸出に反対する闘いが大きく前進した今、課題はこうした「報告」をWTOの政策変更、すなわち途上国の発展に配慮した政策への変更に結びつけることにある。

また、途上国は最近、農産物ダンピング廃止に向けたより確かな約束をアメリカとEUから引き出すことに成功した。例えばEUは、農産物の輸出補助金を全廃する意思のあることを表明した。また、二〇〇四年七月のWTO一般理事会で合意された交渉枠組みには、ドーハ宣言よりも輸出補助金と輸出保証の廃止に強くコミットする文言が盛り込まれた。とは言え、明確な約束や達成期限は欠いたままで、先進国が抜け道や巧妙な計算方法を駆使してダンピング輸出を続ける可能性は残っている。

シンガポール・イシュー　途上国、特にアフリカ諸国は、投資、競争政策、政府調達などのシンガポール・イシューをWTOの議題から外すよう強硬に主張し始めた。その結果、旗振り役だったEUも要求を後退させ、四つのイシューのうち最も問題の少ない貿易円滑化の議論だけが進行している。オックスファムは、投資に関するWTOのルールが途上国の発展を阻害し、投資を増やすことにほとんど寄与しないことを明らかにしてきた。また、シンガポール・イシューを議題にすれば、緊急性の高い問題の解決に必要な時間と関心を奪い、途上国に過大な負担をかける恐れがある。

労働の問題　労働に関するオックスファムのキャンペーンは、二〇カ国で全国的な労働運動を強化し、「グローバル・ユニオンズ」〔国際自由労働組合連合や一〇の産業別国際労働組合連合などからなる労働組合の国際連帯組織〕と「クリーンな服キャンペーン」〔縫製・スポーツウェア産業から搾取的労働をなくすためのキャンペーン。一九九一年に始まり、ヨーロッパ九カ国で展開されている〕との連携を強めてきた。その目玉の一つは、輸出向けの不安定な労働に隠された長期的なマイナス面を明らかにすること、つまりジェンダーの視点から「国家経済および世界経済に何が隠されているか」を明らかにすることにある。イギリスの運動は、百万人もの在宅労働者と歩合制労働者の法定最低賃金の引き上げを勝ち取った。南アフリカでは、女性の農場労働者が政府に働きかけたことで、日雇い農業労働に最低賃金が設けられるようになった。カンボジアでは、一六の労働組合と女性団体、人権団体の連帯によって、女性の年金受給資格年齢の引き上げを狙った政府提案を撤回に追い込んだ。中米諸国では、「マキラドーラの女性労働者と連帯するネットワーク」のキャンペーンを受けて、政府が職場の健康安全増進プログラムを新たにスタートさせた。MFAの段階的撤廃にともなって労働者がマイナスの影響を受けることに焦点を当てたキャンペーンも、いくつかの国で展開されている。

労働に関するキャンペーンで私たちが最も関心を寄せていることの一つが、仕入れ側（ブランド衣料品販売企業、大手スーパー、食料品販売企業など）が供給側（農家や縫製工場）に不当な圧力をかけていることだ。供給者に対して価格、納期、柔軟性などの面で圧力をかけることが労働条件の悪化につながるからだ。それは、労働基準に関する企業の社会的責任（ＣＳＲ）という近年の取り組みに疑問を投げかける。なぜなら、ＣＳＲは供給側の労働者の扱い方に仕入れ側が監視の目を光らせようというだけで、仕入れ側が自らも労働問題に一役買っていることについて責任を取ろうとするものではないからだ。製品調達にあたっては自ら設けた倫理綱領などどこ吹く風というスポーツウェアの大手八社に対しては、アテネオリンピック〔二〇〇四年〕の時に「オリンピックでフェアプレーを」というキャンペーンを展開し、是正を求める社会的圧力をかけることができた。このキャンペーンではまた、国際オリンピック委員会に対しても、オリンピックがらみのスポンサーやマーケティング、ライセンス生産の契約をスポーツウェア会社と交わす時は、労働基準に関する規定を盛り込むよう求めた。このキャンペーンは過去最大の〝反スウェットショップ（搾取工場）キャンペーン〟に発展し、半年の間に多くのマスコミの関心を集め、多くの市民と協働することでスポーツウェア会社を行動へと駆り立てた。オックスファムは、スポーツウェア業界だけでなく、「貿易によって失われた権利」という報告書を武器に、大手のスーパーや食料品販売企業に対する働きかけも行なってきた。

二国間／地域自由貿易協定

公正な貿易の実現に向けた小さいながらも重要な歩みがＷＴＯの場で刻まれたものの、二国間ＦＴＡと地域ＦＴＡを加速させるアメリカ政府の動きは、せっかくの歩みを台なしにしかねない。途上国が自己主張を強めてＷＴＯの場で新たな勢力を形作り、欲しいものすべてを手にすることができなくなったアメリカは、二国間／地域ＦＴＡを使って苛酷な譲歩を途上国からもぎ取ろうとしている。それらのＦＴＡに盛り込まれた規定の多くはＷＴＯルールのはるか上を行くもので、途上国の健康や発展に破壊的な影響を及ぼしかねない。オックスファムは同志と連帯して、そうした行動をやめるようアメリカ政府に国際的な圧力をかけるとともに、ＦＴＡＡを通じて「ＷＴＯプラス」〔ＷＴＯのルールに定められた以上の自由化を規定した条項〕の受け入れを迫られている米州諸国政府が、アメリカからの圧力をはねのけられるよう支援している。

市場アクセス　WTOの場では、貧困国のために先進国市場をもっと開放しようとする動きはほとんど見られず、MFAが失効した後も先進国が貿易障壁を維持し続ける恐れがある。WTOの外では、EUが最貧国からの繊維縫製品に対して原産地ルールを緩めることを約束した。それはオックスファムがずっと働きかけてきたことで、そうした動きは最貧国の輸出を増やし、待ち望んだ雇用の創出を手助けすることになるだろう。一方、途上国経済にとってセンシティブな分野を保護する権利を途上国に認める点についてはほとんど進展がない。

人々の懸念を表舞台に　オックスファムの「ビッグ・ノイズ」と「Make Trade Fair（公正な貿易を）」キャンペーンには世界中から五〇〇万もの人々が参加し、請願書に署名した。その八〇％以上は途上国に住む人々である。有名人や世界的に尊敬を集める政治家も参加した。大勢が支持を表明し、著名な人々が参加したことでマスコミの注目を集め、カンクン会議をはじめ、様々な場で途上国の開発問題に人々の関心を向けることができた。例えばカンクンでは、G20の貿易相が最初に開いた記者会見にオックスファムとイギリスの人気バンド「コールドプレー」が招かれ、「ビッグ・ノイズ」の請願書を広くアピールすることができた。アフリカ連合の記者会見でも、セネガルのプイエ貿易相が、「カンクンに来る前に、二四〇〇人のセネガル市民から請願書を受け取り、国会議員からは議院声明を受け取った。両文書は、世界がドーハでコミットした開発課題をカンクンで優先して取り上げるよう求めており、私は今、大変力強く感じている」と語った。

木の下の青空学校で英語を学ぶ子どもたち（ケニアのカロベイイイェイ村で／撮影：Crispin Hughes/Oxfam）

四　貿易と開発――日本の関わり

●世界貿易における日本の役割と姿勢†4

ここ二～三年の日本の貿易は世界貿易の趨勢と軌を一にしている。二〇〇二年の輸入は前年の減少から一転して一・六％増加し、輸出も前年の落ち込みから急回復して二〇〇〇年のレベルへと戻った。これは、中国への輸出が二〇％も増えたことが大きい。〇二年のモノの貿易を見ると、輸出は前年より三％増えて四一六七億三千万ドル、輸入は三％減って三三七一億九千万ドルとなった。

一方、日本へのＦＤＩは、世界的な傾向とは逆に二〇〇二年に五〇％も増えたが、これはアメリカ企業による日本の金融機関の買収によるところが大きい。同年のＦＤＩ流入額は九一億ドルで、ドイツを抜いて世界第五位となった。順位をもっと上げようと、日本は〇三年四月にＦＤＩ流入額を五年以内に倍増させる計画を打ち出した。〇二年には日本からのＦＤＩも増加した。最大の投資先はやはりアメリカで、前年より一〇％増えた。発展中のアジアへの投資も八％増加したが、ＥＵ向けはほぼ半減した。

他の国々が二国間／地域ＦＴＡを加速させたのに対し、日本はやや遅れをとっている。二〇〇三年時点ではシンガポールとのＦＴＡしかない〔二〇〇六年二月現在は、メキシコともＦＴＡを締結ずみで、マレーシア、タイ、フィリピンとも〇六年内に署名ないし締結の見通し。ＡＳＥＡＮ、韓国とも交渉中。政府は東アジア共同体構想の主導権を握るべく今後ＦＴＡ／ＥＰＡ交渉を加速し、二〇一〇年までに中国、インドを含む一五程度の国・地域との締結を目指している〕。が、それは貿易だけでなくＦＤＩや他の経済活動を含む経済連携協定である。日本はマレーシア、メキシコ、フィリピン、タイ、韓国ともＦＴＡ交渉を行なっている。交渉中の協定は、ほとんどが国際投資協定としてお決まりの内容である。

▍開発に関わる主要課題に対する日本の姿勢▍

日本は四極（日本、アメリカ、ＥＵ、カナダ）と同様の交渉姿勢を取ることが多く、そのためＷＴＯではしばしば途上国と対立する。

農業に関する日本の姿勢　：　農産物貿易に対する日本の姿勢は、最もセンシティブな産品であるコメをめぐる姿勢に大きく左右されている。日本は、「加盟国の非貿易的な関心事項に密接に関わるセンシティブな産品に配慮して十分に柔軟性を持たせるべきである」[†5]としたウルグアイ・ラウンド方式を支持している。それによってコメに対する高率関税を維持できるからだ。日本はまた、関税割当と上限関税の拡大義務にも反対し、特別セーフガードを維持したいと思っている。コメ産業の保護は、実体から言えば一種の社会政策である。コメ生産農家の大多数は零細で、コメ産業の抜本的な構造改革なしには、一層の自由化によってコメ農家の生活と将来の食糧安全保障が脅かされる恐れがあるのだ。

　また、零細農家は補助金で支えられていることから、日本は補助金システムの維持にも熱心である。国内助成策に関して日本は、「黄の政策」（「青の政策」、「緑の政策」に含まれる以外のすべての国内助成策）の大幅削減には賛成しているが、「緑の政策」から上限関税や削減約束を除外すべきと考えている。それでも交渉の中では、日本企業に対する市場アクセスが改善されるのであれば、国内助成策で譲歩してもよいと言っている。

　輸出競争に関して日本は、二〇〇四年五月パリで開かれたミニ閣僚会議でのEU提案に呼応する形で、輸出補助金の全廃を支持する考えを最近明らかにした。そして国内助成策の場合と同様に、市場アクセスの進展具合によって柔軟な姿勢を取ることを明らかにしている。

　途上国に対する「特別かつ差異のある待遇」については、実施期間の延長や、関税削減率の拡大、農業分野での配慮など、「建設的な対応」[†6]を表明している。

非農業分野の市場アクセスに関する日本の姿勢　：　世界貿易拡大の鍵は市場アクセスを大幅に改善することにある、と日本は考えている。日本は、二〇〇三年九月のカンクン閣僚会議で作成された交渉用の叩き台、いわゆるデルベス案を支持している。同案は関税削減の調和を目指すもので、先進国よりも途上国により大幅な関税削減を迫るものだとして、インドやナイジェリアをはじめ多くの途上国が反対している。

　分野ごとの関税削減に総論として賛成しつつも、日本は先進国の利益と途上国の利益の両方が反映されるべきだとしている。例えば、削減対象産品リストについて、水産物、皮革製品、靴などはセンシティブな産品であり、特別な配慮が必要だと強く主張している。日本はまた、後発途上国に対しては関税削減方式を一律に適用すべきでないとしながらも、同時に後発途上国もできる限り多くの品目について削減率を拡大すべきであると提案している。

シンガポール・イシューと日本　…　ルールのないグローバリゼーションよりもルールのあるグローバリゼーションの方がずっと良いのだから、ＷＴＯの新ルールは全加盟国にとって利益になる、という見方に立つ日本は、四つのシンガポール・イシュー（投資、競争政策、政府調達の透明性、貿易円滑化）すべてをＷＴＯで取り上げるべきだとずっと主張してきた。そして、同イシューに途上国が前向きに取り組むのであれば、必要な能力強化や技術協力を行なうと公約してきた。

しかし、カンクン閣僚会議での議論が失敗に終わってからは、同イシューの旗振り役として目立った発言をするのをやめ、三つのイシューは除外し、貿易円滑化についてのみ交渉を進めるという二〇〇四年七月の妥協案を支持するようになった。

●日本が歩むべき道

第二次世界大戦後の日本は焼け野原の途上国状態で、そこから奇跡的な経済発展を果たした。そして今や世界で最も豊かな国の一つとなった。しかし、貧困は日本の玄関口からそう遠くないところに現存する。世界の貧困層の半分が中国とインドに住んでいるのだ。アジア開発銀行を窓口に融資国として重要な役割を果たす日本は、ＷＴＯの現交渉ラウンドが貧困国の発展に関わる主要関心事にきちんと配慮するよう見届ける特別な責任を負っている。

カンクン閣僚会議とその後の交渉の主要議題となっているのが農業とシンガポール・イシューである。ドーハ開発ラウンドでの合意を成就するには、日本はこの二分野での交渉姿勢を根本から変えねばならない。

━農業分野で取るべき道━　コメについて日本は、社会的、文化的にセンシティブな問題であることを理由に保護し続ける意向を明確にしてきた。交渉というのは、ある分野で特別扱いを求めて、その保証を得ようとするならば、代わりに他の分野で譲歩するものである。途上国にとっては農業こそが最重要の貿易問題であり、日本の交渉姿勢は途上国の関心に即したものであるべきだ。カンクン会議で当時の川口外相が述べたように、日本は「農業貿易の拡大、特に途上国が関心を持つ農産物の貿易拡大と、さまざまな農業形態が共存できるよう必要な改革を継続することとの間に適正なバランスを打ち立てる必要がある」[†7]のだ。

センシティブな農業分野を保護し続けるとしても、途上国に対する市場の開放はなお努力の余地がある分野だ。二〇〇三年四月、日本は農林水産分野の約二〇〇産品について、後発途上国からの輸入には関税をかけず、輸入割当もしないことを決めた。その結果、後発途上国からの輸入品の八三％が関税や輸入割当を免れるようになった。それでも日本にはまだ改善すべき点がある。他の先進国と同じく、原産地ルールに関する手続きが複雑なことが後発途上国の障害となり、市場アクセスを阻害しているのだ。

国連貿易開発会議（ＵＮＣＴＡＤ）[†8]によれば、後発途上国にとって重要な四極（日本、アメリカ、ＥＵ、カナダ）が供与する優遇措置のうち、後発途上国が実際に活用できているのは二〇〇一年で六八・五％にとどまっている。原産地ルールの運用は今も先進国側の裁量に任されていて、ルールそのものは概ね正当と言えるものの、後発途上国の企業の能力を超えるケースが多いのだ。日本の一般特恵関税制度の一部をなす原産地ルールは、関税と輸入割当の免除に必要な後発途上国内の付加価値割合を、産品による違いがあるものの概ね六〇％としている。オックスファムは、付加価値割合を四〇％とし、必ずしも最終輸出国で付加しなくてもよいこととするよう提案したい。そうすれば、ＵＮＣＴＡＤが指摘するように、先進国には大したマイナスとならない反面、後発途上国にとっては大きなプラスとなるだろう。

最後に、現在の農業分野の交渉で、途上国に対する「特別かつ差異のある待遇」を日本がもっと積極的に支持するよう期待したい。片方で日本が自国のセンシティブな農産物の保護と特別セーフガード制度の維持に固執していることを考えると、より発展の遅れた国々に対する「特別かつ差異のある待遇」を強力に推進しないことは、驚くべき二重基準だと言える。

シンガポール・イシューで取るべき道[†9]

日本が四つのシンガポール・イシューをWTOで取り上げ、協定を結ぶことに賛成する理由の一つは、ルールは多ければ多いほど良いというものである。確かに、グローバル化した経済の中で投資を持続可能な発展に資するものとするには、投資に関するルールを作ることが重要である。しかし、現在のWTOの枠組みのもとで多国間協定を結ぶことによって投資を持続可能な発展に寄与させることはできそうにない。

オックスファムは、海外投資や競争のルール作りをするのであれば、まず国内で作るべきであると考える。FDIを持続可能な発展に寄与させるには、投資受け入れ国が投資規制の枠組みを改革する必要があるからだ。国際レベルでは、投資の議論に新たな方向づけをする必要がある。その議論の出発点は、途上国への投資を増やし、投資の質を高めることにあるべきだ。日本は、ただWTO協定の数を増やそうとするのではなく、グローバル化した経済においてはルールが必要であるという認識に立って、国連の場において貧困層と貧困国に資する投資のあり方を率先して追求するなり、WTOから独立した協定を結ぶ道を追求すべきである。今最も必要とされているのは、企業の権利と責任のバランスが崩れた状態を是正しようという先進国側の政治的意思である。

日本をはじめとする先進国に今求められているのは、発展へのハードルを高くすることではなく、後から続く国々がハードルをクリアーできるよう、しっかりと支えることである。シンガポール・イシューをWTOの議題から外すことに合意したのは途上国にとって喜ばしいことだった。今度は、日本をはじめとする先進国が、農産物や工業製品に関する交渉でも途上国が利益を得られるようにすることである。それが、途上国の持続可能な発展と貧困の削減に大きく寄与する道だからである。

訳者補記——第六回WTO閣僚会議の結果と日本*

二〇〇五年一二月一三日～一八日に香港で開催された第六回WTO閣僚会議は、これまでと違って大きな混乱もなく、閣僚宣言を採択して終わった。しかし、宣言はこれまで通り先進国の利益を優先したもので、世界の貧困層にとって貿易をより公正なものにする機会は、またもや失われてしまった。また、合意が難しい部分も先送りされてしまった。農業分野では、いくらか途上国にとって利益となる進展が見られたものの、非農産品市場アクセス（NAMA）やサービス貿易の分野で強いられた譲歩による損失の方がずっと大きかった。以下に、閣僚会議の結果と今後を概観する。

◆**農業**　農業分野では、輸出補助金、国内助成策、市場アクセスに関していくらか前進があった。輸出補助金については、二〇一三年までを期限とするあらゆる形態の輸出補助金の撤廃と、それと同等の効果を持つ輸出施策（輸出信用や輸出保険）への規制強化が定められた。しかし、農産物のダンピングに果たす輸出補助金の割合は小さくなっており、EUに関して言えばもともと二〇一三年までに撤廃する予定のものだった。また、補助金撤廃は前倒しして行なうことが求められているものの強制力はなく、多国間繊維取極（MFA）の時のように、撤廃期限ぎりぎりまで先延ばしされる可能性もある。

以前よりダンピングに大きな役割を果たしている国内助成策については、見かけではない実質的な削減を定めた（国内助成合計量が多い順に加盟国を三つの階層に分け、合計量の多い階層ほど削減率を高くする）。これによって貿易歪曲度の高い「青の政策（生産調整のための助成）」への規制を強化する道が開かれたが、「緑の政策（食糧安全保障のための支援策や農家への直接支払い）」という抜け道は残された。

市場アクセスに関しては、途上国が自国の食糧安全保障や生計手段の保障、農村開発ニーズを勘案して、適切な数の特別品目を自由に選び、価格や数量を基準に特別セーフガード（緊急輸入制限）を発動することが認められたことは評価できる。しかし、先進国市場へのアクセスが大幅に改善されるという保証は得られなかった（四階層に分けて自由化することが決まったのみ）。

食糧援助に関しては、先進国（特にアメリカ）が食糧援助を装って途上国に余剰穀物を供与し、途上国の食糧価格を押し下げて農家収入に打撃を与えることのないよう、商業利益を排除して、緊急救援としての善意の食糧援助に限定することを定めた。

香港会議では、以上のような大枠が決まっただけである。

具体的な枠組みは二〇〇六年四月末までに合意し、各国の包括的・具体的な自由化案は七月末までに提出することになった。

◆非農産品市場アクセス（NAMA）　非農産品とは、鉱工業製品に林産品・水産品を加えたもので、二〇〇四年七月のWTO一般理事会以降使われるようになった分野名である。その市場アクセスをめぐっては、先進国側がスイス方式（現行関税率が高いほど削減率を高くする）の導入を主張したが、一般的に言って先進国よりも現行関税率が高い途上国側の猛反発にあって、途上国に配慮した「複数係数つきのスイス方式」を採ることが決まった。また、初めてセクター別イニシアチブが採用されることになった。非農産品の中のいくつかのセクターについて市場アクセスの改善を交渉していくもので、交渉への参加は任意だが、先進国側が参加への圧力をかけてくることが懸念される。全体的として見ると、NAMAに関する合意は、むしろ途上国に非工業化をもたらすとさえ言えるもので、受け入れ難い。

NAMAについても二〇〇六年四月末までに具体的な枠組みを合意し、七月末までに各国が包括的・具体的な自由化案を提出することになった。

◆サービス貿易　サービス貿易に関する合意も、途上国にとってむしろ厳しい内容のものとなった。二〇〇四年七月の一般理事会で途上国側が拒否した方式が再提案され、議長に選ばれた韓国代表の強引な議事進行によって、修正つきながら採用されてしまったからだ。それは補完的アプローチと呼ばれる。これまでサービス分野の交渉はリクエスト‐オファー方式で行なわれてきた。サービス分野の市場開放を求める国（主に先進国）がリクエスト（要望）を出して、それに対して求められた国（主に途上国）が提案（オファー）して交渉に入る二国間方式である。提案は、自国の経済社会発展や貧困削減計画に照らして行なうことができ、途上国に大幅な裁量権が認められている（提案そのものをしないことも可能）。そのため、交渉は遅々として進展していない。それに業を煮やした先進国側が、途上国を交渉に引きずり込むための方法として提案したのが補完的アプローチである。

合意されたアプローチの一つが「複数国間交渉」である。これは、先進国から同種のリクエストを受けた複数の途上国が、リクエストした（複数の）先進国と一緒に交渉を行なうことを指している。原案は交渉に入ることを義務づけるものだったが、途上国側からの猛反発で、かろうじて交渉入りを「検討すること」が義務づけられるにとどまった。リクエストは二〇〇六年二月末までに提出し、それに対して七月末までに提案するという期限が設けられた。

もう一つは「質的目標」で、途上国に自由化をどこまで進めるかの目標（例えば国内企業への外資の出資比率）を設けるよう要請している。

ともに、途上国側は拒もうと思えば拒めるものの、先進国から交渉入りないし目標設定に強い圧力がかかる恐れがある。

◆後発途上国に対する無税無枠の市場アクセス　後発途上国からの産品に対して、先進国が無税（関税をかけない）、無枠（輸入割当をしない）で輸入を認めるという優遇措置のことである。閣僚宣言では、全産品について無税無枠のアクセスを認めるとしながらも、現時点で困難な国は二〇〇八年までに九七％の産品について認め、その後漸進的に一〇〇％にするとしている。例外規定を設けたのはドーハ閣僚会議からの明らかな後退である。また、無税無枠のアクセスが認められない三％は、関税品目数にすると約三三〇品目にもなる。これでは、後発途上国が重視する品目の大半が認められなくなる恐れがある。

◆貿易のための援助　途上国の輸出能力向上を支援するためのタスクフォースをWTO内に設置することが決まり、対象も後発途上国に限定されなかったことは評価できる。しかし、支援のための援助資金が新規の援助資金である保証はなく、すでにコミットした援助資金の看板をかけ替えるだけという可能性がある。また、それには無償資金だけでなく、有償資金も含まれる。さらに、タスクフォースを引っ張るのが、様々な「条件づけ」をするのが好きな世銀／IMFになりそうなことも懸念材料である。

◆日本について　以上のような全体的な文脈において、日本政府は農業交渉における最大の問題（途上国が国内市場を保護する権利の承認、欧米諸国の輸出補助金や貿易歪曲的な国内助成の削減など）に関して積極的な関与をせず、自国の市場保護のみに固執した。そのような態度は交渉の打開に貢献するものではなく、途上国の理解や支持も得られないだろう。加盟国の中で圧倒的多数を占める途上国の支持が得られないことで、農業交渉における日本の主張を通すことも難しくなるだろう。

日本は、最も重要な問題で途上国に連帯の手を差し伸べるどころか、NAMAやサービス貿易の分野で途上国に対して攻勢を仕掛けた。閣僚会議で日本が発表した「開発イニシアチブ」（貿易インフラ関連分野への一〇〇億ドルの援助、専門家派遣と途上国からの研修生受入れ一万人など）も、日本政府自身が認めるように、「途上国を交渉の席に着かせるための呼び水として」用いたものだった。あるアフリカの政府代表団はそれを「買収的行為だ」と強く批判している。

日本は本来、開発ラウンドの前進に向けて積極的な役割を演じることができるはずだが、今回はその機会を逃しただけでなく、前進を阻む役割を演じてしまった。日本には、目先の利益にばかり囚われず、長期的、大局的な視点に立って、公正な貿易の成就に向けたイニシアチブを発揮することが切に望まれている。

＊出典は、Oxfam Briefing paper 85, “What happened in Hong Kong? —Initial analysis of the WTO Ministerial, December 2005” およびオックスファム・ジャパンのウェブ上の記事「WTO——閣僚会議、開発の約束を裏切る」。外務省発表のWTO第六回閣僚会議（概要）、およびWTO閣僚宣言の原文 “Ministerial Declaration adopted on 18 December 2005” も随時参照した。

■第10章

1――この項は、WTOの『世界貿易報告2002』と『世界貿易統計2002』、UNCTADの『世界投資報告2003』から多くを採っている。

2――G20は、WTOのカンクン会議の際に誕生した、農業補助金撤廃を求める主要途上国グループのこと〔ブラジル、インド、中国、アルゼンチン、メキシコ、インドネシアなど〕。

3――この記述は、綿花補助金をめぐるブラジル - アメリカ間の争いが上級審まで行っても、決定が覆されないことを前提にしている。

4――ここでの数字は、WTOの『世界貿易統計』、UNCTADの『世界投資報告』と『貿易開発報告』から採った。

5――2003年8月20日付WTO文書「枠組みに関する日本の立場」より。

6――同上。

7――カンクンで開催された第5回WTO閣僚会議における川口順子外相の2003年9月11日の演説。

8――2004年3月18日の国連経済社会理事会ハイレベル準備会合円卓会議EにおけるUNCTAD事務局のピエール・アンコントル氏の発言「貿易と優先的市場アクセス―約束、成果、課題、将来見通し」より。

9――ここでの主張の多くは、2003年4月のオックスファム報告書「王様の新しい着物―なぜ先進国はWTOで投資協定を欲しがっているのか」から採っている。

tute for Agriculture and Trade Policy) 2000 から採った。
18――1995年9月5日にカンザス州立大学で行なわれた第102回ランドン講演会でのグリックマンの講演より。
19――アメリカの食糧援助に対して欧州委員会（EC）が取ったデマルシュ（外交手続き）より。

■第5章
1――「貿易制限」とは、輸入品の価格を引き上げ、国際価格と国内価格の差を広げる措置のこと。具体的には平均関税率や輸入割当などの非関税障壁が含まれる。
2――計量経済学は、数学モデルを用いてさまざまな変数の間の関係性を分析し、相関関係を明らかにする。例えば、価格の変化と消費者需要の変化の相関関係を分析するのに使われたりする。本章で考察する研究では、経済成長と所得分配との間の関係や、経済成長と貿易の開放性との間の関係を分析するのに使われている。
3――以下は世銀の開発研究グループの研究結果を要約したもので、世銀内に数多くある見解のうちの一つに過ぎないが、最も影響力の大きな見解である。
4――貧困状況の変化は1990年代に行なわれた二つの比較可能な調査結果を使って計測されている。貧困者の計測には、可能な限り世銀の「1日1ドル未満で暮らす人々」という定義を使っているが、各国の公式な貧困人口調査を使っているケースもある。

■第6章
1――国際コーヒー機関（ICO）の1994年10月～95年9月と2000年7月～01年6月までのデータより。
2――1999年の年間消費量に対する在庫量の割合は、ココアが40%、コーヒーが37%、砂糖が49%、綿花が37%だった。
3――国際ココア機関（ICCO）の推計値より。
4――コーヒー1杯の小売価格が2ドル、1カップあたりに使う挽いた豆の量が8グラムと想定して。

■第7章
1――輸出向け生産の利益率を10%、42億ドルの輸出にかかる法人税を20%として算出した損失額。
2――この節は Atkinson 2001 a, 2001 b に依拠している。
3――この項は Brown 2001 b に依拠している。

■第8章
1――バングラデシュの製薬会社 Square Pharmaceuticals からの情報による。
2――人々が医療費の高騰を乗り切る方途を調べたものとしては、Russell 1996, Watkins 2001 b を参照。
3――TRIPs がバイオテクノロジーに与える影響を分析したものとしては、この項目が依拠した Mayne 2002を参照。
4――この項は Dhanarajan 2001 に依拠している。
5――例外規定は GATS 第1条3項に盛り込まれているが、非常に狭く限定されている。例外となるのは商業ベースでなしにサービスを提供している公的独占体だけである。公共サービスのほとんどは、公的事業体と民間事業体によって提供されていたり、商業的な側面を持っていたりするため、例外扱いされないことになる。

■第9章
1――この項は Dhanarajan 2002 に依拠している。

したがって、第3段階（2002年1月）までに1990年の輸入額の51％相当以上を自由化することが義務づけられている。アメリカ、EU、カナダは、形の上では自由化義務を果たしたものの、輸入割当を撤廃したのは途上国から輸入していない製品が中心だった。1990年の輸入額と比較すると、アメリカは11.7％、EUは12.2％しか自由化しておらず、51％という目標値を大きく下回っている。

3——生産者助成概算（PSE）は、消費者ないし納税者から農産物生産者への資金移転が年額にしていくらかを示す指標としてOECDが算出しているもの。PSEの総額は、その国の農業セクターの規模や構造によって違ってくる。それに対して、農家収入に占めるPSEの割合は、農業セクターの構造に関係なく農家に対して行なわれる助成の程度を示す。したがって、農家への助成の程度を国際的に比較対照する場合は、農家収入に占めるPSEの割合が最もよく使われる。

4——集計にあたっては、まず各指標について4極（EU、アメリカ、カナダ、日本）を1（最も保護主義的でない）から4（最も保護主義的）に順位づけしたあと、国ごとに10の指標の順位を足し合わせた。そして、総合点数の高い方から1から4の総合順位を割り振った。

5——駐米ブラジル大使ルーベンス・A.バルボーサ氏からの聞き取り。

6——ASEANの加盟国は、ブルネイ、カンボジア、インドネシア、ラオス、マレーシア、ミャンマー、フィリピン、シンガポール、タイ、ベトナムである。

7——NGO「国際繊維縫製品ビューロー（ITCB）」からの聞き取り。

8——ATC実施に関するWTO物品貿易理事会の第2回レビューをフォローしたITCBからの聞き取りの中で引用された、アメリカおよびEUの公式文書より。

9——ITCBからの聞き取り。

10——在宅労働は重要な雇用の機会を世界中で提供している（特に女性に）。それはまた、主要な輸出産業における労働の大きな部分を構成している（Baden 2001に引用されたChen, Sebstad, & O'Connell 1999より）。在宅労働に占める女性の割合は、ほとんどの国で70％から80％に達する（Baden 2001に引用されたCharmes 2000より）。

11——バングラデシュの縫製セクターが国際競争力を維持するには労働コストの切り下げが避けられない、というわけでは決してない。香港で繊維縫製品を扱っている大手貿易会社数社を対象とした調査では、国際競争力の要素として重要性が高いのは、政治的な安定、輸送費、通信状態、労働コスト、教育・訓練度、「取引のしやすさ」の順であることが分かった。したがって、労働コストが高くても他の部分で十分埋め合わせができるのだ（Centre for policy Dialogue 2000）。

12——バングラデシュからアメリカ・EU市場への繊維縫製品輸出に関するこの項目の記述は、Bhattacharya & Rahman 2000 a, b, cに依拠した。

13——WTO農業協定では、1986～88年が補助金削減の基準年として使われている。

14——現在EUの生産者助成は、農家の現在ないし直近の生産額に基づいて行なわれる農家直接支払いの形を取っている。

15——Environmental Working Groupの1996～2000年の農業補助金に関するデータベースより（http://www.ewg.org参照）。

16——これら助成策についての詳細はFanjul 2001を参照。日本では零細農家の数がこの10年で3分の1近く減少した。1995年から2000年にかけて日本の小規模村落の数は3.5％減少し、人口100世帯未満の集落の数は24％減少した。スペインやイタリア、ギリシャなど、国土の大半を農地が占める欧州諸国のほとんどでは、生産労働人口が1950年代の5分の1にまで減少している。アメリカでも、1998年から2008年までの間に家族形態の農業労働人口は13.2％減少し、あらゆる職業の中で最大の減少幅になる、と労働省が予測している。

17——EUの農産物の平均生産コストはイギリスのワイ大学のA.シュナイダー（A. Schneider）の研究によるもので、白砂糖についてはLMC Internationalからの情報を補完的に使った。元のデータはHome Grown Cereals Authority, Eurostat, OECD Commodity Outlook, Agrarbericht, UK Farm Business Surveyなどから採ったものである。アメリカの農産物に関する情報はIATP (Insti-

原注

■第2章

1——世界銀行が20カ国について調べたところ、平均所得が10%増加すると貧困が20%減少するという結果が出た。所得増加率と貧困削減率の間に1：2の関係が示されたのである（Bruno et al. 1996）。世銀の他の調査では1：2.6というさらに高い結果が出た（Ravallion and Chen 1997）。所得分配状況が大きく異なる105カ国を対象にした最大級の各国比較調査によると、所得格差が比較的小さい国では所得増加率：貧困削減率＝1：0.9だったのに対し、格差が大きい国では1：0.3だった（Hammer and Naschold 1999）。

2——格差が小さいというのはジニ係数が34以下、格差が大きいというのは同55以上と定義される（Hammer, Healey, and Naschold 2000）。ジニ係数とは所得分配が完全に平等な状態からどのくらい乖離しているかを百分率で示すもので、完全に平等な状態とは国民所得が全員同一の状態で、その時のジニ係数は0である。一方、完全に不平等な状態とは1人の国民が国の全所得を独占している状態で、その時のジニ係数は100である。したがって、ジニ係数が高ければ高いほど所得分配は不平等である。〔百分率ではなく、0から1の数値で示すこともある〕

3——輸出の再分配が途上国の所得に好影響をもたらすことは、輸出品価格の相対的な改善が途上国に良い交易条件をもたらすことと軌を一にしている。

4——このストルパー＝サミュエルソン〔いずれもアメリカの新古典派経済学者〕の定理は、比較優位の理論を途上国に当てはめる時によく引き合いに出される。同定理はいわゆる「要素価格の平準化」を提示する。それによれば、諸国間でモノの交易が行なわれる時、交易されるモノの生産に使われる諸要素の価格は同一レベルに収斂するという。つまり、先進国が途上国で生産された労働集約的な産品を購入すると、輸出国でこの生産要素（この場合は労働）に支払われる価格は上昇し、逆に輸入国で同一産品を生産する労働者に支払われる賃金は低下する、とする（先進工業国における賃金格差については第3章を参照のこと）。

5——1米ドル＝14000ベトナム・ドン。

■第3章

1——購買力平価（PPP）とは通貨交換レートの一種で、同一のモノとサービスのパッケージを異なる国で購入する時に必要な通貨量を比較することで得られる。

2——第2章の注2を参照。

■第4章

1——社会保障がなく、柔軟、一時的、季節的、パートタイムの労働への移行は「雇用の女性化」とも呼ばれている。そうした条件で雇用される労働者の大半は女性で、雇用条件の悪化にともなうコストを女性が負わされているのである。

2——①②③15%超の高率関税は Hoekman, Ng, & Olarreaga 2001 より。⑤生産者助成概算（PSE）は OECD 2001a より。⑥傾斜関税と⑦対農産物平均関税率は WTO 2001 b より。⑧MFA 撤廃達成率は国際繊維縫製品ビューロー（ITCB）より。⑨繊維縫製品に対する平均関税率は WTO 2001 b より。⑩途上国に対するダンピング調査は WTO 2001 c, 2001 b, Reports of the WTO Committee on Anti-Dumping Practices 1995–2000（G/L/34 ; G/L/123 ; G/L/204 ; G/L/268 ; G/L/340 ; G/L/404）より。なお、MFA に関して言うと、繊維製品の輸入を規制している国は、WTO 繊維協定（ATC）に

Oxfam Community Aid Abroad (2001) 'Investment in Extractive Industries', Melbourne : OCAA

Pérez–Grovas, V., E. Cervantes and J. Burstein (2001) 'Case Study of the Coffee Sector in Mexico', Oxford : Oxfam

Pinat, J. and F. Perez (2001) 'An Overview of Regional Trade Agreements in East Asia with Reference to Growth and Poverty', Oxford : Oxfam

Pitts, J. (2001) 'Export Processing Zones in Central America', Oxford : Oxfam

Ponce, J.M. and M. Posas (2001) 'Trade Liberalisation, Rural Poverty and Alternatives for Small Producers', Madrid : Intermón (original in Spanish)

Raj, A. and S. Deva (2001) 'Indian Handlooms : An Uncertain Future', Delhi : Oxfam

Romero, J.J. et al. (2001) 'EU's Common Agricultural Policy : Critical Assessment of Internal and External Impacts', Madrid : Intermón and Córdoba : ETEA (original in Spanish)

Ruyssenaars, J. (2001) 'Unfair Fisheries Policies and Practices', The Hague : Novib

Thanh, H. (2001) 'Bicycles and Motorbikes for the Poor and Trade Liberalisation in Vietnam', Hanoi : Oxfam GB and Oxfam Hong Kong

---

＊訳者補足：公正貿易、フェアトレード運動、WTO、グローバリゼーションをめぐる問題についての理解を深める上で有益な文献を以下に挙げる。

【日本語文献】

- **フェア・トレード——公正な貿易を求めて**（M. B. ブラウン／青山薫・市橋秀夫訳　新評論　1998）
- **フェア・トレードとは何か**（デイヴィッド・ランサム／市橋秀夫訳　青土社　2004）
- **コーヒーとフェアトレード**（村田武　筑波書房ブックレット　暮らしのなかの食と農28　2005）
- **コーヒー危機——作られる貧困**（オックスファム・インターナショナル／日本フェアトレード委員会訳・村田武監訳　筑波書房　2003）
- **コーヒーと南北問題——「キリマンジャロ」のフードシステム**（辻村英之　日本経済評論社　2004）
- **ブランドなんか、いらない——搾取で巨大化する大企業の非情**（ナオミ・クライン／松島聖子訳　はまの出版　2001）
- **WTO徹底批判！**（スーザン・ジョージ／杉村昌昭訳　作品社　2002）
- **誰のためのWTOか？**（パブリック・シティズン／L. M. ワラチ他監修／海外市民活動情報センター監訳　緑風出版　2001）
- **利潤か人間か——グローバル化の実態と新しい社会運動**（北沢洋子　コモンズ　2003）
- **地球は売り物じゃない！——ジャンクフードと闘う農民たち**（ジョゼ・ボヴェ＆フランソワ・デュフール／新谷淳一訳　紀伊國屋書店　2001）
- **グローバリゼーションと発展途上国**（吾郷健二　コモンズ　2003）
- **途上国のグローバリゼーション——自立的発展は可能か**（大野健一　東洋経済新報社　2000）
- **人間開発報告書2005——岐路に立つ国際協力：不平等な世界での援助、貿易、安全保障**（国連開発計画［UNDP］／横田洋三他監修　国際協力出版会　2006）

【英語文献】

- ***Fair Trade : Market–Driven Ethical Consumption*** (Alex Nicholls, Sage Publications, 2005)
- ***Fair Trade For All : How Trade Can Promote Development*** (Joseph Stiglitz and Andrew Carlton, Oxford University Press, 2005)

Fanjul, G. (2001), 'Northern Agricultural Policies : The Long and Winding Road to Coherence', Madrid : Intermón

Feeney, P. (2001), 'Regional Trade and Investment Agreements', Oxford : Oxfam

Galián, C. and C. Ancona (2001), 'EU and Morocco : Winners and Losers In International Trade', Madrid : Intermón (original in Spanish)

González–Manchón, B. (2001) 'OECD Agricultural Policies : Australia, Canada, New Zealand', Madrid : Intermón

Goodison, P. (2001) 'The Future of the Common Agricultural Policy : Implications for Developing Countries', Oxford : Oxfam

Gough, E. (2001) 'Deprivation in UK Hill Farms – Case Studies for Oxfam International's Trade Report', Oxford : Oxfam

Gresser, C. 'Background Note on Garment Workers in Cambodia', produced in collaboration with Margherita Maffii and Rosanna Barbero, Phnom Penh/Hong Kong : Womyn's Agenda for Change/Oxfam Hong Kong

Habtu, Y. (2001) 'The Impact of Food Aid on Livelihood Systems : the Case of Ethiopia', The Hague : Novib

Hazeleger, B. (2001) 'EU Sugar Policy : Assessment of Current Impact and Future Reform', The Hague : Novib

Hellin, J. and S. Higman (2001) 'The Impact of the Power of the Multinational Companies on the Banana Sector in Ecuador', Oxford : Oxfam

Hellin, J. and S. Higman (2001) 'Quinua and Food Security in Ecuador, Peru and Bolivia', Oxford : Oxfam

INESA (2001) 'Le Café en Haïti : Situation Actuelle et Plaidoyer Pour une Amélioration de la Situation Socio–economique des Producteurs', Oxford : Oxfam

Institute for European Environmental Policy (2001 a) 'Current Operation and Impact of the CAP in the Context of EU Agriculture and its Significance for International Trade', paper commissioned by Oxfam and other members of the UK Food Group

Institute for European Environmental Policy (2001 b) 'The Potential Impacts of CAP Reform', paper commissioned by Oxfam and other members of the UK Food Group

Kidder, T. (2001) 'Gender and Trade Background Paper : Harnessing Trade for Gender Equity', Oxford : Oxfam

Mayne, R. (2002) 'Intellectual Property and Development', Oxford : Oxfam

Oxfam (2001 a) 'The Tea Market : A Background Study', Oxford : Oxfam

Oxfam (2001 b) 'The Coffee Market : A Background Study', Oxford : Oxfam

Oxfam (2001 c) 'The Cocoa Market : A Background Study', Oxford : Oxfam

Oxfam (2001) 'The Impact of Rice Trade Liberalisation on Food Security in Indonesia', research by Dini Widiastuti, Widyono Sutjipto, and Bayu Wicaksono, Bangkok : Oxfam

Oxfam (2001) 'The Impact of Fish Importation and Smuggling on the Fishing Industry : a Case Study of Co–operative Fish Traders in the Philippines', research by Cesar Allan Vera and Malou Vera, Bangkok : Oxfam

Oxfam (2001), 'Rice for the Poor and Trade Liberalisation in Vietnam', Hanoi : Oxfam GB and Oxfam Hong Kong

Oxfam Canada (2001), 'Guyana's Rice Farmers and the Myth of the Free Market', research by Michelle Beveridge, Nathalie Rowe, and Megan Bradley, compiled and edited by Mark Fried, Ottawa : Oxfam Canada

Oxfam Community Aid Abroad (2001) 'Controlling the Conduct of TNCs', Melbourne : OCAA

2001 Geneva : WTO

WTO (2001 d) 'TRIPs and Pharmaceutical Patents', Geneva : WTO

Yanz, A. et al. (1999) 'Policy Options to Improve Standards for Women Garment Workers in Canada and Internationally', Ottawa : Maquila Solidarity Network

Yusuf, S. (2000) 'Globalisation and the Challenge for Developing Countries', background paper for the 1999/2000 *World Development Report*, Washington : World Bank

Zeller, M. and M. Sharma (1998) 'Rural Finance and Poverty Alleviation', Food Policy Report, Washington : International Food Policy Research Institute (IFPRI)

Zeller, W. et al. (1997) 'Wal–Mart spoken here', *Business Week*, 23 June 1997

Zhan, J. (2001) 'Business Restructuring in Asia : Cross–Border Mergers and Acquisitions in Crisis–Affected Countries', Copenhagen : Copenhagen Business School Press

【基礎調査資料】

Aldred, A. (2001) 'Trade Issues in South Asia : A Background Note', Dhaka : Oxfam

Amador, F. (2001) 'Strategies for Rural Development in Vietnam', Córdoba : ETEA (original in Spanish)

Atkinson, J. (2001 a) 'Transnational Companies, Employment and Investment', Melbourne : Oxfam Community Aid Abroad

Atkinson, J. (2001 b) 'The Electronics Industry in Malaysia', Melbourne : Oxfam Community Aid Abroad

Avendaño, N. (2001) 'Liberalisation Policies in Nicaragua and their Impact on the Rural Sector', Madrid : Intermón (original in Spanish)

Bieckman, F. and C. van der Borgh (2001) 'Towards Pro–Poor Liberalisation of Trade? Trade and Poverty in PRSPs and PRGF', The Hague : Novib

Bird, M. (2001) 'Campaigning on Trade Issues Works! A Report on Illegal Logging in Cambodia', Oxford : Oxfam

Black, F. (2001) 'Update : Dumping in Jamaica, a Report on the Dairy Industry', The Hague : Novib

de Boer, J. (2001) 'Agricultural Trade and Food Security : Japan's Agricultural Policies', Madrid : Intermón

Brown, O. (2001 a) 'Brand New World : the Power of Brands in the New Economy', Oxford : Oxfam

Brown, O. (2001 b) 'Up in Smoke : Marketing Tobacco in the Developing World', Oxford : Oxfam

Brown, O. (2001 c) 'Transnational Companies in the Global Economy', Oxford : Oxfam

Brown, O. (2001 d) 'Trade and Environmental Change : a Discussion Paper for Oxfam International', Oxford : Oxfam

CEDLA (2001) 'Water Privatisation in Cochabamba (Bolivia) : Impact on Consumers and Producers', Madrid : Intermón (original in Spanish)

Charveriat, C. (2001) 'Primary Commodities : Trading into Decline', Oxford : Oxfam

Chery, J. (2001) 'The Impact of Rice Trade Liberalisation on the Rice–Growing Sector in Haiti', report for Oxfam GB

Cordera, H. (2001) 'Coffee and Livelihoods in the Dominican Republic', Oxford : Oxfam

Crabtree, J. (2001) 'Peru : Agricultural Trade Liberalisation in Peru', Oxford : Oxfam

Das, A. K. (2001) 'Indian Commodities and International Trade', Delhi : Oxfam

Dhanarajan, S. (2001) 'The General Agreement on Trade in Services', Oxford : Oxfam

Drahos, P. (2001) 'BITs and BIPs : Bilateralism in Intellectual Property', Oxford : Oxfam

Eagleton, D. (2001) 'The International Rice Market : A Background Study', Oxford : Oxfam

Poverty : What are the Links', London : Centre for Economic Policy Research

Wolford, W. (2001) 'Grassroots-initiated land reform in Brazil : the Rural Landless Workers' Movement', in de Janvry (2001)

Wood, A. (1994) *North-South Trade, Employment and Inequality,* Oxford : Clarendon Press

Wood, A. (1997) 'Openness and wage inequality in developing countries : the Latin American challenge to East Asian conventional wisdom', *World Bank Economic Review* 11 : 33–57

Woodon, Q. (1999) 'Growth, Inequality and Poverty : A Regional Panel for Bangladesh', Policy Research Working Paper No. 2072, Washington : World Bank

Woods, N. and A. Narlikar (2001) 'Governance and the limits of accountability : the WTO, the IMF and the World Bank', *International Social Science Journal*

Woodward, L. (1962) *The Age of Reform* 1815–1870, Oxford : Clarendon Press

Woodward, D. (2001) *The Next Crisis? Direct and Equity Investment in Developing Countries*, London : Zed

World Bank (1997) 'China 2020', Washington : World Bank

World Bank (1999) 'Curbing the Epidemic – Governments and the Economics of Tobacco Control', Washington : World Bank

World Bank (2000 a) 'Vietnam Development Report 2000 : Attacking Poverty', Washington : World Bank

World Bank (2000 b) 'Agriculture in Tanzania Since 1986', Washington : World Bank

World Bank (2000 c) 'World Development Indicators', Washington : World Bank

World Bank (2000 d) 'Engendering development through gender equality', *Policy and Research Bulletin* 11(3)

World Bank (2001 a) 'Globalisation, Growth, and Poverty : Building an Inclusive World Economy', Washington : World Bank

World Bank (2001 b) 'Global Economic Prospects and the Developing Countries 2001', Washington : World Bank

World Bank (2001 c) 'World Development Indicators', Washington : World Bank

World Bank (2001 d) 'World Development Report 2000/2001 : Attacking Poverty', Washington : World Bank

World Bank (2001 e) 'Financial Impact of the HIPC Initiative : First 23 Country Studies', Washington : World Bank

World Bank (2002) 'Global Economic Prospects and The Developing Countries', Washington : World Bank

World Development Movement (2001 a) 'The Tricks of the Trade : How Trade Rules are Loaded Against the Poor', London : WDM

World Development Movement (2001 b) 'In Whose Service', London : WDM

World Development Movement (2002) 'GATS : A Disservice to the Poor', London : WDM

World Resources Institute (1999) 'Environmental Change and Health', Washington : World Resources Institute

Wristin, W. (1997) 'Bits, bytes and diplomacy', *Foreign Affairs* 76(5)

WTO (1999) 'An Introduction to the GATS', Geneva : WTO

WTO (2000) 'GATS – Fact and Fiction', Geneva : WTO

WTO (2001 a) 'International Trade Statistics' Geneva : WTO

WTO (2001 b), 'Market Access : Unfinished Business. Post-Uruguay Round Inventory and Issues', Special Study No. 6 Geneva : WTO

WTO (2001 c) 'WTO Members Report on Anti-dumping Activity', WTO press release, 27 November

Varangis, P. and D. Larson (1996) 'Dealing with Commodity Price Uncertainty', World Bank International Economics Department, Policy Research Working Paper 1667, Washington : World Bank

Vastine, J. (2000 a) 'Liberalising trade in services', *Cato Journal* 19(3)

Vastine, J. (2000 b) 'Making Progress on Services Trade Liberalisation, Testimony Before the House of Representatives Sub-Committee on Trade', Coalition of Service Industries, 8 February, Washington

Velez, C., A. Kugler and C. Bouillon (1999) 'A Microeconomic Decomposition of the Inequality U-turn in Urban Colombia', Poverty and Inequality Advisory Unit, Inter-American Development Bank, Washington : IADB

Vicens, L. et al. (1998) 'The International Competitiveness of the Garments and Apparel Industry of the Dominican Republic', Santiago : ECLA

Volcker, P. and T. Gyohten (1992) *Changing Fortunes : The World's Money and the Threat to American Leadership*, New York : Times Books

Wade, R. (1990) *Governing the Market*, New Jersey : Princeton

W all Street Journal (1998) 'US border town suffers from post-NAFTA syndrome', 28 August 1998

W all Street Journal (2001) 'A slowing global economy bears down harder on Asia', 20 August 2001

Wangwe, S. (ed.) (1995) *Exporting Africa : Technology, Trade and Industrialisation in sub-Saharan Africa,* UN/INTECH, Routledge and Kegan Paul

Watal, J. (1999) 'Introducing product patents in the Indian pharmaceutical sector : implications for prices and welfare', *World Competition* 20 : 5-21

Watal, J. (2000) 'Pharmaceutical patents, prices and welfare losses : policy options for India under the WTO TRIPs Agreement', *The World Economy* 23

Watkins, K. (1996) 'Trade Liberalisation as a Threat to Livelihoods : the Corn Sector in the Philippines', Oxford : Oxfam

Watkins, K. (1997) 'Globalisation and Liberalisation : Implications for Poverty, Distribution and Inequality', UNDP Occasional Paper 32, New York : UNDP

Watkins, K. (1998) *Economic Growth With Equity*, Oxford : Oxfam

Watkins, K. (2001 a) *The Oxfam Education Report*, Oxford : Oxfam

Watkins, K. (2001 b) 'Cost recovery and equity in the health sector : the case of Zimbabwe' in G. Mwabu et al. (eds.) : *Social Provision in Low-Income Countries : New Patterns and Emerging Trends*, Oxford : Oxford University Press

Weissman, R. (1996) 'A long strange TRIPs : the pharmaceutical industry drive to harmonise global intellectual property rules', *Journal of International Law,* University of Pennsylvania, Winter 1996

Wesselius, E. (2001) 'Liberalisation of Trade in Services : Corporate Power at Work' (accessed at http : //www.gatswatch.org/LOTIS) (accessed February 2002)

White, H. and E. Anderson (2000) 'Growth Versus Distribution : Does the Pattern of Growth Matter?', Brighton : Institute of Development Studies, University of Sussex

White, R. (1999) 'Advertising : The Attempt to Persuade', *Understanding Global Issues* 99

WHO (1998) 'Health reform and drug financing', Health Economics and Drugs Series 6, Geneva : WHO

WHO (1999) 'World Health Report', Geneva : WHO

WHO (2000 a) 'Overcoming Microbial Resistance', Message from the Director General, Geneva : WHO

WHO (2000 b) 'World Health Report 2000', Geneva : WHO

WHO (2001) 'Global Strategy for Infant and Young Child Feeding', Geneva : WHO

Wilkinson, J. and P. Castelli (2000) 'The Internationalisation of Brazil's Seed Industry : Biotechnology, Patents and Biodiversity', Rio de Janeiro : ActionAid **Winters, A.** (2000) 'Trade, Trade Policy and

Turner, M. (2002) 'Bribery drives up the cost of living in Kenya', *Financial Times*, 19 January

TWIN (2000) 'Summary of the Fairtrade Movement in Europe', London : TWIN

Ugaz, C. (2001) 'Liberalisation of Utilities Markets and Children's Right to Basic Service : Some Evidence from Latin America', Brighton : Institute for Development Studies : Sussex University

UN (1999) 'World Investment Report : Foreign Direct Investment and the Challenge of Development', Geneva : United Nations

UN (2000) 'World Investment Report : Cross–Border Mergers and Acquisitions', Geneva : United Nations

UN (2001 a) 'Economic Development in Africa : Performance, Prospects and Policy Issues', New York : United Nations

UN (2001 b) 'Report of the Secretary–General to the Preparatory Committee for the High–Level International Inter–Governmental Event on Financing for Development', New York : United Nations

UN (2001 c) 'Report of the High–Level Panel on Financing for Development', New York : United Nations

UNCTAD (1997) 'Trade and Investment Report', Geneva : UNCTAD

UNCTAD (1998 and 1999) 'Trade and Development Report', Geneva : UNCTAD

UNCTAD (1999 a) 'Economic Dependence on Commodities', Geneva : UNCTAD

UNCTAD (1999 b) 'The World Commodity Economy : Recent Evolution, Financial Crises, and Changing Market Structures', Geneva : UNCTAD

UNCTAD (1999 c) 'World Investment Report 1999', Geneva : UNCTAD

UNCTAD (2000 a) 'The Post–Uruguay Round Tariff Environment for Developed Country Exports : Tariff Peaks and Tariff Escalation', UNCTAD/WTO joint study, TD/B/COM.1/14/Rev.1, 25 January, Geneva : UNCTAD

UNCTAD (2000 b) 'The Least Developed Countries 2000 Report', Geneva : UNCTAD

UNCTAD (2000 c) 'Strategies for Diversification and Adding Value to Food Exports', Geneva : UNCTAD

UNCTAD (2000 d) 'Industrial Policy and the WTO, Policy Issues in International Trade and Commodities', Study Series 6, Geneva : UNCTAD

UNCTAD (2000 e) 'World Investment Report 2000', Geneva : UNCTAD

UNCTAD (2001 a) 'The Role of Commodities in LDCs', Geneva : UNCTAD

UNCTAD (2001 b) 'Economic Development in Africa : Performance, Prospects and Policy Issues', New York and Geneva : UNCTAD

UNCTAD (2001 c) 'Is There Effectively a Level Playing Field for Developing Country Exports?', Policy Issues in International Trade and Commodities, Study Series 1, Geneva : UNCTAD

UNDP (1999) *Human Development Report,* New York : UNDP

UNDP (2000) 'Overcoming Human Poverty', New York : UNDP

UNDP (2001 a) *Human Development Report* , New York : UNDP

UNDP (2001 b) 'Choices for the Poor : Lessons From National Poverty Reduction Strategies', New York : UNDP

UNEP (1999) 'Trade Liberalisation and the Environment : A Synthesis Report', Geneva : UNEP

UNEP (2000) *Environment and Trade : A Handbook*, International Institute for Sustainable Development, Geneva : UNEP

UNICEF (2000) *The State of the World's Children*, New York : UNICEF

US Department of Commerce (1998) 'US Direct Investment Abroad : Benchmark Survey', Washington : USDC

USAID (1996) 'Annual Food Assistance Report, 1996' Washington : USAID

Institute of World Economics (cited in IMF and World Bank 2001 a)
Srinivasan, T.N. (2001) 'Living Wage in Poor Countries', Department of Economics, Yale University
Stainer, R. (1999) 'Reform roadblock?', *Coffee and Cocoa International,* May/June, Redhill, Surrey : DMG Business Media
Stainer, R. (2000) 'Exports cut to boost prices', *Coffee and Cocoa International*, June, Redhill, Surrey : DMG Business Media
Standing, A. (1999) 'Global feminisation through flexible labour : a theme revisited', *World Development* 27(3) : 583–602
Stern, N. (2001) 'Building a Climate for Investment, Growth and Poverty Reduction in India', speech at EXIM Bank, Mumbai, India, 22 March, Office of Chief Economist, World Bank
Stewart, F. (2000) 'Income Distribution and Development', paper prepared for UNCTAD X High Level Round Table, February 2000, UNCTAD
Stichele, M. (1998) 'Gender, Trade and the WTO : A Ghana Case Study', Manchester : Women Working Worldwide
Stiglitz, J. (1996) 'Some lessons from the East Asian miracle', *The World Bank Research Observer* 11 (2) : 151–77
Stiglitz, J. (1999) 'Must financial crises be this frequent and this painful?', in P. Agenor et al. : *The Asian Financial Crisis : Causes, Contagion and Consequences*, Cambridge : Cambridge University Press
Stiglitz, J. (2001) 'Two principles for the next round : or how to bring developing countries in from the cold', in B. Hoekman and W. Martin (eds) : *Developing Countries and the WTO : A Pro-Active Agenda*, Oxford : Blackwell
Subramanian, A. (2001) 'Mauritius' Trade and Development Strategy : What Lessons Does it Offer?', paper presented at seminar on Globalisation and Africa, Tunis, April 5, Washington : IMF
Sutherland, P. (1997) 'Address to Amnesty International', 26 September, London : Amnesty
Talbot, J. (1997) 'Where does your coffee dollar go to? The division of income and surplus along the coffee commodity chain', *Studies in Comparative International Development* 32(1), quoted in Ponte (2001)
Tan, S. (1999) 'The relationship between foreign enterprises, local government, and women migrant workers in the Pearl River Delta', in L. West and Y. Zhao (eds.) : *Rural Labour Flows in China*, Berkeley : Institute of East Asian Studies, University of California
Thanh, H. (2001) 'Bicycles and Motorbikes for the Poor and Trade Liberalisation in Vietnam', Hanoi : Oxfam GB and Oxfam Hong Kong
The Corner House (2001) 'Trading Health Care Away? GATS, Public Services and Privatisation', Briefing 23, Dorset : The Corner House
The Economist (2000) 'Patent wars', April 8
The Economist (2001 a) 'The case for globalisation', September 29–October 5
The Economist (2001 b) 'Eli Lilly's drug induced depression', 12 August 2000
The Economist (2001 c) 'Patent problems pending', 27 October
The Economist (2001 d) 'Argentina's economy', 22 December
Thekaekara, S. (2001) 'Just Change – a Concept Paper', Nilgiris : ACCORD
Tobin, J. (1994) 'A Tax on International Currency Transactions', paper prepared for the *Human Development Report* 1994, New York : UNDP
Transparency International (2001) 'Corruption Perceptions Index', London : Transparency International
Tremolet, S. (2001) 'Not a drop to spare', *Guardian*, 26 September 2001

Ministry of Finance
RSPB (2001), 'Eat This : Fresh Ideas For The WTO Agreement on Agriculture', Sandy, Buckinghamshire : Royal Society for the Protection of Birds
Russell, S. (1996) 'Ability to pay for health care : concepts and evidence', *Health Policy and Planning* 11(3) : 219–37
Ryan, P. (1998) *Knowledge Diplomacy : Global Competition and the Politics of Intellectual Property,* Washington : The Brookings Institution Press
Sachs. J. (1999) 'Helping the world's poorest', *Economist*, 14 August
Sachs, J. and A. Warner (1995) 'Economic Reform and the Process of Global Integration', Brookings Papers on Economic Activity 1 : 1–118
Sagasti, F. and K. Bezanson (2001) 'Financing and Providing Global Public Goods', Stockholm : Ministry of Foreign Affairs
Sara Lee Knit Products (2000) 'International Operating Principles', http : //www.dol.gov/dol/ilab/public /media/reports/iclp/apparel/5 c 27.htm (accessed February 2002)
Sarntisart, I. (2000) 'Growth, Structural Change and Inequality : The Experience of Thailand', Working Paper 207, World Institute for Development Economics Research, Helsinki : WIDER
Schiller, D. (2000) *Digital Capitalism : Networking the Global Market*, Cambridge (Mass) : MIT Press
Schlosser, E. (2001) Fast Food Nation : The Dark Side of the All–American Meal, New York : Houghton Mifflin
Schmukler, S. and Z. Lobaton (2001) 'Financial Globalisation : Opportunities and Challenges for Developing Countries', Washington : World Bank
Schott, J. and J. Watal (2000) 'Decision–Making in the World Trade Organisation', International Economics Policy Briefs No. 00–2, Washington : IIE
Sen, A. (1999) *Development as Freedom*, Oxford : Oxford University Press
SEWA (1997) 'Liberalising for the Poor', Self–Employed Women's Association, Ahmedabad
Seymour, L. (2001) 'It's about diamonds and oil', *North–South Institute Review,* Summer 2001 Ottawa : North–South Institute
Sharma, D. (2000) 'Trading in food security', *Hindu Business Line*, 1 October, New Delhi
Sheehan, M. (2001) 'Making better transportation choices', in L. Brown (ed.) : *State of the World* 2001, London : Earthscan
Simon, B. (2001) 'For South African textiles, the battle cry is "export or die"', *Business Day*, Johannesburg, 23 February 2001
Singer, H. and J. Amjari (1992) *Rich and Poor Countries : Consequences of International Disorder,* London : Unwin–Hyman
Skidelsky, R. (2001) *John Maynard Keynes : Fighting for Britain*, 1937–1946 Vol. 3, London : Macmillan
Smith, A. (1976) *The Wealth of Nations*, Oxford : Clarendon Press
Soros, G. (1988) *The Crisis of Global Capitalism : Open Society Endangered*, New York : Public Affairs
South Centre (2000) 'GATS 2000 Negotiations : Options for Developing Countries', Working Paper 9, Geneva : South Centre
Spar, D. (1988) 'Attracting High Technology Investment : Intel's Costa Rica Plant', Occasional Paper 11, Foreign Investment Advisory Services, Washington : World Bank
Spiegel, P. (2001) 'US to widen drug groups inquiry', *Financial Times*, 6 July 2001
Spinanger, D. (1999) 'Faking liberalisation and finagling protectionism : the ATC at its best', Kiel : Kiel

Pilling, D. (2000) 'Patently Overpriced', *Financial* Times, 31 July 2000

Pilling, D. and R. Wolfe (2000) 'Drug Abuses', *Financial Times*, 20 April 2000

Pitts, J. (2001) 'Export Processing Zones in Central America', Oxford : Oxfam

Ponte, S. (2001) 'The "Latte Revolution"? Winners and Losers in the Restructuring of the Global Coffee Marketing Chain', Research Working Paper 1.3, Copenhagen : Centre for Development

Porto Alegre (2002) World Social Forum, Porto Alegre, Conference on International Trade, 1 February 2002 ; see www.forumsocialmundial.org.br/eng/roficial_trade_eng.asp for text of proposals

Pray, C. et al. (2000) 'Impact of Bt Cotton in China', Working Paper Series No WP–00–E 18, Beijing : Centre for Chinese Agricultural Policy

Pritchett, L. (1999) 'The effect of household wealth on educational attainment : evidence from 35 countries', *Population and Development Review* 25(1)

Ransom, D. (2001) *The No–Nonsense Guide to Fair Trade*, London : Verso

Ravallion, M. (2001) 'Growth and Poverty : Making Sense of the Current Debate', World Bank Research Department, Washington : World Bank

Ravallion, M. and L. Chen (1997) 'What Can New Survey Data Tell Us About Recent Changes in Distribution and Poverty', *World Bank Economic Review* 11(2)

Reinhardt, A. (2000) 'The new Intel', *Business Week*, 13 March

Revenga, A. (1997) 'Employment and wage effects of trade liberalisation : the case of Mexican manufacturing', *Journal of Labour Economics* 15(3) : 20–43

Rialp, V. (1993) 'Children and Hazardous Work in the Philippines', Geneva : International Labour Organisation

Ricardo, D. (1971) *The Principles of Political Economy and Taxation*, London : Watson and Viney

Ritchie, M., S. Wisniewski and S. Murphy (2000) 'Dumping as a Structural Feature of US Agriculture : Can WTO Rules Solve the Problem?', Minneapolis : Institute for Agriculture and Trade Policy (IATP)

Rodriguez, F. and D. Rodrik (1999) 'Trade Policy and Economic Growth : A Skeptic's Guide to the Cross–National Evidence', National Bureau of Economic Research Working Paper 7081, Cambridge (Mass) : NBER

Rodrik, D. (1997) 'Has Globalisation Gone too Far?', Institute for International Economics, Washington : IIE

Rodrik, D. (1999) 'Making openness work : investment strategies', in D. Rodrik (ed.) : *The New Global Economy and Developing Countries : Making Openness Work*, Washington : Overseas Development Council **Rodrik, D.** (2001 a) 'Trading in illusions', *Foreign Policy Magazine* March/April 2001

Rodrik, D. (2001 b), 'The Global Governance of Trade as if Development Really Mattered', paper prepared for UNDP

Rodrik, D. (2001 c) 'Development strategies for the next century', in 'Annual World Bank Conference on Development Economics 2000', Washington : World Bank

Rodrik, D. (2001 d) 'Comments on "Trade, Growth and Poverty"', available on Dani Ridrik home page, http : //ksghome.harvard.edu/˜.drodrik.academic.ksg/papers.html (accessed February 2002)

Rodrik, D. (2001 e) 'Immigration Policy and the Welfare State', paper presented at the Conference on Immigration Policy, Trieste, 23 June 2001

Roosevelt, F. (1945) 'Fourth Inaugural Address', cited in *The Oxford Dictionary of Political Quotations,* Oxford : Oxford University Press

Royal Government of Cambodia (2001) 'Interim Poverty Reduction Strategy Paper', Phnom Penh

Royal Government of Cambodia (2001 b) 'Social Economic Development Plan Phase II', Phnom Penh :

OECD

OECD (2001 b) OECD Database, Paris : OECD

O'Rourke, D. (2000) 'Monitoring the Monitors : A Critique of Price Waterhouse Cooper's Labour Monitoring', Boston : Massachusetts Institute of Technology

O'Rourke, K. and J. Williamson (2000) *Globalisation and History : The Evolution of a Nineteenth Century Atlantic Economy*, Cambridge, Mass : MIT Press

Otsuki, T., J. Wilson and M. Sewadeh (2001) 'A Race to the Top? A Case Study of Food Safety Standards and African Exports', World Bank Agriculture Working Paper No. 2563, Washington : World Bank

Oxfam (2000 a) 'Tax Havens : Releasing the Hidden Billions for Poverty Eradication, briefing paper, Oxford : Oxfam

Oxfam (2000 b) 'The IMF : Wrong Diagnosis, Wrong Medicine', Oxford : Oxfam

Oxfam (2001 a) 'The Tea Market : A Background Study', Oxford : Oxfam

Oxfam (2001 b) 'The Coffee Market : A Background Study', Oxford : Oxfam

Oxfam (2001 c) 'The Cocoa Market : A Background Study', Oxford : Oxfam

Oxfam (2001 d) 'Bitter Coffee : How the Poor are Paying for the Slump in Coffee Prices', Oxford : Oxfam

Oxfam (2001 e) 'Angola's Wealth : Stories of War and Neglect', Oxford : Oxfam

Oxfam (2001 f) 'Dare to Lead : Public Health and Company Wealth', Oxford : Oxfam

Oxfam (2001 g) 'Patent Injustice : How World Trade Rules Threaten the Health of Poor People', Oxford : Oxfam

Oxfam (2001 h) 'Drugs Companies vs Brazil : the Threat to Public Health', Oxford : Oxfam

Oxfam (2001 i) 'Debt Relief : Still Failing the Poor', Oxford : Oxfam

Oxfam (2002) 'Poverty in the Midst of Wealth : The Democratic Republic of Congo', Oxford : Oxfam

Oxfam Canada (2001) 'Guyana's Rice Farmers and the Myth of the Free Market', research performed by Michelle Beveridge, Nathalie Rowe, and Megan Bradley, and compiled and edited by Mark Fried, Ottawa : Oxfam Canada

Oxfam International (2001 a) 'Rigged Trade and Not Much Aid : How Rich Countries Help to Keep the Least Developed Countries Poor', Oxford : Oxfam International

Oxfam International (2001 b) 'Harnessing Trade for Development', Oxford : Oxfam International

Oxfam/IDS (1999) 'Liberalisation and Poverty', Final Report to Department for International Development, London : DFID

Oxford Analytica (2000) 'Immigrant Labour', Oxford : Oxford Analytica

Oxford Analytica (2001) 'The Vitamin Cartel', Oxford : Oxford Analytica

Oxford Policy Management (2000) 'Fair Trade Study', report prepared for DFID, Oxford : Oxford Policy Management

Oyejide, A., B. Ndulu and J. Gunning (1997) *Regional Integration and Trade Liberalisation in sub -Saharan Africa,* Vol.2, Basingstoke : Macmillan

Page, S. and A. Hewitt (2001) 'World Commodity Prices : Still a Problem for Developing Countries', London : Overseas Development Institute

Palmer, R. (2001) 'Report on International Conference on Agrarian Reform and Rural Development', January 2001 http : //www.oxfam.org.uk/landrights/Agrarref.rtf (accessed February 2002)

Pecoul, B. (1999) 'Access to essential drugs in developing countries : a lost battle?', *Journal of the American Medical Association* 281 : 361–7

Pérez–Grovas, V., E. Cervantes and J. Burstein (2001) 'Case Study of the Coffee Sector in Mexico', Oxford : Oxfam

Mill, J. S. (1909) *Principles of Political Economy*, London : Longmans

Minten, B. and S. Kyle (1999) 'The effect of distance and road quality on food collection, marketing margins and traders : evidence from the former Zaire', *Journal of Development Economics* 60 (2)

Mitchell, M. (2001) 'Sinking feeling', *Time*, 23 July 2001

Moreira, M. and S. Najberg (2000) 'Trade liberalisation in Brazil : creating or exporting jobs?', *Journal of Development Studies* 36(3) : 78–100

Morley, S. (2000) 'The Impact of Economic Reforms on Equity in Latin America', International Food Policy Research Institute, Washington : IFPRI

Morriset, J. (1997) cited in 'The Role of Commodities in LDCs', UNCTAD/CFC, March 2001

Morrissey, O. (2001) 'Pro–Poor Conditionality and Debt Relief in East Africa', Nottingham University

Mortimore, M. (1998 a) 'Getting a lift : modernising industry by way of Latin American integration', *Transnational Corporations* 7(2) : 97–136

Mortimore, M. (1998 b) 'Mexico's TNC–centric industrialisation process', in R. Kozul–Wright and R. Rowthorn (eds.) : *Transnational Corporations and the Global Economy*, London : Macmillan

Mortimore, M. (1999) 'Apparel–based industrialisation in the Caribbean Basin : a threadbare garment?', *CEPAL Review* 767, New York : UN

Muller, J. (1993) *Adam Smith : In His Time and Ours*, New Jersey : Princeton University Press

Murshid, K. (1998) 'Food Security in an Asian Transitional Economy', Working Paper 6, Phnom Penh : United Nations Research Institute for Social Development

Nadal, A. (2000) 'The Environmental and Social Impacts of Economic Liberalisation on Corn Production in Mexico', study commissioned by Oxfam and World Wide Fund, Geneva : WWF/Oxfam

Narayan, D. et al. (2000) *Voices of the Poor : Crying Out for Change*, New York : Oxford University Press

National Group on Homeworking, Knitwear, Footwear, and Apparel Trades Union, and Women Working Worldwide (2000) 'UK Garment Workers Project : A Report on the Effects of Globalisation on UK Garment Workers', Manchester : Women Working Worldwide

National Research Council (2000) *Genetically Modified Pest–Protected Plants– Science and Regulation,* Washington : National Academy Press

Nestlé (1995) 'A Partnership for Fair Trade', Geneva : Nestlé

Nestlé (1998) 'Nestlé and Coffee : a Partnership for Fair Trade', Nestlé UK

Nestlé (2000) Nestlé Corporation Annual Management Report 2000, Geneva : Nestlé

Neuffer, E. (2001) 'Waking up to reality in global coffee trade', *Boston Globe*, 23 September 2001

New York Times (1997) 'The immigration debate', 31 August 1997

New York Times (2001) 'For coffee traders, disaster comes in pairs', 28 October 2001

Nicholson, M. and P. Taylor (1997) 'Microsoft in plan for India', *Financial Times*, 15–16 November 1997

Noland, M. (2000) 'Understanding the World Trade Organisation', Institute for International Economics, Washington : IIE

Nuffield Council (1999) 'Bioethics, Genetically Modified Crops : The Ethical and Social Issues', London : Nuffield Council

OECD (1996) 'Trade, Employment and Labour Standards : A Study of Core Workers' Rights and International Trade', Paris : OECD

OECD (1997) 'Market Access for LDCs : Where are the Obstacles?', OECD/GD (97) : 174 Paris : OECD

OECD (2000) 'Agricultural Policies in Emerging and Transition Economies', Paris : OECD

OECD (2001 a) 'Agricultural Policies in OECD Countries : Monitoring and Evaluation 2001', Paris :

31 August 2001
Lumor, M. (1999) 'Agricultural trade and adjustment programme in Ghana', cited in J. Madeley (2000) : 'Trade and Hunger : An Overview of Case Studies on the Impact of Trade Liberalisation on Food Security', Stockholm : Forum Syd
Lundberg, M. and L. Squire (1999) 'The Simultaneous Evolution of Growth and Inequality', Washington : World Bank
Lustig, N. and M. Szekely (1998) 'Economic Trends, Poverty and Inequality in Mexico', Technical Study 103, Poverty and Inequality Advisory Unit, Inter-American Development Bank, Washington : IADB
Macarthur, J. (2001) 'The Selling of Free Trade : NAFTA, Washington and the Subversion of American Democracy', Washington : NAFTA California
Maddison, A. (2001) *Monitoring the World Economy* 1820–1922, Paris : OECD
Mainuddin, K. (2000) 'Case of the Garment Industry in Dhaka, Bangladesh', Background Series 6, Urban Partnerships, Washington : World Bank
Maizels, A. (2000 a) 'The Manufacturers' Terms of Trade of Developing Countries with the United States, 1981–97', Oxford : Oxford University, Queen Elizabeth House
Maizels, A. (2000 b) 'Economic Dependence on Commodities', paper prepared for UNCTAD X, Geneva : UNCTAD
Mann, H. (2001) 'Private Rights and Public Problems : A Guide to NAFTA's Controversial Chapter on Investor Rights', World Wildlife Fund
Marquez, G. and C. Pages-Serra (1998) 'Trade and Employment : Evidence from Latin America and the Caribbean', Working Paper 3666, Inter-American Development Bank, Washington : IADB
Martin, M. and R. Alami (2001) 'Long-term debt sustainability for HIPCs : how to respond to shocks', *Development Finance International,* January 2001
Maskus, K. (1997) 'The role of intellectual property rights in encouraging foreign direct investment and technology transfer', *Duke Journal of International Law*, 1998
Maskus, K. (2000) 'Intellectual Property Rights in the Global Economy', Washington DC : Institute for International Economics
Mattoo, A. (2000) 'Financial services and the WTO : liberalisation commitments of the developing countries', *World Economy* 23 : 351–86
Mayne, R. (2002) 'Intellectual Property and Development', Oxford : Oxfam
Maxwell, S. and L. Hanmer (1999) 'For Richer, For Fairer : Poverty Reduction and Income Distribution', Development Research Insights 31, Brighton : Institute of Development Studies, University of Sussex
McCulloch, N., A. Winters and X. Cirera (2001) 'Trade Liberalisation and Poverty : A Handbook', London : Centre for Economic Policy Research
McGreal, C. (2001) 'The cost of a call', *Guardian*, 20 August 2001
McIntosh, M. et al. (1998) *Corporate Citizenship*, London : Financial Times/Pitman
McKay, A. et al. (2000) 'A Review of Empirical Evidence on Trade, Trade Policy and Poverty', Report Prepared for Department for International Development, Nottingham University
Mehra, R. and S. Gammage (1999) 'Trends, countertrends, and gaps in women's employment', *World Development* 27(3) : 533–50
Messerlin, P.A. (2001) 'Measuring the Costs of Protection in Europe : European Commercial Policy in the 2000 s', Washington : Institute for International Economics
Milanovic, B. (1998) 'True World Income Distribution, 1998 and 1993', World Bank Development Research Group, Washington : World Bank

Labour Rights in China (1999) 'No Illusions : Against the Global Cosmetic SA 8000', Hong Kong : Labour Rights in China

Lall, S. (1998) 'Technological capabilities in emerging Asia', in *Oxford Development Studies* 26(2)

Lall, S. (1999) 'Selective policies for export promotion : lessons from the Asian Tigers', *Research for Action* 43, World Institute for Development Economics Research, Helsinki : UN

Lall, S. (2000) 'Technological change and industrialisation in the Asian newly industrialising economies : achievements and challenges', in L. Kim and R. Nelson (eds.) : *Technology, Learning and Innovation : Experience of the Newly Industrialising Economies*, Cambridge : Cambridge University Press

Lall, S. (2001 a) 'The technological structure and performance of developing country manufactured exports, 1985–1998', *Oxford Development Studies* 28(3)

Lall, S. (2001 b) 'Competitiveness challenges in the new Asia Tigers : Malaysia, Thailand and the Philippines', in S. Lall (ed.) : *Competitiveness, Technology and Skills*, Cheltenham : Edward Elgar

Lall, S. (2001 c) 'Multinational corporation, technology development and export competitiveness' in S. Lall (ed.) : *Competitiveness, Technology and Skills*, Cheltenham : Edward Elgar

Landell Mills Commodities (2000) 'The World Cocoa Market and Outlook', Oxford : LMC

Landers, P. (2001) 'Fujitsu plans to cut work force', *Wall Street Journal* 21 August 2001

Landes, D. (1998) *The Wealth and Poverty of Nations*, London : Abacus

Landler, M. (2001) 'Opportunity knocks : India's high–tech bull is ready for bear', *International Herald Tribune*, 14 March

Lanjouw, J. (2001) 'A Patent Policy Proposal for Global Diseases', Yale University, Department of Economics

Lanjouw, J. and I. Cockburn (2001) 'New pills for poor people? Empirical evidence after GATT', *World Development* 29(2) : 265–89

Lappe, F. et al. (1998) *World Hunger : 12 Myths*, London : Earthscan

Lappe, M. and B. Bailey (1999) *Against the Grain : the Genetic Transformation of Global Agriculture*, London : Earthscan

Lee, J. and E. Mansfield (1996) 'Intellectual property protection and US foreign direct investment', *Review of Economics and Statistics* 78 : 181–6

Legrain, P. (2000) 'Against globaphobia', *Prospect* 52 : 30–5

Levine, P. (1997) 'Is Asian Growth a Threat to the West?', Working Paper 97/1, Surrey Centre for International Economic Studies, Surrey : University of Surrey

Limao, N. and A. Venables (1999) 'Geographical Disadvantage and Transport Costs', World Bank Policy Research Working Paper 2257, Washington : World Bank

Lindert, P. and J. Williamson (2001) 'Globalisation and Inequality : A Long History', paper prepared for the Annual World Bank Conference on Development Economics, Washington : World Bank

Lipsey, R. and F. Sjoholm (2001) 'Foreign Direct Investment and Wages in Indonesian Manufacturing', Working Paper 8299, National Bureau of Economic Research, Cambridge (Mass) : NBER

Lipton, M. (1999) 'Reviving Global Poverty Reduction : What Role for Genetically Modified Plants', Consultative Group on International Agricultural Research, Washington DC

Loewenberg, S. (2000) 'The Bush money machine', *The Nation*, 10 April http : //www.thenation.com/ (accessed February 2002)

Lucker, W. (2000) 'Generating and sustaining backward linkages between maquiladoras and local suppliers', *World Development* 20(12)

Luhnow, D. (2001) 'How NAFTA helped Wal–Mart reshape the Mexican market', *Wall Street Journal*,

Institute for European Environmental Policy (2001 a) 'Current Operation and Impact of the CAP in the Context of EU Agriculture and its Significance for International Trade', paper commissioned by Oxfam and other members of the UK Food Group, London : IEEP

Institute for European Environmental Policy (2001 b) 'The Potential Impacts of CAP Reform', paper commissioned by Oxfam and other members of the UK Food Group, London : IEEP

International Institute for Management Development (2000) 'The World Competitiveness Yearbook 2000', Lausanne : IIMD

International Task Force on Commodity Risk Management (1999) 'Dealing with Commodity Price Volatility in Developing Countries', Washington : World Bank

Inter–Agency Group (1999) 'Good Intentions are Not Enough', Recommendations of the UK Inter–Agency Group, Oxfam : Oxford

Irwin, D. (1996) *Against the Tide*, New Jersey : Princeton University Press

James, H. (2001) *The End of Globalisation : Lessons from the Great Depression*, Cambridge, Mass : Harvard University Press

de Janvry, A. et al. (2001) 'The changing role of the State in Latin American
land reforms', in de Janvry : *Access to Land, Rural Poverty and Public Action*, Helsinki : WIDER

Jha, R. (2000) 'Reducing Poverty and Inequality in India : Has Liberalisation Helped?', Working Paper 204, World Institute for Development Economics Research, Helsinki : WIDER

Jhabvala, R. (1992) 'The Self Employed Women's Association : SEWA's Programme for the Organisation of Home–Based Workers', Geneva : International Labour Organisation

Joekes, S. (1995) 'Trade–Related Employment for Women in Industry', Geneva : UNRISD

Joshi, V. (2001) 'Capital controls and the national advantage : India in the 1990 s and beyond', *Oxford Development Studies* 22(3)

Joshi, V. and I. Little (2001) *India's Economic Reforms* 1999–2001, Oxford :
Oxford University Press

Juma, C. and J. Watal (2000) 'Global Governance and Technology', paper prepared for UNDP, New York : UNDP

Kaufer, E. (1989) *The Economics of the Patent System*, Geneva : Harwood Academic

Keynes, J. (1923) *A Tract on Monetary Reform,* London : Macmillan

Keynes, J. (1980) 'The International Control of Raw Material Prices', in *The Collected Writings of John Maynard Keynes*, Vol XXVII, London : Macmillan

Khor, M. (2001) *Rethinking Globalisation : Critical Issues and Policy Choices*, London and New York : Zed

Kibria, N. (2001) 'Becoming a garment worker : the mobilisation of women into the garment factories of Bangladesh', in R. Sobhan and N. Khundker (eds.) : *Globalisation and Gender : Changing Patterns of Women's Employment in Bangladesh*, Dhaka : University Press

Killick, T. (2001) 'Globalisation and the Rural Poor', background paper for Integrated Fund for Agricultural Development : 'Rural Poverty Report 2001', Rome : IFAD

Kingston, W. (2001) 'Innovation needs patent reform', *Research Policy* 30

Klein, N. (2000) *No Logo*, London : Flamingo

Kletzer, L. (2001) *Measuring the Costs of Trade–Related Job Loss*, Washington : Institute for International Economics

Knox, A. (1997) 'Southern China : Migrant Workers and Economic Transformation', London : Catholic Institute for International Relations

Kwan, A. and S. Frost (2001) 'Rules and Regulations Versus Corporate Codes of Conduct in the Toy Sector', Hong Kong Christian Industrial Committee

the cotton textile industry in India', *Oxford Development Studies* 27(1)
Human Rights Watch (2000) 'The International Monetary Fund's Staff Monitoring Program for Angola : The Human Rights Implications', 22 June 2000, updated 25 September 2000, New York : Human Rights Watch
Humphrey, J. and A. Oetero (2000) 'Strategies for Diversification and Adding Value to Food Exports : A Value–Chain Perspective', Geneva/Brighton : UNCTAD/IDS, University of Sussex
Humphreys, J. (1999) 'Globalisation and supply chain networks : the auto industry in Brazil and India', in G. Gereffi et al. (eds.) : *Global Production and Local Jobs*, Geneva : International Institute for Labour Studies
IBFAN (2001) 'Breaking the Rules : Stretching the Rules', Penang : International Baby Food Action Network
ICFTU (1998) 'Fighting for Workers' Human Rights in the Global Economy', Geneva : International Confederation of Free Trade Unions
ICFTU (1999) 'World Apart : Women and the Global Economy', Brussels : International Confederation of Free Trade Unions
ICFTU (2001) 'Global Unions Report', Brussels : International Confederation of Free Trade Unions
ICO (1998) 'Cocoa and Chocolate in the 21 st Century', London : International Cocoa Organisation
ICO (2001) 'Answers to Questions', London : International Cocoa Organisation **IFAD** (2001) 'Rural Poverty Report', Rome : IFAD
IIED (2001) '"Citizen Juries" in Andhra Pradesh', http : //www.poptel.org.uk/iied/agri/IIEDcitizenjuryAP1.html (accessed February 2002)
IISD/WWF (2001) 'Private Rights, Public Problems : A Guide to NAFTA's Controversial Chapter on Investor Rights', Winnipeg/Washington : International Institute for Sustainable Development/WWF–US
IMF (1997) 'Trade Liberalisation in Fund–Supported Programmes', Policy Development and Review Department, Washington : IMF
IMF (1998) 'The External Review of the Enhanced Structural Adjustment Facility', Washington : IMF
IMF (1999 a) 'Haiti Staff Report', Washington : IMF
IMF (1999 b) 'International Financial Statistics CD–Rom', Washington : IMF
IMF (1999 c) 'World Economic Outlook', Washington : IMF
IMF (2000 a) 'Article 4 Consultation : Haiti', Washington : IMF
IMF (2000 b) 'Cambodia : Memorandum of Economic and Financial Policies for 2001', Washington : IMF
IMF (2001 a) *World Economic Outlook*, Washington : IMF
IMF (2001 b) 'Trade Policy Conditionality in Fund–Supported Programmes', Policy Development and Review Department, Washington : IMF
IMF (2001 c) 'Memorandum of Economic and Financial Policies of the Government of the Republic of Burundi', September 2001 Washington : IMF
IMF (2001 d) 'IMF Augments Argentina Stand–by Credit to $21.5 bn', External Relations Departments Press Briefing, 7 September, Washington : IMF
IMF/IDA (2001) 'Poverty Reduction Strategy Paper Progress Report', joint staff assessment, 9 March 2001, Washington : IMF/IDA
IMF and World Bank (2001 a) 'Market Access for Developing Countries' Exports', Washington : International Monetary Fund/World Bank
IMF and World Bank (2001 b) 'Leveraging Trade for Development : World Bank Role', paper prepared for the Joint Development Committee of the IMF and World Bank

Grieve Smith, J. (2000) *Closing the Casino : Reform of the Global Financial System*, London : Fabian Society

Griffith Jones, S. and J. Cailloux (1999) 'Encouraging the Longer–Term : Institutional Investors and Emerging Markets', Discussion Paper Series 16, New York : UNDP

Gwatkin, D. and M. Guillot (1999) 'The Burden of Disease Among the Global Poor : Current Situation, Future Trends and Implications for Strategy', Washington : World Bank

Haddad, L. et al. (1995) 'The gender dimensions of economic adjustment policies : potential interactions and evidence to date', *World Development* 23(6)

Hanlon, J. (2001) 'Mozambique and the Potential for a Campaign in Europe on Sugar – The Position Inside Mozambique'. Pretoria : Oxfam

Hanmer, L. (2000) 'Halving Global Poverty : How Important is Income Inequality?', ODI Working Paper, London : Overseas Development Institute **Hanmer, L. and F. Naschold** (1999) 'Are the International Development Targets Attainable?', London : Overseas Development Institute

Hanmer, L., J. Healey and F. Naschold (2000) 'Will Growth Halve Poverty by 2015?', ODI Poverty Briefing No. 8, London : Overseas Development Institute

Hanson, G. (2001) 'Should Countries Promote Foreign Direct Investment?', G–24 Discussion Paper Series, Geneva : UN

Harrison, A. (1998) 'Volkswagen builds its first Unix plant', *Software Magazine*, January

Harrison, A and G. Hanson (1999) 'Who Gains From Trade Reform? Some Remaining Puzzles', Working Paper 6915, National Bureau of Economic Research, Cambridge (Mass) : NBER

Harrison, A. and A. Revenga (1998) 'Labour markets, foreign investment, and trade policy reform', in J. Nash and W. Takacs (eds.) : *Trade Policy Reform : Lessons and Implications*, Washington : World Bank

Hazeleger, B. (2001) 'EU Sugar Policy : Assessment of Current Impact and Future Reform', The Hague : Novib

Helleiner, G. and A. Oyejide (1999) 'Global economic governance, global negotiations and the developing countries', in UNDP (ed.) : 'Globalisation with a Human Face', background papers for *Human Development Report* 1999, Vol. 1, New York : UNDP

Hellin, J. and S. Higman (2001 a) 'The Impact of the Power of the Multinational Companies on the Banana Sector in Ecuador', Oxford : Oxfam

Hellin, J. and S. Higman (2001 b) 'Quinua and Food Security in Ecuador, Peru, and Bolivia', Oxford : Oxfam

Hemispheric Social Alliance (2001) 'NAFTA Investor Rights Plus : An Analysis of the Draft Investment Chapter of the FTAA http : //www.artus.org/Docs/Invest–eng.pdf (accessed February 2002)

Hilary, J. (2001) 'The Wrong Model : GATS, Trade Liberalisation and Children's Right to Health', Briefing Report, London : Save the Children

Hirst, P. and G. Thompson (1995) *Globalisation in Question*, Oxford : Blackwell

Hoekman, B. and M. Kostecki (1995) *The Political Economy of the World Trading System : From GATT to WTO*, Oxford : Oxford University Press

Hoekman, B, F. Ng, and M. Olarreaga (2001), 'Eliminating Excessive Tariffs on Exports of Least Developed Countries', World Bank Working Paper No. 2604, Washington : World Bank

Hong Kong Christian Industrial Committee (2001) 'Beware of Mickey : Disney's Sweatshop in China', Hong Kong : Hong Christian Industrial Committee

Horton, S. (1999) 'Marginalisation revisited : women's market work and pay, and economic development', *World Development* 27(3) : 571–82

Howell, J. and U. Kambhampati (1999) 'Liberalisation and labour : the fate of retrenched workers in

99
Freeland, C. (1993) 'Blood, sweat and tears – for others', *Financial Times*, 9 Dec 1993
Frempong, J. (1991) *The Vampire States in Africa : The Political Economy of Decline in Ghana*, London : James Currey
French, H. (2002) 'Reshaping global governance', in World Watch Institute (ed.) *State of the World* 2002, London : Earthscan
Fukasaku, K. (2000) 'Special and Differential Treatment for Developing Countries : Does It Help Those Who Help Themselves?', World Institute for Development Economics Research, Working Paper 197, Helsinki : WIDER
Fushrum, V. and R. Winslow (2001) 'Cipro demand tests Bayer's capacity and public relations', *Wall Street Journal*, 21 October
Galeano, E. (1973) *Open Veins of Latin America* (translated by Cedric Belfrage), New York : Monthly Review Press
Ghosh, J. (2000) *Globalisation, Export-Oriented Employment for Women and Social Policy : A Case Study of India*, Delhi : Jawarhalal Nehru University
Gibbon, P. (2000) 'Global Commodity Chains and Economic Upgrading in Less Developed Countries', Centre for Development Research Working Papers 0.2, Copenhagen : Centre for Development Research
Gilbert, C. (1995) 'International Commodity Control : Retrospect and Prospect', Background Paper for 1994 Global Economic Prospects, Washington : World Bank
Gilbert, C. (1996) 'International commodity agreements : an obituary', *World Development* 24(1) : 1–19
Gilbert, C. (1997) *Cocoa Market Liberalisation*, London : The Cocoa Association of London
Gitli, E. (1997) 'Maquiladora Industries in Central America', Geneva : International Labour Organisation
Global Exchange (2001 a) 'Still Waiting for Nike To Do It', California : Global Exchange
Global Exchange (2001 b) 'Global Economy Update', California : Global Exchange http : //www.global-exchange.org/economy/ (accessed February 2002)
Global Witness (2001) 'Taylor-Made : The Pivotal Role of Liberia's Forests in Regional Conflict', London : Global Witness
Glewwe, P. et al. (2000) 'Who Gained from Vietnam's Boom in the 1990 s? An Analysis of Poverty and Inequality Trends', Development Research Group, Washington : World Bank
Goldsmith, E. (2001) 'Development as colonialism', in E. Goldsmith and J. Mander (eds.) : *The Case Against the Global Economy*, London : Earthscan
Goodison, P. (2001) 'The Future of the Common Agricultural Policy : Implications for Developing Countries', Oxford : Oxfam
Gould, D. and W. Gruben (1996) 'The role of intellectual property rights in economic growth', *Journal of Development Economics* 48 : 323–50
Government of Honduras (2001) 'Poverty Reduction Strategy Paper', Washington : World Bank
Government of Uganda (2001) 'Poverty Reduction Strategy Paper', Kampala : Ministry of Finance
Government of Vietnam (2001) 'Interim Poverty Reduction Strategy Paper', Hanoi : Ministry of Finance
GRAIN (1998) 'Biopiracy', Barcelona : GRAIN
GRAIN(1999) 'Plant Variety Protection to Feed Africa? Rhetoric versus Reality', Barcelona : GRAIN
Graham, E. (2001) 'Fighting the Wrong Enemy', Washington : Institute for International Economics
Green, D. and S. Priyardarshi (2001), 'Proposal for a "Development Box" in the WTO Agreement on Agriculture', London and Geneva : CAFOD and South Centre

Edwards, S. (1993) 'Openness, trade liberalisation and growth in developing countries', *Journal of Economic Literature* 31 : 1358–93

Edwards, S. (1998) 'Openness, productivity and growth : what do we really know?', *The Economic Journal* 108 : 383–98

Elliott, K.A. (2001 a) 'Finding Our Way on Trade and Labour Standards', Institute for International Economics, Policy Briefs 01–5, Washington : IIE

Elliott, K.A. (2001 b) 'The ILO and Enforcement of Core Labour Standards', Institute for International Economics, Policy Briefs 00–6, Washington : IIE

Elson, D. (1999) 'Labour markets as gendered institutions : equality, efficiency, and empowerment issues', *World Development* 27(3) : 611–27

ENDA (2001) 'A Case Study on the Senegalese Fisheries Sector (Report Prepared for UNEP)', Dakar : ENDA

Essick, K. (2001) 'A call to arms', *The Industry Standard*, 11 June 2001, London : Ethical Trading Initiative

Faini, R. et al. (1999) 'Trade and migration', in R. Faini et al . : *Migration*, Cambridge : Cambridge University Press

FairTrade Foundation (2000) Producers Stories http : //www.fairtrade.org.uk/belize.htm (accessed February 2002)

Fanjul, G. (2001), 'Northern Agricultural Policies : The Long and Winding Road to Coherence', Madrid : Intermón

FAO (1998) 'Potential for Agriculture and Rural Development in Latin America and the Caribbean', Rome : Food and Agriculture Organisation

Featherstone, L. and D. Henwood (2001) 'Clothes encounters', *Lingua Franca* 11(2)

Feeney, P. (2001), 'Regional Trade and Investment Agreements', Oxford : Oxfam

Feenstra, R. et al. (1997) 'Testing Endogenous Growth in South Korea and Taiwan', National Bureau of Economic Research Working Paper No 6028, Washington : NBER

Filmer, D., J. Hammer and L. Pritchett (1997) 'Health Policy in Poor Countries', Washington : World Bank

Filmer, D. and L. Pritchett (1999) 'The effect of wealth on educational attainment', *Population and Development Review,* March 1999

Financial Times (2000) 'India plans to plug the brain drain', 24 April 2000

Financial Times (2001) 'Patent abuse', 22 October 2001

Finger, J. Michael and Ludger Schuknecht (1999) 'Market Access Advances and Retreats : The Uruguay Round and Beyond', World Bank Working Paper No. 2232, 1 November, Washington : World Bank

Fitzgerald, V. (2001) 'Regulating Large International Firms', Working Paper 64, Queen Elizabeth House Working Paper Series, Oxford University : QEH

Folbre, N. (1994) *Who Pays for the Kids : Gender and the Structures of Constraint,* London : Routledge

Fontana, M. et al. (1998) 'Global Trade Expansion and Liberalisation : Gender Issues and Impacts', Briefings on Gender and Development 42, London : Department for International Development

Fox, E. and R. Pitofsky (1997) 'The United States', in E. Graham and J. Richardson (eds.) : *Global Competition Policy*, Washington : Institute for International Economics

Frankel, F. (1978) *India's Political Economy* 1947–77 : *The Gradual Revolution*, Princeton : Princeton University Press

Frankel, J. and D. Romer (1999) 'Does trade cause growth?', *American Economic Review* 89 : 379–

York : UN

Das, B. (2001) 'Strengthening Developing Countries in the WTO', Third World Network, Trade and Development Series 8, Penang : Third World Network

Datt, G. and M. Ravaillon (1998) 'Farm productivity and rural poverty in India', *Journal of Development Studies* 34 : 62–85

Davis, R. (1966) 'The rise of protectionism in England', *Economic History Review* 19 : 306–17

Deininger, K. and L. Squire (1995) 'Measuring Income Inequality', Washington : World Bank

Delgado, C. (1995) 'Agricultural Transformation : the Key to Broad–Based

Growth and Poverty Alleviation in sub–Saharan Africa', Washington : International Food Policy Research Institute (IFPRI)

Desai, M. et al. (2001) *Sharing the Spoils : Taxing International Human Capital Flows*, Washington : National Bureau of Economic Research

Deutsche Bank (2000) 'Soluble Coffee : A Pot of Gold?', London : Deutsche Bank

DFID (1999) 'Better Health for Poor People', International Development Target Strategy Paper, London : DFID

DFID (2000) *Eliminating World Poverty : Making Globalisation Work for the Poor,* London : HMSO

DFID (2001) 'Standards as Barriers to Trade : Issues for Development', DFID background briefing, London : Department for International Development

Dhanarajan, S. (2001) 'The General Agreement on Trade in Services', Oxford : Oxfam

Dollar, D. and A. Kraay (2001 a) 'Growth is Good for the Poor', World Bank Policy Research Working Paper No.2587, Washington : World Bank

Dollar, D. and A. Kraay (2001 b) 'Trade, Growth, and Poverty', World Bank Policy Research Working Paper No. 2199, Washington : World Bank

Dongguan Information Centre (2001) Located at http : //www.3 cexpo.com/english/index.asp (accessed January 02)

Drahos, P. (1995) 'Global property rights in information : the story of TRIPs at the GATT', *Prometheus* 13

Drahos, P. (2001) 'BITs and BIPs : Bilateralism in Intellectual Property', Oxford : Oxfam

Drahos, P. and J. Braithwaite (2002) *Information Feudalism*, London : Earthscan

DSS (2000) 'Households Below Average Income Survey, 1994/5–98/9', London : Department of Social Security

Easterly, B. (2001) *The Elusive Quest for Growth*, Oxford : Blackwell

ECLA (1998) 'Trade and Industrial Policies : Past Performance and Future Prospects', Santiago : Economic Commission for Latin America

ECLA (1999) 'Foreign Investment in Latin America and the Caribbean 1999', Santiago : Economic Commission for Latin America

ECLA (2000 a) 'The Equity Gap : A Second Assessment', Santiago : Economic Commission for Latin America

ECLA (2000 b) 'Equity, Development and Citizenship', Santiago : Economic Commission for Latin America

ECLA (2000 c) 'Social Panorama of Latin America 1999–2000' Santiago : Economic Commission for Latin America

ECLA (2000 d) 'Foreign Investment in Latin America and the Caribbean 2000', Santiago : Economic Commission for Latin America

ECLA (2001) 'Social Panorama of Latin America 2000–2001', Santiago : Economic Commission for Latin America

Carlton, J. (1999) 'A global effort for poor coffee farmers', *Wall Street Journal,* 23 November 1999

Cashin, P., J. McDermott and A. Scott (1999) *Booms and Slumps in World Commodity Prices*, Washington : IMF

Cassiolato, J. and H. Lastres (1999) 'Local, National and Regional Systems of Innovation in Mercosur', paper presented at Conference on National Innovation Systems, June, Rebild, Denmark

Castels, M. (2000) 'Information technology and global capitalism', in W. Hutton, and A. Giddens (eds.) : *On the Edge*, London : Jonathan Cape

Chang, H–J. (2001) 'Intellectual Property Rights and Economic Development – Historical Lessons and Emerging Issues', Background Paper for 2001 Human Development Report, New York : UNDP

Chen, Sebstad, and O'Connell (1999), cited in Baden (2001)

Child Health Development Centre/Oxfam (1999) 'Public Health and Education in Uganda : Evidence from Four Survey Sites', Oxford : Oxfam GB

China Labour Watch (2001 a) 'Merton Company Ltd', November 2001, Hong Kong : China Labour Watch

China Labour Watch (2001 b) 'Dongguan Elegant Top Shoes', Hong Kong : China Labour Watch

Christian Aid (2001) 'The Scorched Earth : Oil and War in Sudan' London : Christian Aid

Chudnovsky, D. (1999) 'Multinational enterprises, globalisation and economic development : the case of Argentina in the 1990 s', in N. Hood and S. Young (eds.) : *The Globalisation of Multinational Enterprise Activity and Economic Development*, London : Macmillan

Coalition for Service Industries (2001) 'US Services Trade Remains in Surplus', press statement, Washington, 18 May 2001

Cohen, J. (2001) 'Harnessing biotechnology for the poor', *Journal of Human Development* 2

Collier, P. and J. Gunning (1999) 'Explaining African economic performance', *Journal of Economic Literature* 37 : 64–111

Commission on Macroeconomics and Health (2001) 'Report of the Commission on Macroeconomics and Health', Geneva : World Health Organisation

Contreras, D. et al. (2000) 'Income Distribution in Chile, 1990–1998', Department of Economics, Universidad de Chile : Santiago

Corbridge, S. and J. Harriss (2000) *Reinventing India*, Cambridge : Polity Press

Cornia, A. (2000) 'Inequality and Poverty in the Era of Liberalisation and Globalisation', World Institute for Development Economics Research, Helsinki : WIDER

Correa, C. (2000) *Intellectual Property Rights, the WTO, and Developing Countries*, London : Zed

Coyle, D. (2000) 'Does the new economy change everything?' *Prospect* 49 : 16–20

Crabtree, J. (2001) 'Peru : Agricultural Trade Liberalisation in Peru', Oxford : Oxfam

Cragg, M. and M. Epelbaum (1996) 'The Premium for Skills in LDCs : Evidence from Mexico', New York : Columbia University

Crawford, R. (2000) 'Adidas' Human Rights Policy and Euro 2000', INSEAD

Crawshaw, S. (2001) 'Coffee prices are slumping (not that you would know it in Starbucks)', *Independent*, 17 May 2001

CUTS (2001) 'Viewpoint on Multilateral Competition Policy', CUTS Newsletter, September, New Delhi : CUTS

Dagdeviren, H. et al. (2000) 'Redistribution Does Matter : Growth and Redistribution for Poverty Reduction', Geneva : International Labour Organisation

Dahou, K. et al. (2000) 'Socio–Economic and Environmental Impacts of Senegalese Fishery Support Mechanisms', Dakar : ENDA

Dancourt, O. (1999) 'Neoliberal reforms and macroeconomic policy in Peru', *CEPAL Review* 67, New

Bhattacharya, D. and M. Rahman (1999) 'Female Employment Under Export–Propelled Industrialisation', UNRISD Occasional Paper, Geneva : UNRISD

Bhattacharya, D. and M. Rahman (2000 a) 'Experience with Implementation of the WTO Agreement on Textiles and Clothing', Occasional Paper 7, Dhaka : Centre for Policy Dialogue

Bhattacharya, D. and M. Rahman (2000 b) 'Seeking Fair Market Access for Bangladesh Apparels in the USA : A Strategic View', Dhaka : Centre for Policy Dialogue

Bhattacharya, D. and M. Rahman (2000 c) 'Regional Cumulation Facility under EC–GSP : Strategic Response from Short and Medium Term Perspectives', Policy Briefing, Dhaka : Centre for Policy Dialogue

Bird, M. (2001) 'Campaigning on Trade Issues Works! A Report on Illegal Logging in Cambodia', Oxford : Oxfam

Bird, G. and R. Rajan (2001) 'Economic Globalisation : How Far and How Much Further?' Adelaide University : Centre for International Economic Studies, Discussion Paper 0117

Blackhurst, R., B. Lyakurwa, and A. Oyejide (2001) 'Options for improving Africa's participation in the WTO', in B. Koekman and W. Martin (eds.) : *Developing Countries and the WTO : A Pro–Active Agenda,* Oxford : Blackwell

Bloom, D. and M. Murshed (2001) 'Globalisation, Global Public "Bads", Rising Criminal Activity and Growth', discussion paper 2001/50, Helsinki : WIDER

Boyer, D. (2001) 'Trade : The Connection Between Trade and Sustainable Livelihoods', Washington : Oxfam America

Brandon, K. (1998) 'NAFTA at five : promises and realities', *Chicago Tribune,* 29 November 1998

Brandt, W. (1980) *North–South : A Programme for Survival,* London : Pan

von Braun, J. et al. 'Irrigation Technology and Commercialisation of Rice in the Gambia : Effects on Women', Research Report 75, International Food Policy Research Institute, Washington : IFPRI

Bretton Woods Project/Oxfam (2001) 'Go With the Flows? Capital Account Liberalisation and Poverty', London and Oxford : Bretton Woods Project and Oxfam

BRIDGES (2001) 'New ministerial text to hand ministers and challenge in Doha', BRIDGES Weekly Trade News Digest, International Centre for Trade and Sustainable Development, 30 October 2001, Geneva : BRIDGES

Brown, G. (2001) Speech to the US Federal Reserve in New York, 16 November 2001, reproduced in 'Tackling Poverty : A Global New Deal', HM Treasury, London, February 2002

Brown, O. (2001 a) 'Brand New World : the Power of Brands in the New Economy', Oxford : Oxfam

Brown, O. (2001 b) 'Up in Smoke : Marketing Tobacco in the Developing World', Oxford : Oxfam

Brown, O. (2001 c) 'Transnational Companies in the Global Economy', Oxford : Oxfam

Bruno, M. et al. (1996) 'Equity and Growth in Developing Countries : Old and New Perspectives on the Policy Issues', Policy Research Working Paper 1563, Washington : World Bank

Bucholz (1989) *New Ideas from Dead Economists,* Penguin (USA)

Buitelaar, R. and R. Perez (2000) '*Maquila*, economic reform and corporate strategies', *World Development* 28(9) : 1627–42

Burr, C. (2000) *Grameen Village Phone : Its Current Status and Future Prospects,* Geneva : International Labour Organisation

Burtless, G. et al. (1998) *Globaphobia,* Washington : The Brookings Institution Press

Bussolo, M. and H. Lecomte (1999) 'Trade Liberalisation and Poverty', Overseas Development Institute Briefing, London : ODI

Camuffo, A. and G. Volpato (2000) 'Rolling Out a "World Car"', University of Venice Working Paper, Ca Foscari University

Sales Ahead of Infant Deaths', Islamabad : The Network

Association for Rational Use of Medication in Pakistan (2001 b) 'Feeding Fiasco : Pushing Commercial Infant Foods in Pakistan', Islamabad : The Network

Atkinson, J. (2001 a) 'Transnational Companies, Employment and Investment', Melbourne : Oxfam Community Aid Abroad

Atkinson, J. (2001 b) 'The Electronics Industry in Malaysia', Melbourne : Oxfam Community Aid Abroad

Baden, S. (1994) 'Gender Issues in Agricultural Liberalisation', Briefing on Development and Gender Report 41, Brighton : Institute for Development Studies, University of Sussex

Baden, S. (2001) 'Researching Homework and Value Chains in the Global Garments Industry : An Annotated Resource List and Binder', prepared for Women in Informal Employment Globalising and Organising, Cambridge, Mass : WIEGO

Bale, H. (2001) 'Patents and Public Health : A Good or Bad Mix?' www.pfizerforum.com/

Bank, D. (1996) 'Cisco to support format to ease Internet traffic', *Wall Street Journal*, 9 December 1996

Bannister, G. and K. Thugge (2001) 'International Trade and Poverty Alleviation', IMF Working Paper 1/54, Washington : IMF

Barraclough, S. and K. Ghimire (2000) *Agricultural Expansion and Tropical Deforestation : Poverty, International Trade, and Land Use,* London : Earthscan

Barrientos, S. (1996) 'Social clauses and women workers in Latin America', *New Political Economy* 1 (2), London : Carfax

Barrientos, S. et al. (1999 a) *Women and Agribusiness : Working Miracles in the Chilean Fruit Export Sector*, Basingstoke : Macmillan

Barrientos, S. et al. (1999 b) 'Gender and Codes of Conduct : A Case Study from Horticulture in South Africa', London : Christian Aid

Barrientos, S. et al. (2001) 'Ethical trade and South African deciduous fruit exports – addressing gender sensitivity', *European Journal of Development Research* 12 : 140–58

Barro, R. and J. Lee (1997) 'Schooling Quality in a Cross–Section of Countries', National Bureau of Economic Research Working Paper W 6198, Cambridge, MA : NBER

Bates, R. (1981) *Markets and States in Tropical Africa : the Political Basis of Agricultural Policies*, Berkeley : University of California Press

Behrman, J. et al. (2000) 'Economic Reforms and Wage Differentials in Latin America', Washington : Inter–American Development Bank

Ben–David et al. (2000) 'Trade, Income Disparity and Poverty', WTO Special Study 5, Geneva : WTO

Bennel, P. (2000) 'Human Resource Development and Globalisation : What Should Low Income Developing Countries Do?' Background Paper for UK White Paper on Globalisation and Development, Brighton : University of Sussex, Institute for Development Studies

Benson, M. (1997) 'The chips are down : California loses out on semi–conductor plants', *Wall Street Journal*, 28 May 1997

BER (Bureau Européen de Recherches) in association with the Institute of Development Studies, University of Sussex (2001) 'EU Agricultural and

Fisheries Market Access for Developing and Transition Countries : EU Market Analysis', Brussels : BER

Bhagwati, J. (2000) 'Globalisation and Appropriate Governance', World Institute for Development Economics Research, Annual Lecture, Helsinki : WIDER

Bhagwati, J. and T. Srinivasan (1999) 'Outward Orientation and Development : Are Revisionists Right?', http : //www.columbia.edu/˜jb 38/Krueger.pdg

参考文献

ABARE (2000) 'US and EU Agricultural Support : Who Does it Benefit?', Australian Bureau of Agricultural and Resource Economics, Current Issues 20.2, Canberra : ABARE

Abrams, P. and A. Harney (2001) 'Chip overload', *Financial Times*, 3 September 2001

ActionAid (1999) 'Patents and Food Security', ActionAid Briefing 5, London : ActionAid

Aganon, M. et al. (1998) 'Strategies to empower women workers in the Philippines export zones', *Philippine Journal of Labour and Industrial Relations* 18(1–2) : 106–59, Quezon : University of the Philippines

Agosin, M. et al. (2000) *Globalisation, Liberalisation and Sustainable Human Development : Progress and Challenges in Central American Countries*, Geneva : UNCTAD/UNDP

Ahuja, V. et al. (1997) *Everyone's Miracle? Revisiting Poverty and Inequality in East Asia*, Washington : World Bank

Akiyama, T. et al. (2001) 'Commodity Market Reforms : Lessons of Two Decades', Washington : World Bank

Alden, A. (2000) 'Coffee with conscience', *Financial Times*, 4 October 2000

Alden, E. (2001) 'NAFTA lifts investor protection pressure', *Financial Times*, 2 August 2001

Amsden, A. (2000) 'Industrialisation under WTO Law', UNCTAD X, High Level Round Table on Trade and Development, Geneva : UNCTAD

Anderson, K., B. Dimaranan, J. Francois, T. Hertel, B. Hoekman, and W.
Martin (2001) 'The Cost of Rich (and Poor) Country Protection to Developing Countries', CIES Discussion Paper No. 0136, Adelaide : Centre for International Economic Studies

Andrae, G. and B. Beckman (1985) *The Wheat Trap : Bread and Underdevelopment in Nigeria*, London : Zed Books, in association with Scandinavian Institute of African Studies

Anwar, T. (2000) 'Impact of Globalisation and Liberalisation on Growth, Employment and Poverty : A Case Study of Pakistan', Lahore : Central Bank of Pakistan

Appendini, K. (1994) 'Agriculture and farmers within NAFTA : a Mexican perspective', in V. Bulmer–Thomas et al. (eds.) : *Mexico and the North American Trade Agreement*, London : Macmillan

Appleton, S. (1996) 'Education and agricultural productivity : evidence from Uganda', *Journal of International Development* 8(3)

Appleton, S. et al. (1999 a) 'Changes in Poverty in Uganda 1992–97', Working Paper 99.22, Oxford : Oxford University, Centre for the Study of African Economies

Appleton, S. (1999 b) 'Income and Human Development at the Household Level : Evidence From Six Countries', background paper prepared for the 2000 *World Development Report*, Washington : World Bank

Aristotle (1967) *Politics,* Oxford : Oxford University Press

Arndt, S. (1998) 'Super–specialisation and the gains from trade', *Contemporary Economic Policy* 56 : 480–5, Oxford : Oxford University Press

Arnold, W. (2001) 'Japan's electronic slump takes a toll on Southeast Asia', *New York Times*, 1 September 2001

Association for Rational Use of Medication in Pakistan (2001 a) 'Milking Profits : How Nestlé Puts

略号一覧

ACP　アフリカ・カリブ海・太平洋（地域）
ACPC　コーヒー生産国連合
AGOA　アフリカ成長機会法（アメリカ）
ARIPO　アフリカ地域産業所有権機構
ASEAN　東南アジア諸国連合
ATC　繊維協定（WTO）
CAP　共通農業政策（EU）
CSI　サービス産業連合
DFID　イギリス国際開発省
DSI　二重基準指標
EBA　「武器以外は何でも」（EU の政策）
EC　欧州委員会
ECLA　国連中南米経済委員会（現在は ECLAC＝国連中南米カリブ経済委員会）
EDE　ダンピング輸出概算
EPA　経済連携協定
EU　欧州連合
FAO　国連食糧農業機関
FDI　海外直接投資
FTA　自由貿易協定
FTAA　米州自由貿易地域／協定
GATS　サービス貿易に関する一般協定
GATT　関税と貿易に関する一般協定
GDP　国内総生産
GNP　国民総生産
GSP　一般特恵関税制度
HIPC　重債務貧困国
ICA　一次産品協定／国際商品協定
ICFTU　国際自由労働組合連盟
IFAD　国際農業開発基金
IFI　国際金融機関
ILO　国際労働機関
IMF　国際通貨基金
IPC　一次産品総合プログラム
IT　情報技術
LDC　後発開発途上国（本書内では初出以外「後発途上国」と略記）
MEA　多国間環境協定
MFA　多国間繊維取極
NAFTA　北米自由貿易協定
NGO　非政府組織
ODA　政府開発援助
OECD　経済協力開発機構
OPEC　石油輸出国機構
PRGF　貧困削減成長融資
PRSP　貧困削減戦略文書
PSE　生産者助成概算
RTA　地域貿易協定
SAARC　南アジア地域協力連合
TLI　貿易自由化指標
TNC　超国籍企業
TRI　貿易制限指数（IMF）
TRIMs　貿易に関連した投資措置（に関する協定）
TRIPs　知的財産権の貿易関連側面（に関する協定）
UN　国連（国際連合）
UNCTAD　国連貿易開発会議
UNDP　国連開発計画
UNEP　国連環境計画
UNICEF　国連児童基金（ユニセフ）
UPOV　植物の新品種の保護に関する国際条約
USAID　アメリカ国際開発庁
USTR　アメリカ通商代表部
WHO　世界保健機関
WTO　世界貿易機関

9　オックスファム・イギリス （Oxfam Great Britain） Oxfam House, John Smith Drive Cowley, Oxford, OX 4 2 JY, UK Tel : +44.1865.473727 E-mail : enquiries@oxfam.org.uk www.oxfam.org.uk	10　オックスファム・ベルギー （Oxfam Solidarité） Rue des Quatre Vents 60 1080 Brussels, Belgium Tel : +32.2501.6700 E-mail : oxfamsol@oxfamsol.be www.oxfamsol.be
11　オックスファム・香港 （Oxfam Hong Kong） 17/fl., China United Centre 28 Marble Road, North Point, Hong Kong Tel : +852.2520.2525 E-mail : info@oxfam.org.hk www.oxfam.org.hk	12　オックスファム・ケベック （Oxfam Québec） 2330 rue Notre Dame Ouest, bureau 200 Montréal, Quebec, H 3 J 2 Y 2, Canada Tel : +1.514.937.1614 E-mail : info@oxfam.qc.ca www.oxfam.qc.ca

■オックスファム・インターナショナル事務所（各国オックスファムの調整、WTO、世銀／IMF、EU などへの政策提言活動を行なう）

①事務局 Suite 20, 266 Banbury Road, Oxford, OX2 7DL, UK
Tel : +44.1865.339100. E-mail : information@oxfaminternational.org
②ワシントン（Washington）1100 15th St. NW, Suite 600, Washington DC 20005, USA
Tel : +1.202.496.1170. E-mail : advocacy@oxfaminternational.org
③ブリュッセル（Brussels）22 rue de Commerce, 1000 Brussels, Belgium
Tel : +32.2502.0391. E-mail : luis.morago@oxfaminternational.org
④ジュネーブ（Geneva）15 rue des Savoises, 1205 Geneva, Switzerland
Tel : +41.22.321.2371. E-mail : celine.charveriat@oxfaminternational.org
⑤ニューヨーク（New York）355 Lexington Avenue, 3rd Floor, New York, NY 10017, USA
Tel : +1.212.687.2091. E-mail : nicola.reindorp@oxfaminternational.org

■オックスファム・インターナショナル関連団体

- 特定非営利活動法人　オックスファム・ジャパン（Oxfam Japan）
〒110-0015　東京都台東区東上野 1-20-6　丸幸ビル 2F
Tel : 03-3834-1556／Fax : 03-3834-1025. E-mail : info@oxfam.jp
- オックスファム・トラスト・イン・インディア（Oxfam Trust in India）
B55, First Floor, Shivalik, New Delhi, 1100-17, India
Tel : +91.11.26693.763. E-mail : info@oxfamint.org.in

■オブザーバー団体（OI への将来的加盟を念頭に、OI と連携している団体）

- アジル・イシ（Agir ici［フランス］）＊2006年度正式加盟が決定
104 rue Oberkampf, 75011 Paris, France
Tel : +33.1.5698.2440. E-mail : agirici@agirici.org
- ロストロス・イ・ボセス財団（Fundacion Rostros y Voces［メキシコ］）
Alabama No. 105 (esquina con Missouri), Col. Napoles, C.P. 03810 Mexico, D.F.
Tel/Fax : +52.5687.3002. E-mail : correos@vamos.org

オックスファムのネットワーク

オックスファム・インターナショナル（OI）は、基本的人権を活動の基礎において提携するNGOの連合体で、100カ国以上で貧困と不正義を永遠に終わらせるための活動をしています。加盟団体は互いに手を取りあって、経済的・社会的人権確立のために地球規模の市民キャンペーンを展開しています。そして、公正で持続可能な世界を実現するには、経済成長と社会的公正とをバランスさせねばならないと考えています。オックスファム・インターナショナルには以下の通り、アメリカ、スペイン、オーストラリア、アイルランド、カナダ、ニュージーランド、ドイツ、オランダ、イギリス、ベルギー、香港、ケベックに加盟団体があります。オックスファム・インターナショナルのウェブサイトのアドレスは www.oxfam.org です。

■オックスファム・インターナショナル加盟団体（支援活動及び政策提言活動を行なう）

1　オックスファム・アメリカ （Oxfam America） 26 West St. Boston, MA 02111–1206, USA Tel : +1.617.482.1211 E–mail : info@oxfamamerica.org www.oxfamamerica.org	2　オックスファム・スペイン （Intermón Oxfam） Roger de Llúria 15 08010, Barcelona, Spain Tel : +34.902.330.331 E–mail : info@intermonoxfam.org www.intermonoxfam.org
3　オックスファム・オーストラリア （Oxfam Australia） 156 George St. Fitzroy, Victoria 3065, Australia Tel : +61.3.9289.9444 E–mail : enquire@oxfam.org.au www.oxfam.org.au	4　オックスファム・アイルランド （Oxfam Ireland） ・Dublin Office : 9 Burgh Quay, Dublin 2 Ireland Tel : +353.1.672.7662 E–mail : oxireland@oxfam.ie ・Belfast Office : 115 North St, Belfast BT 1 1 ND, UK Tel : +44.2890.230220 E–mail : oxfam@oxfamni.org.uk www.oxfamireland.org
5　オックスファム・カナダ（Oxfam Canada） 250 City Centre Ave, Suite 400 Ottawa, Ontario, K 1 R 6 K 7, Canada Tel : +1.613.237.5236 E–mail : info@oxfam.ca www.oxfam.ca	6　オックスファム・ニュージーランド （Oxfam New Zealand） PO Box 68357, Auckland 1032 New Zealand Tel : +64.9.355.6500 (Toll–free 0800 400 666) E–mail : oxfam@oxfam.org.nz www.oxfam.org.nz
7　オックスファム・ドイツ （Oxfam Germany） Greifswalder Str. 33 a 10405 Berlin, Germany Tel : +49.30.428.50621 E–mail : info@oxfam.de www.oxfam.de	8　オックスファム・オランダ （Oxfam Novib） Mauritskade 9, Postbus 30919 2500 GX, The Hague, The Netherlands Tel : +31.70.342.1621 E–mail : info@novib.nl www.novib.nl

加盟するフェアトレードの国際組織。フェアトレード市場の開拓と加盟（希望）団体の審査・評価を行ない、基準を満たした団体に「フェアトレード団体マーク」を発行する。1989年設立。（www.ifat.org）

【日本のフェアトレード活動団体の概要】
＊情報提供：国際協力 NGO センター（JANIC）（資料：『国際協力 NGO ダイレクトリー2004』）

■（有）インターナショナル・リビングクラフト・アソシエーション　世界各地の現地 NGO の所得向上プロジェクトによる手作り製品・食品の輸入・販売（〒102-0082東京都千代田区一番町11-5ファミリア一番町203／TEL03-3262-5033／FAX03-3288-3579／www.liv-craft.com）

■（株）オルター・トレード・ジャパン　フィリピンの無農薬栽培バナナやマスコバド糖（粉末黒砂糖）、インドネシアの伝統型粗放養殖エビ、中南米・アフリカ等のコーヒーなどの輸入（〒169-0072東京都新宿区大久保２-４-15サンライズ新宿３F／TEL03-5273-8163／FAX03-5273-8162／www.altertrade.co.jp）

■（有）ぐらするーつ　途上国の生産者の自立促進のためのフェアトレード輸入・販売（〒150-0042東京都渋谷区宇田川町４-10ゴールデンビル１F／TEL・FAX03-5957-0403／http://grassroots.jp）

■グローバル・ヴィレッジ／フェアトレードカンパニー(株)　アジア、アフリカなど20カ国からのフェアトレード輸入・販売（グローバル・ヴィレッジ：〒158-0083東京都世田谷区奥沢５-１-16-３F／TEL03-5731-6671／FAX03-5731-6677／www.globalvillage.or.jp　フェアトレードカンパニー：〒152-0035東京都目黒区自由が丘３-７-２／TEL03-5701-3361／FAX03-5701-3362／商品紹介などは www.peopletree.co.jp）

■コンシャス・コンシューマー　アジア各国のアクセサリー、雑貨などの輸入・卸売・ネット販売、情報誌『かわら版』の発行（〒115-0055東京都北区赤羽西６-８-４／TEL・FAX03-3907-3803／www.jca.apc.org/conscious_consumers/）

■第３世界ショップ基金　途上国の生産者・協同組合から手工芸品や食品を輸入するとともに、生産物の背景にある歴史・文化・社会への理解促進を図る（〒153-0062東京都目黒区三田２-７-10-102／TEL03-3791-2147／FAX03-3792-5395／www.p-alt.co.jp/asante/）

■ネパリ・バザーロ　ネパールを中心としたアジア諸国の手工芸品や食品の企画・開発、輸入（〒247-0007神奈川県横浜市栄区小菅ヶ谷４-10-15マリーク１F／TEL045-891-9939／FAX045-893-8254／www.yk.rim.or.jp/~ngo／直営店舗「ショップ　ベルダ」：〒247-0007横浜市栄区小菅ヶ谷１-２-１地球市民かながわプラザ２F　TEL045-890-1447）

■ふぇあういんず　東チモール、ネパール、ペルーなどからのコーヒーや紅茶のほか、エコロジー商品も扱っている（〒430-0905静岡県浜松市下池川町23-５ Cozy Court 205／TEL・FAX053-472-9660／http://mscience.jp/touten.htm）

■フェアトレード学生ネットワーク　フェアトレード団体でボランティア・インターンを経験したり、フェアトレードを研究テーマとしたりする学生の組織。関東、関西、九州の３地域に拠点を置き、全国的なネットワークを作っている（www.ftsn.org/）

■フェアートレードひょうごネット　兵庫県内で活動する国際協力・フェアトレード団体のネットワーク組織（〒653-0052兵庫県神戸市長田区海運町３-３-８アジア女性自立プロジェクト内／TEL・FAX078-735-6131／http://fthyogonet.hp.infoseek.co.jp/）

■ふろむ・あーす　約30の途上国の100近い生産者団体が作ったオーガニック・コットン製品、無農薬コーヒー、アクセサリー類などを販売（〒154-0024東京都世田谷区三軒茶屋２-13-11エコー仲見世商店街内／TEL・FAX03-3414-3545／www.from-earth.net/）

■HOPE　バングラデシュの手工芸品を輸入・販売（〒730-0051広島県広島市中区大手町１-５-17／TEL・FAX082-541-6212／www.geocities.co.jp/WallStreet/5166）

■わかちあいプロジェクト　中南米の有機栽培コーヒー、タイ山岳民のコーヒー、ウバ、ダージリン、タンザニアの有機栽培紅茶の販売（〒130-0022東京都墨田区江東橋５-３-１聖パウロ教会内／TEL03-3634-7809／FAX03-3634-7808／www.wakachiai.com）

日本語版付録資料

フェアトレード活動団体リスト

＊以下に、本書第６章（224頁～）に登場するフェアトレード活動団体および日本のフェアトレード活動団体の概要を紹介する。活動内容は主に輸入・販売業務に絞って記したが、それぞれの団体が単に貿易業務にとどまらず、途上国の人々の自立支援や先進国の消費者の意識改革に向けた様々な活動を行なっている。詳細は各団体のウェブサイトなどでご覧頂きたい。（訳者）

【本書に登場するフェアトレード活動団体の概要】

■トゥイン・トレーディング（Twin Trading）　イギリスに本拠を置く。1985年設立。主にコーヒー、ココアを扱い、最近は果実も取り扱い始めた。（www.twin.org.uk/）

■ザ・ボディショップ（THE BODY SHOP）　イギリスで誕生した自然素材化粧品・食材などの製造・小売企業。日本を含め世界50以上の国／地域に展開している。1976年創立。（www.uk.thebody-shop.com/web/tbsuk）

■トレードクラフト（Traidcraft）　イギリスに本拠を置く。約30の途上国から100種類以上の産品を輸入・販売している。1979年設立。（www.traidcraft.co.uk/）

■マックス・ハベラー（Max Havelaar）　オランダに本拠を置く。農産物を扱うほか、フェアトレード・ラベル運動を主導してきた。同名の団体がフランス、ベルギー、スイス、デンマーク、ノルウェーにある。1988年設立。（www.maxhavelaar.nl/）

■フェアトレード財団（UK Fairtrade Foundation）　イギリスのキリスト教系NGOによって1992年に設立された財団。主に農産物を扱うほか、イギリス国内のフェアトレード・ラベルの認証にも携わる。（www.fairtrade.org.uk/）

■イコール・エクスチェンジ（Equal Exchange）　コーヒー、紅茶、ココアなどを取り扱うアメリカのフェアトレード協同組合。1986年設立。（www.equalexchange.com/）

■グリーン・アンド・ブラックス（Green and Black's）　アメリカのフェアトレード・チョコレート会社。1991年創立。（www.greenandblacks.com/）

■カフェ・ディレクト（Cafedirect）　オックスファム、トレードクラフト、イコール・エクスチェンジによって1991年に設立されたイギリスのフェアトレード飲料会社。（www.cafedirect.co.uk/）

■トランスフェア・USA（TransFair USA）　アメリカに本拠を置く。コーヒー、紅茶、果実などを扱うほか、アメリカ国内でフェアトレード・ラベルの認証を行なう。1998年設立。（www.trans-fairusa.org/）

■国際フェアトレード・ラベル運動連合（FLO：Fairtrade Labelling Organizations International）
ドイツに本拠を置く。フェアトレードの国際基準を設定し、フェアトレード・ラベルの認証を推進する国際NGO。1997年設立。世界20カ国に国別ラベル認証団体がある（日本は「フェアトレード・ラベル・ジャパン」www.fairtrade-jp.org）。（www.fairtrade.net）

■国際フェアトレード連盟（IFAT：International Fair Trade Association）　オランダに本拠を置く。南北60カ国の270以上のフェアトレード活動団体が

左：FLOが認証・発行する「フェアトレード・ラベル」。2000年から国際的にこのラベルに統一された／右：IFATが認証・発行する「フェアトレード団体マーク」

［中南米・カリブ］

■国・地域

［東アジア］

［南アジア］

［中東］

［アフリカ］

ナ行

ハ行

マ行

サ行

タ行

索　引

■事項・人名

＊世界貿易機関（WTO）の項は立てていない。

ア行

カ行

訳者紹介

渡辺龍也（わたなべ・たつや） 1952年生まれ。東京大学卒，米タフツ大学フレッチャー国際法・外交大学院修士課程修了。NHK記者，国際機関職員，国際協力NGOセンター（JANIC）スタッフ，日本国際ボランティアセンター（JVC）ラオス事務所長を経て，2000年から東京経済大学教員（国際開発協力，NPO論専攻）。著書に『「南」からの国際協力』（岩波書店 1997），『NGOの時代』（共著 めこん 2000），『入門社会開発』（共著 国際開発ジャーナル社 1995）等，訳書にD.コーテン『NGOとボランティアの21世紀』（学陽書房 1995）等がある。本書を契機に，フェアトレードの研究と推進に力を入れている。

貧富・公正貿易・NGO
——WTOに挑む国際NGOオックスファムの戦略

2006年3月1日 初版第1刷発行
2012年11月1日 初版第2刷発行

訳 者 渡 辺 龍 也
発行者 武 市 一 幸
発行所 株式会社 新 評 論

〒169-0051 東京都新宿区西早稲田3-16-28
http://www.shinhyoron.co.jp
TEL 03 (3202) 7391
FAX 03 (3202) 5832
振替 00160-1-113487

定価はカバーに表示してあります
落丁・乱丁本はお取り替えします

装 幀 山田英春
印 刷 神谷印刷
製 本 清水製本所

Printed in Japan
ISBN4-7948-0685-X C0036

オックスファム・ジャパン　For Change

オックスファムの起源は第二次世界大戦中，ナチスドイツの包囲により飢餓に苦しむギリシアの人々を支援しようとイギリス・オックスフォードの市民が立ち上がったことにはじまります。その後，オックスファムは「貧困は人間が作り出したもの，だからこそ，私たちの意思によってなくすことができる」という信念に基づいて，世界100カ国以上でそこに住む人々と共に貧困問題に取り組んできました。日本では2004年より，オックスファム・ジャパンとして正式に活動が始まりました。

オックスファムは途上国で緊急人道支援と長期支援プロジェクト，そして日本を含む先進国や国際機関に対するアドボカシー（政策提言）活動や，関連する啓発・市民キャンペーンを行なっています。現場での活動を，市民の参加を伴った国際社会への政策提言活動に活かすことが，オックスファムの活動の特徴となっています。

緊急人道支援では必ず現地のパートナー団体と共に活動します。現地のニーズを最も把握している人々と働くことによって本当に必要とされる救援を行なっています。また，オックスファム・ジャパンによる長期支援プロジェクトでは，現地の人々による社会基盤の整備の支援を要とし，2006年現在，アジア・アフリカの数カ国で，教育支援，孤児支援，女性支援，HIV／エイズ対策支援などを行なっています。また日本などの先進国では，市民キャンペーンやアドボカシーを通して，貧困を生み出す“仕組み”が変わるように活動しています。オックスファムは「貧困と，貧困に関連する不正義のない世界」を目指して活動する団体です。そのために，今後も貧困で苦しむ人々の生活改善を目指し，途上国と先進国両方の国際的ネットワークを活かして，日本からも問題解決を目指します。

（写真：オックスファムがスマトラ島沖地震の被災地で設置した水のタンク。2005年１月，スリランカにて／撮影：オックスファム）

特定非営利活動法人　オックスファム・ジャパン
〒110-0005　東京都台東区上野 5-3-4　クリエイティブ One 秋葉原ビル 7F
TEL: 03-3834-1556　FAX: 03-3834-1025
E-mail : oxfaminfo@oxfam.jp
URL: http://www.oxfam.jp/